ChPBCLUB

ChPBCLUB私人财富管理系列丛书

JUMBO INSURANCE

OPERATION GUIDELINES

大额保单操作实务

曾祥霞 贾明军 刘长坤 陈云 著

法律出版社 LAW PRESS·CHINA

北京

曾祥霞 女士

法学学士、在读公共管理硕士(MPA)
中国私人银行家俱乐部（ChPBCLUB）创始人&理事长
拥有13年财富管理经验
持有CPB、AFP专业证书

曾祥霞女士拥有十三年金融从业经验，累计为一百多个高净值客户家庭设计涵盖大额保单、资产管理、信托及PE的综合财富管理方案。累计管理客户资产规模超十亿元。长期被聘为《私人财富》《财富管理》《财智生活》等杂志特约撰稿人，累计发表专业研究文章数十篇。

多年来，曾祥霞女士始终专注于围绕高净值客户在财富管理、财富保全以及财富传承的需求，结合法律、税务及离岸金融相关服务，为客户量身定制包括资产管理、法律服务、税务筹划、保险规划、家族信托等服务在内的综合财富管理解决方案，助力高净值客户财富的“创、守、传”。

曾祥霞女士于2012年底创立中国私人银行家俱乐部，专注于引入国际最先进的私人财富管理经验，引领中国式的家族财富管理，推动私人银行、中国家族企业全球化、家族信托、家族办公室等业务在中国的发展。

贾明军 律师

北京市中伦（上海）律师事务所合伙人
华东政法大学和中国人民大学律师学院客座教授
中国法学会婚姻法学研究会理事
中华全国律师协会民事专业委员会婚姻家庭论坛副主任
上海市律师协会宣传委员会副主任

贾明军律师执业以来，先后被授予“优秀专业律师”、中华全国律师协会民事专业委员会“优秀辩手”、上海市第三届“十佳优秀青年律师”、“上海市静安区十大杰出青年提名奖”、“静安区优秀拔尖人才”等光荣称号，并连续四年被“Chambers & Partners”（钱伯斯）评选为亚太地区“私人客户/财富管理”一等律师（Rank 1）。

贾明军律师经常受邀在中欧商学院、清华大学五道口金融学院、上海交通大学EMBA等国内知名院校发表演讲或授课。其先后出版《婚姻家庭纠纷案件律师业务》《法院审理股权转让案件观点集成》《上市公司股权分割与传承》等八部著作。其撰写的《离婚对上市公司的影响》和某上市公司股东股权转让无效案件的代理词分别荣获北京大学2012年第三届“中国上市公司风险管理高峰论坛”二等奖和2013年上海市律师协会第一届“上海市律师学术大赛”二等奖。

刘长坤 先生

中国私人银行家俱乐部(ChPBCLUB)联合创始人&监事长
独立理财师
13年工作经验，其中8年财富管理经验

刘长坤先生拥有八年的财富管理经验，累计为近百个家庭设计了涵盖保险、资管、信托、PE等内容的家庭财富管理方案，管理客户资产规模超十亿。长期被聘为《私人财富》《财富管理》《财智生活》等杂志特约撰稿人，累计发表专业研究文章数十篇，并经常被《和讯网》《搜狐财经》《中金在线》等媒体广泛刊载。

刘长坤先生特别注重私人财富管理的实务，擅长将大额保单、信托、资产管理等与法律结合的操作实务，尤其在婚姻财产保护、家庭资产保全、无纠纷继承等方面具有深厚的理论功底和丰富的实操经验。

刘长坤先生一直致力于引入国际最先进的私人财富管理经验，推动私人银行、中国家族企业全球化、家族信托、家族办公室业务在中国的发展。

陈云 先生

中国私人银行家俱乐部（ChPBCLUB）创始人&秘书长
新时代信托股份有限公司私人信托部首席财富顾问
中级经济师
10年家庭财富管理经验
持有CPB、AFP等专业证书

陈云先生有着十年的家庭财富管理经验，累计为五十多个家庭设计了个性化的家族信托方案，累计金额上百亿。作为主讲嘉宾参与关于私人信托的讲座近百场，发表专业研究文章数十篇。

陈云先生尤其擅长于依据个人及家庭的不同生命周期和风险偏好，并结合不同的经济周期与环境，提供全方位的财富管理规划建议。

2012年开始研究以私人信托为载体的家庭综合财富管理，以财富的增值、保全与传承为核心，致力于帮助中国的高净值家庭实现基业长青、富过三代。

同年底创立中国私人银行家俱乐部，引领中国式的家族财富管理，目前获得业界及高净值家庭的广泛关注和认可，会员将近八万人。

序　言　一

近年来，中国保险业进入了快速发展的阶段。“十二五”期间，我国保费收入从2010年的1.3万亿元，增长到2015年的2.4万亿元。保险业总资产从2010年的5万亿元，增长到2015年的12万亿元，全行业净资产已达1.6万亿元。利润从2010年的837亿元，增长到2015年的2824亿元。保险深度达到3.6%，保险密度达到1768元/人。市场规模先后赶超德国、法国、英国，排名由第六位升至第三位。国务院2014年8月10日出台的关于发展现代保险服务业的“新国十条”，提出了“由保险大国向保险强国”转变的保险业发展目标，并对保险业在现代社会中的角色作了重新定位。

中国保监会2016年8月印发的《保险业发展“十三五”规划纲要》指出了“十三五”期间保险业中继续高速增长的目标。到2020年，保费收入达到4.5万亿元左右，保险深度达到5%，保险密度达到3500元/人，总资产达到25万亿元左右。实际上，我国2016年前三季度已经实现原保费收入约2.5万亿元，同比增长32.18%。其中寿险业务同比增长36.95%，保险资产管理公司的预计利润总额为56亿元，同比增长23.68%。

胡适之先生早年说过，保险只是今天做明天的准备；生时做死时的准备；父母做儿女的准备；儿女幼时做儿女长大时的准备；如此而已。今天预备明天，这是真稳健；生时预备死时，这是真旷达；父母预备儿女，这是真慈爱。能做到这三步的人，才能算作是现代人。随着我国保险业特别是人寿保险体量的发展，市场对懂保险、懂法律、懂财富配置的复合型专业知识和专业人才的需求日益急切。而寿险作为一个重要的财富配置和管理工具，必然会受到各界人士更大的关注。

《大额保单操作实务》一书，从实战角度出发，对寿险中“大额保单”的概念、功能与分类作了阐述，详细地介绍了寿险保单的风险防范功能以及保单与债务相对隔离、保单与婚姻家庭、财产传承之间的关系，并结合寿险保单在税收、信托、高端医疗等方面独有的功能，通过大量真实的案例，阐述了以保险为重要工具的综合财富管理的应用方法，是一本难得的实践类业务操作书籍。

本书主要有以下特点：

(1)立足实务操作，以案说法，切合实际地回应高净值人士和特定客户的需求。

(2)将保险的风险防范功能与家庭的财务投资与财富管理相结合。

(3)定位在高净值人士对保险特殊保障功能的需求与满足。

(4)在正面引导大额保单运作的实务规程的同时，特别指明了实务操作中大额保单存在的一些误区和风险点。

近年来，随着律师业务空间的不断拓展，律师行业汇集了不少富有宽阔学术视野的法律人才，这个从经济发达地区法学专业硕士生的就业去向(或者从优秀硕士生报考博士生的比例)可见一斑。有目共睹的是，这些律师人群中不乏一批能够将法律实务与学术理论实现链接，并对一些疑难问题进行独立思考的律师。有些律师还会思考自己的职业使命和职业操守，甚至思考更广领域的具体法治问题和国家法制的基本走向。从本书作者之一贾明军律师的《法院审理股权转让案件观点集成》《上市公司股权分割与继承》、自传本《人在“律”途》等著作来看，贾明军律师当数此类律师中的一员。

本书作者还包括保险、信托财富管理专业人员，相信本书的出版，会像贾明军律师从前的著作一样受到包括保险从业者在内的读者的欢迎！

上海交通大学凯原法学院特聘教授
上海交通大学保险法研究中心主任
中国保险法学研究会副会长

序 言 二

保险是人类社会最古老的风险管理方式之一，人寿保险作为保险中的重要类别，对社会稳定的维护、幸福人生的规划、家庭财富的管理，均有着不可替代的作用。人寿保险中的大额保单不仅可以对冲社会生活中比较大的人身风险、意外风险、疾病风险等给家庭带来的经济损失、弥补家庭成员未尽的责任，从而维护社会的稳定，而且是家庭财富管理的重要工具，在资产保全、婚姻财富规划、传承规划、税收筹划中也有着独到的作用。

保险自1996年在国内大规模发展以来，迄今虽仅二十余年，无论是从保险业的资产规模还是保险公司的综合管理水平，二十年来都得到了巨大的发展，甚至发展出了一批世界级的大型保险公司，并且作为社会经济和金融体系的稳定器，在国家金融体系中的重要地位日益凸显。

保险的理论研究也得到了很大的发展，很多高校都成立了保险系、保险学院，培养了大批高精尖人才，为我国保险业的长足发展打下了坚实的理论基础。

保险立法也在不断完善，保险法自1995年正式颁布以来，先后于2002年、2009年、2014年、2015年进行了四次修订和完善，并颁布了三部司法解释，为保险业的发展打下了坚实的法律基础。

然而，保险营销人员作为保险行业面向社会大众的直接窗口，其专业素质的提升对我国保险业的发展有着至关重要的作用。保险行业一直非常重视对保险营销人员的培训和培养，但更侧重于营销能力的培养，相关参考书籍也往往以营销类、成功学类为主，相关保险公司往往忽视对人寿保险的基本理论和基本知识培训，人寿保险实务、特别是大额保单操作实务等专业类书籍非常稀缺。

《大额保单操作实务》这本书很难得，四位作者很有情怀，也很踏实。他们从行业发展的高度，将保险与法律、税务、信托等专业有机结合，以自己的创新实践为基础，站在理性和公允的立场，以国际化的视野，从资产保全、婚姻财富规划、税收筹划及家族财富传承等角度，深入浅出的剖析保险尤其是大额人寿保险的核心优势与运用价值，详细论述了实务操作方法，是一本不错的专业参考书。

对外经济贸易大学保险学院创始院长

王稳

前　　言

中国保险业，是为数不多保持迅猛发展的行业。2016 年，全国原保险保费收入达 30959. 10 亿元，同比增长 27. 50% 。其中寿险公司原保费收入达 21692. 81 亿元，占全国原保险保费收入的七成，并有持续保持高速发展的势头。

2015 年 6 月，保监会内部印发了《中国保监会关于取消和调整一批行政审批事项》的通知。其中一项就是关于保险销售从业人员的资格核准，由之前的考试、颁发从业资格证书，改为取消考试，不再颁发资格证书，只需要进行相关信息登记。从业资格考试的取消，促使代理从业人员暴增，2016 年第一季度末，保险营销员数量突破 710 万，比 2014 年年底的 325 万人翻了一倍还不止，2016 年前 5 个月增长 205 万人，增幅达 41%，创下了保险行业历史增员的最高纪录！问题在于，"保险营销员的快速增长，必然会拉低保险营销员的整体素质，对保险行业的后续发展和服务水平带来潜在的风险，如会影响保险行业的展业质量，带来更多的保险纠纷"，有业内人士如上分析。

事实上，对于保险业务、特别是人寿保单业务及操作技能，不仅代理从业人员需要熟悉掌握，而且私人银行、证券公司、信托公司、资管公司、律师等各界专业人员以及欲进行保险消费的普通民众，都迫切需要了解掌握有关人寿保险保单的实务操作技能。

现在市面上，虽然有类似保险代理人员基础业务丛书等类似的书籍，但该类书籍针对的是入门新手，具有理论性强且实务操作性弱等特点，并且针对性不强。更重要的是，保险合同关系确定与履行，需要与法律紧密结合，在保险合同订立、履行、变更、终止、赔付等各环节，都要以法律作为指引及基础，遗憾的是，市场上几乎没有此类人寿保单与法律实务有效结合的书籍。

在此背景之下，ChPBCLUB（中国私人银行家俱乐部）的几位核心成员曾祥霞、刘长坤、陈云，联手中伦律师事务所贾明军律师，经过数年的辛苦努力与研究总结，汇合了近 50 万字经验与智慧的结晶，凝聚成了《大额保单操作实务》一书。

保险业务中，人寿保险比财产保险的业务量更大、重要性更高；人寿保险中，保费在几十元、上百万元甚至数千万元、上亿元的保单操作技能与法律要点，更是所有人寿保险从业人员关注的焦点。客观上，保险从业人员虽然大部分学历与知识结构有限，但学习的积极性和紧迫性都非常强，进取心十足，绝大部分保险代理人员都渴望和争取能承揽大额保单的业务。

大额保单不仅保费高、收益好，而且涉及知识面广、内容系统庞杂，是广大普通保险代理从业人员“可望而不可求”的业务。并且，保险从业技巧与法律操作要点一直被视为“业务机密”，仅在收费的各类培训班上有少许零散讲解，没有系统全套阐述，使大额保单业务对广大代理从业人员似乎“遥不可及”。本书的出版，力求丰富大额保单“操作秘笈”信息供给，增加相关人员的学习内容与渠道。

本书共计十章，各章循序渐进、却又有机结合。分别是：

第一章，超高净值客户的烦恼。即以超高净值客户的需求为引子，让读者了解和掌握潜在客户即服务对象的硬性需求。

第二章，什么是“大额保单”。大额保单虽然是业界普遍采用的通常说法，但却不是一个清晰的法律概念。因此，大额保单称呼的来源、含义、功能、分类等，都需要深入浅出的作一个介绍。并且，本书是以全球视野介绍大额保单的。

第三章，大额保单与债务隔离。很多人对保险与债务“隔离”有不正确的认识，甚至将保险与债务隔离画等号，这都是不客观的。本章详细阐述了保险法律关系的不同架构，依据法律的规定，如何实现相对“债务隔离”的操作技巧。

第四章，大额保单与婚姻。绝大多数人寿保单，都是有血缘或亲属关系的当事人之间与保险公司缔结而成的，因此，婚姻家庭关系的产生、变更、终止以及当事人的生、死、病、残等，都可能导致保险利益的变动，保险如何帮助家人进行人身保障与财富安全筹划是本章的重点。

第五章，大额保单与家族财富传承。保单的另一个重要作用，就是帮助家族实现财富的顺利传承。在家族财富传承过程中有可能遇到各种各样的问题，如何通过保险与其他金融、法律等工具的结合，为高净值人士构建综合性的财富传承架构，将是本章阐述的重点。

第六章，大额保单与税收筹划。税收是高净值客户必须面对的重要法律问题，保险赔付后，因不是被保险人的遗产，因而不产生遗产税、不计入所得收入的法律规定，使保险对于合理节税有着重要的功能作用，本章即以全球保险与节税筹划为切入视角，进行全方位的汇总。

第七章，大额保单与健康风险管理。构建高端医疗保险与重大疾病保险相互配合的健康风险管理体系。高端医疗不仅仅解决被保险人的治疗花费，更是整合全球优质医疗资源、体现尊严救治的重要体现。重大疾病保险则可以在损失较为严重的健康风险发生之时，准备一笔急用的现金，而不至于因为短时间的大资金需求而造成流动性风险，并且对这一阶段的人力资本进行一定程度的补偿，由此使家庭家族的财务架构更为稳健。

第八章，大额保单与私人信托。目前，国内已于2012年开始了保险金信托业务；而在海外，信托、保险是超高净值客户通常采用的财富管理方式。本章从专业精湛的视角，阐述了将保险与信托结合在国内外的实践与操作技巧。

第九章，境外大额保单。目前，相当多的高净值客户在海外、特别是中国香港地区购买了大额保单，以2016年上半年为例，仅前6个月，内地人士在港购买的大额保单保费高达300余亿港元，创历年新高。对境内外大额保单的各自优势和不足的精读，可以让读者更客观地看待境内、外大额保单的优劣，了解和掌握签约的流程细节，为客户提供全球视野的方案与筹划。

第十章，大额保单综合案例分析。是本书精彩的收尾，也是本书最精华的部分。事实上，任何一种财富管理需求（包括保险）都是为了解决客户“一揽子”财富管理需求的一个环节，任何一种理财工具，也都是为综合方案而生。以保单为中心，如何设计和筹划客户需求解决方案，是高端业务、是高级人才必须掌握的技能，第十章，即采用了大量图例，指导读者如何分析、筹划和解决客户需求与制定方案。

在本书的撰写过程中，得到了各界好友的大力支持。感谢磐合家族办公室创办人颜怀江博士为本书家族传承及境外大额保单等内容的指导；感谢北京工商大学保险学系主任王绪瑾教授对本书的认可与指导；感谢北京工商大学保险学系宁威教授对本书精算方面提供的指导；感谢华税律师事务所魏志标老师为本书的涉税内容进行核校；感谢安致勤资会计师集团张国礼老师为本书涉外税务方面给予的指导；感谢上海勤理律师事务所任文霞律师对本书中涉信托内容的核校；感谢蔡子建先生、郑嘉杰先生及黄庆庆女士对境外大额保单方面的核校；感谢中伦（上海）律师事务所张心仪为本书的插页部分精心制作；感谢曾碧霞对本书部分图表资料的整理；感谢法律出版社冯雨春主任以及整个编辑团队对本书付出的心力；感谢家人及朋友在本书创作期间给予的支持与鼓励；同时感谢支持本书出版的所有朋友们。

《大额保单操作实务》撰写成员

曾祥霞　贾明军　刘长坤　陈云

2016年10月13日于北京

目　　录

第一章

高净值家庭的“烦恼”

你们现在很幸福，因为你们就一个烦恼——“没钱”；等你们有钱了，你们的烦恼就多了！

——颜怀江博士在私人银行家培训中的讲话

中国的改革开放已经历了将近40年，所取得的成绩可以说是举世瞩目，不仅经济总量跃升世界前列，国民财富更是出现爆炸式的增长。30年前，“万元户”尚且凤毛麟角，亿万美元资产更是遥不可及；而如今，百万美元级家庭随处可见，十亿美元级富豪，大中华区在2015年就有568人，首次超越美国，成为全球十亿美元级富豪最多的地区，其中北京居住了其中的100位。①

年份	数量（位）	年增长率（%）
2010	55，000	7.8
2011	60，000	9.1
2012	63，500	5.8
2013	64，500	1.6
2014	67，000	3.9
2015	78，000	16.0

资料来源：胡润研究院。

图1－0－1　中国亿万美元富豪数量与增长率

然而，随着财富的增长，高净值家庭的烦恼也越来越多，这些烦恼来源于多个层面，包括政治、法律、经济、家庭等层面。

就法律、经济和家庭层面而言，高净值家庭会面临哪些烦恼呢？笔者总结了十个方面，以供借鉴参考。

① 中金在线：《2016胡润全球富豪榜前100名榜单（全榜单）》，载 http://money.cnfol.com/caishenghuo/20160808/23229144.shtml，最后访问日期：2016年8月12日。

第一节 “烦恼”来源于巨额资产

《论语·季氏》有云:“不患寡而患不均。”当社会财富差距不明显时,贫富差距不大,彼此之间相对和谐的可能性较大;但是,如果贫富不均,尤其是具有血缘关系的亲人之间出现这种差异的时候,心态可能失衡、矛盾自然激化。

案例1-1-1①

2016年4月,各大媒体纷纷报道了“中国船王后人获日本2.3亿赔偿引家族纠纷”一事,引发社会广泛关注。一场持续了77年、历经家族4代的官司,以原告胜诉告终,原本是一件大快人心、足以告慰先人在天之灵的事情,但现在却因家族纠纷而蒙上了一层阴影。

第一代的家族成员陈顺通以航运起家,并于1936年将两艘货轮租借给日本公司,后因战事及其他原因,一直没有归还。1939年,陈顺通第一次踏上日本,开启追索之路,这一开始就是77年。

1949年年底,由于胃癌晚期,陈顺通辞世,追索重任以遗嘱的形式,托付给了长子——第二代的陈洽群。

1985年,陈洽群突发脑溢血。两年后,将此重任以委托书的形式委任其长子和次子——第三代的陈震和陈春。经过不懈努力,日本方面于1996年5月,做出了愿意赔偿的表态。至此前后耗时57年,陈家看到了胜利的曙光。与此同时,陈家内部开始出现不和谐的争产声音。

2010年12月,最高人民法院作出了陈家胜诉并获赔1.9亿元人民币的终审判决。② 至此,陈氏家族终于赢了这场持续了数十年的“诉讼长跑”。然而,还没有等到赔偿到位,第三代的陈氏兄弟先后去世,追索重任又落到了陈春长子——第四代的陈中威肩上,直到2016年4月,陈家终于获得了应有的赔偿,但随之而来的是,陈

① 腾讯新闻:《中国船王后人获日本2.3亿赔偿引发家族纠纷》,载 http://news.qq.com/a/20160427/005841.htm,最后访问日期:2016年8月12日。

② 百度百科:《对日民间索赔第一案》,载 http://baike.baidu.com/link?url=Hm_To_PQ4uGld1vXx2CXIRfjekvEPyDaSAF6UmctN8aHOamq--pvNGoYwR7OQlxEEPNaLmW_ApDDuZSx2ZLWWa,最后访问日期:2016年8月12日。

顺通的其他后人，正在争取适用中国《继承法》的相关规定，对这部分赔偿金展开争夺。

通过简单梳理这个案例，我们可以发现，在不确定能否获得赔偿的前面57年，鲜有陈家人对此事提出质疑和挑战的相关报道；而当1996年日方愿意赔偿之后，争产的声音开始出现，当2016年最高人民法院的判决下达后，陈家纷争又起，这不得不让人唏嘘。

做个大胆的假设，如果陈家在1996年没有获得日方愿意赔偿的表态，也没有获得最终的胜诉，陈家其他人是否还会为此展开争夺，或有疑问。

所以，当我们没有巨额财富时，我们梦想对财富的拥有；但当我们梦想实现时，对巨额财富所拥有的"烦恼"就随之而来。除了上述案例中引发家族争斗的"烦恼"之外，还有诸如管理、继承、追求更多财富的"烦恼"。

以继承为例，当家庭财富不多的时候，继承也许很简单。长辈临终前将一家大小招至床前，一一分配，哪些资产给谁，简简单单、明明白白，一家人相安无事。但是随着家庭财富的增加，财富的分布和形态必然会出现多样化，长辈临终前的几句交待肯定解决不了问题。比如，被继承人指定某处的一套房产由儿子继承，但是当拿着被继承人的死亡证明去房产中心继承房产的时候，可能会被告知需要提供继承权证明、其他继承人放弃继承权的证明、独生子女证明、与被继承人关系证明（俗称的证明"你爸是你爸"）等文件。也许继承人还要多次往返于户口所在地、常住地、原籍地、资产所在地之间等，不一而足，如果届时有遗产税，还需要缴纳高额的遗产税才能继承遗产。

继承人多能引起烦恼固然可以理解，其实继承人少也能引起烦恼。

没有想到，已经成为中国大陆首富的万达集团董事长王健林，也有自己的烦恼。近日在接受《新京报》记者采访时，他坦言："自己在工作和生活中，都有烦恼。现在最大的烦恼，就是万达接班人的成长问题。"①

就传承问题，《新京报》记者直接问过王健林："王思聪（王健林之子）以后会接替你执掌万达吗？"王健林回答："他已经明确表示，不会执掌万达。他有他自己的性格，有自己喜欢的领域。"

所以，当我们享受着高额资产所带来的喜悦同时，更多的烦恼也会接踵而至。

---

① 和讯新闻：《富人的烦恼》，载 http://news.hexun.com/2015-06-01/176346270.html，最后访问日期：2016年10月1日。

第二节 “烦恼”来源于缺乏规划

《礼记·中庸》中讲道:“凡事豫则立,不豫则废;言前定则不跲;事前定则不困;行前定则不疚;道前定则不穷。”因此,“言、事、行、道”都应该有充足的事先准备,这样才不会最终招致“跲、困、疚、穷”的不堪后果。

其实,财富管理也是一样的道理,我们很多的烦恼,都是源于没有事先做好充分、合理的规划安排。比如,一些投资者为什么会出现投资损失,甚至是被骗?究其原因主要在于没有事先做好充分的研究分析:既没有对拟投产品的属性和特征做出合理的判断,也没有对自身的风险偏好和投资能力做出正确的评估,更有甚者仅凭他人的一面之词甚至是一则广告、一个代言,就去冲动投资,结果可想而知。

以知名的案例e租宝和泛亚为例。有多少投资者是冲着e租宝疯狂的广告和某些经济学家的站台而参与的,我们不得而知,但各种网络的声讨和线下的维权,则一再提示我们此类投资者不在少数。当我们在痛恨这些不良平台和无耻骗徒的同时,是否也应该躬身自省呢?如果投资之前我们能够更理性地分析和规划,是否还会有如今的烦恼?历史不容假设,却需要铭记!

然而,由于没有周详的事前规划进而导致财富在传承的时候出现烦恼的案例,更是不胜枚举。

“5·12”汶川地震已经过去七年多了,但这场灾难带来的伤害还在继续,尤其是对孩子们的伤害,据报道,[①]在震后确认的630名孤儿中,只有12人被好心人士收养。剩下这些人的生活和教育虽说有国家和政府负责,但质量很难得到保障。如果这些孩子的父母们,能提前做好子女教育和生活的安排,当这些无可预知的灾难降临时,至少不会给幸存下来的孩子造成二次伤害,能够保障其良好的生活和教育。

案例1-2-1[②]

2007年6月,一代相声大师侯耀文因突发心源性心脏病在北京昌平区沙河玫

① 新华网:《汶川地震630名“地震孤儿”仅12人被成功收养》,载http://news.xinhuanet.com/yuqing/2013-05/12/c_124697854.htm,最后访问日期:2016年8月16日。

② 新浪娱乐:《著名相声演员侯耀文突发心脏病猝死家中》,载http://www.niba.com/f/c83a4ebc_4306718.html,最后访问日期:2016年8月16日。

瑰园别墅家中去世，年仅59岁。由于事发突然，侯耀文没有留下遗嘱及其他任何关于其身后事的只言片语，由此导致了一场旷日持久的争产案。

围绕着“8000万的遗产”，侯耀文的哥哥侯耀华和其女儿侯瓒之间展开了争夺，直到2011年6月，双方达成和解，此事才告一段落，而侯耀文的遗体才得以入土为安。

在以“死者为大”的传统文化下，一代相声大师，在其尸骨未寒之际，就上演了至亲家人反目成讼的戏码，并最终导致遗体不能入土为安，实在令人唏嘘。

假如侯耀文能够在其身前对于其身后事做出一些必要的安排，对于其遗产的继承做出明确的规划，也许就能避免这些纠纷。

名人尚且如此，普通家庭亦然。我们永远不知道意外何时、何处会降临，唯一能做的就是提前做好规划安排，当这些意外降临的时候，尤其是这种意外有可能导致生命终结的时候，我们依然能够从容应对，减少甚至避免一些不必要的烦恼，让亲情更团结，让家庭更和睦。

第三节 “烦恼”来源于信息泄露/披露

每个人都应该有自己独立的空间和受法律保护的隐私,《侵权责任法》第二条[①]也明确隐私权属于民事权益之一,应当受到法律的严格保护。

虽然有法律的保护,但是现实情况不容乐观,到处充斥着个人信息“满天飞”的新闻:既有“2000万酒店开房信息遭泄露”[②]“近百万条快递信息被出售”,[③]也有“80万份保单个人信息被泄密”[④]“130万考研信息被公然出售[⑤]”,这一系列重大侵犯隐私的事件一次又一次地进入社会公众的视野,刺激着我们的神经。在“科技改变生活”的当下,如何保护我们的隐私成为越来越多群体都关注的焦点问题。

此外,我们时常能够接到各类推销电话、诈骗电话,有时候对方甚至对我们的姓名、住址、身份证号、家庭成员也了如指掌。而这些信息的泄露,不仅对我们的生活造成了困扰,也极度考验着我们的财富安全。

除了隐私被动的遭人泄露导致的各种“烦恼”和风险之外,另一些“烦恼”可能还会来源于我们主动的披露。

纳税是公民应尽的义务,但是在税法的范围之内进行合理的税务筹划也是公民的权利。《税收征收管理法修订草案(征求意见稿)》[⑥]正在紧密的修订之中,可能在“十三五”期间将会完成修订并公布实施,届时每个人都会有一个唯一的纳税识别号。

---

① 《侵权责任法》第二条:侵害民事权益,应当依照本法承担侵权责任。本法所称民事权益,包括生命权、健康权、姓名权、名誉权、荣誉权、肖像权、隐私权、婚姻自主权、监护权、所有权、用益物权、担保物权、著作权、专利权、商标专用权、发现权、股权、继承权等人身、财产权益。

② 百度百科:《2000万开房数据泄露事件》,载 http://baike.baidu.com/link? url = Wo7lrWLVnGghJwPN5spdLNcS0ErbxKDqKIG3WeADNqb9bAF_RnV83XG_QlvKbUr6Hs4CVy0 R4O9x3Z6L5Y8n6q,最后访问日期:2016年8月16日。

③ 新浪财经:《圆通百万客户信息被实时兜售被疑有内鬼》,载 http://finance.sina.com.cn/chanjing/gsnews/20131022/120417069946.shtml,最后访问日期:2016年8月16日。

④ 新华网:《中国人寿个人信息泄漏 80万份保单可上网任意查》,载 http://news.xinhuanet.com/fortune/2013-02/27/c_124394652.htm,最后访问日期:2016年8月16日。

⑤ 腾讯网:《130万考研用户信息被泄露 无人管考生维权难》,载 http://edu.qq.com/a/20141218/016764.htm,最后访问日期:2016年8月16日。

⑥ 国务院法制办公室:《国务院法制办公室关于〈中华人民共和国税收征收管理法修订草案(征求意见稿)〉公开征求意见的通知》2015年1月5日,载 http://www.chinalaw.gov.cn/article/cazjgg/201501/20150100397930.shtml,最后访问日期:2016年8月16日。

与此同时,国家对于个人信息及其名下资产的信息管理也在悄然进行。在国内,对不动产进行统一登记、更换居民二代身份证并采集指纹信息、对信托产品进行统一登记、手机号实名制、银行卡实名制;在国际上,签署《金融账户涉税信息自动交换多边主管当局间协议》,这意味着中国将在各签署国之间自动的、无须提供具体涉税理由的获取中国税务居民的税务信息。另外,传说中的房产税、遗产税、赠与税即将开征的消息也越来越频繁地出现在公开媒体的报道中。这些都可能会给高净值人士带来更多的"烦恼",尤其是对于超高净值家庭而言,更是如此。

案例 1-3-1①

2012 年 6 月,俏江南通过了香港地区联合交易所的上市聆讯,获准于香港地区上市,计划募集资金 1 亿~2 亿美元。但时隔半年,俏江南仍不见上市动作,据接近张兰的知情人士透露,张兰改变国籍引起的舆论热潮或令俏江南上市暂时搁置,何时上市遥遥无期。

12 月初,修改国籍,让张兰和俏江南成为公众关注的焦点。

张兰随后回应修改国籍消息时,这样自嘲:"不是为了在中国香港上市,谁愿意放着中国公民不当,当岛民呢?"

而此前,俏江南曾于 2010 年 3 月开启 A 股上市承销招投标工作,2011 年 3 月正式提交上市申请,2012 年 2 月被告知终止审查,被 A 股拒之门外。而数月之后,俏江南就获得香港股市准入许可。

知情人士称,张兰改变国籍令俏江南的顾客骤降,"大家都不愿意去一个卖国贼开的店里吃饭",同时,受此影响券商给的估值普遍偏低,远达不到张兰希望的标准。

"张兰希望再等等,等社会舆论对其改变国籍的关注点降低后再择机上市",但什么时候上市合适呢?上述人士表示,"现在不好说,只能暂时搁置,上市时间恐遥遥无期"。

移民本是一件私事,而张兰竟因为一件私事被网络热炒,从而失去了公司上市的机会,不禁让人唏嘘。

---

① 搜狐证券:《张兰移民事件负面效应凸显　俏江南上市遥遥无期》,载 http://stock.sohu.com/20121225/n361555723.shtml,最后访问日期:2016 年 8 月 16 日。

第四节 “烦恼”来源于丧失财富掌控权

高净值家庭的“烦恼”之一来源于没有提前的规划，为了解决这一问题，部分高净值人士趁着头脑清晰，提前做好财产处置，将自己名下的资产分配给后代。从表面上来看，这样似乎能够避免因为没有提前规划而带来的诸多烦恼，但这只是“治标不治本”的方法。

当高净值人群通过所谓的“提前规划”将自己名下的资产直接分配给后代后，他们对于这部分资产就失去了基于所有权人的掌控，同时也很难对这部分资产的运用、管理产生实际的影响。最终随之而来的后果，可能是子孙不孝、生活没有保障甚至露宿街头。

案例1-4-1①

2016年3月，有媒体报道，一对年逾八旬并育有4儿1女的老夫妇，在儿子家门口的楼道里睡了两宿，这是怎么回事呢？原来事情是这样的。

77岁的朱奶奶和老伴是在2016年3月26日晚从西冉村大儿子的住处过来的。几天前，大儿子的房子刚签署拆迁协议，被要求两日内搬走。随后，大儿子一家搬到了一处宿舍，又雇了一辆车将老两口和被褥行李送到了三儿子家门口。从26日晚至27日晚，两位老人一直住在楼道。之后三儿子和儿媳将老人接进屋内，随后携带钥匙外出。二老向其索要钥匙，却被儿子拒绝。有时候，三儿子会将给父母喂饭的照片传给姊妹，并称他不认为父母生活地不开心，“你别看我爸妈穿的破，可他们心里挺快乐的”。

另据老人透漏，她和老伴儿都是河北人，早前来到北京，老伴儿在一家木材厂工作。如今三儿子住的小区原本是老伴儿工作单位的宿舍，后来宿舍拆迁，单位给分了三套房，都在该小区，二层、三层各一套，旁边另一号楼还有一套，但这三套房都被三儿子占着，一套自住，另外两套出租。

---

① 新浪新闻：《7旬老人有5个子女却住楼道　儿子迟迟不现身》，载http://news.sina.com.cn/o/2016-03-28/doc-ifxqsxic3434646.shtml，最后访问日期：2016年8月16日。

我们在此不对事情的起因及对错进行过多的描述和评论，但通过该事件所折射出的若干问题值得我们思考：

其一，老夫妇本身有三套回迁房，却全部交由三儿子处理，其中一套由三儿子自住，另外两套被三儿子用来出租，最终导致自己露宿楼道。如果从一开始这些房产就在老夫妇的控制之下，则不会出现如此人间悲剧。

其二，老夫妇的子女明知父母住楼道，却依然放任这样的事情发生。如果老夫妇名下还有其他资产，儿女可能不至于让父母饱受参天露宿之苦。

其三，三儿子将父母反锁家中，并认为在如此境遇下，穿着破烂的父母，心里依然是快乐的。也许老一辈都足够朴素，但朴素并不代表乐意穿破衣、住楼道。如果老两口还有足够可支配的资产，也应该不至于落魄至此。

“世人都晓神仙好，只有儿孙忘不了！痴心父母古来多，孝顺儿孙谁见了？”曹雪芹的一首《好了歌》道出了其对现实的愤懑和失望，尤其是那些被我们寄予厚望的子女，有时候却未必如我们所愿。唐朝诗人杜牧在一千多年前所写的《老来难》，不仅揭示了老年生活的苦楚，更是向我们敲响了老年生活的警钟。尤其是对于高净值家庭而言，他们原本是有能力过一个能自立、有尊严、高品质的养老生活，却因为自己对财产不合理的提前分配，导致养老梦“一枕黄粱”。而这些“烦恼”主要来源于对财富失去了应有的控制。

第五节 “烦恼”来源于婚姻变化

当我们提前将财产分配给子孙,除了可能会带来生活没有保障的烦恼之外,还有可能需要面对子孙的婚姻变化带来的诸多“烦恼”,首当其冲的就是财产分割的烦恼。

按照《中华人民共和国婚姻法》(以下简称《婚姻法》)及其司法解释的相关规定,父母对子女的赠与,没有特别说明的,应视为对夫妻双方的赠与;①另外,夫妻一方个人财产在婚后产生的收益,除孳息和自然增值外,应认定为夫妻共同财产。②这就意味父母赠与给子女的财产,如果不进行合理、妥善的规划,一旦孩子未来面临婚姻变动时,该部分财产可能遭受部分,甚至是一半的分割。

此外,实务中,由于夫妻常年一起生活,即使双方婚前约定了个人财产的归属,但婚后也容易与其他夫妻共同财产产生混同,从而面临婚姻变动时财产被分割的风险。

除了父母赠与或者传承财富给子女后,由于子女的婚姻变动所造成的财产分割之外,即使财富掌握在自己名下,也有可能会因婚姻变化而面临损失。

案例 1-5-1③

2005 年 1 月,王微创办中国第一家视频网站土豆网。2010 年 11 月,作为第一家视频网站申请赴美上市,不料却遭遇王微前妻杨蕾要求分割夫妻共同财产的诉讼,不得不暂停上市进程。2011 年 6 月,王微以 700 万美元为代价,④与杨蕾达成了

---

① 《婚姻法》第十七条:夫妻在婚姻关系存续期间所得的下列财产,归夫妻共同所有:(一)工资、奖金;(二)生产、经营的收益;(三)知识产权的收益;(四)继承或赠与所得的财产,但本法第十八条第三项规定的除外;(五)其他应当归共同所有的财产。夫妻对共同所有的财产,有平等的处理权。第十八条:有下列情形之一的,为夫妻一方的财产:(一)一方的婚前财产;(二)一方因身体受到伤害获得的医疗费、残疾人生活补助费等费用;(三)遗嘱或赠与合同中确定只归夫或妻一方的财产;(四)一方专用的生活用品;(五)其他应当归一方的财产。

② 《最高人民法院关于适用〈中华人民共和国婚姻法〉若干问题的解释(三)》第五条:夫妻一方个人财产在婚后产生的收益,除孳息和自然增值外,应认定为夫妻共同财产。

③ 腾讯网:《王微离婚纠纷或导致土豆网红筹上市面临风险》,载 http://tech.qq.com/a/20101122/000316.htm,最后访问日期:2016 年 8 月 16 日。

④ 和讯网:《王微 700 万美元与前妻和解》,载 http://tech.hexun.com/2011-06-27/130911347.html,最后访问日期:2016 年 8 月 16 日。

和解,随后重新提交上市。但此时市场已经发生了重大变化,一方面,在美上市的中国概念股正经历着持续的下跌;另一方面,成立于2006年6月的优酷已经先于土豆一步于2010年12月上市成功。最终虽然土豆网也上市成功,但由于错过了最好的时机,最终的结局是土豆被优酷收购,王微也于2012年8月离开了一手创办的土豆网。

如果王微能够做好财产的规划,避免婚姻变动对财产、尤其是拟上市公司股权的影响,也许土豆网能够在更好的时机上市,从而带来不一样的结果。

虽然说历史不容假设,但必须铭记和借鉴,倘若不然,也许昨天发生在别人身上的故事,有朝一日会成为自己切肤之痛的事故。

第六节 "烦恼"来源于子孙败家

《增广贤文》曰:"兴家犹如针挑土,败家好似水推舟。"子孙后代败掉万贯家财的案例,在现实中可谓不胜枚举。中国自古就有"富不过三代"的魔咒;葡萄牙有"富裕农民——贵族儿子——穷孙子"的说法;西班牙也有"酒店老板,儿子富人,孙子讨饭"的说法;德国则用三个词"创造、继承、毁灭"来代表三代人的命运。

可见,子孙败家不仅是中国家庭的"烦恼",也是世界性的"烦恼"。而形成这些"烦恼"的原因多种多样,既有自身主观的因素,也有外在客观的原因。"外因"也许我们无能为力,但"内因"是可以加以避免的。

子孙败家的"内因"归结起来,无外乎两个方面:一是能力有限,自身无法驾驭巨额的家族财富;二是不务正业,不会合理利用家族财富。

在第一种原因下,子孙面对父辈留下的巨额财富及庞大产业,确实会有心有余而力不足的情况。

案例 1-6-1①

海鑫钢铁成立于 1987 年,是一家以钢铁为主业,集资源、金融、地产、儿童教育等行(产)业为一体的大型企业集团,为山西省最大的民营钢铁企业。2003 年 1 月,创始人李海仓在自己的办公室遇刺身亡,其子李兆会被迫中断了在澳大利亚的留学回到国内,不得不提前开始了他的企业家生涯。

十年时间,海鑫的钢铁生意日渐没落,有媒体报道称,2014 年 3 月,海鑫钢铁未能偿还逾期银行贷款面临破产。根据此后公布的数据,海鑫钢铁集团涉及的债务风险敞口有 150 亿元到 200 亿元。仅民生银行在"海鑫系"的贷款敞口就超过 30 亿元。

从接班时排名位列全国民营企业 50 强,到破产重组,李兆会用了 11 年。中间也有过辉煌,如荣登山西最年轻的首富、年产值近百亿元。然而,最终还是走向了破产,这中间的原因既有外部经济环境及产业环境所致,也有自身的原因。

据报道,李兆会接班前,海鑫钢铁当时主要由李兆会的"五叔"李天虎帮助李海

① 四维金融:《山西首富就这么倒下了! 40 亿资产全被败光!》,载 http://www.swjrzk.com/19296.html,最后访问日期:2016 年 8 月 16 日。

仓打理。但李兆会接任后，先是将创业元老、海鑫集团副董事长兼党委书记辛存海调离权利核心。之后，李天虎也被巧妙地"赶走"。

随后，李兆会请来了与自己关系最近的"六叔"李文杰，此后很长时间内李文杰都是海鑫钢铁的实际掌舵人。2009年后，李文杰逐渐从海鑫的管理层消失。

之后，李兆会的妹妹李兆霞被海鑫集团内部认为是实际控制人，她控制着公司的财务大权。

此外，由于对经营钢铁企业缺乏兴趣，李兆会将更多的时间、精力用在了二级市场的资本运作，并且将海鑫钢铁变成了其游戏资本市场的提款机，不断从海鑫钢铁抽血输向资本市场，然后很多资金消失于无形。

媒报称，频繁的人员变动，再加上李兆会醉心投资业务无心企业经营，曾经盛极一时的海鑫集团在闻喜的总部逐渐变成了一个"空巢"，并最终成为了海鑫破产的原因之一。

如果李海仓没有遇害，或者能够提前规划好企业接班人计划，避免李兆会仓促接班；即便仓促接班，也能保证在其无心经营企业时有个稳定的机制或者团队帮其经营决策，也许就能够避免海鑫集团的悲惨结局。因此，这个案例非常值得所有企业主借鉴和思考。

而第二个原因，则更加容易理解。当今社会关于富二代的各种负面新闻早已充斥了大家的眼球。无论是"二环十三郎"，①还是"我爸是李刚"；②无论是在国内时的花天酒地，还是去国外后的纸醉金迷，这些无不折射出部分"富二代"在对待财富方面的随意，尤其是有朝一日其完全掌握了父辈留下的财富后，随之而来的"烦恼"将会更多。

案例1-6-2③

2014年5月，一则"海翔药业易主：富二代董事长4年败掉40年家业"的报道

---

① 百度百科：《二环十三郎》，载 http://baike.baidu.com/link?url=toW3fL18lbhq9tzobrjLe6rZbaiqQTuuU4i3FdHDUOrEYCyYqsFbkc1vZScBqiipU2_wuAnXHC1GZ1qlN3k24K#1，最后访问日期：2016年8月16日。

② 网易新闻：《李刚之子被控交通肇事》，载 http://news.163.com/11/0125/04/6R7FL4DF00014AED.html，最后访问日期：2016年8月16日。

③ 新浪财经：《海翔药业易主：富二代董事长4年败掉40年家业》，载 http://finance.sina.com.cn/stock/s/20140509/104419055608.shtml，最后访问日期：2016年8月16日。

引来了市场的广泛关注。

位于浙江台州的海翔药业成立于 1966 年，前身是“黄岩县海门镇日用化工厂”，1980 年更名为“浙江省海门区化工二厂”。之后几度更名和进行股权结构转换，最终成立浙江海翔药业股份有限公司，主营业务为化学合成医药原料药和精细化学品的生产，公司 70% 以上的产品出口海外，客户包括德国的巴斯夫和比利时的杨森。2006 年 12 月 26 日，在创始人罗邦鹏的带领下，成功在深交所中小板上市（以下简称海翔药业，证券代码：002099）。从成立之初规模较小的乡镇企业到最终顺利挂牌上市，该企业历时 40 年，几乎等于一个人的半辈子。

罗邦鹏的儿子罗煜竑 1997 年大学毕业后进入海翔药业，曾在生产车间、研发中心、销售和质量管理等部门工作。2004 年前，先后担任公司总经理助理和副总经理职务。2004 年 4 月，罗煜竑当选为海翔药业董事。

2007 年起，罗邦鹏逐步退居幕后，罗煜竑在 2008 年 9 月至 2009 年 12 月担任公司总经理，2010 年 4 月当选为董事长。2010 年 9 月，罗邦鹏将其所持有的 3480 万股海翔药业股份转让给罗煜竑，后者以 24.67% 的持股比例，成为海翔药业实际控制人。至此，二代的罗煜竑正式接班。

2013 年 10 月 15 日，海翔药业停牌，停牌前的股价为 6.69 元。

2014 年 4 月 30 日，罗煜竑以 3.8 亿元的总价（单价为 6.4 元/股）清空了其所持有的 5940 万股海翔药业股份（占总股本的 18.31%），罗家彻底退出经营了四十多年的企业。

2014 年的 5 月 6 日，海翔药业复牌，开盘价为 7.36，如今随着股市的起起落落，复权后的股价截至 2016 年 4 月 29 日收盘价为 18.86 元，其间最高为 37.4 元。

关于海翔药业易主的原因，可谓众说纷纭，既有二代因嗜赌而欠 5 亿赌债被迫贱卖公司股份一说，①也有他人设局的阴谋论②，还有罗家出于投资规划及产业布局的考虑一说③等。但无论是哪种说法，海翔药业易主已是不争的事实，也给我们留下了深刻的思考。

---

① 凤凰财经：《传海翔药业董事长因欠 5 亿赌债被迫贱卖公司》，载 http://finance.ifeng.com/a/20140509/12298696_0.shtml，最后访问日期：2016 年 8 月 16 日。

② 新华网：《海翔药业新任控制人否认设局　少东家赌博或是流言》，载 http://news.xinhuanet.com/finance/2014－05/16/c_126507491.htm，最后访问日期：2016 年 8 月 16 日。

③ 每经网：《海翔药业控制权易主背后　浮现“新和成”身影》，载 http://www.nbd.com.cn/articles/2014－05－14/833629.html，最后访问日期：2016 年 8 月 16 日。

先来简单的算一笔账，如果罗家于两年后即2016年4月29日，以市价转让所有股份，其总市值应该是11.2亿元，比其两年前3.8亿元的转让价多了7.4亿元；而如果是按照期间37.4元的最高价，其转让总价应该是22.2亿元，相比之下更是差了18.4亿元，这对谁而言都是一笔巨大的财富。

试想一下，如果二代手里没有直接掌控公司股权，二代只享有企业经营权或者分红收益权，那么公司股权可能不会受其个人因素的影响。即使企业出于投资规划及产业布局的考虑，罗家在停牌期间一次性以低于停牌前的价格转让所有股份的行为还是让人充满疑惑。

无论真相如何，此案对于已经或者逐步进入接班期的高净值家庭来说，值得借鉴和参考。

第七节 “烦恼”来源于公私不分

这里所谓的“公私不分”,并不是指公众资产和私人资产的不分,而是指企业资产与家庭资产不分。

中国的高净值家庭大部分都拥有企业,他们在企业创立之初往往是把大部分甚至是全部的家庭资产都投入企业里面去,这对于企业的发展壮大确实有着非常重要的推动作用;而在企业发展过程中,为了累计企业资本,增强企业实力,很少分红,甚至当家庭需要用钱时采取股东借款的形式予以满足;而一旦企业经营出现资金困难时,家庭资产就成了企业的第一提款机;由此,属于家庭的巨额资产就都放在了企业之中,久而久之,就很难严格区分企业资产与家庭资产的界限。

还有些企业主为了一些特殊的目的,如为了减少应税所得,干脆在企业经营过程中,以个人账户接收企业的往来款项,这在一定程度上造成企业资产与个人及家庭资产难以区分的局面。

另外,当企业经营需要融资时,无论是通过银行贷款,还是信托融资,甚至做股权融资的时候,很多企业主及其配偶往往被要求提供个人无限连带责任担保。从债权人的角度来说,这是风险控制的一个手段,也能够从侧面说明企业主对所投项目是否有足够的信心。但从企业主及其家庭来说,则意味着需要承担太大的风险。在企业经营一帆风顺的时候,确实“风平浪静”;一旦企业经营出现困境,甚至更严重的后果,原本属于企业有限的责任,或许需要家庭承担无限连带责任,烦恼将不可避免。

我们时常可以从电视里面看到这样的情节:原本一家生活富足,企业经营一帆风顺,岂料风云突变,企业经营出现困境,连同家庭生活也深受影响,长期的阔太太不得不委曲求全外出工作赚钱,甚至有时候妻离子散、家破人亡。每每看到这样的桥段时,我们都为主人公感到惋惜。然而,诸如此类的案例,现实中也并不罕见。

案例 1 -7 -1

我国台湾地区的前天喜旅行社总裁是郭正利。① 台北喜来登酒店门童出身的

① 俊杰趣闻网:《台湾天喜旅行社总裁郭正利生意失利 街边摆摊卖麻油鸡还债》,载 http://www.junjiewang.com/shehui/27553.html,最后访问日期:2016 年 8 月 16 日。

他，于1990年创办天喜旅行社，专营高端旅行线路，凭借自己的才干，用17年的时间，成为了身家40亿新台币的大老板，年营业额一度高达50多亿新台币。2007年更是斥资1600万新台币于台北喜来登酒店迎娶日本石川县山代温泉首富之女，一时风光无二。

不料天有不测风云，由于投资房地产失利，郭正利陪光了所有身家后依然欠下了15亿新台币的债务，之后旅行社倒闭，胞弟跳楼，娇妻亦离他而去。58岁的郭正利从云端跌入淤泥，不可谓不惨痛。

还有湖南长沙的付关政，[①]20世纪90年代靠着六条神奇的土狗发家致富，最高身家达数千万元。其保留的一张买车票据显示：上海市1995年4月20日批次生产的第一台豪华型桑塔纳，就是他花了20多万元买下的。在万元户尚且凤毛麟角的时代，他是传奇。

后来经朋友介绍开始养鸡，不幸遭遇禽流感，将所有资产都赔付之后，还欠下一千两百多万元的债务。

财富的流失对付关政来说都是小事，但对于孩子们教育的耽误，却让他无比的失落。“其实钱来钱去，心里落差虽然很大，但最对不起的，是耽误了孩子。”付关政说。大女儿计划好的出国留学，由于没有钱耽误了，二女儿学的新闻、三女儿学的艺术，最终都因为他生意的失败没有成才。

无论是我国台湾地区的郭正利，还是湖南的付关政，如果他们能够做好企业资产与家庭资产的区分，厘清企业责任和家庭责任的边界，当事业产生起伏时，很可能不会导致家庭产生如此变数。

商场如战场，我们永远无法预知未来，任何的瞬息变化都有可能让几十年的积累毁于一旦。而如何让商海的沉浮不波及家庭生活，是值得每个企业家去思考的。

---

① 搜狐新闻：《长沙老汉靠8平米小铺面卖香肠　3年赚近千万》，载 http://wei.sohu.com/20150526/n413770743.shtml，最后访问日期：2016年8月16日。

第八节 “烦恼”来源于意外变化

我们无时无刻不面临天灾人祸所导致的意外风险,甚至我们无法预知“明天”和意外究竟哪个会先来。而意外风险不但会给个人及家庭带来严重的创伤,若事先没有一个合理的规划,更可能会留给家人、尤其是年幼的子女和年长的父母更多的烦恼和痛苦。例如,汶川地震、“马航 370”、天津大爆炸等事件,多少个幸福的家庭瞬间支离破碎。

基于财产方面,除了可能引起亲人的争产纠纷之外,还会产生其他意想不到的“烦恼”。

案例 1 -8 -1[①]

小马奔腾,是一家以投资制作影视、演艺经纪、广告、新媒体、院线等多领域运营的娱乐传媒公司。前身是成立于 1994 年的北京雷明顿广告发展有限公司。自 2009 年开始,小马奔腾对公司进行集团化架构调整并对资源进行整合,最终成立了北京小马奔腾文化传媒股份有限公司。

投资拍摄了非常多的影视作品,包括电影《机器侠》《花木兰》《武林外传》《功夫梦》《无人区》《黄金大劫案》《越光宝盒》《倾城》等;还有电视剧《历史的天空》《甜蜜蜜》《我的兄弟叫顺溜》《新三国演义》《我是特种兵》等,一系列叫好又叫座的影视作品,让小马奔腾成为了业内具有很高信誉的影视文化公司。

然而,这一切都在 2014 年 1 月 2 日深夜,发生了变化——公司创始人兼董事长李明因突发心肌梗塞去世,年仅 47 岁。李明的突然故去,不仅让业内人士震惊,开始反思生命的脆弱,同时,也拉开了电视剧中常有的桥段——姑嫂股权之争。

在李明刚刚故去的时候,小马奔腾的法人、董事长和总经理由李明的遗孀金燕女士担任。而到了当年的 11 月,小马奔腾发布公告称,公司董事长、法人变更为李明的姐姐李莉女士,至此,姑嫂股权之争浮出水面。

10 月 31 日,小马奔腾董事长、创始人李明的遗孀金燕在新浪微博发表公开声

① 新浪:《小马奔腾姑嫂夺权大战 详解争产前后因果》,载 http://ent. sina. com. cn/m/c/2014 -11 -05/10304235735. shtml,最后访问日期:2016 年 8 月 16 日。

明，称小马奔腾的股东未经授权，在29日傍晚直接从公司带走了小马奔腾的公章，同时小马奔腾及其子公司的全部营业执照的正副本原件均不翼而飞。

11月3日，剧情急转直下，小马奔腾公司发布公告，称公司已在10月31日召开了股东大会和董事会，任命李明的姐姐李莉为董事长，该决议已于当日正式生效，会议召开及任命流程符合法定程序及公司章程的相关规定。

据悉，小马奔腾的大股东小马欢腾最初是由李萍和李莉发起成立的，后变更为李萍（李明妹妹）、李明和李莉三人出资成立，而根据金燕方面的说法，李明的部分股份由姐姐李莉和妹妹李萍代持，但姐弟之间并未签订代持协议，而李明去世后，代持的股份没有被李莉确认。

虽然既有金燕女士向法院提起诉讼的想法，也有著名编剧孔二狗发出“尽一切个人微薄的能力和社会资源誓死捍卫大狗哥遗孀金燕女士及女儿的财产和尊严”的呐喊，但有媒体分析，金燕女士要想“翻盘”夺回小马奔腾控制权，难度不小。

这也就意味，李明辛苦创下的财富，可能由其姐姐和妹妹继承了。再进一步分析，未来继承李明姐姐和妹妹财产的人是谁呢？按照《中华人民共和国继承法》（以下简称《继承法》）的规定，[①]第一顺位继承人为配偶、子女和父母。这意味，绝大部分财产终将归属于李萍、李莉的子女，即李明的旁系外甥辈，而自己直系亲生女儿，却很有可能无法享用。

在中国，基于各种原因而选择代持的企业非常多，当生活一帆风顺的时候，也许这种代持关系无关紧要，甚至能给我们带来一些便利；但若意外发生，由此带来的“烦恼”可能会比想象中的更严重。

---

① 《继承法》第十条：遗产按照下列顺序继承：

第一顺序：配偶、子女、父母。

第二顺序：兄弟姐妹、祖父母、外祖父母。

继承开始后，由第一顺序继承人继承，第二顺序继承人不继承。没有第一顺序继承人继承的，由第二顺序继承人继承。

本法所说的子女，包括婚生子女、非婚生子女、养子女和有扶养关系的继子女。

本法所说的父母，包括生父母、养父母和有扶养关系的继父母。

本法所说的兄弟姐妹，包括同父母的兄弟姐妹、同父异母或者同母异父的兄弟姐妹、养兄弟姐妹、有扶养关系的继兄弟姐妹。

第九节 “烦恼”来源于税收

我国的《税收征管法》正在紧锣密鼓的修订中,而国际间的《金融账户涉税信息自动交换多边主管当局间协议》也已经有多达一百多个国家和地区签署。未来人们不仅要针对国内收入主动申报纳税,对于发生于全球其他国家和地区的收入亦需要向本国政府及所在国政府主动申报纳税。虽然纳税是法定义务,但这显然也会给我们带来某些“烦恼”,包括税务申报、潜在的涉税风险,等等。

如果说以上的“烦恼”我们可以通过主动申报、及时申报、请人申报加以避免,那么遗产税所带来的“烦恼”确实会关系到每一个人的切身利益。

遗产税,[①]顾名思义,是针对死者留下的遗产征税,国外有时称为“死亡税”,其纳税义务人一般为遗产的继承人和受遗赠人。遗产税如果征收得当,对于调节社会成员的财富、增加政府和社会公益事业的财力有着积极的作用。遗产税常和赠与税联系在一起设立和征收。

遗产税最早产生于4000多年前的古埃及,近代遗产税始征于1598年的荷兰,其后英国、法国、德国、日本、美国等国相继开征了遗产税,到了20世纪,遗产税逐步成为一个固定的税种。目前,全球大概有一百多个国家和地区征收遗产税。

新中国成立前国民党政府曾于1938年10月正式颁布《遗产税暂行条例》,并于1940年7月1日起正式开征遗产税。

新中国成立后,1950年通过的《全国税政实施要则》将遗产税作为拟开征的税种之一,只是由于那个年代居民财富有限,而一直没有开征,改革开放已经进行了将近40年,我国居民财富无论是规模还是形态都发生了天翻地覆的变化,征收遗产税也一再被提上议程。

1994年的新税制改革将遗产税列为国家可能开征的税种之一。

1996年全国人大批准了《国民经济和社会发展“九五”(第九个五年计划)和2010年远景目标纲要》,纲要中提出“逐步开征遗产税和赠与税”。

---

① 百度百科:http://baike. baidu. com/link? url = ulVGGbJt_XSr – foONqKzNbgU8Ets4jERAsp – KNte57h0Ny – UjNtFBEMgEe0K – D4HxcFsgTIXy453B7s2Z93A_K#1,最后访问日期:2016年8月16日。

2004 年 9 月 21 日，中国经济网首次刊登了《遗产税暂行条例（草案）》。[1]

2004 年 11 月 19 日，有新闻称《遗产税暂行条例（草案）》已经上报到了国务院。

2010 年 8 月新出《遗产税暂行条例（草案）》，对其中部分内容作了修订，并且添加了新的内容。

2012 年年底，坊间盛传深圳将试征遗产税，虽后经证实为谣传[2]，但此事却引起了市场广泛的讨论和关注。

虽然时至今日，遗产税依然没有开征，但种种迹象表明，国家似乎正在为征收遗产税而做着各方面的准备：从各种信息的全国联网，到各类资产的统一登记；从国内资产的登记，到国外资产的摸底；这些都是在逐步的摸清个人名下的真实资产，待这些准备工作做完之日，也许就是我国开征遗产税之时，因此我们需要提前做好准备。按照国际惯例及《遗产税暂行条例（草案）》的相关规定，50% 的累进税率，对于超高净值的客户来说，意味着有将近一半的资产在其百年后交给国家，更重要的是，继承者需要拿出现金来先交税，才能继承遗产。

也许对本人来说，死亡是一了百了的事情，但对于继承者而言，死亡，有时候意味着烦恼的开始。

---

① 百度百科：《遗产税草案》，载 http://baike.baidu.com/link?url=jF-5cRMWDuZfEIdd9T6ZcgOHebyrizExbgmhL7-YGeJgVQtmn-mEytwJYjWMxHxRRa26iTWteQW-GTiRz18Cyq，最后访问日期：2016 年 8 月 16 日。

② 中国学网：《深圳再传遗产税 2016 年试开征　官方继续否认》，载 http://www.xue163.com/301/1/3017966.html，最后访问日期：2016 年 8 月 16 日。

第十节 “烦恼”来源于移民

曾几何时，移民是身份和财富的象征，尤其是移民美国等发达国家。然而，最近几年，移民所带来的烦恼越来越多，除了“好山好水好无聊”“每逢佳节倍思亲”的精神烦恼之外，对投资移民者而言，投资项目是否安全可靠，能否如愿拿到绿卡、是否会出现“钱卡两空”的悲剧等都是“烦恼”。

即便移民成功了，可能还会有诸如，福利并没有想象中好、保障并没有想象中高、教育并没想象中轻松、成功并没想象中容易等各种烦恼困扰着移民者。更关键的是，移民所带来的税务问题却比想象中要更高、更复杂、更严格。

以中国人钟情的移民地——美国为例，其完备的社会福利一般适合低收入人群。而申请移民者，大部分非富即贵，并不符合美国社会福利保障的范畴，即便符合美国社会保障的条件，其保障标准亦是非常低的。

也许很多移民者看中美国房产及土地的永久私有属性，相比国内土地仅 70 年的使用权，确实让人更放心，但是美国对于房产及土地高额的房产税及其他维护税费，也是一笔沉重的负担。

此外，美国除了高额的遗产税之外（最高税率 50% 左右），还有复杂的所得税。除了联邦政府征收之外，州政府、地方政府都有征收名目繁多的税。可以这么说，美国的税收是全球最高、最复杂、最严格的，而且其税收征收能力是全球最强的，偷税漏税的处罚力度是全球最大的，违法成本是全球最高的。

所以说，移民不是简单的居住地变更，也不是单纯的身份转变，而是涉及财产、文化、习俗等一系列因素的改变，所以提前做好充分规划安排是非常必要的，尤其是涉及财产问题，更需要谨慎，一不小心，也许辛苦创下的财富，顷刻之间就可能有部分甚至一半归属于他国政府。

除了以上十个方面之外，高净值家庭的“烦恼”还有很多。比如，子孙后代高质量的教育、家族成员高品质的养老、非婚生子女抚养与继承等，限于篇幅有限，本书在此就不一一列示和说明。

面对这么多的“烦恼”，我们该怎么办？有什么样的方法或者工具能够帮助我们规避这些烦恼或者减少烦恼发生的概率？这些工具又有什么样的特征和优势？我们在运用这些方法和工具时该注意什么因素？

接下来，让我们开始思想启迪之旅吧。

第二章

大额保单概述

保险和信托是私人财富保全与传承中最重要的两个工具，全世界都是如此。

第一节 保险与保险法概述

一、保险的起源

保险是最古老的风险管理方法之一。人类社会从初始就面临着自然灾害和意外事故的侵扰,在与大自然抗争的过程中,古代人们就萌生了对付灾害事故的保险思想和原始形态的保险方法。江湖上流传着很多关于保险起源的故事,有传说类的,有追根溯源类的,有讲述历史类的,等等。古今中外,不胜枚举。

我国历代王朝都非常重视积谷备荒。《礼记·王制》中记载:"三年耕,必有一年之食,九年耕必有三年之食。以三十年之通,虽凶旱水溢,民无菜色,然后天子食,日举以乐";又《汉书·食货志上》:"民三年耕,则余一年之畜……三考黜陟,余三年食。"孔子认为,若三年积攒一年的粮食,则九年可积攒三年的粮食,家有储粮,国库充盈,即使遇到灾荒的年份,也不必恐慌了。这是古人对保险的朴素认识。

从国外来看,早在公元前1792年的古巴比伦时代,共同分摊补偿损失条款便被收录进了《汉谟拉比法典》中。古巴比伦第六代国王汉谟拉比时代,商业非常繁荣,但在旅途中商人的货物或骆驼经常会遭遇风暴等不测,为了援助商业及保护商队的骡马和货物损失补偿,商人们商定了一个互助共济办法。按照这个办法,若旅途中有商人的货物因不测而发生损失或骆驼死亡,未受损的商人将从自己的获利中拿出一部分来分摊救济受难者;而假如旅途顺利,则每个商人将从自己的获利中留存一部分以作为下次运输补充损失的资金。如此一来,提高了整个商队对抗损失风险的能力,遭遇损失的商人可以用共济金重新购买骆驼以求东山再起。

公元前133年,在古罗马成立的各雷基亚(共济组织),向加入该组织的人收取100泽司和一瓶敬人的清酒。另外,每个月收取5泽司,积累起来成为公积金,用于丧葬的补助费,这可以算作人寿保险的萌芽。

15世纪后期,欧洲的奴隶贩子把运往美洲的非洲奴隶当作货物进行投保,后来船上的船员也可投保;如遇到意外伤害,由保险人给予经济补偿,这些应该是人身保险的早期形式。17世纪中叶,意大利银行家伦佐·佟蒂提出了一项联合养老办法,这个办法后来被称为"佟蒂法",并于1689年正式实行。"佟蒂法"的特点就是把利息付给该群体的生存者。著名的天文学家哈雷,在1693年编制了第一张生命表,精确表示了每个年龄的死亡率,提供了寿险计算的依据。18世纪四五十年代,辛普森根据哈雷的生命表,作成依死亡率增加而递增的费率表。之后,陶德森依照年龄差等计算保费,并提出了"均衡保险费"的理论,从而促进了人身保险的发展。1762 年成立的伦敦公平保险社才是真正根据保险技术基础而设立的人身保险组织。

如此,人寿保险从萌芽时期的互助形式逐渐发展成现代意义上的保险。从自然的互助形式发展成契约型的互助形式。

事实上,不管是春秋时期孔子提出的"耕三余一",还是西亚两河(底格里斯河和幼发拉底河)流域的古巴比伦王国收取赋金救济制度;不管是 3000 年前长江商人刘牧的货物分担,还是 14 世纪意大利发起的海上保险,都有一个共同的出发点——"转移风险,均摊损失",因为谁也无法预知风险是否会落到自己头上、何时会落到自己头上。保险以损失分摊的方法,用多数单位和个人缴纳保费建立保险基金,使少数成员的损失由全体被保险人分担。事实上,现代保险保费正是在大数法则的基础上,对风险发生概率及其损失程度通过数学精算的方式计算得出的。

二、何为风险

狭义的风险一般是指人身风险,即通常我们所说的"生老病死残"。归结为三句话即"Die too soon, Live too long, Be disabled!""Die too soon",应尽的责任未尽,尤其是若风险发生在"一家之主"身上,这对于一个家庭来说无疑是一场灾难。会造成"Die too soon"最基本的两个因素:一为疾病,二为意外。"Live too long"主要阐述的是,假如没有对未来生活做好安排尤其是财务上的安排,长寿从某种角度来看也是一种风险。"Be disabled"造成的杀伤力往往是三种风险中最大的,因为不管是发生重大疾病还是残疾,不仅是医疗费用的付出,同时意味着创造财富的能力将大大减弱。

从更广的角度来看,风险不仅仅指人身风险,在现实生活中,很多高净值人士还会面临着投资的风险、政策的风险、企业经营的风险、婚姻的风险、财富购买力缩水的风险、法律的风险、代持的风险、赋税的风险等。从广义的角度,我们可以将风险称为"不确定性"。有些风险可以通过规避的方式进行管理,如尽量不去做危险系数高的事情,积极锻炼身体;有些风险可以通过科学的方法进行预测并得以有效控制。还有些风险往往存在于我们无法预知的领域,存在于我们的经验之外,存在于我们的思维盲区之中,也就是 Nassim Nicholas Taleb 在其著作 *Black Swan* 中称为的"黑天鹅事件"。

生活在17世纪欧洲的人们相信所有的天鹅都是白色的，因为当时所能见到的天鹅的确都是白色的，根据经验主义，那简直就是一个真理。直到1697年，探险家在澳大利亚发现了黑天鹅，人们才知道以前的结论是片面的——并非所有的天鹅都是白色的。黑天鹅的存在寓意着不可预测的重大稀有事件，它在意料之外，却又改变一切。人类总是过度相信经验，而不知道一只黑天鹅的出现就足以颠覆一切。历史上著名的“黑天鹅事件”层出不穷：“奥林匹克级邮轮”泰坦尼克号（RMS Titanic）1912年4月首航时撞上冰山沉没；2001年的“9·11事件”；2008年9月全面爆发的美国次贷危机；2016年A股的多次熔断；2016年英国“成功”退出欧盟，等等。

人们对于人生中可能遇到的风险往往谈及较少，或许是趋利避害的本性使然，人们经常忽略“黑天鹅”（风险）的存在，自以为掌握了白天鹅的规律就掌握了世界，结果当“黑天鹅”飞来时被打个措手不及，导致家庭财务遭遇很大甚至是毁灭性的损失。我们很难准确预测“黑天鹅”什么时候会来临，也无法预测它将降临在谁身上，将会造成多大的影响。只有未雨绸缪，做好应对，才能尽量避免财富的损失。

三、风险管理的方法

一般情况下，风险管理的方法包含以下四种：风险自留、风险规避、风险转移以及风险控制。为了更好地理解这个问题，我们首先来看风险的两个维度：风险发生的概率和风险造成的损失程度。

表2-1-1

	损失小	损失大
发生概率小	1. 猫爪狗咬 2. 意外受伤 3. 交通小事故	1. 重大疾病 2. 火灾 3. 飞机失联 4. 婚姻破裂
发生概率大	1. 感冒发烧 2. 飞机晚点 3. 约会迟到	1. 资产混同 2. 吸二手烟 3. 富不过三代

（一）风险自留

风险自留也称为风险承担，是指个人主动承担风险，即以自有资源来弥补损失。对于发生概率大损失程度小的风险如发烧感冒，可以通过自有资金来支付看病费用。风险自留实际上是一种积极的风险控制手段，它会使人们为承受风险损失而事先做好种种准备工作。例如，积极锻炼身体，努力将风险损失降低到最低程度。

（二）风险规避

风险规避是指事先预料风险产生的可能性程度，判断导致其实现的条件和因素，并在实际中尽可能避免它。风险规避是风险控制的较彻底的方式，采取有效的风险规避措施可以完全消除某一特定风险，而其他风险控制手段仅在于通过减少风险概率和损失程度，来减轻风险的潜在影响。例如，若知道某个地方近期地震频繁，可以选择取消去该地方的旅程。

（三）风险控制

风险投资的损失控制是指在对风险投资的风险因素进行充分地辨识和分析的情况下，事前对风险进行预测和预控，降低风险发生的可能性或风险发生后的损失程度。对于可控的风险因素，可以通过计划、组织、协调等方式对其加以预防和控制，对于不可控的风险因素，可以采用风险规避、风险转移等方式进行处理。

（四）风险转移

风险转移是指风险承担主体通过合同或非合同的方式将风险转嫁给另一个人或单位的一种风险处理方式。风险转移是对风险造成的损失的承担的转移，当风险来临时，以小额的确定的成本，补偿大额的不确定的损失。对于发生概率小造成损失大的风险，风险转移的方法最经济实用。

由此我们可以看出，不同的风险类型适用不同的风险管理方式，同时，以上四种风险管理方法的运用并非是孤立的，结合起来可以发挥更大的功效。通过合同的方式将风险转嫁给另一个机构，化不确定为确定，这样的风险转移方式正是现代意义上的保险。作为现代社会最重要的金融工具之一，保险所具备的独特的功能让其越来越多地运用到人们的日常生活和商事活动中。

四、可保风险及其意义

风险转移最常用的工具是保险，但并非所有的风险都可以借助保险工具进行转移。我们通常将风险分为可保风险和不可保风险。可以用保险的方式进行转嫁的风险必须是可保风险，它一般需要具备以下要素：

第一，风险发生的概率比较小，而损失往往比较大；

第二，必须存在大量具有同质风险的保险标的，如此可以保证风险发生的次数及损失值以较高的概率集中在一个较小的波动幅度内；

第三，具有确定的概率分布，正态分布正确选择经验数据对于保险人至关重要，有些统计概率，如人口死亡率，具有一定的“时效性”，像这种经验数据，保险人必须不断作出相应的调整；

第四，损失发生必须具备随机性，即风险的发生是偶然的、意外的、非投保人本意的，并且超出投保人的控制范围；

第五，损失必须是可以确定和测量的，损失发生的原因、时间、地点均可被确定以及损失金额可以测定和明确，如此才能对保险合同中的保险责任、保险期限等作出明确规定；

第六，损失不能同时发生，如战争、地震等非系统性风险，发生概率极小，一旦发生，保险标的大规模受损，这类风险一般被列为不可保风险。不过随着保险公司的日渐雄厚，保险新技术不断发展，一些原本不可保的风险如战争、地震、海啸等已被一些保险公司列在保险责任范围之内。

保险作为一种保障机制，是我们在做人生财务规划时所必须用到的工具。从经济角度来看，保险是分摊意外事故损失的一种财务安排；从法律角度来看，保险是一种合同行为；从社会角度来看，保险是社会经济保障制度的重要组成部分，是社会生产和社会生活“精巧的稳定器”；从风险管理角度来看，保险是风险管理的一种方法。正如英国首相丘吉尔所说，“人寿保险是唯一的经济工具，能够保证在未来一个不可知的日子，有一笔已知的金钱”。

保险行业有这么一句老话：“保险的运用不是要改变您的生活，而是为了确保您的生活不会被改变。”的确，在风险管理中最大的风险就是我们永远无法预知什么是最大的风险，就像我们永远不知道“黑天鹅”什么时候会来临。但我们可以未雨绸缪，做好应对，如此才能尽量避免家庭财富的损失，真正享受自由、自主、自在的人生。

正如第一章所述，在家族财富保全和传承过程中，高净值人士将面临着诸多风险。例如，家业企业混同的风险、违约的风险、现金不足的风险、国内及国际税务的风险、家族财富被离掉、告掉、败掉、骗掉的风险等。而大额保单所具备的风险转移、保障杠杆、债务隔离、税务筹划、婚姻资产保全等功能，在家族财富管理中有着不可替代的作用。大额保单搭配法律、家族信托等工具使用，将更完美地助力家族财富“创、守、传”。

五、保险基本原则

保险原则是在保险发展的过程中逐渐形成并被人们公认的基本原则，包括保险利益原则、最大诚信原则、近因原则及损失补偿原则。这些原则作为保险活动的准则，始终贯穿整个保险业务。坚持这些基本原则是为了确保合同的公平，维护保险合同各方当事人的合法权益，从而更好地发挥保险的职能和作用。

（一）保险利益原则

保险利益是指被保险人或投保人对保险标的具有的法律上承认的利益。该利益有四个成立条件，即必须为合法的利益、有价的利益、确定的利益、有利害关系的利益。保险利益是保险合同生效的依据，保险合同的成立必须以保险利益的存在为前提，因此，对保险利益的确定十分重要。保险利益的本质内容因人寿保险和财产保险的区分而有所不同。在订立人身保险合同时，投保人对被保险人不具有保险利益的，合同无效；但在人身保险合同生效以后，投保人对被保险人丧失保险利益的，合同并不因此无效。而在财产保险合同中，则要求被保险人在保险事故发生时，对保险标的应当具有保险利益，否则不得向保险人请求赔偿保险金。

《中华人民共和国保险法》（以下简称《保险法》）第十二条　人身保险的投保人在保险合同订立时，对被保险人应当具有保险利益。

财产保险的被保险人在保险事故发生时，对保险标的应当具有保险利益。

……

保险利益是指投保人或者被保险人对保险标的具有的法律上承认的利益。

人寿保险合同的保险利益在于投保人与被保险人之间的利益关系，一般以下几种情况投保人具有保险利益：

1. 投保人对自己的生命和身体具有保险利益；

2. 法律规定投保人与有亲属血缘关系的人具有保险利益，如配偶、子女、父母；

3. 投保人对承担收养、赡养等法定义务的人也具有保险利益；

4. 另外我国保险法还规定，被保险人同意投保人为其订立保险合同的，视为投保人对被保险人具有可保利益。而在欧美、日本等国家，投保人对有经济利益关系的人也具有保险利益，如合同关系、债务关系或其合法经济关系等。

《保险法》第三十一条　投保人对下列人员具有保险利益：

（一）本人；

（二）配偶、子女、父母；

（三）前项以外与投保人有抚养、赡养或者扶养关系的家庭其他成员、近亲属；

（四）与投保人有劳动关系的劳动者。

除前款规定外，被保险人同意投保人为其订立合同的，视为投保人对被保险人具有保险利益。

订立合同时，投保人对被保险人不具有保险利益的，合同无效。

（二）最大诚信原则

最大诚信原则最早起源于海上保险，其含义是指保险合同当事人订立合同及合同有效期内，应依法真诚地向对方提供足以影响对方做出订约与履约决定的全部实质性重要事实，不允许存在任何虚伪、欺瞒、隐瞒行为，并绝对信守合同订立地约定与承诺。最大诚信原则不仅在保险合同订立时须遵守，在整个合同有效期内和履行合同过程中也都要求当事人间具有“最大诚信”。

保险合同是一种特殊的商业活动，保险的经营以风险的存在为前提，风险的大小直接决定了保险人是否承保及保险费率的高低，而保险标的具有广泛性和复杂性等特点。一般情况下，投保人对保险标的的风险状况最了解，因此，保险人只能根据投保人或被保险人的介绍和描述来确定是否承保并确定保险费率，这就要求投保人基于最大诚信原则履行告知与保证的义务。

若违背最大诚信原则，受到损害的一方可按民事立法规定以此为由宣布合同无效，或解除合同，或不履行合同约定的义务或责任，甚至对因此受到的损害还可以要求对方予以赔偿。

《保险法》第十六条　订立保险合同，保险人就保险标的或者被保险人的有关情况提出询问的，投保人应当如实告知。

投保人故意或者因重大过失未履行前款规定的如实告知义务，足以影响保险人决定是否同意承保或者提高保险费率的，保险人有权解除合同。

前款规定的合同解除权，自保险人知道有解除事由之日起，超过三十日不行使而消灭。自合同成立之日起超过二年的，保险人不得解除合同；发生保险事故的，保险人应当承担赔偿或者给付保险金的责任。

投保人故意不履行如实告知义务的，保险人对于合同解除前发生的保险事故，不承担赔偿或者给付保险金的责任，并不退还保险费。

投保人因重大过失未履行如实告知义务，对保险事故的发生有严重影响的，保险人对于合同解除前发生的保险事故，不承担赔偿或者给付保险金的责任，但应当退还保险费。

保险人在合同订立时已经知道投保人未如实告知的情况的，保险人不得解除合同；发生保险事故的，保险人应当承担赔偿或者给付保险金的责任。

保险事故是指保险合同约定的保险责任范围内的事故。

（三）近因原则

近因原则是判断保险事故与保险标的损失之间的因果关系，从而确定保险赔偿责任的一项基本原则。近因是指造成保险标的损失的直接的、最有效的、起决定作用的因素，也就是说，保险事故的发生与损失事实的形成有直接因果关系。但在时间和空间上，它不一定是最接近损失结果的原因。《最高人民法院关于审理保险纠纷案件若干问题的解释（征求意见稿）》第十九条对“近因”进行了如下表述：近因是指造成承保损失起决定性、有效性的原因。

《关于审理保险纠纷案件若干问题的解释（征求意见稿）》第十九条　人民法院对保险人提出的其赔偿责任限于以承保风险为近因造成损失的主张应当支持。

近因是指造成承保损失起决定性、有效性的原因。

（四）损失补偿原则

经济补偿是保险的基本职能，也是保险产生和发展的最初目的和最终目标。损失补偿原则是指当保险标的发生保险责任范围内的损失时被保险人有权按照合同的约定，获得保险赔偿，用于弥补被保险人的损失，但被保险人无论以何种方式获得赔偿，也只能在经济上恢复到受损前的同等状态，被保险人不能因损失而获得额外的收益。被保险人在理赔时，获得的保险赔偿金数量受到实际损失、合同和保险利益的限制：一般以实际损失为限，以保险金额为限，以被保险人对保险标的的保险利益为限。

六、我国保险法立法概述

1995 年，我国第一部《保险法》实施，采用保险合同法与保险业务法统一规范的立法模式。

在2002年、2009年、2014年、2015年，《保险法》先后经历了四次修订，其中2009年对《保险法》保险合同章作了较大的改动，推动了保险合同法律制度的完善。

2009年10月，为解决修订后保险法适用衔接问题，最高人民法院出台了《关于适用〈中华人民共和国保险法〉若干问题的解释（一）》（以下简称《保险法司法解释（一）》）。

2013年6月，为解决保险法保险合同章一般规定及适用中存在的问题，出台了《关于适用〈中华人民共和国保险法〉若干问题的解释（二）》（以下简称《保险法司法解释（二）》）。

2015年9月21日，又出台了《关于适用〈中华人民共和国保险法〉若干问题的解释（三）》（以下简称《保险法司法解释（三）》），主要解决保险法中保险合同中人身保险部分在适用中存在的问题，该解释对学习大额保单尤为重要。

2014年8月，国务院出台了《关于加快发展现代保险服务业的若干意见》（"新国十条"），要求加快发展现代保险服务业，我国保险业正从保险大国向保险强国迈进！2015年，全年法院系统审理保险合同纠纷案件已逾十万件，我国保险立法与实践进入了快速轨道！

七、《保险法司法解释（三）》的主要内容和"亮点"

如上文所述，《保险法司法解释（三）》，是主要针对人身保险在司法实践中的应用，对于国内人身保险、大额保单的应用具有极为重要的作用。

（一）主要适用原则

在《保险法司法解释（三）》中，主要确定了以下四个适用原则：

1. 注意防范道德风险。人身保险不适用"损害填补"原则。

2. 注意保护保险消费者的权益。

3. 支持保险创新。保险业不再限于传统的人寿、医疗、意外伤害，发展出了具有投资功能的万能险、分红险、投连险等，对于促进保险业发展有重要意义。

4. 厘清保险合同法律关系。

（二）主要内容

《保险法司法解释（三）》中和大额保单相关的内容，有以下八点：

1. 明确人身保险利益司法审查原则，防范道德风险。要求投保人在订立保险合同时，必须对被保险人具有保险利益，以防止道德风险。法院在审理保险纠纷时，应主动审查是否存在保险利益。

2. 细化死亡险相关规定，鼓励保险交易。除父母为未成年子女投保外，任何人不得为无民事行为能力人投保死亡险。

3. 明确体检与如实告知义务的规定，维护诚实信用。

4. 明确保险合同恢复效力的条件，维持合同效力。复效制度即允许投保人在逾期支付保险费之后的一定期限内补交保险费，恢复合同效力。

5. 规范受益人的指定与变更，保护受益人的受益权。规定投保人或被保险人变更受益人，自变更受益人的意思表示作出时生效。为了保护保险人的合理信赖，变更受益人没有通知保险人的，不得对抗保险人。

6. 明确被保险人的法律地位，厘清人身保险合同法律关系。

7. 规范医疗保险格式条款，维持对价平衡。

8. 规范死亡保险事故的认定，保护保险消费者。

（三）与大额保单相关的七个“亮点”

1. 被保险人同意的形式灵活。

以死亡为给付保险金条件的保险合同，必须要取得被保险人的同意合同才有效。《保险法司法解释（三）》规定，被保险人同意可以采取书面形式、口头形式或者其他形式，并明确被保险人明知他人代其签名同意而未表示异议或者同意投保人指定的受益人的，可认定为被保险人同意投保人为其订立保险合同。

2. 只要求投保人与被保险人在合同签订时具有保险利益。

一是《保险法》第三十一条第三款仅要求投保人在订立保险合同时需对被保险人具有保险利益，并没有要求整个合同存续期间都有保险利益；二是投保人在合同存续期间丧失保险利益，不会增加被保险人的人身风险，不应影响合同效力；三是维护保险合同的效力更符合投保人的真实意愿，有利于鼓励交易；四是被保险人保护问题可以通过其他制度来解决。

3. 明确强调了保险合同效力与复效制度。

即允许投保人在任期支付保险费之后的一定期限内补交保险费，恢复合同效力。

4. 明确了发生保险事故时受益人身份如何确认。

根据投保人与被保险人是否为同一主体区别对待，以尽可能地符合当事人的真实意思表示：投保人与被保险人为同一主体时，根据保险事故发生时与被保险人的身份关系确定受益人；投保人与被保险人为不同主体时，根据保险合同成立时与被保险人的身份关系确定受益人。

5. 明确了保险单现金价值及给付规则。

保险单现金价值是投保人在保险期间早期支付的超过自然保险费部分的金额的积累，属于投保人，而不是被保险人或者是受益人。

6. 明确投保人解除合同的自主性。

投保人解除保险合同，无须经过被保险人和受益人同意。

7. 变更受益人的灵活性。

投保人、被保险人可以选择指定或变更的方式确定受益人，既可以在订立保险合同时指定，也可以在保险合同订立后变更，还可以在生前进行指定或者变更并通知保险人，甚至可以通过遗嘱的方式进行指定或者变更，待遗嘱生效后，由遗嘱继承人通知保险人。当然，以遗嘱方式变更受益人，需要遵循遗嘱生效规则，只有在遗嘱产生效力时受益人的指定和变更才发生效力。投保人指定或变更受益人，需要经过被保险人同意。投保人遗嘱指定、变更如果没有得到被保险人的同意，则不产生效力。

以上《保险法司法解释（三）》的内容，对于读者学习和掌握本书的法律精髓，是非常重要的，值得认真学习与研究。

八、保单的现金价值

（一）保单现金价值的概念

保险单现金价值是投保人解除保险合同或者符合法律规定条件时，保险人按照保险合同约定应退还的金额。一般而言，保单具有现金价值后，如果投保人停交保费，保险人可以依据合同中的约定，将此现金价值垫交保险费，以维持保险合同之效力。

保单现金价值在两种情形下需要返还：一是保险事故发生前，保险合同终止；二是保险事故发生后，保险人因法律规定不承担保险责任。我国保险合同借鉴大陆法系的做法，明确以投保人作为保险合同的当事人，被保险人总体上为关系人而非合同当事人，[①]而现金价值 = 责任准备金 - 退保手续费。[②]

① 吴定富主编：《中华人民共和国保险法释义》，中国财政经济出版社 2009 年版，第 30 页。

② 陈天翔：《保费和现金价值的差距到底有多大》，载《第一财经日报》2006 年 9 月 29 日 B07 版。

（二）保费的趸交

保单现金价值的高低很大程度决定于保费是否趸交。所谓“趸交”保险费，是指投保人一次性交清所有保险费。这种方式可以减少后续保费的繁杂手续，让投保人选择在其经济实力较强的时期一次性付清保费，避免在自然保费方式下可能出现的后续支付能力不足的现象。在趸交保费的方式下，投保人在以后的期限不再缴纳保费，但保险人的给付责任并没有在投保人交费当期就结束，其还需要在以后的保险期限内的各年度承担保险金的给付责任。所以，保险人需要在每个营业年度末提取责任准备金，以备将来支付的需要。在趸交保费以及均衡保险费的方式下，保险人都需提取责任保险金以备将来给付保险金之需，如果投保人退保或者保险合同因其他事由终止的，则保险人无须在将来支付保险金，其提取的责任准备金应当返还给投保人，这就是保险单现金价值。①

（三）现金价值的债权属性及转化

从法律角度来理解，现金价值是一种债权，只有在退保或者保险合同解除时才会产生，因此，在前述条件成就前，投保人对现金价值仅是一种期待权，是一种可以在将来实现其权利的期盼，而不是可以立即享有的权利②。在美国，保险合同通常有现金价值解约条款。③

从我国《保险法》来看，投保人享有的权利包括任意解除合同的权利、返还保险费或者保险单现金价值的权利、指定受益人的权利等。投保人仅能在保险事故发生前转让包括变更受益人的权利、主张对现金价值的权利以及以保单担保贷款等权利，在保险事故发生后，保险单现金价值转化为被保险人或者受益人的保险金，投保人不再享有任何权利，不得再转让保单。

《保险法》第三十四条第二款要求，以死亡为给付保险金条件的保险单，必须经过被保险人同意，否则转让无效，以保护被保险人的利益。

---

① 崔吉子、黄平：《韩国保险法》，北京大学出版社 2013 年版，第 225 页。

② 贺艳梅：《保险单现金价值的法律思考》，载《金融管理》2007 年第 7 期。

③ ［美］埃米特 · J. 沃恩、特丽莎 · M. 沃恩：《危险原理与保险》，中国人民大学出版社 2002 年版，第 292 页。

第二节　大额保单的概念及分类

一、人身保险概念及分类

（一）人身保险与人寿保险

人身保险是以人的寿命和身体为保险标的的保险，分为人寿、健康、意外伤害保险。[①] 人寿保险是指以被保险人在保险期限内死亡、伤残或者在保险期限届满时仍生存为给付保险金条件的保险。可见，人寿保险与人身保险是“包含”与“被包含”关系。

健康保险是指保险公司对被保险人在保险期限内发生疾病、分娩或者由此引发的残疾、死亡承担给付保险金责任的保险。意外伤害保险，是指保险公司对被保险人遭受的意外伤害或者为因意外伤害致残、死亡承担给付保险金责任的保险。

（二）人寿保险的分类

1. 人寿保险根据保险事故的不同，可以分为死亡保险、生存保险和混合保险。

死亡保险是以被保险人的死亡为保险事故的人寿保险，包括终身寿险和定期寿险。

终身寿险实质以被保险人终身为保险期间，无论被保险人何时死亡，保险人均需按照保险合同给付保险金的死亡保险。[②] 终身寿险的一个显著特点，是保单具有现金价值，保单所有人可以中途退保领取退保金，甚至也可以在保单的现金价值的一定额度内贷款，具有较强的储蓄性。[③] 终身死亡保险有强烈的储蓄性及投资性，性质上属于资本性保险。[④]

定期寿险，是指在一定保险期间内，被保险人死亡或高度残疾，保险人需给付保险金的保险，定期寿险虽然在保险期间也会具有一定的现金价值，但是现金价值在增长到一定峰值后会随着保险期间的临近而趋近 0，相对终身寿险来说，定期寿

---

① 安建主编：《中华人民共和国保险法（修订）释义》，法律出版社 2009 年版，第 142 页。

② 林群弼：《保险法论》（下），三民书局 2009 年版，第 549 页。

③ 韩长印、韩永强编著：《保险法新论》，中国政法大学出版社 2010 年版，第 164 页。

④ 刘宗荣：《新保险法：保险契约法的理论与实务》，中国人民大学出版社 2009 年版，第 372 页。

险的储蓄功能非常之弱,其保障性更为纯粹。

生存保险的实质是以被保险人在一定期间内生存为给付保险金条件的人寿保险。生存保险并非储蓄型保险,不发生返还保单价值或返还解约金的问题。

此外,还有混合保险。混合保险又称“生死两全”保险,是指被保险人于保险期间内死亡或期满仍生存,保险人均须给付保险金额的人寿保险。“生死两全”保险本质上既然是生存保险与死亡保险的结合,因此,其保险费理论上亦是在相同种类、相同条件、相同保险金额下,生存保险之保险费与死亡保险之保险费之总和。两全保险被保险人能够在保单期满前享受各种储蓄利益。两全保险既可以作为储蓄工具,又可以作为提供养老保障的机制,还可以当作为特殊目的积累一笔资金的手段。

2. 人寿保险根据是否具有投资功能,还可为分投资型人寿保险与非投资型人寿保险。

投资型人寿保险是指基于合同约定兼具保险保障与投资理财双重功能的人寿保险。目前市场上常见的投资型险种有分红型寿险、万能寿险,以及投资连结险。分红保险是指保险公司在每一个会计年度结束后,将上一会计年度该类分红保险的可分配盈余,按一定比例,以现金红利或增值红利的方式分配给客户的一种人寿保险。万能保险是指可以任意支付保险费以及任意调整死亡保险金给付金额的人寿保险。投资连结保险简称投连险,是指一份保单在提供人寿保险时,在不同期间的价值是根据其投资基金在当时的投资表现来决定,是一种集保险与投资功能为一身的新险种。

二、“大额保单”概述

大额保单通常是人寿保险合同,本书的实质就是阐述保费或保险金额较大的人寿保险合同的应用与实践。

“大额保单”在国内被普遍的提及应该是在2013年之后。以前国内其实也有大额保单,我们一般叫它“百万大单”,就是年缴保费超过百万元的保单。在2010年以前,如果能签下年缴保费超过百万元的大保单,几乎在所有的保险公司都是会被广为“传颂”。这些保单一般都是以年金险为主,缴费年期一般也是趸交、三年、五年这种短交期的计划。这可以认为是国内大额保单发展的早期。

随着近几年保险市场和保险意识的发展和提升,年缴千万元甚至上亿元的保单开始逐步出现。而“大额保单”的概念也随着私人银行、境外保单、家族信托、家族办公室等在国内的发展而得到广泛的传播。

那么究竟什么是“大额保单”？客户为什么要选择用数百万元、数千万元甚至上亿元的资金来购买“大额保单”？作为理财师，如何才能为客户配置“大额保单”？这就是本书要帮广大读者解决的问题。

笔者认为，“大额保单”就是专门为高净值客户量身定制的，保费特别高、保额特别大，能有针对性的满足高净值客户某些特定的财富管理需求的人寿保险单。

三、“大额保单”的分类

“大额保单”在各个国家和地区的主要表现形式其实也不尽相同，大致可以分为以下五种常见的类型。

（一）年金类大额保单

年金保险是指以被保险人生存为给付保险金条件，并按约定的时间间隔分期给付生存保险金的人身保险。[①] 在被保险人生存期间，保险人按照合同约定的金额、方式，在约定的期限内，有规则的、定期地向被保险人给付保险金的保险。年金保险，是以被保险人的生存为给付条件的人寿保险，其生存保险金的给付通常采取的是按年度周期给付一定金额的方式，因此也称为年金保险。这种保单在国内比较普遍，是国内目前大额保单的主要形式，发展的相对比较成熟。这类保单有几个典型的特点：

1. 缴费期一般较短，趸交、三年、五年、十年比较常见，以三年五年交期为主。

2. 一般没有风险保险额度，也就是说当被保险人身故时，一般给付本金及已经获得的年金和分红。

3. 现金价值一般较高，交期越短的产品，现金价值越高。趸交类产品的现金价值甚至达到本金的90%以上。

4. 一般都提供保单贷款，贷款提供方一般是保险公司，贷款比例为现金价值的80%～90%，可以做资金融通，贷款利息相对不高。

5. 一般都有保底收益，即确定定期给付的年金，可以锁定收益，获得确定的现金流。

国内年金险常见的又有两类：

第一类是保底年金＋每年分红。

---

① 《人身保险公司保险条款和保险费率管理办法（2015年修订）》第九条。

第二类则是固定的年金+万能储蓄账户。

第二类没有分红,但其固定年金相比前者要高一些,同时年金默认进入万能险储蓄账户进行投资获取收益,而且根据万能险账户的特点可以较自由的领取。

境外也有一些年金类大额保单,结构和国内的也比较类似,但其养老类年金会多一些。

(二)储蓄分红类大额保单

储蓄分红类大额保单一般常见于"香港保单",一般都是针对内地客户销售的比较火爆,这一类的保单一般都具有以下几个特点:

1. 都是储蓄类保单,不含寿险责任,被保险人身故时,获得本金加投资收益的身故保险金;

2. 保单一般没有年金,但可以对分红和保单价值进行部分领取。

3. 一般没有保底收益或较低的保底收益,且分红是不确定的。但近年来其投资收益一般都比较高,这也是这类保单在内地客户中非常受追捧的重要原因。但值得注意的是,这类产品的资产投资于股票的比例比较大,因此,它能获得很高的投资收益,但其投资风险也不容小觑。

4. 这类保单前三年的现金价值一般都很低,甚至是零。第三、四年以后,其保单账户价值增长会比较快,到十年以上时,其保单账户价值就都比较高了。

(三)万能寿险类大额保单

私人银行和家族办公室配置大额保单时,一般都会趋向于配置万能寿险类大额保单。这类保单一般都会结合保费融资,尽量做高保单的杠杆,以获得尽量高的保额。这类保单一般都由如下特点:

1. 该类保单一般都是趸交保单,一次性缴费,保额根据客户的年龄和身体状况,一般能做到保费的三倍到五倍。例如,50 岁男性,非吸烟体,趸交保费 300 万美元可以买到保额为 900 万美元的保单。

2. 保单的首日现金价值一般都很高,都在保费的 90% 左右。

3. 做这类保单时,一般会与私人银行合作完成,可以用保单抵押从私人银行获得低息贷款。贷款额度可以达到保费的 70% 左右,甚至达到 80% 。

4. 这类保单一般都会遵循如下的流程:(见图 2-2-1)

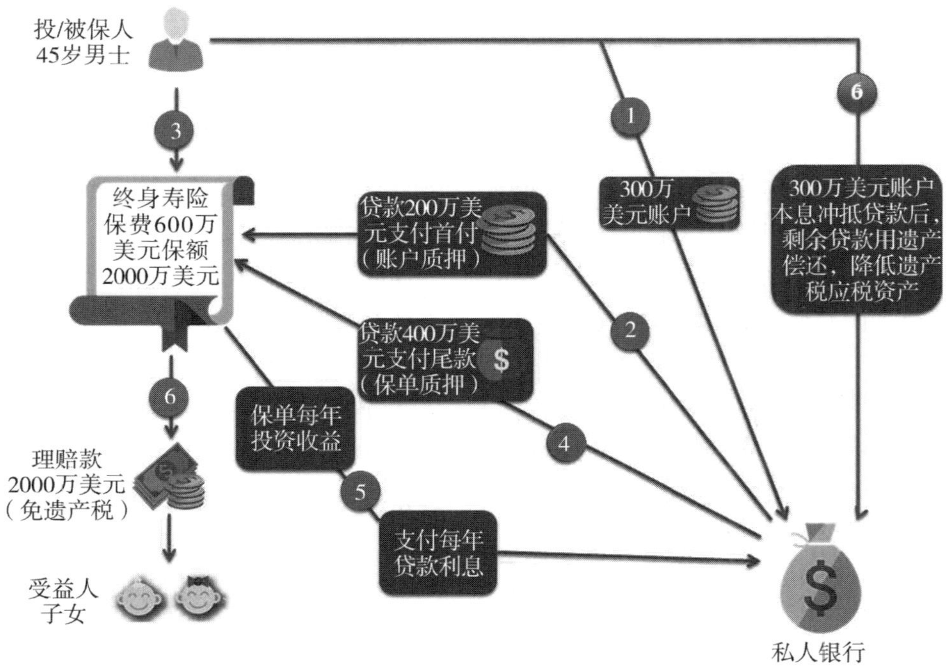

图 2－2－1

在上述操作中，关键点在于私人银行提供的贷款利息一般比较低，如 2016 年此类贷款的利息在年息 2% ~3%，但当时香港大多万能险账户收益在 4% ~5%。那么万能险获得的收益是可以覆盖银行贷款利息的。

需要提醒的是：首先该收益为预期收益，不代表未来的收益水平；其次某些私人银行会捆绑销售一些资管类产品，若所选择投资产品风险较高或遭遇如 2008 年次贷危机这样的系统性风险，可能需要客户支付利息差额或偿还部分银行贷款。

（四）国内大额终身寿险保单

事实上，国内的大额终身寿险由来已久，只不过中国的保险行业比较年轻，国人对保险的认可度还没有达到一定的程度，同时国内的大额终身寿费率较高昂，中国遗产税法案尚未“落地”，种种这些相关的因素，导致国内大额终身寿险销售情况并不如上面提到的大额年金等保险产品。但近年来，随着财富的保全与传承提及率增加，高净值人士理财观念的进一步加强，也有不少保险公司开始推出大额终身保单。该类保单的特点：

1. 该类保单一般都是期交的方式，因此前期的保额杠杆也是比较大的。例如，一位45岁左右的健康男士，投保1000万元人民币的非分红终身寿险，如果按照20年的缴费时间，基本上年缴金额在40万元左右。首年杠杆可以达到25倍，但是随着时间的推移，杠杆比例会逐年下降。

2. 该类保单的若采用趸交方式，则现金价值会比较高，若是分红类终身寿险，现金价值一般首年为50%以上，10年基本能达到90%。若为非分红险保单，现金价值可能达90%以上。保险公司提供保单贷款，速度快，效率高，而且利息相对国内贷款利息较低，2016年上半年在5%左右，具有很不错的资金融通性。

3. 我们也可以用保单贷款的方式做高保单的杠杆，譬如，以国内某保险公司非分红终身寿险产品为例，43岁男性，趸交购买保额1000万元，保费为340万元左右，杠杆3倍，现金价值310万元左右。最高可贷款现金价值的80%即240万元，实际付出保费100万元。杠杆倍数为10倍。只是国内银行一般不提供保单质押贷款服务，而保险公司保单贷款利率又往往较高，以2016年上半年为例，为5%左右。

（五）美国指数型万能寿险大额保单

指数型万能险（Indexed Universal Life，IUL）是一种有保障的投资型保险，产品关联指定的股票指数，其中投资账户的价值可以在设置“安全垫”保本的前提下，按照一定比例跟踪股票指数在设定的时间内的涨幅。该类保单的特点：

1. 投资收益挂钩世界上各大股票指数的一支或几支，如美国标普500、香港恒生指数、欧洲50、日经、德国30DAX指数，并且现金值会设定保本值。

2. 缴费和支取均非常灵活，客户可以随时从保单现金价值里借钱出来，最多可以拿到现金值的90%。

3. 因为美国的税制非常复杂，保险金的取得在美国是否可以免税不可一概而论。但是对于IUL资金的运用，是直接支取、还是贷款的方式，支取或贷款的额度设计，依然需要结合当地的税制来进行规划。

4. 虽然有数据显示，美国股票市场过去20年平均年化收益在8%左右。但投资终究会有风险，过去的收益不代表将来，尤其是万用寿险保障成本采取自然费率，后期保障成本会比较高，因此在产品保额的设计方面不宜杠杆过高，否则可能导致后续必须增加保费方可维持保单效力。

第三节　大额保单的财富管理功能

大额保单的类型多种多样，相应地，其也具备丰富的功能，能够满足不同家庭多样化的财富管理需求，包括但不限于以下十个方面。

一、大额保单的债务相对隔离功能

大额保单是否具有“避债”功能一直是最受关注的焦点之一。但大额保单是不是全部都可以“避债”呢？答案显然是否定的！在有些传统说法中，特别是在有些保险公司宣传的说辞中，是存在误区的。

保险和信托不同。信托的财产保全功能是基于信托财产的独立性；而保险财产本身是不具备独立性的。因此，从法理上来讲，是无法直接对抗债务的。但因为保险是一份特殊的合同，投保人将保险费交给保险公司，以被保险人的身体为保险标的，成立保险合同。保险公司依据法律和保险合同的约定，在不同条件下将保险金给付给指定或者法定的受益人，实现了财产合法地在投保人和受益人之间的转移。当财产发生了转移的效果时，显然可以对抗原财产所有人的债务，这就是保险债务隔离的关键点。

同时因为保险合同很容易涉及第三人的利益，因此当保险合同面临债务追索时，有时也具备一定的保全作用，这一点在我国的判例中有所体现。

因为保险合同结构复杂、涉及面多，保险现金价值和保单实际价值有差异以及可以保单贷款等，利用这些因素，还可以利用保险的特殊结构来进行债务隔离的筹划。以上的所有功能，将在本书第三章中进行详细阐述。

二、大额保单的婚姻财富规划功能

大额保单的婚姻财富规划功能也被广泛的宣传和应用，和保险的“避债”功能一样，因为保单并不具备财产的独立性，因此大额保单的婚姻财富规划功能也绝非简单就可以实现的。婚姻财产主要分婚前取得的财产和婚后取得的财产，婚前取得的财产以及其孳息和自然增值都属于婚前财产，属于个人所有，这在法律上本身没有问题，但在实际生活中因为混同而很难完整的保全，而保单在防止混同的问题上有着天然的优势。

婚后取得的财产,也有可能是夫妻一方的婚内个人财产。譬如,保险的死亡理赔金。[①] 接受明确赠与给夫妻一方的财产,也属于婚内个人财产。投保人赠与给被保险人的保单比赠与其他财产有更多的优势。

而婚后以父母为投保人,子女为被保险人的保单,在保单赔付前都属于投保人的财产,当然不会成为子女的婚姻共同财产。这就是利用了保险合同的特殊结构而产生的婚姻财产隔离功能。

以上各功能将在本书的第四章做详细阐述。

三、大额保单的财富传承功能

大额保单的投保人和被保险人可以在法律规定的范围之内,灵活指定大额保单受益人及其受益比例,并在大额保单赔付之前,具有更改受益人及其受益比例的权利,从而实现财富的传承,甚至是代际的精准传承。

除了意外、医疗、保障功能外,大额保单还有理财投资的功能。

中国保监会《投资连结保险管理暂行办法》[②]将投资连结保险(投连险)定义为:"包含保险保障功能并至少在一个投资账户拥有一定资产价值的人身保险产品。"与传统寿险不同,投连险具有保险和投资的双重功能,并由客户自行承担投资风险。投连险最早于20世纪50年代产生于英国。从20世纪90年代起,美国投连险的保费年增长率在30%以上,到1995年已占个人寿险市场的22%;澳大利亚市场目前销售的寿险保单已全部是投连险;在欧洲,英、法、荷、投连险的市场份额均超过20%。在我国,从1999年10月"平安世纪理财投资连结保险"问世以来,陆续出现了多种投资连接保险产品。投资型保险产品不仅能有效地防范寿险公司的利差损害风险,而且在一定程度上满足了社会多元化的保险需求和投资需要求,因此,它是寿险市场发展的必然产物。[③]

大额保单还可以通过人寿保险金请求权的转让,实现财富管理的功能。

关于人寿保险金请求权的转让,《最高人民法院关于适用〈中华人民共和国合同法〉若干问题的解释(一)》第十二条规定,《合同法》第七十三条第一款规定的专属于债务人自身的债权,是指基于扶养关系、抚养关系、赡养关系、继承关系产生的

---

① 最高人民法院民事审判第一庭本书编写组编:《民事审判实务问答》,法律出版社2005年版,第206页。

② 根据《中国保监会关于推进分红型人身保险费率政策改革有关事项的通知》(保监发〔2015〕93号),现已废止。

③ 李理:《投资连结保险:法律属性及与现行保险法的冲突》,载《河北法学》2005年4月。

给付请求权和劳动报酬、退休金、养老金、抚恤金、安置费、人寿保险、人身伤害赔偿请求权等权利。根据该条规定，人寿保险金请求权属于《合同法》第七十三条第一款规定的专属于债务人自身的债权。但随着保险市场的发展，人寿保险不仅具有保障性，还具有投资性。比如，投资连接保险集保障和投资于一体，投保人缴付的保费被分成两部分，除去购买保障的部分之外，大部分则通过购买保险公司设立的独立账户中的投资单位而进入投资账户。保障主要体现在被保险人在保险期间意外，会获得保险公司支付的身故保障金，同时，通过投连附加险的形式，也可以使用户获得重大疾病等其他方面的保障。投资方面是指保险公司使用投保人支付的保费进行投资，获得收益。对于该类保险产品的保险金请求权，如果一概不允许转让，不利于债权人实现资金融通功能等目的和保险市场的发展，也不符合合同法的基本原理。故对此类保险的保险金请求权转让是否依据保障型和投资型予以区别对待，有待于在司法实践中进一步探讨。

以上各功能将在本书第五章做详细阐述。

四、大额保单的税务规划功能

人寿保险作为社会的稳定器，无论国外还是国内，在税务上都是得到“特殊照顾”的。

首先，人寿保险理赔金在全世界各个国家基本都是免所得税的，就算美国这种单纯的人寿保险虽然不能规避遗产税的国家，但人寿保险理赔金也是可以免所得税的。而且人寿保险往往有杠杆，保费和保额间往往差别几倍甚至几十上百倍，一旦赔付，如此高的增值是不用缴纳一分钱税的，其税务规划功能可见一斑。

其次，大额保单的死亡理赔金一般由保险公司直接给付给受益人，而不会纳入被保险人的遗产计算，因此大部分的国家和地区，保单是可以避遗产税的。

再次，在很多国家和地区，包括在美国，为了鼓励购买人寿保险，减轻社会保险的压力，增进社会和谐安定，购买人寿保险的保费在企业和个人都是可以税前列支的。虽然我国现在这方面的政策还不多，但这是世界潮流。

最后，非常重要的一点，大额保单在遗产税筹划上还有一个独特的优势功能，就是可以通过杠杆准备应税现金。

中国目前还没有开征遗产税，但遗产税开征具有可能性。而高净值家庭一般都有国际化的背景，因此可能涉及海外其他国家的遗产税。而遗产税的征缴一般都采用先缴税、再继承的流程。譬如，有 1 亿元的遗产，假设综合总税率 30% ，那么继承人必须先付出3000万元现金作为税金，才可以顺利地继承。一般1亿元资产的客户是很难有3000万元现金的，而且3000万元的现金必须在被继承人死亡前转移到继承人的名下，但被继承人死亡的时间是不确定的，如果想通过直接准备现金的形式来准备税款，成本高、周期长、占用资金量特别大，从规划上讲是得不偿失的。而大额保单则是解决这个问题的工具之一，譬如，我们如果用保费融资购买的大额保单，以被继承人为被保险人，继承人为受益人，购买大额终身寿险，3000万元的保额，按15倍杠杆计，只需要200万元就可以解决，按10倍杠杆也仅需要300万元，被保险人死亡时，继承人就可以从保险公司取得保险赔偿金3000万元作为应税现金。

以上各功能将在本书第六章做详细阐述。

五、大额保单的资金融通功能

大额保单的资金融通功能在国内外保险规划中都在广泛的应用，因为保单一般都具备现金价值，现金价值通过投保人对保单的任意解除权可以随时实现，是属于投保人实际有效控制的财产，在国内外都可以通过保单抵押或质押进行贷款，实现资金的融通功能。

在国际上，保单既可以质押给私人银行进行贷款，也可以质押给保险公司贷款，甚至还可以质押给个人进行贷款，相对比较自由和方便。但国外私人银行对保险质押会有一些要求，譬如，这个私人银行可能只接受某几个保险公司的某些保单的质押，一般万能险保单比较受私人银行的欢迎。私人银行一般也只接受其私人银行客户的保单质押贷款，其利率也比较低，一般会在LIBOR（London InterBank Offered Rate，伦敦同业拆借利率）的基础上加1%～2%来确定贷款利率。保险公司质押贷款的利率则普遍会比较高，香港目前会在5%左右，和国内保险公司的保单质押贷款利率差不多。

国内的保单质押业务从《保险法》第三十四条规定来看，已经允许了保单质押且不仅仅局限于人寿保险公司开展此项业务。只是牵涉死亡为给付条件的保险合同质押时必须经被保险人书面认可。

《保险法》第三十四条规定："以死亡为给付保险金条件的合同，未经被保险人书面同意并认可保险金额的，合同无效。依照以死亡为给付保险金条件的合同所签发的保险单，未经被保险人书面同意，不得转让或者质押。父母为其未成年子女投保的人身保险，不受第一款规定限制。"

保险法允许保单出质，但根据《保险法》第三十四条第二款的理解，可以认为，法律允许保单出质，只是以死亡为给付保险金条件的合同所签发的保险单的质押需要被保险人的同意。① 人寿保单质押业务是得到保险监督管理部门的承认的。《中国人民银行关于人寿保险中保单质押贷款问题的批复》（银复〔1998〕194号）对保单质押贷款的适用范围、条件、期限、利率等，作了具体规定。《中国保险监督管理委员会关于寿险保单质押贷款业务有关问题的复函》（保监厅函〔2008〕66号）明确指出，在监管实践中，一直将保单质押贷款条款视为保险合同当事人的约定，属于意思自治，监管政策上也是允许的，保单质押目前通常是质押给保险人，即向保险人借款，质押贷款金额一般不得超过保险合同的现金价值，并须支付利息。投保人应按时偿还借款本息，否则如果贷款本息等于或者超过保险合同的现金价值时，保险合同丧失其效力。②

人寿保险公司的保单质押贷款业务给投保人提供了非常好的资金融通功能。他的特点：

贷款速度快，一般只需几天时间就可以完成贷款，远远超过银行贷款的效率；

贷款比例高，一般都可以贷到保险合同现金价值的80%，现在有的产品甚至可以贷到现金价值的90%；

贷款利息低，贷款利息一般都低于银行的贷款基准利率，更加远远少于其他融资渠道的利率；

用款周期灵活，没有什么期限限制，可以随借随还，可以先还一部分，也可以全部归还，一般按天计息，可以进一步降低用款成本；

可以只还利息不还本金，还款压力小；

因此在保单的规划设计中，保单的资金融通功能是需要重点考虑的。

另外，保险事故发生后，受益人可以将保险金请求权转让给第三人，也是保单资金融通功能的体现。

《保险法司法解释（三）》第十三条规定，保险事故发生后，受益人将与本次保险事故相对应的全部或者部分保险金请求权转让给第三人，当事人主张该转让行为有效的，人民法院应予支持，但根据合同性质、当事人约定或者法律规定不得转让的除外。

受益人是人身保险合同中由被保险人或者投保人指定的享有保险金请求权的

---

① 《最高人民法院关于财产保险单能否用于抵押的复函》（法函〔1992〕47号），本函是针对财产保险的保险单，不应适用人身保险的保险单。

② 李玉泉主编：《保险法学——理论与实务》，高等教育出版社2007年版，第354页。

人。根据本条司法解释，保险事故发生后，受益人有权将与保险事故相对应的全部或者部分保险金请求权转让给他人。而根据《保险法》第十二条规定，被保险人是指其财产或者人身受保险合同保障、享有保险金请求权的人。故在未指定受益人的情况下，被保险人亦有权转让保险金请求权。

六、大额保单的隐私保护功能

人寿保单的隐私保护功能主要体现在传承过程中，一般财产如果通过继承进行传承，则必须要经过继承权公证，遗嘱必须要经过所有继承人的认可，是难以做到信息相对保密的。但大额保单则可以通过指定受益人的方式，直接将财富通过保险赔偿金的方式传承给受益人，不需要其他任何人的认可和同意，因此可以起到相对的隐私保护功能。

七、大额保单的杠杆功能

人寿保险的杠杆功能是一个核心功能，这个功能也是人寿保险所独有的，几乎无法被任何其他的金融工具所代替。在财富管理实务中，人的疾病、伤残和死亡都会给财富带来不确定的损失，有的损失甚至是很难承受的。但这些风险的发生具有很高的不确定性，而如果他们现实发生，则会对财富管理带来很多的不确定性，因此我们可以通过支付少量的保费的代价，将这些损失转嫁给保险公司，将不确定的损失转换为确定的对价，以方便财富管理的安排。

同时人寿保险的杠杆功能还可以变成财富的“放大器”，在实务中，特别是在境外，人寿保险的财富放大功能被更广发的应用。最具代表性的就是大额保单的保费融资。譬如，一个40岁的男性，趸交100万美元大概可以买到500万美元的保险金额，但这份保单我们只需要实际支付30万美元即可获得，剩余70万美元可以用保单质押贷款，私人银行的贷款利息2016年上半年仅在2%～3%，你只需要付出30万美元及每年支付1.4万美元的利息即可获得500万美元的保额。而这份保单本身还将产生收益，保单的收益目前在5%左右，除支付贷款利息外还可以有套利空间。这样我们就成功地将5倍的杠杆放大到了15倍以上，将30万美元放大到500万美元。而触发条件就是被保险人死亡，这被笑称为“人的生命的IPO”。

八、大额保单收益锁定功能

几乎没有任何一种金融产品具备人寿保险的伴随一生的收益锁定功能，人寿保险在设计时，通常通过精算师根据当地人群的生命周期表和当时预计的利率水平来确定一个保单的预定利率。这个预定利率在终身寿险和年金保险等两全保险中都会有体现。因为保险合同的合同属性及其长期性，导致保单一旦签订，其预定利率是不能变化的，因而就产生了人寿保险的收益锁定功能。譬如，在 1996 年左右，国内曾经出现过一批预定利率在 6% 的两全保险，因为当时银行的一年期存款基准利率高达 10% 以上。虽然当时保险的预定利率远低于银行存款，但在银行利率一路走低的情况下，保险的预定利率却被合同锁定了，到现在来看，其持续被保险人一生的 6% 的复利收益率是非常高的。

而在高净值客户的财富规划中，收益锁定功能就显得尤为可贵。因为对于高净值客户来讲，资产的安全比起资产的增值可能更重要，而可以建立一个安全且能长期持续稳定的现金流是财富规划中不可或缺的内容，这个现金流可以提供家庭的基本支出、教育费用、养老金、护理、医疗等，可以提前锁定家庭长期的生活品质。但除了保险以外，几乎没有任何一类资产可以做到安全、长期、稳定。因此，即使在离岸家族信托中，我们也会利用保险建立一个可以锁定收益的资产，并用信托持有以保证其财产的独立性。目前，国内的家族信托暂时还不可以直接作为投保人持有保单，但瞻望未来的可能性，我们对此还是应该重视和持续研究的。

九、大额保单的投资功能

保险资金相对于其他资金，在投资方面有许多独特的优势，包括巴菲特在内的许多投资大鳄，都喜欢持有人寿保险公司的股权甚至于控股人寿保险公司作为其投资组合的重要组成部分。

首先，人寿保险合同持续时间特别长，从投保人支付保费到保险人赔付，中间可能间隔几十年。因而保险资金一般都非常稳定，可以进行长期的投资安排，为资产管理提供了更多的主动权。

其次，保险资金的给付决定于合同的约定和风险的发生，因此一般不会出现所谓集中赎回或者挤兑现象，即使发生集中的风险爆发时间或者超大额的赔付，也有再保险机制作为缓冲。保险资金的这种稳定性也为资产管理提供了更多的主动权。

最后，保险资金实力一般都非常雄厚，而且有其他任何基金所不能比拟的持续现金流，这也为资产管理提供了更多的主动权。

国内的保险资金因为监管非常严格，对于投资渠道选择也有诸多限制，因而保险的投资收益相对其他投资渠道一般都不高。而境外保险资金的投资收益则会相对其他的投资渠道收益具有一定的竞争力,而且保险资金的投资会更加安全一些。国内随着保险资金运用监管的进一步宽松,其投资收益率也将得到改善。

保险中还有一种特殊的投资险种,就是投资连结保险。这种保险主要的功能就是投资,同时又兼具保险的特点。运用得当的话,在私人财富管理中可以起到很多非常独特的作用。

十、大额保单与移民规划

移民不是简单的居住地变更,也不是单纯的身份转变,更不是轻易地财产转移,而是涉及法律、税务、文化、习俗等一系列因素的改变,所以务必提前做好充分规划安排,尤其是涉及财产问题,更需要谨慎,一不小心,也许辛苦创下的财富,顷刻之间就可能有一部分甚至一半归属于他国政府,所以,移民要事先做好财务方面的规划。而保险理赔金的免税待遇已经被国际社会广泛的接受,因此,大额保单在移民规划中具有非常重要的作用,尤其是对于税制复杂、税率高且征税能力强、惩罚力度大的国家,移民前利用大额保单进行财务方面的规划,具有非常重要的意义。

第四节 大额保单的订立、变更、撤销与解除

一、大额保单签订时,如何确认被保险人的"同意"

当事人订立以死亡为给付保险金条件的合同,须经过被保险人的"同意"。根据《保险法》第三十四条的规定,"被保险人同意并认可保险金额"可以采取书面形式、口头形式或者其他形式;可以在合同订立时作出,也可以在合同订立后追认。

实践中,有下列情形之一的,应认定为被保险人同意投保人为其订立保险合同并认可保险金额:

1. 被保险人明知他人代其签名同意而未表示异议的;
2. 被保险人同意投保人指定的受益人的;
3. 有证据足以认定被保险人同意投保人为其投保的其他情形。

早期的学者一度认为保险和赌博是不可区分的。保险合同区别于赌博的重要标志就在于,保险合同虽然有射幸性,但保险合同的订立,应以保险利益存在为前提。[①] 为他人房屋投保火灾险,以自己为受益人,就是赌博行为而非保险。故保险合同之生效,须有保险利益存在,始与赌博有别。[②]

保险合同具有射幸合同的两个重要特点:首先,保险合同是关于未来的交易,是一种分担风险的机制。[③] 保险合同的射幸性加剧了这种不确定性,履行赔偿或给付保险金的义务具有不确定性,有赖于保险事故是否发生。其次,保险人赔偿或者给付的保险金通常远远大于投保人支付的保险费,两者之间没有等价交换关系。

保险利益又称为"可保利益",是投保人或者被保险人对保险标的所具有的法律上承认的利益,是由投保人或者被保险人与保险标的之间所存在的利害关系产生的,包括财产利益和人身利益。

我国《保险法》第三十一条第一款、第二款规定,投保人对下列人员具有保险利益:

---

① 江国朝:《保险法基础理论》,中国政法大学出版社2002年版,第49页。

② 梁贤宇:《保险法新论》,中国人民大学出版社2004年版,第57页。

③ See Roy Kreitner, Speculations of Contract, or How Contract Law Stopped Worrying and Learned to Love Risk, Columbia Law Review, Vol. 100, No. 4(May,2000), p. 1097.

（一）本人

（二）配偶、子女、父母

（三）前项以外与投保人有抚养、赡养、扶养关系的家庭其他成员、近亲属

（四）与投保人有劳动关系的劳动者

除前款规定外，被保险人同意投保人为其订立合同的，视为投保人对被保险人具有保险利益。

二、被保险人在大额保单履行过程中“同意”意愿的撤销

为保障被保险人之人格权和生命权，应当允许被保险人有随时撤销同意之权利。从《保险法》第三十四条之立法背景等方面来看，被保险人应有随时撤销其之前作出的对投保人为其订立人身保险合同的同意之权利，且此权利之行使对合同当事人、关系人之权益和合同安全性并无任何不利影响。因此，应当允许作为保险合同之重要关系人的被保险人可以通过撤销其对投保人为其订立人身保险合同的同意方式，实现对该人身保险合同的解除。

根据《保险法司法解释（三）》第二条的规定，被保险人以书面形式通知保险人和投保人撤销其依据《保险法》第三十四条第一款规定所作出的同意意思表示的，可认定为保险合同解除。

对于撤销同意的具体方式，应当以书面形式进行，被保险人需要向保险人和投保人作出撤销同意的书面通知。

保险人应当自收到解除合同通知之日起 30 日内，按照合同约定退还保险单的现金价值。该条只是将被保险人撤销同意的法律后果视同投保人解除保险合同，而不是承认被保险人有保险合同解除权。

被保险人撤销《保险法》第三十四条第五款所规定的同意，必须通知保险人和投保人。以死亡为给付保险金条件的保险合同会因为被保险人撤销其对投保人为其投保的同意而归于无效，作为该合同的当事人，投保人、保险人对于交易的合理预期本应予以保护，但因为该合理预期利益与被保险人的生命相比居于次要地位，法律优先保护被保险人的生命安全，故被保险人可以撤销其“同意”的意思表示，但必须以书面形式撤销，并同时通知保险人、投保人，以使得合同当事人能够根据新的情形对其资源配置作出新的安排。

无论哪种险种，只要该险种包括以死亡为给付保险金条件的条款，就应当取得被保险人的同意并认可保险金额。

三、“保险利益”的审查

审核“保险利益”是法院处理大额保单纠纷中的主动审查义务。法院审理人身保险合同纠纷案件、特别是大额保单纠纷时，一般应主动审查投保人订立保险合同时是否具有保险利益，以及以死亡为给付保险金条件的合同是否经过被保险人同意并认可保险金额，以此判断纠纷处理有无基础。

欠缺保险利益的保险合同属绝对无效，即“无保险利益者，无保险”。在民法上，无效合同是不能通过事后的同意、追认等补救措施取得有效的。比如，张某未取得女友同意即为女友投保伤残险；虽然事故发生时，双方已结为夫妻，但因张某于合同订立时没有保险利益，所以合同自始绝对无效，此后其虽然结婚取得保险利益，但仍不能使得合同成为有效。

人民法院对于不具有上述身份关系的，调查被保险人于投保时是否作出了同意。在被保险人也是案件当事人的情形下，询问其是否于投保时同意他人投保，签字是否真实，对以死亡为给付条件的保险是否同意并认可其金额。在被保险人死亡或不是案件当事人时，应要求案件当事人、受益人举证。被保险人可以作为证人、无独立请求权第三人介入诉讼。

另外应注意的是，被保险人有关保险利益的同意应限于投保时，事后同意是不允许的，即不认可事后追认。

四、投保人订立大额保单时应与被保险人有保险利益

保险合同订立后，因投保人丧失对被保险人的保险利益，当事人主张保险合同无效的，人民法院不予支持。

案例2－4－1　马某与某保险公司、王某保险合同纠纷案

原告马某与被告王某原系夫妻关系。

2008年1月17日，王某向某保险公司投保两份99鸿福终身保险。其中，以马某为被保险人的一份保险单（正本）载明，保险名称：为了明天（99）型，被保险人：马某；投保人：王某。

2013年11月16日，马某与王某协议离婚。其后，以马某为被保险人的保险合同的保费费由马某自行缴纳至今，保险公司在马某缴纳保费后均向其出具了发票或收据。

现马某要求被告王某变更保险合同的主体。而被告王某则称：保险自其与马某离婚后丧失保险利益，保险合同无效，投保人身份无法变更。

法院经审理后认为，王某与保险公司签订的人身保险合同合法有效。根据合同相对性，合同权利只有当事人才享有，合同义务，只有相对人才承担。合同之外的人不享有合同中的权利，亦不承担合同义务，包括不享有行使变更、解除及转让合同等权利。就人身保险合同而言，被保险人虽然依法享有保险金请求权，但并非为保险合同当事人，故不能行使变更、解除及转让保险合同等投保人应当享有的合同权利、承担投保人的合同义务。但是，在某种情形下，应当允许被保险人转化身份为投保人并享有投保人的合同权利、承担投保人的合同义务。原因在于，人身保险合同，通常保险期较长，经常采用分期缴付保险费的方式。如果投保人自身状况发生变化而不能或不愿担当缴纳保费义务，则明显侵害被保险人利益。本案中，王某为马某投保时系在双方夫妻关系存续期间，王某对马某有保险利益。2013 年双方协议离婚后，如果投保人王某不能或不愿意承担交费义务而又不允许被保险人转化身份为投保人，则该保险合同的效力只能中止进而合同被解除。从保险人角度来讲，其承担的是被保险人的风险，收到的保费是保险人承担风险的对价。至于保费由谁缴纳，并不影响保险公司对保险标的危险程度的判断，亦不损害保险公司的利益。从马某角度来看，其离婚后保费一直由其自行缴纳，允许马某转化身份成为投保人，符合权利义务对等和公平原则。

因此，法院根据《民法通则》第四条的规定，对于马某要求王某、保险公司变更保险合同投保人的要求，判决予以支持。

保险实践中，保险合同存续期间，投保人丧失对被保险人的保险利益的另一主要情形，是投保人与被保险人解除婚姻关系。本案中，保险合同存续期间，王某与马某协议离婚，婚姻关系解除，王某丧失对马某的保险利益，但并不影响保险合同的效力，保险合同仍然有效，在此情况下存在投保人是否能够变更的问题。人身保险合同的投保人是保险合同的当事人，具有可以请求解除合同并取得保险单现金价值的权利，故夫妻关系存续期间形成的保单是夫妻共同财产，离婚时应作为共同财产予以分割。如双方离婚时，将该财产分配给作为被保险人的配偶一方，则该配偶可以要求变更自己为投保人。

由于投保人的继承人在法律地位上与受让人基本相同，甚至与投保人、被保险人关系更密切，基于相同的原理，没有必要要求投保人的继承人必须对保险合同具有保险利益,这也是符合保险法的规定。人身保险合同中,保险利益是否存在以保险合同订立为判断时点,并不要求保险利益在整个保险合同存续期间都存在。因此,投保人的继承人即使不具有保险利益,也仍然可以继承投保人的地位,成为保单持有人。

案例 2－4－2 小韩与保险公司、杨某保险合同纠纷案

2007 年 4 月 27 日,韩某(原告小韩之父)作为投保人向被告保险公司投保了三份以小韩为被保险人、以被告杨某(小韩的继母)为受益人的“少儿一生幸福保险”。保险合同约定,被保险人生存至 18 周岁、19 周岁、20 周岁、21 周岁、22 周岁及 60 周岁直至身故,能取得成人纪念金、教育金、婚嫁金及养老金等保险金。被保险人身故后,由受益人领取保险金。若投保人在资费期内身故,可由被保险人或其监护人向保险人申请免缴未到期保险费,免缴保险费后,保险人仍负约定的保险责任。

投保后,韩某缴了四年保险费。2010 年,韩某因肝炎病死亡。韩某死亡后,杨某向保险公司申请豁免保险费,保险公司以韩某投保人未告之患病原因为“肝炎”这一事实为由拒绝豁免保险费。之后,保险公司发出了投保人为“韩某”的缴费通知书。杨某以韩某的名义缴纳了 2011 年的保险费。

2012 年 3 月 21 日,杨某在小韩写下要求退保的字据后,到保险公司办理了退保手续,解除保险合同,领取了保单现金价值 3810 元。

韩某生前无遗嘱,其父母先于其死亡韩某的继女小余生于 1994 年。杨某解除合同时,小韩与小余均未年满 18 岁。

原告小韩起诉称,杨某作为原告的监护人,解除保险合同,使被监护人丧失了应得的保险利益,该解除行为无效。而且,杨某不是投保人,无权解除保险合同。

被告杨某辩称,被告作为韩某的法定继承人,在其死亡后依法继承了保险合同的权利义务,并实际缴纳了一年的保费,已取得投保人的法律地位,有权解除保险合同。在保险公司明确拒绝其豁免保险费申请的情况下,杨某选择退保。杨某作为法定监护人,在征得小韩同意后解除保险合同的行为合法有效。

一审法院认为,根据保险法的规定,变更保险合同是要式行为。韩某死亡,该保险合同的投保人至今仍然缺位。杨某未经合法变更手续,不能以投保人身份解除合同。而且,杨某解除保险合同的行为,使被监护人小韩丧失了无须再缴纳保费即能享有的保险利益,该行为违反法律的禁止性规定而无效。因此,判决杨某解除保

险合同的行为无效,保险公司自杨某向其提出解除合同之日起继续履行保险合同。

投保人死亡后,应由其继承人继承其权利义务。同时,本案保险合同是以被保险人的生存或者死亡及投保人在缴费期内死亡为保险事故的人身保险合同,投保人对保险标的应当具有保险利益,其法定继承人为杨某、小韩、小余三人。保险合同的被保险人为小韩。小韩对自身有保险利益,能够成为投保人。杨某是小韩有抚养关系的继母,对小韩也有保险利益。韩某死亡后,未到期的保险费应当免缴,而保险人仍要承担保险责任,该保险责任对小韩而言,已经成为纯获利益的合同。虽然小韩写过曾要求退保的字句,但当时小韩尚未成年,对解除合同的法律后果不具备相应的认知能力,所以写的字据不能代表其真实意思表示。而且,杨某作为小韩的监护人,除为被监护人的利益外,不得处理被监护人的财产。杨某解除保险合同的行为,使小韩丧失了纯获利益的保险合同的保障,其行为因违反法律规定而无效。

综上,二审认为,投保人的继承人虽然可继承投保人的解除权,但由于有两个以上继承人,故解除权需经所有继承人同意方能行使。

五、代签字的效力问题

保险代理人代签字而订立的人身保险合同,投保人缴纳保费的,应承认其效力。

《保险法司法解释(二)》第三条规定:"投保人或者投保人的代理人订立保险合同时没有亲自签字或盖章的,而由保险人或者保险代理人代为签字或者盖章的,对投保人不生效。但投保人已经缴纳保险费的,视为其对代签字或者盖章行为的追认。"

案例2-4-3　张某甲诉长城保险公司保险合同纠纷案①

2011年1月23日,投保人张某乙在被告处为原告张某甲(张某乙之女)投保了长城鸿盛两全保险(分红型)、长城附加保险费豁免定期寿险、长城附加康顺重大疾病保险。被告为其出具了《人身险保险单》,保险单显示:合同生效日为2011年1月25日;缴费方式年交;投保人张某乙;被保险人张某甲;身故受益人张某乙;生存受

① 中国干部学习网:《保险代理人代为签订保险合同,投保人缴纳保险费的,保险合同有效》,作者:石东洋,山东省阳谷县人民法院法官。刘新秀,山东省阳谷县人民法院法官。载 http://www.ccln.gov.cn/zizheng/zhengcefagui/alfx/msal/184390.shtml。

益人张某甲;长城鸿盛两全保险(分红型),保险期间30年,交费年期15年,基本保险金额50,000元,保险费2305元;长城附加保险费豁免定期寿险,保险期间14年,交费年期14年,基本保险金额34,510元,保险费32.05元;长城附加康顺重大疾病保险,保险期间30年,交费年期15年,基本保险金额100,000元,保险费160元。其中长城附加保险费豁免定期寿险条款中1.4投保对象规定:“主险合同的投保人与主险合同的被保险人不为同一人时,主险合同的投保人可以投保本附加险合同,且作为本附加险合同的被保险人。”2.1身故保险费豁免规定:“被保险人身故,自被保险人身故后首个保险费应付日开始,本公司豁免主险合同缴费期内的主险合同及被告同意承保或同意续保的其他附加险合同的以后各期保险费,本附加险合同终止。”合同订立后,张某乙缴纳了首期(2011年1月25日至2012年1月25日)保险费2497.05元,被告为其出具了收据。2012年1月29日,张某乙在邮政储蓄银行开设的结算账户中存入2500元,按照与被告签订的保险费自动转账付款协议书的约定,转账到被告处缴纳了第二期(2012年1月25日至2013年1月25日)保险费。

张某乙投保时,其父亲张某丙时任被告的保险营销员。在原告提供的《人身保险投保书》中,张某丙作为保险营销员在该投保书中见证代理人处签名。原告提供张某丙当庭作证,张某丙证言称,其当时在被告处做保险营销员,事先已将投保的事告诉了张某乙,并且张某乙还给了保险费。办理时系由其代办,并代张某乙在投保书上签了名,然后将投保书交给了被告公司的魏运生,魏又安排其他工作人员填写了投保书中所需要填写的内容。经本院调查被告的保险营销员魏运生,其证明:张某乙所投的保险系其父张某丙代为办理的,张某乙本人未到场。《人身保险投保书》中投保人处和被保险人/法定监护人处张某乙的签名以及《保险费自动转账付款协议书》《人身保险投保提示书》中投保人签名处张某乙的签名均系张某丙代签。投保书中投保人资料、被保险人资料、投保险种、告知事项中所需填写的内容系被告工作人员代为填写。

2012年6月12日,张某乙在阳谷县残疾人联合会办理了残疾人证,其残疾人证显示:张某乙为视力残疾人;残疾类别视力(盲);残疾等级壹级。

2012年7月9日,投保人张某乙在聊城闸口路北运河中死亡。聊城市公安局东昌府分局古楼派出所于2012年8月2日出具证明,确认张某乙为溺水死亡。

法院经审理后认为,投保人在订立保险合同时应当亲自签章,保险业务员代为签字,但投保人已经缴纳保险费的,视为其对代签字行为的追认,保险代理人与投保人之间存在父子关系,并不违反国家法律、行政法规的强制性规定,双方的保险合同成立。保险代理人代投保人填写需投保人如实告知的事项并代投保人签名的,可以免除投保人的如实告知义务。主合同的投保人暨附加合同的被保险人发生保险事故,保险公司认为保险事故的发生系由投保人在投保时未履行如实告知义务造成的,保险公司应对该主张提供证据予以证明,保险公司不能提供证据的,应承担举证不能的不利后果。

本案涉及的问题:根据《保险法司法解释(二)》第三条规定:"投保人或者投保人的代理人订立保险合同时没有亲自签字或者盖章的,而由保险人或者保险代理人代为签字或者盖章的,对投保人不生效。但投保人已经缴纳保险费的,视为其对代签字或者盖章行为的追认。"2011 年 1 月 23 日,投保人张某乙在被告处为原告张某甲投保了长城鸿盛两全保险、长城附加保险费豁免定期寿险、长城附加康顺重大疾病保险,被告为其出具了《人身保险单》,双方的保险合同自此成立,根据保险合同的约定,保险合同自 2011 年 1 月 25 日开始产生法律效力。投保人张某乙在订立保险合同时没有亲自签字,而是由投保人张某乙的父亲张某丙即保险代理人代为签字,但是投保人张某乙按照保险合同的约定按期足额缴纳了保险费,视为其对保险代理人签字行为的追认。双方的保险合同不违反法律、行政法规的强制性规定,系双方当事人的真实意思表示,双方的保险合同关系于订立时成立,对双方均具有约束力。

第三章

大额保单与债务隔离

任何以逃避债务为目的的债务隔离规划都是侵犯债权人权益的违法行为，唯有未雨绸缪方是正道。

首先要强调的是，保单筹划中的债务“隔离”是相对的，是运用保险法律关系的不同架构起到不同法律关系后果而产生的相对“隔离”的目的。在讲大额保单与债务隔离之前，我们先来看一个案例。

案例 3-0-1①

胡总是云南昆明一家做农产品批发公司的老板，在当地也算是赫赫有名的人物了，资产早已过千万元。他在当地置有三处房产，家中育有两个孩子，一个 8 岁，一个刚 3 岁。其妻李某没工作，无固定经济收入。

2014 年 5 月 16 日胡总驾驶着新购进将近百万元的豪车外出时失联。4 天后，公安机关在离他家 30 公里外的一条河里找到了胡总及其车辆，胡总早已死亡，将近百万元的豪车报废。公安机关调查是一起意外交通事故。

据调查显示胡总虽然资产过千万元，但在当地还有 2200 万元的银行贷款尚未还清。银行随即展开了追缴贷款行动，在多次和其妻李某沟通无果的情况下，银行诉至法院申请冻结胡总的所有资产，经法院调查，其实胡总的公司最近两年因经营问题早已处在倒闭的边缘了，公司就是一个空壳，只有一些破旧的厂房和设备，据估算大概只值 350 万元，公司账户上也只有 120 万元加上胡总的个人账户上的 80 万元，法院支持这部分资产予以冻结处理。

但胡总还有一笔保险赔偿款 720 万元却只能望钱兴叹！原来胡总很有忧患意识，在近 10 年的时间里给自己和家人购买了 13 张保单，保额过千万元，胡总自己就有 6 张保单，总保额为 720 万元，其受益人为两个未成年子女，法院依据《保险法》和《继承法》的有关规定，人寿保险的死亡赔偿金属于指定受益人的个人财产，不属于遗产，不需要先清偿胡总的生前债务。判定这 720 万元保险受益金属于其未成年子女，不用偿还胡总生前的债务。

这是一个用保险隔离企业家债务风险的典型案例。保险作为资产保全和债务隔离的金融和法律工具，在全世界都有着广泛的运用。正是因为它的法律属性、特殊的产品结构，特殊的功能属性等，使其能在某种环境和条件下具备债务隔离的功能。如果要设计出合理的大额保单结构，就必须对这些法律属性、产品结构、特殊功能等是如何发挥作用的进行深入地剖析和研究。

---

① 《欠银行贷款 2200 万的富翁驾豪车意外坠河身亡，6 张保单让银行很受伤》，载《中国保险传媒电子杂志》：http://www.wtoutiao.com/p/Z25xEu.html，最后访问日期：2016 年 8 月 16 日。

第一节　大额保单债务隔离的法律"盾牌"①

首先我们从人寿保单的法律属性入手，对其为何具有债务隔离功能进行剖析。人寿保险实现债务隔离功能的法律依据主要有如下四个方面，我们姑且将其称为大额保单债务隔离的四面法律"盾牌"。

一、对抗"盾牌"：对抗代位权

大额保单的赔偿金可以对抗债权人的代位权。首先解释一下什么叫债权人的代位权。

案例 3－1－1

黄总（债权人）借给吴总（债务人）10 万元，已经到期但吴总迟迟不还，张二狗又欠吴总 5 万元，而已经到期，但吴总也不要求张二狗还款。

此时黄总就可以向法院申请，作为吴总的代位人，直接要求张二狗将 5 万元还给自己，这就叫债权人的代位权。

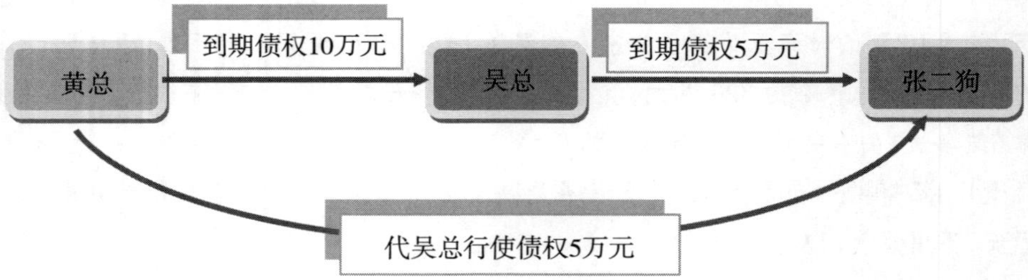

图 3－1－1

其法律依据规定在《合同法》第七十三条：因债务人怠于行使其到期债权，对债权人造成损害的，债权人可以向人民法院请求以自己的名义代位行使债务人的债权，但该债权专属于债务人自身的除外。

请注意该条款规定了一个例外，即债权专属于债务人自身的，债权人就不能行

① 刘长坤：《保险避债可行吗?》，载《财富管理》2015 年 7 月刊。

使其代位权。而人寿保险赔偿金恰恰属于专属于债务人自身的。

其法律依据规定在《合同法司法解释(一)》第十二条,“合同法第七十三条第一款规定的专属于债务人自身的债权,是指基于扶养关系、抚养关系、赡养关系、继承关系产生的给付请求权和劳动报酬、退休金、养老金、抚恤金、安置费、人寿保险、人身伤害赔偿请求权等权利”。

这两条结合起来的意思,我们再举一个案例进行解释。

案例 3-1-2

黄总(债权人)借给吴总(债务人)10 万元,已经到期但吴总迟迟不还。同时吴总的父亲去世,有一笔人身保险赔偿金 10 万元,指定受益人为吴总,但吴总迟迟不去申领这笔赔偿金。这时候黄总能不能根据《合同法》第七十三条行使其代位权,直接要求保险公司将 10 万元支付给自己以抵偿 B 的债务呢? 理论上肯定不行的,因为吴总对保险公司的 10 万元赔偿金的债权属于专属于其自身的债权,依据法律不可以被代位执行。

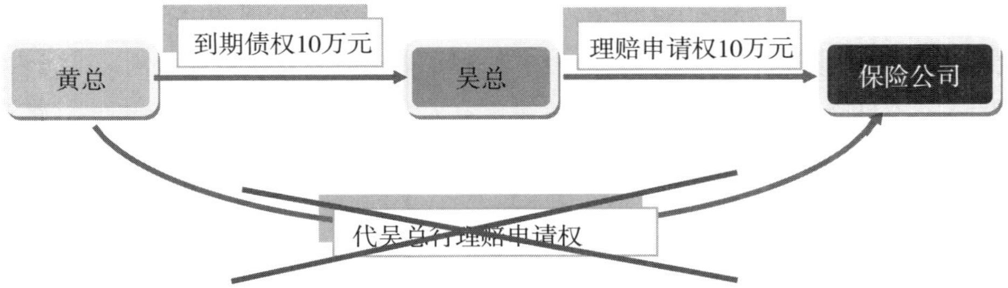

图 3-1-2

但如果吴总已经申领了这 10 万元的保险赔偿金,并且 10 万元已经到吴总的账上,那能不能被强制执行呢? 此时 10 万元已经属于吴总个人的财产,被强制执行的可能性完全存在。因此,以前有一些提法说保险赔偿金不用还债,这是不全面的。

但如果吴总选择暂时不申领保险赔偿金,则理论上该财产就能得到暂时保全。这个保护期理论上可以有多长呢?

根据《保险法》第二十六条规定,人寿保险的被保险人或者受益人向保险人请求给付保险金的诉讼时效期间为五年,自其知道或者应当知道保险事故发生之日起计算。可见,吴总申请理赔的期限是自知道或应当知道保险事故之日起五年之内,所以该保护期限最长可以达到五年。但吴总需要承担在这五年期间可能导致保险理赔事故难以认定、保险证据灭失等问题带来的诉讼风险,甚至丧失理赔金的风险。因此,此时吴总还是应该积极面对法院强制执行的法律文书为妥。

二、避免"盾牌":避免冻结

大额保单保险金不会被冻结、强制执行。《保险法》第二十三条规定:"任何单位和个人不得非法干预保险人履行赔偿或者给付保险金的义务,也不得限制被保险人或者受益人取得保险金的权利。"

这条法律规定对保险赔偿金的给付过程作了规范,也就是说,除了给付行为的当事人,即保险公司和保险赔偿金的受益人(既可能是被保险人,也可能是被保险人以外被指定的受益人),其他任何人或者机构都不能非法干预保险金的给付,从而使得给付的时间、方式、过程、结果都能有很好的确定性,进而可以对保险赔偿金起到很好的保护作用。

案例 3-1-3

黄总(债权人)借给吴总(债务人)100万元,已经到期但吴总迟迟不还。吴总在债务发生前作为投保人购买过一份人寿保险,妻子郑美丽作为被保险人,保额为300万元的保险,指定其子吴小宝为唯一受益人,目前现金价值为100万元。黄总要求吴总将保单退保,获得的现金价值清偿其债务,吴总不同意,黄总遂将吴总诉至法院。判决前吴总妻子郑美丽意外死亡,吴小宝依据保险合同向保险公司申领保险金。此时黄总请求法院冻结该保单,禁止保险公司给付保险金300万元,以保护其债权是否可行?

答案是否定的,购买保单行为发生在债务发生前,如果不存在恶意转移财产、损害债权人权益的问题,则保险合同有效。保险事故发生时,尽管黄总已经对该保单的现金价值主张自己的债权,并已经诉至法院。但根据《保险法》第二十三条之规定,任何单位和个人不能干预保险人履行赔偿或者给付保险金的义务,也不得限制被保险人其子吴小宝或者受益人取得保险金的权利。

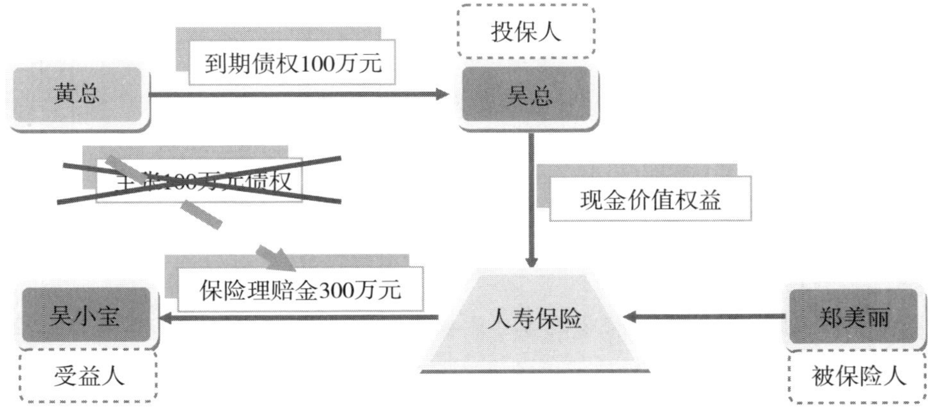

图 3－1－3

当然，如果有符合《合同法》第五十二条的规定，保险合同被认定无效除外，这些情景包括

1. 恶意串通，损害国家、集体或第三人利益的合同，如目的就是恶意避债的保险。

2. 合法形式掩盖非法目的的合同，如用于转移财产或者洗钱的。

3. 损害社会公共利益的合同，如以公司的资金给股东、高管等购买高额投资型保险，以达到转移公司资产，恶意规避公司所得税和个人所得税。

三、规避“盾牌”：规避特定条件下的债务

大额保单在铁定的条件下，可以直接对抗债务。

案例 3－1－4

黄总借给吴总人民币 10 万元，已经到期吴总迟迟不还，吴总死亡，有一份被保险人为吴总的人寿保险，保额 10 万元，受益人为吴总的儿子吴小宝。那么黄总有没有权利要求 10 万元保险理赔金偿还自己的债务呢？

回答这个问题的关键，在于《保险法》第四十二条、《最高人民法院关于保险金能否作为被保险人遗产的批复》（1988 年 3 月 24 日）还有《继承法》第三十三条的规定。

《保险法》第四十二条规定：“被保险人死亡后，有下列情形之一的，保险金作为

被保险人的遗产，由保险人依照《中华人民共和国继承法》的规定履行给付保险金的义务：

（一）没有指定受益人，或者受益人指定不明无法确定的；

（二）受益人先于被保险人死亡，没有其他受益人的；

（三）受益人依法丧失受益权或者放弃受益权，没有其他受益人的。

受益人与被保险人在同一事件中死亡，且不能确定死亡先后顺序的，推定受益人死亡在先。”

《最高人民法院关于保险金能否作为被保险人遗产的批复》（1988 年 3 月 24 日）规定：“一、根据我国保险法规有关条文规定的精神，人身保险金能否列入被保险人的遗产，取决于被保险人是否指定了受益人。指定了受益人的，被保险人死亡后，其人身保险金应付给受益人；未指定受益人的，被保险人死亡后，其人身保险金应作为遗产处理，可以用来清偿债务或者赔偿。二、财产保险与人身保险不同。财产保险不存在指定受益人的问题。因而，财产保险金属于被保险人的遗产。”

《继承法》第三十三条规定：“继承遗产应当清偿被继承人依法应当缴纳的税款和债务，缴纳税款和清偿债务以他的遗产实际价值为限。超过遗产实际价值部分，继承人自愿偿还的不在此限。继承人放弃继承的，对被继承人依法应当缴纳的税款和债务可以不负偿还责任。”

也就是说，债务人死亡，需对其生前的资产和负债进行清算，必须先缴纳应当缴纳的税款，偿还应当偿还的债务后，剩余的部分才可以开始继承。但缴纳税款和清偿债务以其遗产的实际价值为限。也就是说，多余的债务除非继承人自愿，否则是不用偿还的。

在此案中，吴总死亡后，其子吴小宝有权继承其遗产，但如果吴总的遗产不足够清偿其债务。根据《继承法》第三十三条的规定，以遗产的实际价值为限清偿债务，剩余债务吴小宝没有当然的还款义务。

但吴总死亡后保险公司按照合同需要赔偿给受益人吴小宝的 10 万元，因为保险合同中明确指定受益人为吴小宝。因此根据《保险法》第四十二条及《最高人民法院关于保险金能否作为被保险人遗产的批复》（1988 年 3 月 24 日）的规定，保险理赔金不属于吴总的遗产，而是专属于吴小宝自身的债权，吴小宝当然有权依据保险合同的法律规定全部取得保险赔偿金 10 万元，而不用清偿其父吴总欠下的债务。

案例3－1－5①

钟小某是钟某与黎某的婚生儿子。

2008年12月26日，钟小某向冯某借款5万元，并于2013年2月24日补立借据一份。

2010年12月28日，钟小某与赖某办理结婚登记手续。

2013年2月24日，钟小某另行给冯某出具一份借据，内容为：“本人钟小某借到冯某人民币柒万伍仟元整(75,000)，于2014年6月29日前还清。”

2013年3月19日，钟小某因病死亡。

冯某除提供证据证明存在以钟小某为被保险人的几份保单并已获得理赔总额32万元外，不能证明钟小某有其他遗产。

表3－1－1

投保时间	投保人	被保险人	受益人	保险金额	赔付金额
2010.1	黎某	钟小某	黎某	51,861元	120,000元
2011.4	黎某	钟小某	法定	20,000元	90,000元
2011.4	黎某	钟小某	法定	30,000元	60,000元
2012.12	黎某	钟小某	黎某	113,600元	50,000元

冯某于2013年3月26日将钟某、黎某、赖某诉至法院，主张钟小某所举债务为用于家庭共同生意，因此要求法院判令钟某、黎某、赖某偿还上述所有债务及利息。本案通过两审，最终二审终审判决如下：

法院认为：本案为民间借贷纠纷。根据上诉人冯某的上诉主张及被上诉人赖某、钟某、黎某的答辩意见，双方当事人二审争议如下问题：

一、关于钟小某向冯某借款是否属于钟小某与赖某婚姻关系存续期间的夫妻共同债务问题。本案中，经查明钟小某于2008年12月26日向冯某借款50,000元，钟小某于2010年12月28日与赖某办理结婚登记手续，钟小某于2013年2月24日向冯某补立借据。钟小某虽在与赖某结婚登记后向冯某补立50,000元借款借据，但该笔借款发生在钟小某与赖某结婚登记之前，因此，该笔借款应属钟小某婚前的个人债务。冯某关于该笔借款应确认为钟小某与赖某婚姻关系存续期间的共同债务的上诉理由不成立，本院不予采纳。

① (2014)湛中法民一终字第48号。

二、关于钟小某向冯某借款是否用于其家庭生意的问题。钟某、黎某、赖某在原审中不到庭应诉,也不作书面答辩,冯某上诉认为钟某、黎某、赖某对钟小某向冯某借款用于家庭生意没有异议,缺乏事实依据,且钟某、黎某、赖某对此不予认可,故原审判决认定冯某主张钟小某向冯某借款用于家庭生意的证据不足,不予认定并无不当。

三、关于钟小某是否有遗产及钟小某对冯某的债务应由谁承担偿还问题。《中华人民共和国保险法》第六十四条规定(具体条文见本书前文)《最高人民法院关于保险金能否作为被保险人遗产的批复》规定(具体条文见本书前文):本案中,黎某作为投保人,以钟小某为被保险人的共4份保单中,有两份保单没有指定受益人,赔偿金额合计15万元,应当作为被保险人钟小某的遗产。另外两份指定受益人为黎某,金额共计17万元,不属于遗产。根据《中华人民共和国继承法》第十条的规定,钟某、黎某、赖某是钟小某的第一顺序继承人,钟小某身故保险金中的150,000元是被继承人钟小某的遗产,钟某、黎某、赖某已依法定继承予以继承。根据《中华人民共和国继承法》第三十三条"继承遗产应当清偿被继承人依法应当缴纳的税款和债务,缴纳税款和清偿债务以他的遗产实际价值为限"的规定,钟某、黎某、赖某作为钟小某的法定继承人,应当用该笔保险金来偿还钟小某生前所欠冯某的债务。

综上所述,原审判决认定事实部分不清,适用法律错误,实体处理欠妥,应予纠正。冯某的上诉部分有理,对其有理部分,应予支持。依照《中华人民共和国保险法》第四十二条,《中华人民共和国继承法》第十条、第三十三条,《最高人民法院关于保险金能否作为被保险人遗产的批复》第一条,《中华人民共和国民事诉讼法》第一百七十条第一款第(二)项的规定,判决如下:

一、撤销原一审民事判决;

二、限钟某、黎某、赖某于本判决发生法律效力之日起十日内,在继续钟小某的人身保险金150,000元的范围内偿还冯某借款50,000元及利息(从2008年12月26日起,按中国人民银行同期同类的贷款利率计至2013年3月26日止)。

如果未按本判决指定的期间履行给付金钱义务,应当依照《中华人民共和国民事诉讼法》第二百五十三条之规定,加倍支付迟延履行期间的债务利息。

(注:本案中的75,000元的借款,为婚后所借,属于夫妻共同债务,但该借款约定的还款期限是2014年6月29日前,该还款期限尚未届满,冯某未能提供债务人必须提前履行该债务的法律和事实依据,因此本案中不予讨论。)

所以我们看到，在这种情况下，大额人寿保单的赔偿金是可以正面对抗债权的。但一定要注意几个要点：

第一，必须保证保险合同在法律上有效，也就是说不能是恶意串通，损害国家、集体或第三人利益的合同，不能是以合法形式掩盖非法目的的合同，不能是损害社会公共利益的合同。比如恶意避债、用非法的资金购买保单、用保单洗钱、恶意转移财产、恶意避税。

第二，身故受益人必须明确指定，否则未指定受益人的保险理赔金将作为被保险人的遗产而法定继承，未来可能需要先缴纳遗产税和清偿债务。

关于受益人一栏写“法定”是属于明确指定了受益人还是未指定受益人，在《保险法司法解释三》颁布前是有争议的。最高人民法院观点认为，写“法定”是有指定法定继承人为受益人的明确意思表示的，应当认为属于明确指定了受益人。而在本案中，法院却认为受益人写“法定”是未指定受益人，应当作为被保险人的遗产处理，需要先清偿其债务。《保险法司法解释三》颁布后，其第九条明确规定了受益人写“法定”为指定法定继承人为受益人，消除了这个争议。（具体分析请参见本书107 页）

第三，不宜仅指定一位受益人，因为如果受益人先于或者与被保险人同时死亡，则保险赔偿金仍然将作为被保险人的遗产处理。可以将直系亲属按照照顾的意愿、年龄等做一个排序，梯次指定为第一、第二、第三……顺位受益人。这样即使有受益人死亡，也将有其他的受益人，不会使保险赔偿金陷入法定继承程序。

举例：如 A 先生给自己购买了大额寿险，主要目的是照顾尚年幼的独子。同时 A 先生还有父母和妻子。那么可以做如下设计：

表 3 –1 –2

受益顺位	受益人	受益比例
第一顺位	儿子	100%
第二顺位	父亲、母亲	各 50%
第三顺位	妻子	100%

第四，注意《保险法司法解释(三)》第九条第三款(三)受益人的约定包括姓名和身份关系，保险事故发生时身份关系发生变化的，认定为未指定受益人。因此当被保险人和受益人身份关系发生变化时，一定要注意更改受益人。身份关系发生变化常见的就是离婚导致夫妻关系消灭。

四、阻却“盾牌”：阻却强制执行

大额保单的现金价值在被清偿债务时，其过程中的执行难度很大。根据《保险法》第四十七条的规定，在保险事故发生前，投保人可以随时解除合同并要求保险人支付保单的现金价值。保单的现金价值属于投保人的投资性权益，不属于《最高人民法院关于人民法院民事执行中查封、扣押、冻结财产的规定》第五条规定的不得查封、扣押、冻结财产的范围。因此，人民法院依法予以查封不违反法律规定。

《保险法》第四十七条　投保人解除合同的，保险人应当自收到解除合同通知之日起三十日内，按照合同约定退还保险单的现金价值。

同时，投保人依法享有单方解除合同的权利，合同解除后保险人必须向投保人支付保单现金价值。保单现金价值的计算方法是确定的，这就意味着保险人在合同解除时支付给投保人的金钱是确定的。因此保单的现金价值作为投保人享有的一种确定的投资性权益，归属于投保人当然确定无疑。因此当然也应当必须可以清偿投保人的个人债务。

《保险法》第十五条　除本法另有规定或者保险合同另有约定外，保险合同成立后，投保人可以解除合同，保险人不得解除合同。

用人寿保险单的现金价值清偿投保人个人债务的前提是，首先必须解除保险合同。但是，依据《保险法》第十五条，保险人除法定解除权外，只有投保人拥有解除保险合同的权利。因此，如果投保人不主动配合办理退保手续，法院在强制执行时，在投保人不办理退保手续的情况下，是否能直接对保单的现金价值进行强制执行是存在争议的。①

案例 3-1-6　中国平安人寿保险股份有限公司无锡中心支公司、江苏龙城典当有限公司与朱某、许某等典当纠纷执行案②

2012 年 12 月 3 日，无锡仲裁委员会针对江苏龙城典当有限公司与朱某、许某、江苏永大投资有限公司典当合同纠纷案做出调解书。根据该调解书，朱某、许某及

---

① 杜万华主编：《最高人民法院关于保险法司法解释三理解与适用》，最高人民法院民事审判第二庭编著 2015 年版，第 439 页。

② （2014）锡执异字第 0037 号。

江苏永大投资有限公司向江苏龙城典当有限公司支付3,636,610元；执行过程中，江苏省无锡市中级人民法院于2014年10月28日向平安人寿无锡公司送达《执行裁定书》与《协助执行通知书》，要求该公司协助执行以下事项：解除许某在该公司的保险合同（共十三份人寿保险合同），并将解除后的保单现金价值扣划至法院。平安人寿无锡公司对上述协助执行通知书不服，向无锡市中级人民法院提出异议。

平安人寿无锡公司异议称：请求撤销该《协助执行通知书》。理由如下：

一、根据合同的相对性，仅合同当事人有权解除保险合同；另外，除保险法另有规定或保险合同另有约定外，保险人不得解除保险合同。所以，异议人无权与许某解除保险合同。法院直接解除许某与该公司的保险合同亦无法律依据。

二、法院如强制解除涉案保险合同，会损害朱梓豪等第三人的合法权益。

江苏龙城典当有限公司辩称：

一、平安人寿无锡公司不是本案的当事人，也不是本案的利害关系人，所以平安人寿无锡公司无权提出异议。

二、本案的相关保险属于财产类的商业保险，应当认定为被执行人的财产予以执行。

三、如果该保险不能作为被执行人的财产予以执行，将会导致被执行人随时转移财产，逃避执行，给债权人的利益造成重大损害。

二审法院认为，本案的争议焦点为：人寿保险单及其现金价值能否成为执行标的；本院要求平安人寿无锡公司解除其与许某之间的保险合同并提取现金价值是否有法律依据。

一、关于人寿保险单及其现金价值能否成为执行标的的问题。人寿保险单具有财产属性，能够成为强制执行的标的。《中华人民共和国保险法》第四十七条规定，投保人解除合同的，保险人应当自收到解除合同通知之日起三十日内，按照合同约定退还保单的现金价值。依据上述规定，保险合同解除前，投保人对保险人不享有保单现金价值的请求权；保险合同解除后，保单的现金价值才能产生并最终确定，投保人对保险人方享有保单现金价值请求权的到期债权，如投保人为被执行人，法院可以对该人寿保险单及现金价值予以执行。故人寿保险单及其现金价值成为执行标的的前提是保险合同已解除。

二、关于本院要求平安人寿无锡公司解除其与许某之间的保险合同并提取现金价值是否有法律依据的问题。合同解除是合同相对人终止合同的一种方式。《中华人民共和国保险法》第十五条规定，除本法另有规定或者合同另有约定外，保险合同成立后,投保人可以解除保险合同。依据上述规定,如果投保人与保险人未在保险合同中将法院强制执行作为合同解除的一种特殊情形,且未出现保险法规定或者保险合同约定的保险公司可解除保险合同的情形,保险合同的解除权只能归投保人所有,人民法院不宜直接要求保险公司解除保险合同并提取现金价值。本案中,许某作为涉案13份人寿保险单的投保人,其并未向平安人寿无锡公司提出解除保险合同,上述保险合同亦未出现保险法规定或者保险合同约定的保险公司可解除保险合同的情形;另外,申请执行人江苏龙城典当有限公司亦未举证证明被执行人存在通过人寿保险规避法院执行的行为,故本院要求平安人寿无锡公司解除其与许某的13份保险并提取保单现金价值没有法律依据。但考虑到人寿保险单的财产价值,法院可以对被执行人享有的人寿保险单的财产价值采取相关执行措施。

综上,平安人寿无锡公司的异议请求,有事实和法律依据,应当予以支持。依照《中华人民共和国民事诉讼法》第一百五十四条第一款第十一项、第二百二十五条之规定,裁定如下:

撤销本院(2013)锡执字第379号协助执行通知书。

从上面案例中我们可以看到,人寿保险单及其现金价值成为执行标的的前提是保险合同已解除。如果投保人不配合解除保险合同,那么保险合同被依法解除且被执行现金价值则可能有以下几种情况。

1. 保险合同自始无效。这个情形在前面已经两次提到,此处不再重复。

2. 保险合同为可撤销合同。

就此问题,《合同法》第五十四条有明确规定:

《合同法》第五十四条　下列合同,当事人一方有权请求人民法院或者仲裁机构变更或者撤销:

(一)因重大误解订立的;

(二)在订立合同时显失公平的。

一方以欺诈、胁迫的手段或者乘人之危,使对方在违背真实意思的情况下订立的合同,受损害方有权请求人民法院或者仲裁机构变更或者撤销。

当事人请求变更的,人民法院或者仲裁机构不得撤销。

根据法律规定,申请撤销的诉讼时效为1年。

从以上法律规定来看,在债务执行过程中显然很难有保险合同被依法撤销的情形。

3. 购买保险合同的行为被行使债权人撤销权，导致购买行为无效。

《合同法》第七十四条　因债务人放弃其到期债权或者无偿转让财产，对债权人造成损害的，债权人可以请求人民法院撤销债务人的行为。债务人以明显不合理的低价转让财产，对债权人造成损害，并且受让人知道该情形的，债权人也可以请求人民法院撤销债务人的行为。撤销权的行使范围以债权人的债权为限。债权人行使撤销权的必要费用，由债务人负担。

可见，撤销权的构成要件：

第一，须以债务人所为的有害于债权人的行为作为撤销权的对象；

第二，须以财产行为为撤销标的；

第三，须有害于债权人的债权；

第四，对债务人以有偿方式处分其财产时，必须在债务人与受益人都具有恶意时，债权人方可行使其撤销权。

从上述规定可以看出，如果保险合同的签订在债务发生之后，且其行为已经损害了债权人的债权，则购买保险合同的行为被撤销的可能性是很大的。这其实也就是所谓的恶意避债行为无效的问题。但如果保险合同是成立在债务发生之前的善意法律行为，则该行为肯定无法损害到债权人的合法权益，当然也不会被撤销。

4. 合同被依法解除。

《合同法》第九十三条　当事人协商一致，可以解除合同。当事人可以约定一方解除合同的条件。解除合同的条件成就时，解除权人可以解除合同。

第九十四条　有下列情形之一的，当事人可以解除合同：

（一）因不可抗力致使不能实现合同目的；

（二）在履行期限届满之前，当事人一方明确表示或者以自己的行为表明不履行主要债务；

（三）当事人一方迟延履行主要债务，经催告后在合理期限内仍未履行；

（四）当事人一方迟延履行债务或者有其他违约行为致使不能实现合同目的；

（五）法律规定的其他情形。

第九十五条　法律规定或者当事人约定解除权行使期限，期限届满当事人不行使的，该权利消灭。法律没有规定或者当事人没有约定解除权行使期限，经对方催告后在合理期限内不行使的,该权利消灭。

从合同的法定解除情形来看,很难找到强制解除人寿保险合同的法律依据。

5. 保险人的法定解除权(这里只讲人寿保险合同)。

如果存在以下情景,则可构成保险人的法定解除权:

(1)投保人故意或过失未履行如实告之义务,足以影响保险人决定是否承保或者以何种保险价格承保。

(2)在人身保险合同中,投保人申报的被保险人的年龄不真实,并且其真实年龄不符合合同约定的年龄限制,保险人可以解除合同,并在扣除手续费后,向投保人退还保险费,但是自合同成立之日起逾两年的除外。

(3)分期支付保险费的人身保险合同,投保人在支付了首期保险费后,未按约定或法定期限支付当期费用的,合同效力中止,合同效力中止后两年内双方未就恢复保险合同效力达成协议的,保险人有权解除保险合同。

(4)被保险人或者受益人在未发生保险事故的情况下,谎称发生了保险事故,向保险人提出索赔或者给付保险金请求的,保险人有权解除保险合同,并不退还保险费。

(5)投保人,被保险人或者受益人故意制造保险事故的,保险人有权解除保险合同,不承担赔偿或者给付保险金的责任,并不退还保险费。

从保险人的法定解除权来看,如果投保人、被保险人、受益人没有上述五种情形的过错,保险人是不能依法解除合同的。

从法律规定来看,除非保险合同是无效合同、可撤销合同,购买保险的行为被行使债权人撤销权或者保险人依法行使法定解除权,否则只有投保人才有权利解除合同。

综合上面的各种情形来看,虽然保单现金价值属于投保人的财产,应当用来清偿投保人的债务。但可被执行的前提是保险合同已经解除,投保人已经获得现金价值。如果投保人不配合解除保险合同,且该合同又不存在任何无效或可被撤销的情形,则强制执行保单的现金价值是存在争议的。

就此问题,2015 年 3 月 6 日,浙江省高级人民法院《关于加强和规范对被执行人拥有的人身保险产品财产利益执行的通知》浙高法执〔2015〕8 号文件中的第五条则规定:“人民法院要求保险机构协助扣划保险产品退保后可得财产利益时,一般应提供投保人签署的退保申请书,但被执行人下落不明,或者拒绝签署退保申请书的，执行法院可以向保险机构发出执行裁定书、协助执行通知书要求协助扣划保险产品退保后可得财产利益，保险机构负有协助义务。”

浙江省高级人民法院作出的上述司法解答，虽然只在浙江省内有效，但有很强的影响力，其规定的做法在实务界有争议。法院通过《协助执行通知书》要求保险公司协助扣划保险产品退保后的财产利益本身并无问题，但前提是保险合同已经解除。但如何解除保险合同，此条款中却无规定，而且就算有规定，其合法性也值得商榷，有待于司法实践的进一步观察。

案例 3－1－7　中国人寿保险股份有限公司新乐支公司复议案件执行裁定书①

执行法院查明被执行人陈志平及家庭成员李荣肖在人寿新乐公司有保险，保单号：×××4578、×××0132×××0672、×××7123、×××0173。执行法院遂向中国人寿保险股份有限公司新乐支公司送达协助执行通知书，要求保险公司协助提取被执行人陈志平及家庭成员李荣肖的退保金。人寿新乐公司对此执行向法院提出执行异议。

二审法院认为，人身保险是以被保险人的寿命和身体为保险标的的保险，具有很强的人身依附性。本案中，执行法院裁定提取退保金的四份保单系被执行人陈志平及其家庭成员在本案判决生效前已投保、并交付了全部保险费的人身保险，因此，被执行人并不存在违反《最高人民法院关于限制被执行人高消费的规定》第三条第一款第（八）项规定的“被执行人为自然人的，被限制高消费后，不得有以其财产支付高额保费购买保险理财产品”的行为。另现行法律及司法解释对人民法院强制执行退保金没有作出明确规定，且根据《保险法》第十五条“除本法另有规定或者保险合同另有约定外，保险合同成立后，投保人可以解除保险合同，保险人不得解除合同”的规定，执行法院未经投保人同意，强行提取被执行人及其家庭成员投保保单的退保金没有法律依据。综上，复议人的复议理由成立，本院予以支持。依照《中华人民共和国民事诉讼法》第二百二十五条的规定，裁定如下：撤销河北省新乐市人民法院（2012）新执异字第 173 号和（2012）新执字第 173－4 号执行裁定、（2012）新执字第 173 号协助执行通知书。

同时，人寿保险合同中的保障型合同，如终身寿险合同，重大疾病保险合同、教

① （2015）石执审字第 00070 号。

育保险合同,其身体健康与疾病为投保内容,具有很强的人身属性,法院强制执行该保单的现金价值将会危害被保险人的生存权益。一般认为该类人寿保险不宜强制执行。

案例3-1-8 虞某燕、黄某录等与虞某燕、黄某录执行裁定书①

执行法院查明,2007年10月、2009年6月、2010年9月、2011年4月,虞某燕、黄某录陆续与中国平安人寿保险股份有限公司温州中心支公司签订了七份保险合同:

表3-1-3

承保险种	投保人	被保险人	受益人	年缴保费(元)	备注
智盈人生+智盈重疾	虞某燕	虞某燕	法定	6000	
世纪赢家+赢家重疾	虞某燕	黄某贝(儿子)	法定	12,000	
智盈人生+智盈重疾	虞某燕	黄某录	法定	6000	
幸福A定期寿险	虞某燕	虞某燕	法定	575	
世纪天使两全保险+天使重疾	虞某燕	黄某羽(女儿)	虞某燕	14,698	已产生生存保险金12000元及利息33.12元
智盈人生+智盈重疾	黄某录	黄某录	法定	6000	
智盈人生+智盈重疾	黄某录	虞某燕	法定	6000	

2013年6月24日,执行法院裁定,冻结虞某燕、黄某录所投保险的现金价值并扣划被执行人虞某燕、黄某录所投保险的现金价值及生存金,并向保险公司发出协助执行通知书,保险公司提出执行异议。

二审法院认为,虞某燕、黄某录于2007年、2009年、2010年、2011年与平安人寿保险公司签订的七份保险合同,以被保险人的身体健康与疾病为投保内容,属于人寿保险范畴,具有人身保障功能。法院强制执行该保单的现金价值将会危害被保险人的生存权益。因此,该类人寿保险不宜强制执行。综上,申请复议人复议理由成立,本院予以支持,执行法院认定该保险为储蓄或投资型保险合同,并据此扣划该保单现金价值不当,予以纠正。裁定扣划的保险现金价值及生存金退回中国平

① (2014)浙温执复字第36号。

安人寿保险股份有限公司温州中心支公司。

从上述三个案例可以看出，保单的现金价值虽然作为投保人个人财产是可以被清偿债务的，但清偿的前提首先是要解除人寿保险合同。而我国法律对人寿保险合同解除的规定中，没有给法院的强制执行提供法律依据。因此，如果被执行人不主动配合解除合同，现金价值被强制清偿债务的难度还是很大的。

同时，因为人寿保险合同往往以人的寿命、身体健康等作为投保标的，具有很强的人身依附性，同时投保人和被保险人又可能不是同一个人，法院强制执行其现金价值将会危害第三人（被保险人）的生存权益。因此也不适合强制执行。

当然从实际判例来看，全国，特别是山东、浙江保单现金价值被强制执行划拨至法院的案例不在少数。而且最高人民法院对于保单的现金价值是否可以强制执行也进行了深入的研究，原计划在《保险法司法解释（三）》中予以明确规定，但最后考虑到程序法中的内容在实体法中规定不太妥当等众多原因，最终没有写入规定中。在第二节，我们将从现金价值的方方面面来论证是否可以强制执行，目前存在哪些观点，供广大读者参考。

第二节　保单的现金价值与强制执行

一、保单现金价值的概念

保险的现金价值，是指在保险期间内，保险合同提前终止或者保险人依法不承担给付保险责任时，需要向投保人返回的责任准备金。保险金是保险事故发生时保险人根据保险合同应当向受益人支付的金额。保险的现金价值与保险金两者不同，现金价值归属于投保人，保险金则应支付给投保人或被保险人指定的受益人。现金价值是为了保障保险人未来支付保险金的准备金，保险金的数额通常高于现金价值。

二、保单现金价值的转换

在死亡险中，如被保险人在保险期间内死亡，保险事故发生，保险的现金价值应当全部转化为保险金，属于受益人，投保人不再享有现金价值。一般而言，保险事故发生前，投保人有权解除保险合同取得现金价值，受益人无权要求解除合同取得现金价值；但在保险事故发生后，投保人不得再解除合同取得现金价值，而受益人可以基于保险合同约定要求保险人给付保险金。如果保险公司不知道保险事故发生，已向投保人返还了现金价值，则受益人如果依据保险合同要求保险人给付保险金的，保险人仍需要给付保险金，不能以保险责任已解除为由抗辩。保险人因为解除保险合同支出的现金价值，只能通过不当得利向投保人主张返还。

三、保单现金价值的返还

大额保单中，投保人解除保险合同的时间点确认很重要，如果解除保险合同是在保险事故发生前，投保人可取得现金价值，保险人不承担给付保险金责任；如果解除在保险事故发生后，投保人无权取得现金价值，保险人承担给付保险金责任。

保险合同解除时，投保人与被保险人、受益人为不同主体，被保险人或者受益人要求退还保单的现金价值的，人民法院不予支持，但保险合同另有约定除外。

投保人故意造成被保险人死亡、伤残或者疾病，保险人依照《保险法》第四十三条规定退还保障单的现金价值的，其他权利人按照被保险人、被保险人继承人的顺序确定。

案例3-2-1 崔某与某保险公司人身保险合同纠纷①

1995年5月26日，崔某向保险公司投保了分期支取储蓄终身寿险（增值红利）。合同约定，退保：保单权益人可于此保单有效期内随时退还此保单，领取现金价值。现金价值是经调整后在价值表上所载的表列退保金额，在扣除所有欠款后的结存。本保单为分红保单，可分享本公司之可分配盈余。可分配盈余由本公司逐年决定，并于保单周年日以增值红利形式派发，而增值红利将不少于保险金额的3%。增值红利为保单保额以外之保险金额，本公司于给付保单保额时一并给付。

2012年4月，崔某向保险公司申请退保，保险公司共支付退保金62,774.69元。其中，增值红利为30,647.69元。

崔某认为，根据保险公司提供的周年红利书显示系争保险累计红利应为59,000元，而保险公司仅支付30,647.69元，数额明显不足，因而起诉要求支付退保金差价28,325元。

二审法院认为，系争保险合同明确约定了周年增值红利的性质是保额以外增加的保险金额，同时还约定了给付条件为给付保单保额时一并给付。根据保险法规定，保险金额是指保险人承担赔偿或者给付保险金责任的最高限额。保险金额是保单必须载明的事项之一，具有重要意义。而保险金额的支付，意味着发生保险事故或保单时限满期。如果提前退保，属于解除合同。按照保险法的规定，投保人解除合同的，保险人应当退还现金价值。退保之时，保险事故并未发生，保单并未满期，投保人只能领取保单的现金价值，而保险公司支付的保单现金价值并非保单保险金额。

本案中，由于双方约定了增值红利随着保单保额一并给付。在崔某提前退保时，并未发生保险事故或保单满期，即不存在保单保额的给付。不给付保单保额，表明增值红利前提条件未成就。如果严格按照合同解释，保险公司在崔某提前退保时无须支付任何增值红利。崔某认为保险合同订立时未明确针对增值红利单独约定退保的现金价值，即应退还全部的增值红利，理解不正确。至于保险公司基于市场竞争的需要或者其他原则，在保险合同履行数年后，在其向崔某发出的《周年通知书》中，针对提前退保的行为，明确了周年增值红利的现金价值，该行为属于保险

① 上海市第二中级人民法院（2013）沪二中民六（商）终字第25号民事判决书。

公司的书面自愿承诺,承诺之后使相对方产生相应的预期,对保险公司具有法律上的约束力。因此,崔某要求按照周年增值红利的金额予以退还,没有法律合同上的依据,法院不予支持。由此,二审法院与一审法院观点相同,均根据保险合同关于"增值红利为保单保额以外之保险金额"的约定,认为增值红利属于保险金,不属于现金价值,在保险事故未发生及保险合同期限未满的情况下,崔某要求给付保险金缺乏依据,符合保险原理。

现金价值是投保人在保险合同早期支付的超过自然保险费的积累,属于投保人的财产,不容侵害。由监管机构确定现金价值的计算原理和方法,要求保险人按照其所确定的原理和方法计算保险金,是较可靠的处理方式。

四、关于保单现金价值能否可以强制执行

现金价值属于投保人的财产,投保人的债权人在债权未得到清偿的情况下能否对投保人的现金价值采取强制措施,审判实践对此认识不一。

案例 3-2-2

保险代理人小 K 在向张总推荐人寿保险。在说到购买保险有什么好处时,小 K 说:

"张总,购买保险还有一个好处,就是可以避债。"

"怎么避呢?"张总不解地问。

"是这样的",刚刚听过保险业务培训的小 K 很自信地说:"比如说,您为自己投了保险,受益人是老婆孩子,您买的保险就有现金价值,如果您中途退保,我们保险公司就应该给您返还保险的现金价值。因此,可以说,只要您决定退保,保险公司就欠您的保单现金价值的钱。"

"那又怎样呢?"张总不解地问。

"嗯,假如您后来又欠了李四的钱,按说李四可以行使代位权、代替您向保险公司要钱,以还您欠李四的债。可是,法律又说,人寿保险是专属于您自己的债权,别的债权人不能代位行使,因此,只要您自己不退保,李四就没有办法向您要。"

"哦",张总似懂非懂,"那如果我万一发生不测,老婆孩子拿到保险赔偿金,不也得还人家李四吗?"

"那还真不用",小 K 很坚决地说,"保险赔偿金不是遗产,这钱是保险公司的理赔款,至少李四没权利要这些理赔款。所以啊,您的保险金额一定要买足一些啊!"

张总看身边的朋友都买了保险，自己也确实想买，不过他也怀疑小K的说法，保险有这么好吗？

很多保险公司在宣传保险的好处时，会提到保险的两种“避债”功能，大体说法如下：

第一种是所谓“绝对”避债功能。主要依据按本案例来说，虽然李四根据《合同法》第七十三条想行使“代位求偿权”，从保险公司拿到张总投保的现金价值，但是由于《合同法司法解释（一）》第十二条明确规定，人寿保险是专属于张总自己的债权，李四行使“代位权”的方法行不通，这样一来，可以起到“绝对”的避债功能。

第二种是所谓“相对”的避债功能。拿本案来说，如果张总不幸发生意外，按说张总的老婆张太可以向保险公司主张保险金。这时，如果张太自己在外面欠人家王五的钱，同样因为张太向保险公司主张保险金的请求权也是专属于她自己的债权，王五也不能代替张太主张。而根据《保险法》第二十六条的规定，张太向保险公司主张保险金的诉讼时效是五年，因此，只要张太消极不作为、不向保险公司要钱，她欠王五的钱就可以“拖”到近五年的时间，从而实现“相对避债”。

那么，这两种观点正确吗？

1. 保单的“现金价值”完全可能被执行，第一种所谓“绝对”避债的说法不靠谱。

如果投保人有生效还债的法律判决书，法院能否强制执行投保人保单的现金价值在司法界有不同的认识和判决方法。主要有“肯定说”和“否定说”两种。

“肯定说”的观点认为，人民法院当然可以强制执行投保人购买保单的现金价值，只要债权人申请，人民法院就应该强制执行保单的现金价值，并要求保险公司配合。比如，（2013）扬江执字第0100－9号、徐州市铜山区人民法院（2008）临兰商初字第2675号判决书。以及2015年3月浙江省高级人民法院《关于加强和规范对被执行人拥有的人身保险产品财产利益执行的通知》第二条。

“否定说”的观点认为，保险公司给付现金价值的前提是必须投保人自己解除合同。在未经投保人同意的情形下，即使是协助法院执行，保险公司亦违反了法律规定及合同约定，必须依法向投保人继续履行合同。比如，山东省临沂市兰山区人民法院（2008）临兰商初字第2675号判决书。

那么，对此问题，最高人民法院的观点又是如何呢？我们查阅保险法司法解释的条文里均没有对此规定。事实上，在起草《保险法司法解释（三）》的过程中，对此曾拟有涉及，但囿于该问题属于程序法上的问题，在实体司法解释中予以规定不甚妥当,故没有作出规定。也就是说,虽然各地法院判决各有观点,但最高人民法院目前仍没有统一的规制。

2.“诉讼时效”虽然给了受益人五年请求权的时间,但不代表强制执行时可以抗辩。

还是上文案例,如果有生效法律文书判令张太还债,张太虽然没有其他财产可供强制执行,但张太在保险公司有受益人赔偿金可以领取而没有领取,即使法院不能向保险公司直接强制划拨,也完全可以责令张太立即向保险公司申请主张,否则轻则可以罚款、拘留,重则可能构成《最高人民法院关于审理拒不执行判决、裁定刑事案件适用法律若干问题的解释》第一条规定的“拒不履行判决、裁定罪”。因此,五年诉讼时效的“拖延”只是理论上可行,在实际的债权追索中很难实现。

3.保险确实有相对的“债务隔离”功能。

那么,保险真的没有一点儿“避债”功能吗?

事实上,保险的“避债”功能,可以通过保险关系架构不同的搭建,引发不同法律后果来体现。比如,投保人是父母,被保险人是子女。子女虽然可以领取年金或分红,但保单本身的现金价值却是投保人即父母的,因此,子女挥霍欠债,也不能及于保单本身。所谓的“婚变保财”功能亦是如此。因此,通过对投保人、被保险人、生存受益人、死亡受益人的不同保险架构搭建,可以实现所谓“避债”“防止婚变分财”的目的,但这种“避债”,是保险架构的法律关系决定的,而不是保险本身具有的功能。

当然,如果被保险人身故,受益人申领的保险金赔款不是遗产,被保险人生前的债权人无权要求偿付,正是保险“避债”功能最重要的体现之一,这是由保险法律关系的性质决定的。

可见,保险作为一种财富管理工具的好处,主要是合法地保障自己和亲人,而不是损害包括债权人在内的别人的权益。还是那句话,“一切以恶意避债、避税为目的而设计的筹划都是耍流氓”。之所以很多民众对保险颇有微词,主要在于个别保险宣传的歪曲与夸大,甚至捏造。不过,“瑕不掩瑜”,保险转移风险的保障功能以及财富传承功能的好处还是客观存在的。只要我们法律人和保险人齐心协力、客观求是,保险的功能和作用一定会更清晰地展现在世人面前!

五、保单现金价值可否为夫妻共同财产

在美国,共有十个州颁布《夫妻共同财产法》。寿险保单是否属于婚姻共同财

产，取决于保单何时购买，以及用什么款项购买。如果在婚姻存续期间投保，保单也是在此期间内签发，用以支付保费的是夫妻共同财产的资产，被指定为受益人又是夫妻以外的人，则这样的保单属于夫妻共同财产。夫妻离异时，共同财产需要在夫妻之间进行分割，具体怎样分割要么由夫妻双方约定，要么由法院裁决。大部分州的法院都认为，只要保费是用共同财产支付的，现金价值便属于共同财产，婚姻关系终止时，夫妻双方各自都有权拿到一半的现金价值。①

目前，在中国多数观点认为，投保人婚后以夫妻共同财产投保取得的保单现金价值，应属于夫妻共同财产。

① ［美］小罗伯特·H.杰瑞、道格拉斯·R.里士满：《美国保险法精要》，李之彦译，北京大学出版社2009年版，第178页。

第三节 大额保单的债务隔离筹划方法

一、利用保单结构设计实现债务的相对隔离

人寿保险保单是一个复杂的法律合同,他的结构相比其他合同非常特殊。首先他的合同当事人关系较复杂,保险法律关系的当事人主要有以下几个。

保险人:即人寿保险公司,与投保人订立保险合同,收取保险费,并承担赔偿或者给付保险金责任的保险公司,又称"承保人"。

投保人:即和人寿保险公司签订保险合同的相对人,同时他也是缴纳保费的义务人,保险合同的持有人,他拥有无条件解除保险合同并获得现金价值的权力,更换保险生存及死亡受益人的权力(需征得被保险人的同意),变更保单、领取分红等。投保人可以是自然人,也可以是法人。

被保险人:即保险合同的标的人,合同以其寿命或身体健康等作为保险标的。

死亡受益人:被保险人死亡后,有权利获得死亡保险金赔偿的人。通常既可以指定为具体的人,也可以指定为身份关系,譬如,被保险人的"配偶"。在保险实务中,如果没有特殊指定,一般默认为被保险人的法定继承人。

指定为具体人的时候,一般要求提供以下信息以确定受益人身份:姓名、身份证件、与被保险人关系。

这里要特别注意一点,在《保险法司法解释(三)》第九条第三款规定"受益人的约定包括姓名和身份关系,保险事故发生时身份关系发生变化的,认定为未指定受益人"。所以当指定受益人与被保险人身份关系发生变化时,一定要及时修改。

指定为身份关系的情况在实践中不是很常见,但这种情况对受益人的确定与投被保险人是否为同一人关系很大。

《保险法司法解释(三)》第九条第二款　受益人仅约定为身份关系,投保人与被保险人为同一主体的,根据保险事故发生时与被保险人的身份关系确定受益人;投保人与被保险人为不同主体的,根据保险合同成立时与被保险人的身份关系确定受益人。

这样规定主要是为了体现对投保人意思的保护。

案例 3－3－1

吴总和郑美丽为夫妻关系，二人生有一个儿子吴小宝。

2010 年 1 月，吴总作为投保人，妻子郑美丽作为被保险人购买一份保险，指定受益人为子女（身份）（注：这种指定方式在现实中极为罕见）。二人于 2013 年离婚，随后郑美丽与黄总再婚并生有一个女儿黄小花。此时如果郑美丽死亡，按照死亡时与郑美丽的身份关系确定受益人的话，吴小宝与黄小花都是受益人。这显然不应当是投保人吴总所期望的。所以法律规定这种情况下，以保险合同成立时与被保险人的身份关系确定。此时受益人仅有吴小宝。完全符合吴总和郑美丽当时的真实意思表示。

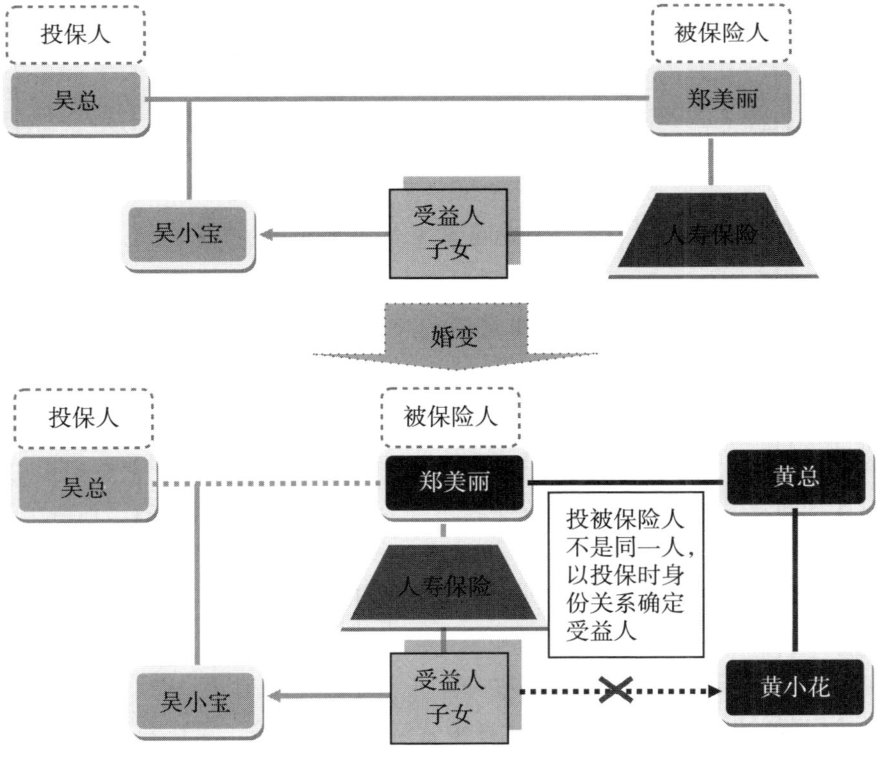

图 3－3－1

生存受益人：被保险人生存的情况下，有权利获得如生存年金、重大疾病保险金、两全保险满期金。生存受益人可以是投保人，也可以是被保险人。但一般不可以为此二人之外的其他人。

我们可以看到,保单的这五种人对于这份保单都有各自的权益。可以通过保险合同实现财富在这五种人之间的转移,但他们之间的债务可能是完全独立的。譬如,父母和子女之间的债务在法律上是完全独立的、兄弟姐妹之间的债务是完全独立的、祖父母与孙子女之间的债务是完全独立的。保险公司与投保人、被保险人、受益人之间(夫妻关系除外)的债务也是完全独立的。这时我们会很惊奇地发现:各当事人之间财富可以按照合同法律关系的架构进行筹划,可以较好地实现债务的相对隔离。这就给我们进行债务隔离提供了非常好的工具。

下面我们就来分享几种常见的隔离债务的保单结构:

(一)投保人设计

用负债可能性很低的人作为保单的投保人,实现保单的债务隔离。

案例 3-3-2

钱总 38 岁,是企业的实际控制人,因为企业经营需要经常贷款,虽然企业是有限责任公司,但贷款时银行都让钱总与其妻子钱太太作为连带担保人。这就导致如果企业经营失败,会直接威胁到钱总家庭财产的安全。

钱总的父母钱爷爷和钱奶奶都还健在,60 岁出头。工薪阶层,负债可能性较小。

钱总儿子钱小宝 13 岁。

钱总拥有的企业目前净资产 1 亿元左右,家庭净资产超过 5000 万元。

因为当下经济形势不好,钱总对将来有些担忧。为了保证儿子和自己将来的生活,钱总决定趁现在状况良好,用 2000 万元购买保险,规避全家的意外、疾病等风险,同时创造一个稳定的现金流,进行一个基本的财富保全。

那么,这种保单应该如何设计呢?

我们可以做这样一个安排。大额年金险 + 高额寿险 + 重疾险 + 高端医疗保险,主要保费用来购买大额年金险,用年金的一部分配置寿险、重疾险和高端医疗险。投保人如何安排呢?

表 3-3-1

保险险种	投保人	被保险人	生存受益人	死亡受益人	备注
年金险保单	钱爷爷	钱总	钱总	钱小宝	短期缴费,三年五年
全家高端医疗保险	钱总	全部家庭成员	所有被保险人	无	年缴,长期缴费,用年金的一部分支付保费
全家重疾险	钱总	全部家庭成员	所有被保险人	钱小宝	年缴,十年二十年缴费,用年金一部分支付保费

一般的操作都是以钱总或者钱太太为投保人,如果这种安排就可能存在较大的风险,因为年金险一般都有比较高的现金价值,而现金价值属于投保人的财产。这就有可能受到投保人负债的威胁,虽然在执行过程中可能存在难度,但也存在被执行的可能性。

为了降低投保人负债的威胁,我们可以这样安排:

将 2000 万元赠与钱爷爷,然后以钱爷爷为投保人购买保单。因为钱爷爷负债的可能性几乎为零,而赠与行为又发生在钱总的企业和家庭净值产都超过赠予额的时期。这份保单的现金价值受到钱总债务威胁的可能性就已经很低了。在实际操作时一定要注意以下几点:

1. 2000 万元一次性赠与投保人钱爷爷,并且必须申明单独赠与给投保人,并签订赠与协议。

2. 大额年金保险最好选择趸交的形式,也可以考虑期缴,缴费年期三年五年都可以,不适合太长。期缴时最好将剩余保费全部追加入万能险账户进行保全,不宜以现金形式留在父母账上。后续可以部分领取缴保费,虽然有一定成本,但相对安全和确定。部分保险公司提供预缴保费服务,也是很好的选择。

3. 建议结合"附条件赠与协议"进行安排。因投保人可以随时解除保单获得现金价值,因此必须防止钱爷爷在被骗或者受胁迫等情况下解除保险合同,尤其是如果钱总在有兄弟姐妹的情况下。附条件赠与协议写明:赠与钱爷爷的 2000 万元必须全部用于购买该保险计划,未经钱总允许不能退保,不得作部分领取,不得作保单贷款等,否则赠与无效,退保所得现金价值、部分领取和保单贷款所得财产、必须全部返还给钱总。如果保险公司允许在合同中作特殊约定,则一定要作特殊约定。

关于保单贷款的问题,根据《保险法》第三十四条的规定,以死亡为给付条件的保险合同,未经被保险人书面同意,是不能作保单贷款的,也就是说钱爷爷在没有经被保险人书面同意的情况下，是无法从保险公司质押贷款的。但在实务中，特别是大额年金保险中，其保险赔偿金的给付也是以死亡为给付条件的，但在保单贷款时有的保险公司没有要求被保险人的书面同意，由此可能引起法律争议，因此非常值得注意。

4. 结合“公证遗嘱和遗赠”进行安排。当投保人死亡时，投保人的相关权益和现金价值都将作为投保人的遗产进行继承。这就会带来几个问题：

问题一，如果钱总有兄弟姐妹，保单现金价值就面临被兄弟姐妹一起法定继承①；

问题二，如果钱总法定继承遗产，继承的遗产就必须偿还钱总的债务；

问题三，遗产继承手续非常麻烦，带来继承的不确定性。

所以，在附条件赠与协议的基础上，建议投保人订立公证遗嘱：当投保人去世后，可建议保单的全部权益1%归钱总所有，99%遗赠给孙子钱小宝，由钱总作为投保人代为持有保单。这样即使偿还钱总的债务，也只需偿还保单现金价值的1%。同时也规避了如果孙子钱小宝作为投保人退保，挥霍保单现金价值的风险。

（二）受益人设计

利用年金保险中生存受益人只能申领年金，实现债务隔离。

案例3-3-3

钱总，55岁，是一个成功的企业家，非常保守，从不负债经营，家庭净资产5000万元，企业净资产1亿元。钱太太50岁，身体健康。二人生有一子，钱小宝28岁，已婚，孙子钱贝贝2岁。

儿子钱小宝从小娇生惯养，生活挥霍无度，且有赌博的恶习，经常在外面仗着父母的面子借债。钱总对儿子已经失望，就盼着好好教育好孙子钱贝贝，将来将偌大的家业隔辈传承给孙子。

对于儿子，他想创造一个伴随儿子一生的现金流，每月给他和儿媳妇足够基本生活的生活费，同时购买足够的医疗保险，保证儿子生活和医疗无忧。

---

① 杜万华主编：《最高人民法院关于保险法司法解释三理解与适用》，最高人民法院民事审判第二庭编著2015年版，第102页。

对于这个情况我们可以这样安排：以钱总为投保人，被保险人钱小宝，生存受益人钱小宝，死亡受益人钱贝贝，购买十二份大额年金保单。每月购买一份，这样每月都有一份保单会自动付给钱小宝一笔生存金。其他的安排如图 3－3－2：

保险险种	投保人	被保险人	生存受益人	死亡受益人	备注
十二份年金险保单	钱总	钱小宝	钱小宝	钱贝贝	短期缴费，三年五年。最好加挂万能险账户
一份年金险保单	钱总	钱小宝	钱总	钱贝贝	短期缴费，三年五年。所得年金支付高端医疗保险保费和重大疾病险保费
全家高端医疗保险	钱总	全部家庭成员	所有被保险人	无	年缴，长期缴费，用年金支付保费
全家重疾险	钱总	全部家庭成员	所有被保险人	钱贝贝	年缴，十年二十年缴费，用年金支付保费

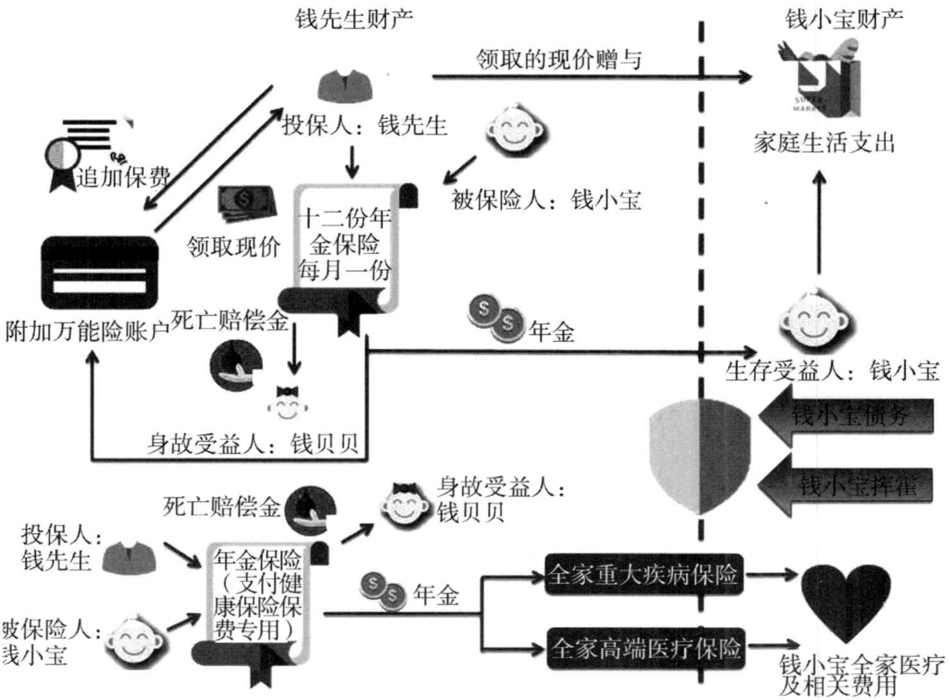

图 3－3－2

这样安排有以下几个功能：

1. 投保人为钱总，保单属于钱总的财产，如果钱小宝负债，则保单本身不可能成为清偿财产，却可以给钱小宝提供稳定的现金流。

2. 可以避免钱小宝挥霍保单本金，保证钱小宝一生的现金流。但因为钱总去世投保人权益的转移问题，可以参考上个案例给出的方法再加以改进。如引入律师作为遗嘱的执行人等方法。

3. 当钱小宝没有负债时，在投保人钱总的安排下，可以每月全额领取年金作为生活费，保持比较好的生活品质。如果一旦负债，可以每月只领取基本生活费，剩余部分继续放在保单的万能险账户中，利用保单权益不能被债权人代位的属性，可以很好地保护年金财产。

二、利用低现金价值产品实现债务隔离

保单作为一个合同，其可能被强制执行进行债务清偿的根据就在于其有现金价值，且投保人拥有任意解除权来获得现金价值。但现金价值与保单本身的价值其实是不对等的。譬如，部分保单在成立最初几年时，其现金价值可能仅为缴纳保费的十分之一甚至更低。而部分海外的保单甚至前几年的现金价值为零。即使在保单成立几十年后，很多终身寿险的现金价值也可能仅为保费的一半，为保额的几分之一。这一类的低现金价值产品也是我们实现债务隔离功能的重要根据。因为从法律规定和国内的实际判例来看，在面对债务时，如果保单相关利益人如被保险人、受益人给付了现金价值作为对价，保险合同是不可能被强制解除的。而现金价值又比较低，譬如，现金价值为 50 万元的保单，其总计已交保费可能是 200 万元，其保险额度可能是 500 万元。那么我们就通过支付 50 万元的对价成功保全了 200 万元或者说是 500 万元的资产。

《保险法司法解释（三）》第十七条　投保人解除保险合同，当事人以其解除合同未经被保险人或者受益人同意为由主张解除行为无效的，人民法院不予支持，但被保险人或者受益人已向投保人支付相当于保险单现金价值的款项并通知保险人的除外。

对于该条的理解，我们看下面的案例。

案例 3-3-4

钱总,45 岁,是一个成功的企业家,家庭净资产 2000 万元,企业净资产 5000 万元。钱太太 40 岁,身体健康。二人生有一子,钱小宝 10 岁。

目前经济形势不景气,而且企业贷款时,钱总和太太都是连带担保人。因此钱总担心将来企业一旦发生债务风险,整个家庭都将陷入债务漩涡。我们可以设计这样一个计划。

以钱总为投保人和被保险人,购买高额、低现金价值的终身寿险和消费型定期寿险等,身故受益人为孩子。可选择趸交,也可选择期缴。如果选择期缴,则最好给孩子开一个个人账户,赠与给孩子后续的期缴保费,孩子未成年前属父母代为管理,孩子成年后以孩子为投保人买成万能寿险,领取现金价值交付各期保费。

表 3-3-2

保险险种	投保人	被保险人	死亡受益人	备注
终身寿险	钱总	钱总	钱小宝	10 年期缴
高额定期寿险	钱总	钱总	钱小宝	趸交,保险期间至 70 岁。基本无现金价值

高额定期寿险以国内某保险公司的定期寿险为例:钱总 45 岁,趸交购买寿险 1000 万元,重疾险 150 万元,全残保险 1000 万元,保障期限至 70 岁,保费仅为 145 万元,而现金价值几乎为零。

以国内某保险公司终身寿险产品为例,45 岁,1000 万元保额,10 年缴保费,年缴保费 58 万元,第一年现金价值仅 5.8 万元,10 年缴费期满时,现金价值仅 300 万元,为总保费 50% 左右,20 年时,现价仅 400 万元。当保单面临债务清偿时,其他保单受益人仅需要付出现金价值的代价,就可以保全总保费 580 万元,保额 1000 万元的资产。

三、巧用大额保单结合保单贷款实现债务隔离

大额趸交寿险往往有两个重要特点:保险额度高、现金价值高。这种保单我们可以用其作保单贷款,将保险资产负债化,降低保单的净资产。当面临债务清偿的时候,保单的净资产很低。其他相关受益人只需要付出比较小的代价即可保全资产。

案例 3－3－5

钱先生用 360 万元趸交，购买保额为 1000 万元的终身寿险，现金价值为 317 万元，可贷款 80%，贷款 250 万元。按 5% 年息计算，每年付息 12.5 万元。此时保单的资产净值为 317 万元－250 万元＝67 万元。此时相关受益人只需要付出 67 万元的对价，即可保全保费为 360 万元，保额为 1000 万元的保险资产。

具体操作方法比较复杂，必须根据保险公司的政策和当时的法律环境进行设计，此处不做详细阐述，仅提供思路供大家参考。

四、利用不同司法管辖区实现债务隔离

不同司法管辖区，简单讲就是不同的国家和地区法律体系不同。比如，内地和香港地区、内地和美国都是不同的司法体系。

不同司法管辖区可以实现以下几个保全作用：

1. 信息保密性更好。因不属于同一个系统，因此信息公开和泄露的可能性将大大降低。

2. 诉讼难度大。国际诉讼往往耗时长、难度大、执行难。因此一般不被选择。

3. 法律体系不同，关于资产权属问题的规定也不尽相同，譬如，关于年金保险的规定，美国的 50 个州中，14 个州里有全面的资产保全功能，即债权人甚至法院的判决都无法触及到债务人在这些州里购买的年金保险；有 26 个州规定，债务人的部分年金保险受到法律的保护。如在肯塔基州，每月年金保险金里仅有 350 美元受到保护；还有 20 州的法律对年金保险没有保护。因此，我们可以利用各国家地区间法律的差别，灵活设计结构以保护资产。

但随着 2013 年瑞士银行界的保密防火墙被 IRS［Internal Revenue Service，（美国）国内税务局］攻破，从美国的《海外账户税收遵从法案》（FATCA）开始，到 OECD 受 G20 的委托制定《金融账户涉税信息自动交换标准》（CRS），近百个国家或地区承诺于 2017 年或 2018 年实施，中国已与美国签署实施 FATCA 的政府间协议，并承诺将执行 CRS，将来要对不同司法管辖区的税务机构做到信息保密恐怕很难。因此面临诉讼时，原告和法院也将更加容易掌握被告海外资产的证据。

第四节 大额保单债务隔离功能的误区

一、对人寿保险“避债”的认识误区

“避债”行为,也就是逃避债务行为,在全世界都是非法的。任何故意以逃避债务为目的的安排,都可能导致无效。所以说人寿保险“避债”其实是一种不准确的说法。准确的说法应当是前面所说的,人寿保险因其特殊的结构和法律特性,在满足某些特定条件的情况下,可以起到资产保全、依法对抗债务的作用,从而实现债务的相对隔离。因此,并不是所有的人寿保险在任何情况下都可以实现债务隔离的。

而社会上流传着几种常见的错误说法,主要有:

错误说法一:“人寿保险不被冻结、离婚不分,欠债不还。”

这种说法是不准确的。人寿保险中的权益大部分都可以转化为财产,如现金价值、保单分红、保单年金、人寿保险理赔金、医疗保险理赔金、大病保险理赔金。依据《民事诉讼法》及《最高人民法院关于人民法院民事执行中查封、扣押、冻结财产的规定》,除法律明文规定的不被查封、扣押、冻结的财产(其中没有包括人寿保险)外任何财产都会被执行。因此,保单的相关权益只要变成了权益人的财产,就必然会被清偿其债务,具体法律依据见下面部分。因此人寿保险可以实现债务隔离,是因为投保人、被保险人、受益人往往属于不同的人,且他们之间又不负有债务连带责任,而这些权益分别属于不同的人。具体主要有以下几种情况:

情况一,现金价值和保单分红是投保人的财产权益,不用抵偿被保险人或者其他受益人的债务;

情况二,年金、医疗保险赔偿金、大病保险赔偿金等是生存受益人的财产,一般和被保险人是同一人(年金的生存受益人也可能是投保人,此处这种情况除外)。肯定不用抵偿投保人或者其他死亡受益人的债务。

情况三,人寿保险死亡赔偿金属于死亡受益人的财产,不用抵偿被保险人的债务。

从上面三种情况都可以看出,保险没有任何非法规避债务的功能,而是因为依据保险合同,根据不同的法律关系,财产在投保人、被保险人和受益人之间进行了合理合法的流转。从而达到了资产保全的目的。

《民事诉讼法》第二百四十四条　被执行人未按执行通知履行法律文书确定的义务,人民法院有权查封、扣押、冻结、拍卖、变卖被执行人应当履行义务部分的财产。但应当保留被执行人及其所扶养家属的生活必需品。采取前款措施,人民法院应当作出裁定。

《最高人民法院关于人民法院民事执行中查封、扣押、冻结财产的规定》第五条至第七条规定:

人民法院对被执行人下列的财产不得查封、扣押、冻结:

(一)被执行人及其所扶养家属生活所必需的衣服、家具、炊具、餐具及其他家庭生活必需的物品;

(二)被执行人及其所扶养家属所必需的生活费用。当地有最低生活保障标准的,必需的生活费用依照该标准确定;

(三)被执行人及其所扶养家属完成义务教育所必需的物品;

(四)未公开的发明或者未发表的著作;

(五)被执行人及其所扶养家属用于身体缺陷所必需的辅助工具、医疗物品;

(六)被执行人所得的勋章及其他荣誉表彰的物品;

(七)根据《中华人民共和国缔结条约程序法》,以中华人民共和国、中华人民共和国政府或者中华人民共和国政府部门名义同外国、国际组织缔结的条约、协定和其他具有条约、协定性质的文件中规定免于查封、扣押、冻结的财产;

(八)法律或者司法解释规定的其他不得查封、扣押、冻结的财产。

对被执行人及其所扶养家属生活所必需的居住房屋,人民法院可以查封,但不得拍卖、变卖或者抵债。

对于超过被执行人及其所扶养家属生活所必需的房屋和生活用品,人民法院根据申请执行人的申请,在保障被执行人及其所扶养家属最低生活标准所必需的居住房屋和普通生活必需品后,可予以执行。

错误说法二:"投资型的人寿保险会被抵债,但保障型、不带分红的人寿保险就不会被抵债。"

从上文的分析可以看出,法律一般不分人寿保险是投资型还是保障型。只要属于被执行人个人的财产,被执行的命运基本就是确定的。

投资型和保障型产品在执行过程中可能有一点区别,即当人寿保险合同面临被强制解除用以清偿债务的情况下,强制解除保障型的产品有时可能因为被保险人或受益人的人身权益，部分法院认为不宜被强制解除。譬如，2014 年浙江温州市中级人民法院的(2014)浙温执复字第 36 号案例，温州中级人民法院裁判词如下："虞某燕、黄某录于 2007 年、2009 年、2010 年、2011 年与平安人寿保险公司签订的七份保险合同，以被保险人的身体健康与疾病为投保内容，属于人寿保险范畴，具有人身保障功能，法院强制执行该保单的现金价值将会危害被保险人的生存权益。因此，该类人寿保险不宜强制执行。"

此案中如果执行对象是纯理财型的保单，估计结果可能大相径庭了。

二、忽视保单法定继承的风险

在保单的实际设计中，经常存在投保人和被保险人不是同一个人的情况，譬如，父母给未成年子女投保、夫妻互保，在国内我们甚至经常有父母给成年子女投保。那么当投保人死亡时，被保险人依然健在，保险继续有效，但投保人权益因原投保人死亡必须进行转移。如果事先没有做任何安排，那么投保人的权益就会理所当然认定为投保人的遗产，一旦认定为遗产，就会面临诸多的风险。

风险一，继承前必须先清偿投保人生前债务；

风险二，如有多个继承人，则可能面临保单现金价值被分割的风险；

风险三，继承程序比较烦琐，不确定性大；

风险四，法定继承的遗产属于继承人夫妻共同财产，将来可能面临婚姻分割；

风险五，法定继承的遗产属于继承人的责任财产，可能被用于清偿继承人的债务。

可见，一旦投保人死亡又没有做任何安排，则保单因发生法定继承而丧失了很多其原有的保全作用，可能影响保全的目的，特别是高现金价值保单，则更是如此。必须早做安排。

三、受益人指定的误区[①]

人寿保险之所以有保全的功能，很大原因在于其可以按照合同约定，实现资产在投保人、被保险人和受益人之间进行合理合法的转移。就如本章开头的案例，云南老板胡总身故后，资不抵债，尚欠银行贷款上千万元。但他购买的人寿保险产生的保险赔偿金 720 万元，因指定受益人为其未成年子女，720 万元的保险赔偿金就

① 刘长坤：《避免寿险偿债的秘密》，载《财富管理》2015 年 11 月刊。

以保险公司依照合同支付的形式合理合法的转移到了其未成年子女名下。不属于被保险人胡总的遗产,不需要按照《继承法》的规定先清偿其生前债务,也不需要办理任何继承手续,非常简洁、安全、高效的就转移到了他想照顾的人的名下。

云南胡总的案例被广泛流传,作为保险"避债"的经典案例。殊不知在这个案例中,胡总在指定身故受益人的时候,稍有不慎就会无法起到保全作用,常见的错误安排有以下几种:

错误安排一:未明确指定身故受益人,或者原身故受益人死亡后,未及时重新指定身故受益人。

如果胡总未明确指定身故受益人,则根据《保险法》第四十二条的规定,被保险人死亡后,有下列情形之一的,保险金作为被保险人的遗产,由保险人依照《中华人民共和国继承法》的规定履行给付保险金的义务:

(一)没有指定受益人,或者受益人指定不明无法确定的;

(二)受益人先于被保险人死亡,没有其他受益人的;

(三)受益人依法丧失受益权或者放弃受益权,没有其他受益人的。

受益人与被保险人在同一事件中死亡,且不能确定死亡先后顺序的,推定受益人死亡在先。

720 万元赔款作为胡总的遗产,由胡总的妻子及两个孩子平分,即按法定继承处理。

《继承法》第三十三条　继承遗产应当清偿被继承人依法应当缴纳的税款和债务,缴纳税款和清偿债务以他的遗产实际价值为限。超过遗产实际价值部分,继承人自愿偿还的不在此限。

根据以上规定,720 万元必须先清偿胡总欠银行的债务,剩余部分才可以继承,这种情况下,保全作用无法实现。

错误安排二:指定妻子为第一顺位受益人,未指定第二顺序继承人;或者指定其两个儿子为第二顺序受益人。

胡总所欠银行债务,既然需要用其全部家庭资产还债,说明肯定属于夫妻共同的债务,须由夫妻共同偿还,夫妻双方负有连带清偿责任。因此妻子李某对丈夫胡总所欠银行债务负有连带清偿责任。李某作为胡总的身故受益人取得保险金虽然不属于胡总的遗产,根据《保险法》第二十三条第三款及第四十二条,不需要清偿胡总的债务而由李某直接取得。

《保险法》第二十三条第三款 任何单位和个人不得非法干预保险人履行赔偿或者给付保险金的义务,也不得限制被保险人或者受益人取得保险金的权利。

但李某取得720万元保险金后,720万元显然是李某个人财产,因为妻子对丈夫所欠银行债务负有连带清偿责任,此时银行可以主张要求李某承担其丈夫胡总所欠债务的连带清偿责任,虽然李某获得的720万元保险金确实属于她个人的财产,依然无法摆脱被执行的命运,保全作用无法实现。这就叫"躲过了初一,躲不过十五"。

关于夫妻共同债务的法律规定,主要在《婚姻法》中。

《婚姻法》第四十一条 离婚时,原为夫妻共同生活所负的债务,应当共同偿还。共同财产不足清偿的,或财产归各自所有的,由双方协议清偿;协议不成时,由人民法院判决。

第十九条 夫妻可以约定婚姻关系存续期间所得的财产以及婚前财产归各自所有、共同所有或部分各自所有、部分共同所有。约定应当采用书面形式。没有约定或约定不明确的,适用本法第十七条、第十八条的规定。

夫妻对婚姻关系存续期间所得的财产以及婚前财产的约定,对双方具有约束力。

夫妻对婚姻关系存续期间所得的财产约定归各自所有的,夫或妻一方对外所负的债务,第三人知道该约定的,以夫或妻一方所有的财产清偿。

《最高人民法院关于审理离婚案件处理财产分割问题的若干具体意见》17. 夫妻为共同生活或为履行抚养、赡养义务等所负债务,应认定为夫妻共同债务,离婚时应当以夫妻共同财产清偿。

下列债务不能认定为夫妻共同债务,应由一方以个人财产清偿:

(1)夫妻双方约定由个人负担的债务,但以逃避债务为目的的除外。(2)一方未经对方同意,擅自资助与其没有抚养义务的亲朋所负的债务。(3)一方未经对方同意,独自筹资从事经营活动,其收入确未用于共同生活所负的债务。(4)其他应由个人承担的债务。

《婚姻法司法解释(一)》第十七条 婚姻法第十七条关于"夫或妻对夫妻共同

所有的财产,有平等的处理权”的规定,应当理解为:

(一)夫或妻在处理夫妻共同财产上的权利是平等的。因日常生活需要而处理夫妻共同财产的,任何一方均有权决定。

(二)夫或妻非因日常生活需要对夫妻共同财产做重要处理决定,夫妻双方应当平等协商,取得一致意见。他人有理由相信其为夫妻双方共同意思表示的,另一方不得以不同意或不知道为由对抗善意第三人。

《婚姻法司法解释(二)》第二十四条　债权人就婚姻关系存续期间夫妻一方以个人名义所负债务主张权利的,应当按夫妻共同债务处理。但夫妻一方能够证明债权人与债务人明确约定为个人债务,或者能够证明属于婚姻法第十九条第三款规定情形的除外。

如果妻子李某为第一顺序受益人,两个儿子为第二顺序受益人。因为该受益权是专属于李某自身的,因此李某可以放弃其受益权,由其两个儿子取得保险金,从而实现资产保全。

答案是存在争议的,因为虽然人身保险受益权是专属李某自身的受益权,自由行使权利是私法自治的核心内容,但任何权利的行使都不得超过正当的界限,都不能损害他人的正当、合法权益,否则便是“滥用权利”。

正确安排:指定其两个孩子为身故受益人。

当指定其两个未成年孩子为身故受益人时,胡总身故后,根据《保险法》第二十三条第三款及第四十二条之推定,保险赔款720万元不作为胡总的遗产,由两个孩子直接取得;此时虽然妻子李某作为两个孩子的监护人拥有对该财产的实际掌控权,但因其财产权为两个孩子所有,不需要承担其父亲胡总所欠的银行债务,保全成功。

对于很多企业家或者生意人,往往都是夫妻共同经营,而对于经营所导致的债务风险往往很难防范。对于个体经营和个人独资企业,夫妻显然要对公司负无限连带责任;而对于常见的有限责任公司,往往也会因为公私财产不分、用个人账户收取企业经营款、连带担保等原因导致必须对企业承担无限连带责任,这种情况在中国企业家中极为普遍。

当发生严重债务风险时,家庭财产往往都会被抵债。因此,当我们用人寿保险来保全家庭资产时,除了要合适的安排投保人、被保险人、保险公司所属司法管辖区之外,在指定身故受益人时,必须遵循身故受益人是不承担连带责任的人,如未成年子女、孙子女或者非家族企业股东且与企业没有财务瓜葛的成年子女及孙子女。以免出现“躲过了初一，躲不过十五”的尴尬局面。

四、忽视受益人身份变化而产生的问题

《保险法司法解释（三）》颁布后，关于保险受益人问题有了一个重大变化，既受益人的约定包括姓名和身份关系，保险事故发生时身份关系发生变化的，认定为未指定受益人，按法定受益人处理。这就会导致保险受益金重新变为法定继承的财产而面临诸多风险和繁杂的继承程序。

《保险法司法解释（三）》第九条　投保人指定受益人未经被保险人同意的，人民法院应认定指定行为无效。

当事人对保险合同约定的受益人存在争议，除投保人、被保险人在保险合同之外另有约定外，按照以下情形分别处理：

一、受益人约定为“法定”或者“法定继承人”的，以继承法规定的法定继承人为受益人；

二、受益人仅约定为身份关系，投保人与被保险人为同一主体的，根据保险事故发生时与被保险人的身份关系确定受益人；投保人与被保险人为不同主体的，根据保险合同成立时与被保险人的身份关系确定受益人；

三、受益人的约定包括姓名和身份关系，保险事故发生时身份关系发生变化的，认定为未指定受益人。

这个条款影响最大的就是指定配偶为受益人，而后来又离婚的情况。在实际业务中，往往存在夫妻互相指定对方为身故受益人的情况，如果后来夫妻离婚，甚至于“假离婚”（这种情况在北上广深等限制买房的地方见得很多），当保险事故发生时，因为受益人的身份已经发生变化，视为未指定受益人，保险理赔金变成被保险人法定继承的遗产。为了防止这种情况的发生，可以这样安排：

安排方法一：指定配偶为第一顺位受益人，指定子女或者父母为第二顺位受益人。这种情况下一旦夫妻关系变化，则还有指定的第二顺位受益人，不会变成被保险人法定继承的遗产。但这种指定方法会存在上文中阐述的夫妻共同债务的风险。建议一般采用第二种方法。

安排方法二：指定子女为第一顺位受益人，指定配偶为第二顺位受益人，指定

父母或者其他想照顾的人为第三顺位受益人。子女未成年时,子女获得赔偿金后,配偶作为监护人依然拥有对财产的实际控制权。

五、应对《保险法司法解释(三)》第十条受益人的变更

2015 年 12 月 1 日,《保险法司法解释(三)》正式颁布实施,其第十条对于保单在传承方面的功能产生了很大的影响,我们先看第十条的规定。

投保人或者被保险人变更受益人,当事人主张变更行为自变更意思表示发出时生效的,人民法院应予支持。

投保人或者被保险人变更受益人未通知保险人,保险人主张变更对其不发生效力的,人民法院应予支持。

投保人变更受益人未经被保险人同意的,人民法院应认定变更行为无效。

第十条第一款的意思是说,如果投保人或者被保险要变更受益人,虽然没有通知保险公司,但从其作出这个意思表示起就生效了,其效力并不因为保险公司没有履行相关手续而受到影响。

案例 3-4-1

钱大宝和钱小宝是同父异母的兄弟,其父为钱总,钱大宝 25 岁,为钱总与妻子的婚生子,而钱小宝仅 10 岁,是钱总与情人的非婚生子。

为照顾非婚生子,钱总以自己为投被保险人,钱小宝为唯一死亡受益人购买了高额寿险,保险金额 500 万元,保单一直由情人保管。

后钱总因急性心梗去世,情人遂代钱小宝向保险公司申请死亡理赔,但此时钱大宝同时向保险公司主张受益人是自己,凭据为钱总的遗嘱中约定,该保单的受益人变更为钱大宝。

在《保险法司法解释(三)》颁布以前,保险公司给付赔偿金的依据就是保单中载明的受益人,也就是说钱小宝作为受益人获得 500 万元保险赔偿金是没有异议的。但《保险法司法解释(三)》颁布后,依据第十条第一款的规定,如果钱总在遗嘱中关于更改受益人的意思表示真实,则自该意思表示发出时起,保险的受益人不再是年幼的私生子钱小宝,而是钱大宝。此规定一出,保险作为没有争议传承的优势

有所削弱。

从公平的角度上来讲，投保人和被保险人当然有自主更改受益人的权利，其权利的行使也当然要尽可能完整的保护，第十条第一款的规定，很好地解决了投保人和被保险人想变更受益人，但因保险公司手续问题而最终落空的尴尬。从理论上来讲，更好地保护了投保人和被保险人的权益。

但从保险实务中来讲，就是有利有弊。从保险实务中来看，因为投保人、被保险人无法及时完成受益人的更改手续导致不能实现的可能性是很小的。因为保险公司给投保人和被保险人提供了包括亲自办理、委托办理。有的公司甚至正在实现网络认可身份办理的方式。而需要通过合同变更的手续确定保险的受益人，保持了保险合同的相对稳定性，其争议性很小，所以保险作为传承工具，其确定传承，防止争产的功能一直是保单的一大优势。

但如果是意思表示即可更改保单的受益人，理论上保护了投保人、被保险人的权益，但现实生活中往往事与愿违。因为意思表示的"真实性"在特定情景下很难辨别，同时可能出现多份证据，而证据的真实性、效力顺序以及证据的证明，都存在太多的不确定性。譬如，生活中就出现过老人被子女要求写下多份相互冲突的遗嘱，虽然从法律上来讲，被迫做出的遗嘱不是真实的意思表示，是不具备法律效力的，但证明起来其实是很难的。因此是否实现了投保人、被保险人的真实意思，恐怕很难说的清楚，但给保险理赔带来更多的不确定性是肯定的。可以预见，法院以后要增加大量争保险受益权的官司，保险的确定传承的优势将不复存在。

对于现在国内的人寿保险信托，其信托作为受益人的地位被挑战的可能性就大大增加了，最终保险金信托能不能最终成立并生效，不确定性又进一步加大了。

第十条第二款投保人或者被保险人变更受益人未通知保险人，保险人主张变更对其不发生效力的，人民法院应予支持。这一款的意思是说，如果投保人、被保险人做出了变更受益人的意思表示，但并没有通知保险公司，保险公司依据保险合同，已经将保险赔款赔付给了保单中载明的受益人。此时如果新受益人依据第一款的规定主张他应该是受益人，保险公司应当将赔款赔付给他。则保险公司可以依据本款主张该意思表示对保险公司不发生效力，保险公司不再负有给付理赔款给新受益人的义务。

但这也并不意味着死亡理赔金已经赔付完了就不存在争议了，这只是让保险公司避免了麻烦，但这并不能阻止新受益人依据第十条第一款的规定，向原受益人主张获得保险赔款的权利。我们不妨设置这样一个场景，保险赔款都拿到很长时间了，还可能突然有人主张受益人应该是他，要求原受益人返还保险受益金，不确定性非常大。

第三款只是对保险法规定的重复强调，没有新的含义，我们在此不做讨论。

投保人和被保险人更改受益人权益的保护与保单传承的确定性之间如何权衡，在国际上也有一定的经验可供借鉴，譬如，美国对这个问题一般遵循“实质性完成”原则。①

美国关于受益人变更效力认定的问题，也经过了很长一段时间的发展，最早在美国，与我国以前的规定一样，要变更受益人，需要被保险人或投保人向保险公司提交书面申请，获得保险公司同意并完成相关手续后，受益人变更方可完成。

但随后发生的一些案例让法官改变了看法，以 1966 年的“Occidental 人寿保险公司诉 ROW 案”为例：

保单持有人 Eric 夫人为自己的丈夫 Eric 先生购买了一份人寿保险，指定受益人为自己。艾力夫人去世后，艾力先生继承了这份保单，并告诉保险代理人说，希望把保单的受益人改为自己的女儿 Margaret（Eric 先生还有另外两个子女），代理人向 Eric 先生解释说必须按规定完成保险公司的变更手续，于是 Eric 先生配合填写了表格并希望尽快完成手续，但手续还未办完 Eric 先生就去世了。

如果按照正常的程序，保单发生保险事故时，保单上的受益人仍然是 Eric 夫人，而夫人已经去世了，按照美国的法律规定，按 Eric 先生的遗产处理（这和国内规定一样），则保险金将由三名子女共同继承。但被保险人的愿望显然不是如此，而且他已经采取积极措施进行变更，只不过是因为不可抗力未能及时完成变更，如果认定变更无效，对被保险人和其女儿 Margaret 显然是不公平的。最后法官认为，Eric 先生已经做了所有能做的事情来改变受益人，他的意图清楚明白，假如他在世，他一定会完成保险公司规定的任何手续，考虑到保险公司设计变更受益人程序的目的是实现而不是打击被保险人的意图，法官认为 Eric 先生实质上已经履行了相关手续，Margaret 有权领取全部保险金。

在美国，是不是只要被保险人或者投保人（必须被保险人同意）做出了变更受益人的意思表示，就会认定为受益人已经变更成功呢？我们来看另一个相反的判

① ［美］小罗伯特·H. 杰瑞、道格拉斯·R. 里士满：《美国保险法精解》，李之彦译，北京大学出版社 2009 年版，第 161 ~ 168 页。

例“Manhattan 人寿保险诉 Branes 案”：

维克托·博恩斯持有团体寿险合同，指定他当时的妻子玛格丽特为受益人，但是二人后来离婚了，而且不久，维克托就去世了。维克托有三个女儿，其中两个人说，在父亲维克托死前22个月，他填过一份表格，要求把受益人变更为三个女儿；更有一个女儿说，父亲死前一个月，他在父亲的文件中找到一张填写好的变更受益人的卡片，卡片旁边还有一张便签注明“变更曼哈顿保单的受益人”几个字，两位女儿作证说，维克托之后便认为自己已经变更了受益人；然而他们的母亲玛格丽特对此提出质疑。

最后法官判决没有变更受益人，母亲玛格丽特获得保险赔偿金。法官认为，自填写变更受益人卡片到去世，中间有22个月的时间，维克托先生具备完全的行为能力，没有人阻止他履行变更手续，如果他真的要变更，那么他应该再多做一些事情来完成它，而他并没有这样做，所以认定他实际没有变更受益人。

从这个案例来看，三个女儿有足够的证据证明其父亲做出了变更受益人的意思表示，然而仍然被判定未变更受益人，显然在美国，因为有“实质性完成”原则，所以仅有意思表示还是远远不够的。

那么在美国，以遗嘱的方式可不可以变更受益人呢？答案是不行的，因为在大部分情况下，保单持有人既然有能力立遗嘱，自然也就具备完全的行为能力来履行保单受益人变更的手续，因此以遗嘱来代替变更受益人的手续显然是不符合“实质性完成”原则的。此外，遗嘱必须等到立遗嘱人死亡的那一刻起才能生效，但从被保险人死亡那一刻起，保险合同就已经发生赔付事由，原指定的受益人就已经有权领取赔偿金，在遗嘱和保险合同给付同时生效时，主张遗嘱的效力优先于保单的效力，于法无据。因此在美国，以遗嘱方式变更受益人是没有效力的。

我们应当要尽力保护投保人和被保险人变更受益人的权利，但保险中变更受益人的程序设计也并非是可有可无的，它有两个方面的意义：

第一，为保护保险公司的权益，因为投保人和被保险人如果不经过保险公司的规定程序就可以变更受益人，保险公司一旦根据保险合同受益人的约定给付保险赔偿金后，其他人凭借可以证明投保人或被保险人变更了受益人的文件或其他证据向保险公司要求赔偿时，保险公司可能面临需要承担双重责任，这显然是不公平的。因此，我国《保险法司法解释（三）》第十条第二款规定“投保人或者被保险人变

更受益人未通知保险人,保险人主张变更对其不发生效力的,人民法院应予支持”,就是为了解决这个问题;

第二,规定变更程序也是为了保护原受益人的权益,同时也是为了保护投保人和被保险人的权益,因为如果没有一个完备的变更程序作为保证,其他人很容易以欺诈的方式声称投保人和被保险人已经改变了主意,做出了变更受益人的意思表示。而此时被保险人已经过世,他不可能再来反驳这种欺诈,欺诈人的阴谋就很容易得逞。唯一可以有效防止欺诈的手段就是这种完备的变更受益人的程序,因此这个程序是很有存在的必要的。

那么我们如何来进行应对呢?

方法一,对保单进行严格保密。仅限于投保人、被保险人和受益人知道保险合同的存在,避免第三人争产。但是,因为保险持续时间长,实际生活中能一直保密的难度很大。

方法二,利用公证工具配合。在国内,公证文件相对其他文件一般具有更高的效力,因此,当保单指定受益人以后,可以配合一份公证的遗嘱或者公证的申明。说明受益人为×××,如要更改受益人,必须完成保险公司规定的受益人变更手续方可生效。但这种方法也没有经过任何司法实践,其效力如何,还有待检验。指定一份保单的受益人,还需要用遗嘱或者申明文件来进行保护,确实是一件很尴尬的事情。

方法三,可以在保险合同中明确约定,投被保险人放弃变更受益人的权利,这个方法虽然可以确定受益人,但受益人不能被变更,弊端也是显而易见的。而且这种约定保险公司会不会接受,是否会配合也都存在很多的不确定性。

方法四,虽然在《保险法》中规定,投保人和被保险人都拥有变更受益人的权利,但投保人变更受益人时,必须经过被保险人的同意。也就是说,从法律上来讲,投保人需要被保险人认可方能变更受益人,然而被保险人是可以独立决定变更受益人的。但从保险实务中来看,大部分公司变更受益人都需要投保人和被保险人同时签字确认。因此,将来国内如果发展出投保人为信托的人寿保险信托,则有可能可以增加一些确定性。但信托作为投保人何时能有突破,被保险人单独的意思表示最后能不能成功变更受益人,都还是未知数。

从国际视野来看,《保险法司法解释(三)》第十条虽然对保险的传承功能有一定影响,但整体来讲是我国保险法的一个进步,是学习并参考了大量国际先进经验后做的修改。而且通过意思表示更改受益人,一般都要经过法院判决才能实现,因此也在很大程度上可以保证欺诈行为不容易得逞;唯一的不足是,第十条的规定有点笼统和绝对，没有相应的具体执行的指导，可能导致法官在办理具体案件时缺少标准和参考，有很多的不确定性，在此我们衷心建议可以作这样的一些规定，供立法部门参考：

投保人和被保险人变更受益人，应当遵循保险公司变更受益人的程序。投保人和被保险人做出了变更受益人的真实意思表示，因不可抗力或紧急状况未能履行变更程序保险事故即发生了的，新受益人主张自意思表示做出时起受益人变更生效的，人民法院应予支持。

投保人和被保险人在履行变更受益人程序的过程中，因为非投保人和被保险人的原因未能及时完成该程序即发生了保险事故，新受益人主张自投保人和被保险人开始实质履行变更受益人程序开始时，变更受益人即生效的，人民法院应予支持。

投保人和被保险人在紧急状况下做出变更受益人的意思表示，紧急状况解除后没有及时履行受益人变更手续，新受益人请求认定变更受益人自意思表示发出时生效的，人民法院不予支持。

六、身故受益人填写“法定”就要还债缴税的观点不正确

很多观点认为，在人寿保险“身故受益人”一栏中，应该写清受益人的姓名、身份信息，否则，就要按《保险法》第四十二条的规定，认定为“受益人指定不明无法确定”。要特别强调说明的是，很多文章或课件都认为，如果在“身故受益人”一栏中，只填写“法定”，或者是“法定继承人”，则在理赔时，保险金将作为被保险人的遗产，由保险人依据《继承法》的规定给付，从而不能达到节税、隔离债务的目的。事实上，这种观点是值得商榷的。

案例 3-4-2

张某是某公司的员工。2010 年 3 月，张某为自己投了五份终身寿险，保额为 100 万元。在保单的“身故受益人”一栏中注明是“法定继承人”（或“法定”）。

2010 年 4 月，张某向公司借款 20 万元。

2011 年元月，张某遭遇车祸不幸去世，张妻发现以上保单，向保险公司申请索赔。保险公司决定向张某的法定继承人（配偶张妻、张父母、张子）四人支付保险金 100 万元。

此时，张某所在公司知此消息，向该保险公司提出申请，认为“法定继承人”（或“法定”）是一个不含糊的指定，应该视为投保人/被保险人没有指定。根据《保险

法》第四十二条，保险公司给付的保险金应作为被保险人遗产处理。根据《继承法》的规定，遗产继承，应先清偿被继承人的债务（张某所欠公司20万元）。因此，向法院起诉要求所有继承人连带偿还以上债务。

有观点认为，因为投保人填写的是“法定”“法定继承人”字样，其意愿是按《继承法》的规定，将受益人本该享有的受益金按“继承法”规定处理，因此该保险金应属被继承人即投保人/被保险人的遗产。虽然由其法定继承人继承，但不能避免偿还债务以及缴纳个人所得税义务。

我们认为，以“法定继承人”或“法定”为受益人时，保险金不等于遗产。在“身故受益人”一栏中填写“法定”的法律后果，应为对受益人范围的确定，即按第一顺序“配偶、父母、子女”及第二顺序“兄弟姐妹、祖父母、外祖父母”之范围确定受益人身份。与之相对应，100万元身故保险金是受益人的“受益权”，而非法定继承人的“继承权”，受益人对应的是“保险金请求权”，而非遗产请求权。

法院观点：对此，最高人民法院持同样的观点。最高人民法院民二庭认为，保险合同身故受益人一栏填写“法定”，从探索被保险人指定受益人的真实意思来看，其指定受益人的意愿是存在的，且已经以“法定”的表述形式进行指定。法定继承人应当理解为在保险事故发生（被保险人身故）时存在的继承人，而不是人身保险合同成立时的“法定继承人”。①

2015年12月1日后，新颁布的《保险法司法解释（三）》第九条第一款明文规定：

（一）受益人约定为“法定”或者“法定继承人”的，以继承法规定的法定继承人为受益人。

由此从法律上明确了受益人约定为“法定”或者“法定继承人”属于已经指定继承人。

同理，以上受益人取得的保险金属《个人所得税法》第四条第五项即“保险赔款”范围，应予免征。

因此，如果在人寿保险合同中，身故受益人一栏填写“法定”，或“法定继承人”，仍不存在受益人需偿还被保险人债务以及缴税的法律后果。

---

① 《最高人民法院关于保险法司法解释（三）理解与适用》，人民法院出版社2016年版，第260页。

第四章

大额保单与婚姻财富管理

婚姻财富管理的核心是追求幸福，规划的意义在于基于爱情，责任等道德保障层面上再增加一层制度的保障。

婚姻财富管理的第一原则是和谐共赢而不是对抗。

巴菲特说:"结婚是我人生最大的投资";比尔·盖茨2011年在接受杨澜采访时,被问到他一生中最聪明的决定是创建微软还是大举慈善?他回答说都不是,他说:"找到合适的人结婚才是最聪明的决定!"

为什么富豪们会如此评说婚姻呢?

案例4-0-1 最高280亿元分手费 世界十大富豪天价离婚案[①]

N0.1 分手费:280亿元人民币

2014年5月瑞士日内瓦一法院就俄罗斯寡头雷波诺列夫的离婚案作出判决,裁定他支付前妻埃琳娜超过40亿瑞士法郎(约合280亿元人民币)的分手费。

雷波诺列夫,被称为"化肥之王",总资产为573亿元人民币。2012年雷波诺列夫买下了法甲摩纳哥足球俱乐部。雷波诺列夫与埃琳娜在读大学时结识,两人育有叶卡特琳娜和安娜两个女儿。埃琳娜在2008年提出离婚,理由是无法再容忍雷波诺列夫不忠,指责后者多次在游艇上开派对,与多名年轻情人游玩,并索要60亿美元的赡养费。

……

NO.10 分手费:3.7亿元

2016年1月28日,电科院控股股东、实际控制人之一、董事及副总经理胡醇通知,其持股由2015年年末(截至2015年12月31日)的9600万股(占公司总股本的13.33%,其中高管限售股7200万股)变动至6400万股(占公司总股本的8.89%,其中高管限售股6400万股),仍为公司第三大股东。

此次权益变动系胡醇离婚财产分割所致。因胡醇与王萍离婚,胡醇于26日将持有的3200万股公司股票无偿划转给王萍。按照当时股价计算,无偿划转的3200万股市值超过3.7亿元。

从以上案例中可见,世界富豪们离婚"分手费",最高达280亿元,第十位分手费也高达3.7亿元!难怪富豪们结婚会如此的谨慎。

对于高净值人士来说,婚姻绝对是其财富管理体系中最重要的组成部分。婚姻将给高净值人士的财富管理带来哪些影响?我们如何利用大额保单进行婚姻的财富规划?本章中笔者将一一阐述。

---

① 搜狐财经:http://mt.sohu.com/20160429/n446986397.shtml。

第一节 婚姻与财富管理关系概述

一、婚内个人财产与婚姻共同财产

婚内个人财产和婚姻共同财产的法律问题，在20世纪八九十年代很少受关注，究其原因，一方面，那时候个人或者家庭财产很少，即使离婚也没什么太大财产争议；另一方面，那时候的离婚率较低，几乎没什么离婚的情况。如果不涉及离婚，个人财产和婚姻共同财产从某种程度上来说，区别的意义不大。

但随着国民财富积累的增加以及离婚率的不断提高，特别是随着近十余年房地产蓬勃发展，离婚财产纠纷的案件越来越多，标的也越来越大。即使是普通百姓，一旦离婚，财产标的少则几百万元、上千万元，多则数亿元甚至更甚。离婚对高净值人士来讲，风险大过经济危机和金融风暴！

对于未婚的高净值人士而言，结婚前要慎重规划，至少得搞清楚哪些是婚前财产、哪些是婚姻共同财产；或者哪些婚前财产在婚后会转化为婚姻共同财产。对于高净值人士来说，以下财产归属问题值得关注：

（一）房产

离婚时的房产分割问题恐怕是离婚财产分割中最炙手可热的话题了！就普通百姓而言，房产一般是家庭生活中最值钱的资产形式。特别是《最高人民法院关于适用〈中华人民共和国婚姻法〉若干问题的解释（三）》[以下简称《婚姻法司法解释（三）》]颁布后，其中关于房子产权的归属问题，一度引起激烈的争鸣讨论。

案例4-1-1

天通苑的小强和外地来北京的小丽2012年相识，之后两人迅速坠入爱河，不到半年就结婚了。婚房是父母婚前过户到小强名下的一套三居室，面积120平方米。

二人都很年轻又是“闪”婚，婚后经常有小摩擦。2013年刚过完年，二人又因为琐事吵起来，最后竟动了手，小丽被打成轻微伤。小丽一气之下就回了老家，并要求离婚。而小强则表示后悔不已，并亲自去小丽老家认错。为表示诚意，小强表示愿意将房产证上加上小丽的名字。随后二人回北京完成了房产加名的手续。

但此后二人的矛盾并没有减少，还是三天两头的争吵，打架渐渐成了家常便饭。2013 年 6 月,二人的婚姻走到了尽头,决定协议离婚,但在婚姻财产的分割上产了严重分歧:小强认为,房子是他婚前的财产,二人结婚半年多就离婚,房子理所当然应当归自己,但可以酌情给小丽一些补偿;小丽则认为,房产证上有自己的名字,自己也是房产共有人,房产应依法予以分割。因协商不成,小丽遂起诉至法院。法院一审判定二人夫妻感情尚未破裂,驳回了离婚申请。半年后,小丽再次将小强告上法院,请求离婚。法院遂判决二人离婚,财产分割判决却令人大跌眼镜:房子归小丽所有,小丽按照房屋评估价格 360 万元的 1%,给予小强 3.6 万元补偿。

怎么会这样?原来,在办理加名手续的时候,房产局的人问他们是共同共有还是按份共有,小强为了体现男子汉的大度,就说了一句,全给小丽都行!后经现场确认,登记成了小强占 1% 份额,小丽占 99% 份额。一次草率的表态,让小强付出了三百多万元的惨痛代价!

法律是严肃的,哪怕只是一句思考不成熟的表达,一旦变成具体条款的约定,便有了法律的约束力。房产在普通老百姓的财产份额中占了大部分,所以房产在婚姻关系中的归属和处理,须认真对待、小心处置。

我们首先来看《婚姻法司法解释(三)》中关于房产部分的规定。

《婚姻法司法解释(三)》

第六条 婚前或者婚姻关系存续期间,当事人约定将一方所有的房产赠与另一方,赠与方在赠与房产变更登记之前撤销赠与,另一方请求判令继续履行的,人民法院可以按照合同法第一百八十六条的规定处理。

第七条 婚后由一方父母出资为子女购买的不动产,产权登记在出资人子女名下的,可按照《婚姻法》第十八条第(三)项的规定,视为只对自己子女一方的赠与,该不动产应认定为夫妻一方的个人财产。

由双方父母出资购买的不动产,产权登记在一方子女名下的,该不动产可认定为双方按照各自父母的出资份额按份共有,但当事人另有约定的除外。

第十条 夫妻一方婚前签订不动产买卖合同,以个人财产支付首付款并在银行贷款,婚后用夫妻共同财产还贷,不动产登记于首付款支付方名下的,离婚时该不动产由双方协议处理。

依前款规定不能达成协议的,人民法院可以判决该不动产归产权登记一方,尚未归还的贷款为产权登记一方的个人债务。双方婚后共同还贷支付的款项及其相对应财产增值部分，离婚时应根据《婚姻法》第三十九条第一款规定的原则，由产权登记一方对另一方进行补偿。

第十一条　一方未经另一方同意出售夫妻共同共有的房屋，第三人善意购买、支付合理对价并办理产权登记手续，另一方主张追回该房屋的，人民法院不予支持。

夫妻一方擅自处分共同共有的房屋造成另一方损失，离婚时另一方请求赔偿损失的，人民法院应予支持。

第十二条　婚姻关系存续期间，双方用夫妻共同财产出资购买以一方父母名义参加房改的房屋，产权登记在一方父母名下，离婚时另一方主张按照夫妻共同财产对该房屋进行分割的，人民法院不予支持。购买该房屋时的出资，可以作为债权处理。

对于上述规定，笔者总结了婚姻中房产归属的九种情形，如表4－1－1所示：

表4－1－1

	情况描述	权利归属
1	夫妻一方婚前购买的房产，没有贷款或贷款已还清，且登记在一方名下的	属于夫妻一方的个人财产
2	无论婚前婚后，用何种财产买房，有无贷款或贷款来源如何，如果登记在夫妻双方名下的	如登记簿上有份额约定按约定； 如无份额约定，则属夫妻共同财产
3	夫妻一方婚前签订购房合同且付首付、婚后用共同财产进行还贷且登记在一方名下的	协商不成的，房产和债务均归产权登记方，双方婚后还款的部分及所对应的房产增值部分由产权登记方对另一方进行经济补偿
4	婚后共同财产买房，无贷款或者以夫妻共同财产还贷，产权登记在一方名下的	夫妻共同财产
5	婚后用个人财产买房或者一方父母出资买房 无贷款、或用个人财产或者父母还贷，且产权登记在一方名下的	属于一方的个人财产 （婚后用个人财产买房，用个人财产还贷的情况，在实践中极易发生财产混同的情况，除非有专业安排，否则举证一般比较困难）
6	婚后双方父母出资买房，且登记在一方名下	按双方父母出资比例共有，如有特殊约定按特殊约定
7	夫妻共同财产出资购买以一方父母名义参加房改的房屋，若产权登记在一方父母名下	产权归父母所有，出资按债权处理 （借名买房不靠谱，要谨慎！）

续表

	情况描述	权利归属
8	婚内接受一方父母赠与的房产，产权登记在一方名下，房产权利关键看是否明确说明赠与给一方	如果未明确说明赠与给一方，属夫妻共同财产；如明确说明赠与给一方，属一方个人财产
9	婚内继承遗产所得房产，产权登记在一方名下 关键看遗嘱是否明确说明给一方	如为法定继承，属夫妻共同财产；如遗嘱中明确说明给一方，属一方个人财产

关于房产的问题，除房子本身的归属外，房屋租金的归属规定如何呢？依据《婚姻法司法解释（三）》第五条的规定，房屋租金一般属于婚后收益。

（二）非上市公司股权

案例4－1－2　李莉与张海夫妻离婚后财产分割纠纷①

最高人民法院认为，广东省高级人民法院在采取必要的司法调查、司法审计等措施但张海提供丰泰公司财务资料不全的情况下，依据广东省珠海市香洲区人民法院2003年审理的李莉起诉要求与张海离婚一案中的《审计报告》来认定诉争股权价值为7,516,661.45元，并根据张海在婚姻关系存续期间恶意转移和隐匿夫妻共同财产的重大过错情节，判决将张海名下丰泰公司70%股份的价值权益7,516,661.45元全部归李莉所有，并无不当。李莉关于在享有丰泰公司70%股份的价值权益7,516,661.45元的基础上再进行股份分割的主张不能成立。理由如下：

1.李莉在本案一审中的诉讼请求是分割丰泰公司70%股份的价值权益，在张海同意进行股份分割、丰泰公司另一股东明确表示放弃优先购买权的情况下，李莉并未将诉讼请求变更为股份分割。在二审上诉请求中李莉也未提出股份分割的主张。故李莉在再审申请中提出股份分割的主张不予支持。

2.李莉在认可二审法院根据现有证据认定丰泰公司70%股份的价值权益7,516,661.45元都归其享有的情况下，还主张对丰泰公司股份进行分割，属于对夫妻离婚后财产分割权益从两个方面的双重主张，既违反常理，也缺乏法律依据。

3.在张海不同意股份分割及丰泰公司另一股东未明确放弃优先购买权的情况下，珠海市中级人民法院（2005）珠中法民一初字第17号民事判决驳回了李莉要求

① 最高人民法院（2013）民申字第838号。为保护当事人隐私，对姓名进行了处理。

对张海名下丰泰公司70%股份进行分割的诉讼请求。本案中,在张海同意进行股份分割和其他股东明示放弃优先购买权的情况下,二审判决关于对诉争股权不能进行股份分割的认定欠妥。但考虑有限责任公司的人合性质,基于张海恶意转移和隐匿夫妻共同财产的过错,为更好保护李莉的利益,二审判决对张海关于诉争股权进行份额分割而不能进行价值分割的主张未予支持,并无不当。

4. 若李莉有充分的证据证明丰泰公司70%股份的价值权益超出7,516,661.45元,可另行主张。

本案为一个典型的有限公司股权分割的案例。因李莉要求分割股权价值,在作了相关股权价值评估的情况下,依据评估报告进行股权价值确认并要求男方给付折价款,是离婚案件股权分割的常见形式。

《婚姻法司法解释(二)》第十一条规定:"婚姻关系存续期间,下列财产属于《婚姻法》第十七条规定的'其他应当归共同所有的财产':(一)一方以个人财产投资取得的收益……"按照此条规定,无论是否参与了经营,投资收益都属于夫妻共同财产。

《婚姻法司法解释(三)》第五条作了细化规定,即夫妻一方个人财产在婚后产生的收益,除孳息和自然增值外,应认定为夫妻共同财产。

从《婚姻法司法解释(三)》第五条的立法本意上来讲,是否属于夫妻共同财产的判断依据是夫妻一方是否因此而付出时间和精力以获得回报。

(三)上市公司股票

上市公司和有限公司、合伙企业不太一样,其股权分割相对没有太多限制,股东一旦离婚,依据《婚姻法司法解释(二)》第十五条,夫妻一方或双方直接持有的上市公司的股票是可以直接被分割的。

《婚姻法司法解释(二)》第十五条规定:夫妻双方分割共同财产中的股票、债券、投资基金份额等有价证券以及未上市股份有限公司股份时,协商不成或者按市价分配有困难的,人民法院可以根据数量按比例分配。

(四)存款

存款权益一般分为两个部分即存款本金和存款利息。婚前取得的存款,根据我国婚姻法的规定,其本金属于婚前财产,属一方个人所有。关于存款利息的归属,在《婚姻法司解释(二)》第十一条的规定,一方婚前存款产生的利息属于法定孳息,不属于婚姻共同财产。

关于存款的法律规定虽然非常清晰明了,但在实际生活中,存款确实最难认定为一方个人财产的。因为一个很重要的问题即财产混同。

现金存款,因为其高度的流动性和货币本身种类物的特性,使其极易发生混同。

案例 4-1-3

小丽有一笔存款10万元是婚前财产,存在工商银行的账户中。

婚后,朋友小倩向她借款5万元做生意,其爱人小强不同意。小丽就用她的个人存款取出5万元借给了小倩,口头约定借期一年,利息20%。一年后,小倩归还本金及利息6万元,小丽将其存入了账户中。小丽平常还喜欢买点基金、炒股,就用这个账户中的钱进进出出,几年下来,居然稍有收获。

目前这个账户中的余额是115,000元。这时候小丽如果离婚,这个账户的资金会如何认定呢?因为这个账户资金进出频繁,其中有小丽的婚前财产,也有买基金、炒股获得的投资收益是夫妻共同财产,小倩归还的本金和利息其来源也很难证明,这个账户就是最典型的混同。

最终因个人财产与共同财产混在一块无法分清,难免部分或全部该账户内的财产就会被认定为夫妻共同财产。

(五)金融投资产品

个人资产中,金融投资产品也很常见,如股票、基金、集合信托、银行理财。这些资产在婚姻财产中将如何认定?

从《中华人民共和国婚姻法》(以下简称《婚姻法》)第十八条和《婚姻法司法解释(三)》第五条的规定来看,投资本金如果是婚前取得,其投资本金属于个人财产,但婚后取得的收益属于夫妻共同财产。

虽然从规定本身来看,区分财产性质依然还是比较清晰的,但在实际生活中,金融产品和存款一样,也可能发生混同。

案例 4 - 1 - 4

小丽婚前购买了 A 公司股票 10,000 股,每股 10 元。

结婚后,小丽没有进行任何交易操作,股票一度上涨到每股 60 元。

此时如果认定财产,该 10,000 股股票应当属于小丽个人财产。因为小丽仅仅持有股票,股票上涨小丽未付出任何劳动,中间也未经过任何操作,收益属自然增值。

后来小丽觉得 A 公司将来发展空间不大,遂获利推出,卖掉 8000 股,换成 B 公司和 C 公司的股票各 1000 股。一年后 A 公司股票下跌,但 C 公司和 B 公司的股票都上涨了 50%。此时如果再认定这些股票的属性,则可能产生争议。

因为小丽婚后买卖股票获利的行为属于投资行为,投资收益属于夫妻共同财产。在 2000 股 A 公司股票,1000 股 B 公司股票,1000 股 C 公司股票中,哪些属于本金(属个人财产)、哪些属于收益(属共同财产),已经难以区分了,这就是投资中最常见的财产混同。

(六)人寿保险

人寿保险与一般财产不同,它除了财产属性外,还有很多其他特性,导致其在婚姻财产认定中相对复杂。

人寿保险的主要特性:

1. 合同性,人寿保险是以投保人和保险公司为相对人,以被保险人的寿命和身体为标的,同时涉及生存受益人和死亡受益人的特殊合同;

2. 人寿保险合同存续期间内,一般对投保人具有财产属性;

3. 人寿保险合同因保险事由发生而产生给付时,对受益人具有财产属性;

4. 因保险给付而产生的相对保险公司的债权具有人身属性,属于受益人自身的债权;

5. 受益人具有可变更性导致财产归属的不确定性;

6. 人寿保险合同因关系到被保险人、受益人等的人身权益,与一般合同相比,受到更多的特殊法律保护;

7. 人寿保险一旦购买,便很少退保。而且人寿保险合同通常持续时间比较长,一般都会持续十几年、几十年甚至贯穿人的一辈子,与一般财产相比,保险合同的财产权益更不易发生混同;

8. 人寿保险一般缴费期也比较长,由此使得财产分割增加不少复杂性;

9. 保险的医疗费赔偿在《婚姻法》第十八条中明确为夫妻一方的个人财产，是天生带着“法律保护罩”的财产。

正是因为保险有这么多的特殊性，使其在婚姻财产认定中相对复杂，同时也为用大额保单做婚姻财产保全提供了很大的规划空间。后续章节中，笔者将重点讲述。

（七）股票期权

关于股票期权的问题，下文提供广东高级人民法院的一份批复供大家参考。

《广东省高级人民法院关于婚前取得的股票期权，离婚后行权所得能否确认为夫妻共同财产问题的批复》（粤高法民一复字〔2009〕5 号）

××市中级人民法院：

你院《关于婚前取得的股票期权，离婚后行权所得能否确认为夫妻共同财产问题的请示》收悉。经研究，答复如下：

基本同意你院审判委员会的多数意见。LF 婚前取得的股票期权，是 XT 科技公司作为一种激励机制而赋予员工有条件地购买本企业股票的资格，并非具有确定价值的财产性权益。该期权要转化为可实际取得财产权益的股票，必须以员工在公司工作时间的积累为前提条件。在 LF 与 SHS 二人婚姻关系存续期间，LF 的部分股票期权可行权并获得财产权益。虽然 LF 是在离婚后才行使股票期权，但无法改变其在婚姻关系存续期间可以行使部分期权并获得实际财产权益的事实。根据《中华人民共和国婚姻法》第十七条，参照最高人民法院《关于适用〈中华人民共和国婚姻法〉若干问题的解释（二）》第十一条、第十二条的规定，LF 在婚姻关系存续期间可通过行使股票期权获得的该部分股票财产权益，属于在婚姻关系存续期间明确可以取得的财产性收益，宜认定为夫妻共同财产。

二〇〇九年七月二十日

（八）古玩、字画、珠宝首饰等艺术品

古玩、字画、珠宝首饰等财产有其独特的特性：

1. 古玩、字画、珠宝首饰等价格一般难以确定；

2. 古玩、字画、珠宝首饰等一般都无法进行直接分割；

3. 婚前拥有的古玩、字画如果婚后发生交易，则较容易产生混同。

二、夫妻共同债务的认定和法律后果

财产和债务永远都是形影不离的一对，谈到婚姻财产时，我们就必须同时谈到婚姻债务。夫妻共同债务是私人财富的最大威胁之一。不搞清楚夫妻个人债务和夫妻共同债务问题，谈婚姻财产保全就是一句空话。

夫妻共同债务主要是基于夫妻家庭共同生产、生活的需要，以及对共有财产的管理、使用、收益和处分而产生的债务。

从概念上来看，夫妻共同债务和一方的个人债务似乎是非常清晰且易于辨识的，但在实际生活中，二者却经常混在一起不好辨识，给配偶带来非常严重的债务风险。

首先，我们看一下法律关于夫妻共同债务和个人债务的相关规定：

《婚姻法》第四十一条　离婚时，原为夫妻共同生活所负的债务，应当共同偿还。共同财产不足清偿的，或财产归各自所有的，由双方协议清偿；协议不成时，由人民法院判决。

应指出的是，夫妻共同债务的清偿并非是以夫妻共同财产为限，当夫妻共同财产不足以偿还共同债务时，个人的财产就有可能需要连带清偿，而且一般情况下，当债权人对负有共同债务的一方的个人财产主张权利时，法院都会判决支持债权人的请求。所以在婚姻财产保全中，并不是属于个人财产就是安全的，当面临夫妻共同债务的时候，如果处理不当，一方的个人财产就有可能被清偿债务。而且在法律实践中，有人用虚构债务的方法侵害其配偶的个人财产的案例也时有发生，切不可掉以轻心。

《婚姻法》第十九条　夫妻可以约定婚姻关系存续期间所得的财产以及婚前财产归各自所有、共同所有或部分各自所有、部分共同所有。约定应当采用书面形式。没有约定或约定不明确的，适用本法第十七条、第十八条的规定。

夫妻对婚姻关系存续期间所得的财产以及婚前财产的约定，对双方具有约束力。

夫妻对婚姻关系存续期间所得的财产约定归各自所有的，夫或妻一方对外所负的债务，第三人知道该约定的，以夫或妻一方所有的财产清偿。

夫妻的婚内财产协议，我们一般都会用一句简单的话来总结，即“对内有效，对外无效”。什么意思呢？我们举例说明。

案例 4-1-5

张总和张太太是一对夫妻，张总是一个企业家，张太太作为贤内助负责在家培养教育孩子。

2009 年，张总的企业经营日趋艰难，张总担心自己因为企业经营失败负债而牵连到老婆孩子，为了保证妻子和孩子将来的生活，趁着现在企业运行还好，家里现金财产也比较充裕，张总决定和张太太签订婚内财产协议进行保全。

经过协商，家里的别墅、数套房产、存款 1000 万元、股票价值 2000 万元，都归妻子张太太所有，家里一切费用支出均归张太太负责。公司的股权全部归张总所有，各自的债务由各自承担，并签订了书面的婚内财产协议。

四年后，2013 年，张总果然因为企业经营失败，民间借贷加银行贷款高达 9000 万元。民间借贷基本都是张总以个人名义借的，银行贷款虽然都是以公司名义借的，但银行都要求其承担连带担保责任。

从《婚姻法》第四十一条的规定来看，张总和张太太签订婚内财产协议时，家庭处于无负债的状态。而二人的协议也书面约定，家庭支出由不经营企业的张太太负责，签订该婚内协议似乎没有故意损害任何第三人的权益。但是，这只是他们夫妻之间的约定，不能对抗不知情的第三人。也就是说，如果不知情的债务人在之后与张总的债权债务形成过程中，在不知道上述张总夫妻协议的情况下形成的债权，张太太不能拿该份婚内协议对抗债权人要求连带还债，只能在连带还清债务后再和张总两个人清算。

可见，夫妻即使有婚内协议，也不能一定对抗之后形成的债务，主要有两个方面的原因：

1. 夫妻一方向银行借贷时，银行一般都会要求企业实际控制人夫妻双方签字承担连带担保责任，否则是很难借到钱的。因此，尽管企业所负债务并未用于家庭共同生活，但如果夫妻双方均签字确认了银行贷款的连带担保责任，其婚内个人财产需要偿还银行的债务。

2. 如前所述，婚内财产协议一般对内有效，对外无效。法律一般从交易安全的角度出发，会优先保护善意第三人的利益。因此，第三人知道或者应当知道夫妻婚内财产约定的，以夫妻一方的财产偿还。但举证“第三人知道”是非常困难的。而且《婚姻法司法解释（二）》第二十四条规定了此种情况下首先推定为夫妻共同债务，除非夫妻一方能够举证债权人与债务人明确约定为个人债务，或者能够证明债权人知道或者应当知道婚内财产协议。张总欠下的民间借贷，如果张总借钱的时候明确告诉债权人婚内财产约定或者约定属于他个人的债务，是很难借到钱的。但如果没有告知也没有约定，那么财产约定对于该债务人就是一纸空文，没有任何保全的意义。

《最高人民法院关于审理离婚案件处理财产分割问题的若干具体意见》（1993年11月3日）

17. 夫妻为共同生活或为履行抚养、赡养义务等所负债务，应认定为夫妻共同债务，离婚时应当以夫妻共同财产清偿。

下列债务不能认定为夫妻共同债务，应由一方以个人财产清偿：

（1）夫妻双方约定由个人负担的债务，但以逃避债务为目的的除外。

（2）一方未经对方同意，擅自资助与其没有抚养义务的亲朋所负的债务。

（3）一方未经对方同意，独自筹资从事经营活动，其收入确未用于共同生活所负的债务。

（4）其他应由个人承担的债务。

《婚姻法司法解释（二）》

第二十四条　债权人就婚姻关系存续期间夫妻一方以个人名义所负债务主张权利的，应当按夫妻共同债务处理。但夫妻一方能够证明债权人与债务人明确约定为个人债务，或者能够证明属于《婚姻法》第十九条第三款规定情形的除外。

《婚姻法司法解释（二）》第二十四条颁布后有一定的争议。有观点认为：“对于在婚姻关系存续期间夫妻一方以个人名义所负债务，不问配偶是否知情、是否同意，只要债权人主张权利，该债务应当按夫妻共同债务处理，此规定使配偶财产权失去了法律保障。”也有观点认为，法律应首先保障第三人的合法权益，对于债权人来说，其在出借钱款的时候，不应强加询问债务人婚姻状况及配偶是否知晓或认可债务形成的义务。笔者认为，基于夫妻之间亲密的利益关系，一方对外借债，一般推定为共同债务的做法，对于保护债权人的利益、维护正常的合同秩序还是更有益的。

第二节 大额保单在婚姻财产保全中的应用

婚姻财产保全实务中,有很多工具可以运用。而大额保单因为其特殊的属性和特点,具有得天独厚的优势。笔者结合了多年的保单实务经验,经潜心研究,设计出了一系列的婚姻财产保全的方案。

一、大额保单是婚前财产的"现金保险库"

大额保单是婚前财产的"现金保险库",可以防止财产混同,实现婚姻财产的保全。

婚前、婚后的银行存款、现金等,因为极易发生混同,保全难度非常高。而保险作为一种资金的管理工具,因为其长期稳定的结构,在防止混同方面有着得天独厚的优势。

案例 4-2-1

小丽今年30岁,离过一次婚,现带着三岁的女儿一起生活。

离婚时,小丽分得住房一套(价值800万元,无贷款)和1000万元现金,一直存在银行,一部分存定期存款,另一部分购买银行理财,是小丽和女儿的生活保障。

小强是小丽的同事,31岁,没有结过婚,被小丽的善良和美丽所吸引,对小丽百般照顾体贴,并表示将视小丽女儿如己出。小丽被小强的诚意打动,准备结婚。但她担心以后万一离婚,1000万元的现金资产极易混同,若被分走一半,或者将来婚姻中资金亏损,则小丽和女儿的生活堪忧。小丽想到和小强签订婚姻财产协议,又觉得这会影响二人的感情。如果不签,未来风险又太大。小丽陷入了两难的境地。

如何解决小丽的问题呢,大额保单就是一个不错的选择。

小丽的问题,我们巧妙地运用大额保单即可完美解决,方案如下:

小丽可以从1000万元中拿出500万元,作为小丽和女儿的保障以大额年金保单的形式保全起来,具体法律关系架构如下:

投保人:小丽

被保险人:小丽女儿

生存受益人:小丽女儿

死亡受益人:小丽

可以设计年缴保费100万元,分五年缴清。该年金险最好带万能账户,以存贮每年所得年金。若有分红,最好采用保额分红方式。同时再以小丽为投保人和被保险人,购买一份万能寿险,最好有无限追加功能。将年金险保单的保费300万元追加至账户中,准备缴纳后三年的保费300万元。同时订立一个遗嘱,明确说明年金险和万能险的现金价值和投保人的权益归女儿一人所有,如果女儿还未成年,则由小丽的父亲或母亲作为投保人代为持有直至女儿满十八岁。单独开立一个银行账户,将100万元存成银行一年期定期存款,准备缴纳第二年保费。同时为自己和女儿各购买100万元的重大疾病保险和高端医疗保险。设计理由如图4-2-1所示:

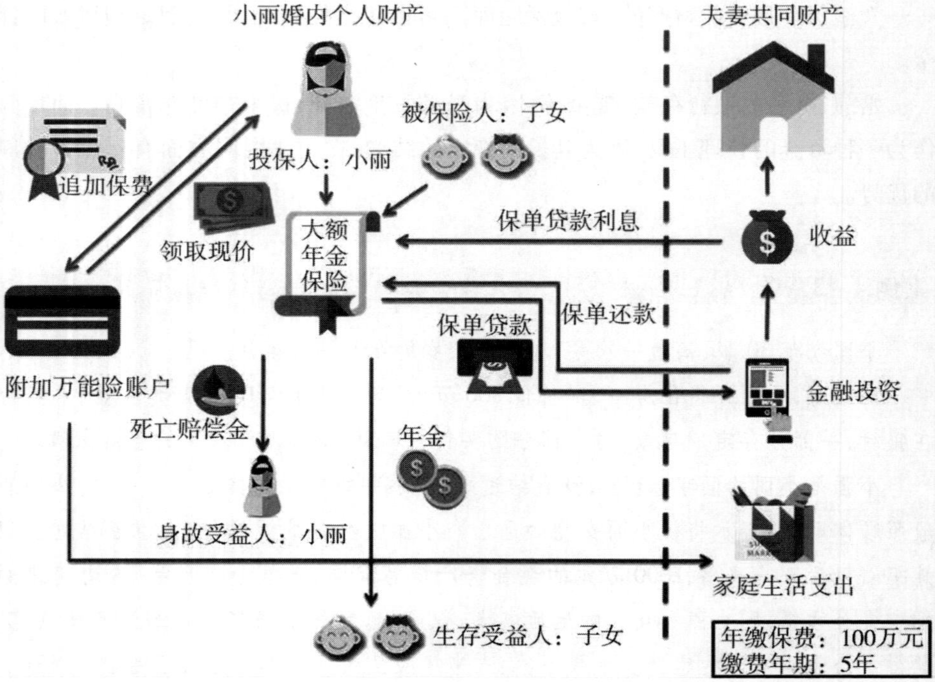

图4-2-1

(一)保费的设计

为何要购买年缴100万元、总缴费500万元的大额年金险?

1. 因为小丽原来的1000万元以银行存款和理财形式存在,婚后存取可能混同,我们将其中的500万元分五年转化为一份大额年金保险保单。保单因为其结构很稳定，不易发生混同，很清楚可以界定为小丽的婚前财产。

2. 大额年金险2016年上半年的收益水平在3%～5%，且可以实现复利。相比银行存款和理财，其安全性相当，而长期稳定性有一定优势。

3. 可以合理利用大额保单的资金融通功能，当家庭需要大笔支出时，可以申请保单贷款。这笔债务若用于家庭共同生活支出，属于夫妻共同债务，将来用夫妻共同财产偿还名正言顺，不会威胁到小丽的个人财产。

4. 签订保单不需要征得小强同意，可以避免签订财产协议的尴尬。

5. 即使小丽想购买一些较高收益的理财产品，也可以通过保单贷款进行投资。小丽的个人财产永远在以稳健的速度复利增长，超额收益可以用于生活支出，两不耽误。

（二）结构的设计

为何被保险人和生存受益人要为孩子？年金险最好带万能金账户？分红为何要以保额分红的形式？

1. 被保险人、生存受益人是孩子，受益金将来可以作为孩子的生活费用和教育金，当保单面临分割威胁时，因为涉及第三方孩子的人身权益，可以起到一定的保护作用，在实际司法判例中，又因为涉及第三人的人身权益而被判不得解除的案例，具体案例本书前文中亦有举例（见案例3－1－6）。

2. 年金险生存受益人如果是小丽，若领取年金，则年金是否属于夫妻共同财产可能引发争议，同时现金极容易混同；若生存受益人为孩子，领取的年金是孩子的财产，小丽作为监护人有管理权而无所有权。可用于支付孩子成长费用而无分割之忧。

3. 年金险如果不带万能险账户，则获得的年金或者直接领取，或者保险公司给付固定利息，均不利于复利增值。

4. 保险分红如果用现金分红，则属投保人的投资收益，是否系夫妻共同财产或有争议；若为保额分红，则仍然以保额增长的形式留在保单内部，且有复利增值效果，如此也可以保证保单资产的独立性和完整性。

（三）万能险账户的设计

为何要另外设立趸交300万元保费的万能险账户呢？

300万元的万能险账户是专为年金险后续缴费设计的，如果后续的保费放在银行,五年下来极易发生混同,也容易被挪用。如果做投资,投资有风险,可能导致本金亏损,就算盈利,盈利部分也可能属于夫妻共同财产,且本金更容易发生混同。后续保费放入万能险账户有以下几个方面的优势:

1. 后续保费放入万能险账户后,第三年至第五年保费通过领取保单的现金价值进行缴纳,资金归属清晰,不易发生混同。

2. 保费放入万能险账户后,本金安全,且一般万能险都有保底利率,1.5% ~3% 都有,一般没有亏损风险。

3. 万能险账户的收益目前普遍高于银行存款利息及银行保本理财利息,且投资所得收益以现金价值的方式留在保单中,一般不属于夫妻共同财产。

从以上几个方面考虑,为保证年金险保费顺利缴存,并获得比较稳妥的收益,特设立此账户。

(四)定期存款账户的设计

为何设立了300万元趸交的万能账户,还需要再设立100万元的定期存款账户呢?

因为资金进入万能险账户时需要收取初始费用,各保险公司的产品不同,追加保费初始费用一般在5%以下,因此如果保费存两年以上再领取,放入万能险账户是有意义的。第二年的保费进入万能账户再领出来,扣除初始费用后可能出现本金亏损,而存入一年期定期则不会有亏损,还会有少量利息,同时单独的账户存一年期也不易发生资金混同,为上佳选择。

(五)公证遗嘱的设计①

小丽和小强结婚后,将互为第一顺位法定继承人。万一小丽意外身故,因为保单是小丽为投保人,小丽女儿为被保险人。保险合同还将继续有效,只是需要变更投保人,这就存在很大风险。

风险一:保单的现金价值将由小丽的法定继承人继承,包括小丽的父母、女儿和小强,保单现金价值可能有被瓜分的风险;

① 刘长坤、曾祥霞:《保险业务员一句话,为客户挽回500万损失》,载 http://mp. weixin. qq. com/s? __biz = MjM5NjY0NTQyMw = = &tempkey = FtVdnROVLNVjUUoDl1wYAnfgU %2FPy3zYTm6umdFvh%2BJ5w%2B7QXN9yHczLaSKMEXRuoQGBMj7Y7oyhF1LDoBV G0CPutoMNwKZ8SulTdc3yTSSRt8ujRxy3nDZ0r%2FR0Llb5QVvLZm46caDULm5Pxmc64Cg%3D%3D&#rd,最后访问日期:2016年5月19日。

风险二:如果当时小丽的女儿未成年,则小强可能成为其法定监护人,投保人也极大可能变成小强,则小丽女儿的利益难以得到保障。

当小丽用遗嘱的形式将保险投保人的利益明确归属女儿后,如果女儿当时已经成年,则投保人直接变更为女儿,资产顺利传承给女儿。如果当时女儿未成年,则小丽父母极有可能健在,根据遗嘱可将投保人变更为小丽的父母。

婚前房产混同的防止:小丽名下的房产,根据《婚姻法司法解释(三)》,属小丽个人所有。但房子如果卖掉再换新房子的时候,就极易发生混同。虽然夫妻之间不能分得太清,但对于小丽这种情况,如果比较短时间内剩余的500万元金融资产和800万元房产产生混同,则婚姻共同财产高达1300万元,道德风险极大,对小强也是莫大的考验。

所以,小丽如果要换新的住房,将老的房产出售后,房款最好放入新开立的账户中,然后再用这个账户的钱购买新的房产,并留好付款凭据。如果不需要贷款,则房子依然属于小丽个人所有。即使需要贷款,也要以小丽的名义用小丽个人账户的卡进行贷款,房产证写小丽的名字。

二、人寿保险年金是否属于夫妻一方财产①

当前国内的大额保单以年金保险为主,而且投保人和被保险人有时候是一个人,有时候不是同一个人。生存受益人一般默认为被保险人,但也可以变更为投保人。那么婚内领取的年金是否属于夫妻共同财产呢?这个法律并没有明确规定,我们认为:

婚内取得的生存保险金是否属于夫妻共同财产,首先要确定年金的性质,在法律有关夫妻共同财产种类的规定中,年金性质来源可能归属于以下三种:

1. 认为年金是保险财产的法定孳息;
2. 认为年金是保险财产的投资收益;
3. 认为年金是保险公司依据合同给予受益人的给付。

首先,我们分析年金是否有可能是保险财产的法定孳息。

我们先看法定孳息的定义:法定孳息一般是指物的用益转让而发生的对价,如把钱存在银行,钱归银行使用,银行支付对价利息。可见它至少有两个方面的特点,

① 刘长坤、曾祥霞:《我为什么说"人寿保险分红"应当"免交个人所得税"!》,载 http://mp.weixin.qq.com/s?__biz=MjM5NjY0NTQyMw==&mid=2651361359&idx=1&sn=f8f1bfa2ebe76730f38d99401a7262cf#rd,最后访问日期:2016年8月14日。

一是必须转让用益；二是只转让了物的用益，物的所有权仍然归物权人所有。

投保人支付保费给保险公司后，正常情况下投保人是不能取回保费的，因此投保人并非转让保费的用益，而是转让了保费本身。从这个角度来看，保险年金显然不属于法定孳息。

其次，我们分析年金是否属于投资收益。

我们先看投资收益的概念：投资收益是对外投资所取得的利润、股利和债券利息等收入减去投资损失后的净收益。严格地讲，所谓投资收益，是指以项目为边界的货币收入等。它既包括项目的销售收入又包括资产回收（项目寿命期末回收的固定资产和流动资金）的价值。

从表面上来看，投保人付出保费作为投资，然后取得年金作为投资收益。似乎讲得通，但如果投保人和受益人不是同一个人，则投保人只付出保费，但没有任何收益。受益人则没有做任何投资，但他获得了收益。这显然就讲不通。因此，年金也很难解释为投资收益。

还有一种选择，即视为保险公司按照合同给予的受益人的赠与。

保险合同是一类非常特殊的合同即射幸合同。何为射幸合同？射幸合同（Aleatory Contract）就是指合同当事人一方支付的代价所获得的只是一个机会，对投保人而言，他有可能获得远远大于所支付的保险费的效益，但也可能没有利益可获；对保险人而言，他所赔付的保险金可能远远大于其所收取的保险费，但也可能只收取保险费而不承担支付保险金的责任。通俗的解释，射幸合同就是打赌的合同，也即风险事故是否发生，具有不确定性，以至于合同双方的权利和义务均为不确定的，具有很大的偶然性。

合同一般都必须贯彻等价有偿原则。但保险合同显然不是，投保人付出保费，但他可能得不到任何利益或者获得的利益远少于付出的保费。而保险公司呢，可能只获得保费而不履行任何义务，如接受一年期意外保险投保，获得保险金后，如果被保险人一年的保险期间内没有发生保险事故，则保险公司不需要负担任何义务。但他也可能要负担比获得保费大得多的义务，如接受投保年缴保费 1 万元，20 年交，保额为 100 万元的寿险。如果被保险人在等待期后身故，保险公司收取了 1 万元保费，却要付出 100 万元的赔付，显然不是等价有偿。

保险合同还可能是向第三人履行的合同，当受益人为投保人和被保险人外的第三人时，保险合同就是一份向第三人履行的合同，而且大部分保险合同都是这样（也有可能不是，如某些单纯的疾病保险，受益人是被保险人本人，合同就只有投保人、被保险人和保险公司,不需要向第三人履行)。这时的受益人没有履行过任何义务,却拥有了获得受益金的权利。

因此,保险年金的取得,既不是取得法定孳息,也不是取得投资收益,更不是支付相应的对价而等价有偿取得。而且取得年金的人,可能从未履行过任何义务。因此解释为保险公司依据保险合同对生存受益人的给付是比较合适的,这比较类似于赠与。

依据《婚姻法》第十七条、第十八条的规定,婚内接受的赠与,属于夫妻共同财产,但明确赠与给夫妻一方的除外。所以,认定的关键就是保险合同中约定的生存受益人是否可以视为明确给予受益人的赠与,我们认为是可以推定的。

理由一,生存受益人是谁,在保险合同中往往明确约定,且生存受益人一般由投保人决定,从探求投保人内心真意的角度出发,一般也趋向于希望受益金给予受益人个人,而非受益人夫妻。

理由二,最高人民法院编写的《民事审判实务问答》2005 年版第 206 页中关于婚内取得的保险死亡受益金是否属于夫妻共同财产的问题,认为保险理赔金具有很强的人身属性,属于一方的个人财产。而生存受益金在这个问题上和死亡赔偿金具有很高的相似性,当然也应当属于婚内个人财产。

如果保险公司在签订合同时,能给客户一个选择条款,明确约定生存受益金归生存受益人个人所有,与其配偶无关,则这个问题可以没有争议。

我们也可以在签订保险合同以后再写一个声明,某保单号码的人寿保险保单的生存受益金归受益人个人所有,与其配偶无关。这个方法国内的某些保险公司采用过,也可以明确生存受益金的归属。

当然,即使判定为婚内个人财产,如果保险生存受益金还未领取还好,如果已经领取变成现金,则很容易造成混同。

当然,夫妻之间并非要处处设防,在实务中,我们不仅要考虑到当事人婚前财产的保全,做到"你爱我,我们一起花,你不爱我,我一个人花"。同时也要站在家庭和谐的角度,照顾夫妻的感情。

三、大额保单可以实现子女的婚姻财产保全

保单是一种很特殊的资产,它的财产归属根据合同,在不同的阶段有不同的归属和分配方式,我们可以利用这种结构,实现子女的婚姻资产保全。

案例4－2－2

钱总是民营企业家，家产颇丰，独生女儿小丽去年结婚了，女婿小强，小强的父亲金总也是企业家，两家可谓门当户对。

双方领结婚证后，即开始筹办婚礼。婚房自然是金总准备，一栋价值2000万元的别墅，全款购买，登记在小强名下，当时小丽也提出要增加自己的名字，但因为当时事情很多没有及时去办，后来就忘了。钱总对小丽从小宠爱有加，为了使小丽嫁过去以后有地位，钱总花了300万元装修别墅，同时给了女儿价值1000万元的股票，1000万元现金和保时捷汽车一辆，价值100万元，作为嫁妆。

不曾想，女儿和女婿结婚后才发现二人性格不合，经常闹矛盾，而且女婿还经常家暴，且屡教不改，大有愈演愈烈之势。钱总和女儿都认为，趁着现在没孩子，赶紧离婚。但女婿不同意离婚，无奈女儿小丽将女婿告上法庭，经过两审，耗时一年多终于离婚成功，但财产分割让小丽很不满意：

别墅因为是小强父母出资全款购买，登记在小强名下，根据《婚姻法司法解释（三）》，属小强个人财产；300万元装修、1000万元股票、1000万元现金和保时捷车因属小丽婚后所得，都属于夫妻共同财产，两人依法分割。

钱总这才想起来，女儿结婚前他的理财规划师小刘曾经给他建议过，一是房子必须加小丽的名字，二是嫁妆最好不要用现金的形式，应当进行规划。他当时觉得麻烦，也没认真听取意见，现在后悔，为时晚矣。那我们来看钱总嫁女，嫁妆应当如何安排呢？

首先，房子最好由双方视家境情况共同出资，产权登记在夫妻双方名下。这样对双方都比较公平。

其次，在婚姻中，女方大多处于弱势。婚后生活中，大多数家庭都是男性负责经营事业，女性则负责照顾家庭和孩子，所以一旦婚姻发生变故，女性受伤害往往更大，所以小丽及家人必须提前做一些准备，至少保证小丽一生衣食无忧。建议父亲钱总可将1000万元现金用大额年金保险形式给女儿。具体筹划可以安排年缴保费350万元，分三年缴清，投保人为钱总，被保险人为小丽，生存受益人为小丽，死亡受益人为钱总。将来小丽生孩子了，再将死亡受益人变更为孩子。同时钱总设立遗嘱，如果钱总去世，投保人的所有权益包括现金价值归小丽所有，与其配偶无关。这样的安排有以下几个方面的好处：

1. 1000万元保费的年金保险，分红型年金险每年的保证给付一般在15万～20

万元,分红水平大概在每年 15 万~30 万元。非分红的年金则每年保证给付一般在 30 万~40 万元,作为小丽的基本生活费应该没问题。一般情况下,这些年金和分红都用不上,可以放入保险的投资账户继续复利计息。小丽为被保险人,活多久可以领多久,直至终身。创造伴随一生的现金流,可以保证小丽一生衣食无忧。

2. 小丽的父亲钱总作为投保人,保单的掌控权归钱总所有,小丽只是每年领取年金,可以防止 1000 万元的本金被挥霍。

3. 钱总作为投保人,小丽作为被保险人,保单的收益也可以用于小两口家庭生活,只要小两口甜蜜幸福,保单会给这个家庭提供一个稳定的现金流。但如果不幸婚姻走到尽头,保单的实际财产权益归投保人钱总所有,离婚时保单本身是不可能被分割的,依然可以守护小丽一生的幸福。

4. 在小丽各方面比较成熟且有比较好的财务习惯后,钱总也可以将投保人变更为小丽,但必须配合一个赠与协议,明确说明保单赠与女儿个人,与其配偶无关,赠与协议不需要女婿签字,也不会引起家庭矛盾,却能保证保单财产归小丽个人所有。

5. 一旦钱总去世,小丽根据遗嘱将投保人变更为自己,因遗嘱中明确说明归属小丽个人所有,与其配偶无关,保单依然属于小丽个人的财产。

四、大额保单守护女性生活稳定

安全、稳定、幸福的家庭环境无论对女性还是对孩子的成长都是最重要的。而安全、稳定分为两个方面:经济的安全、稳定和情感的安全、稳定。理财规划可以很好地解决经济的安全、稳定问题,同时对情感的安全和稳定也能起到一定的促进作用。

(一)家庭经济稳定和安全的五大威胁

1. 经济收入的不确定性

中国的高净值家庭,大部分以企业家和中大型企业高管为主,还有小部分如著名演员、导演、著名医生、律师等专业人士。对于大部分企业家和中大型企业高管来说,其收入的高低一般和企业的经营情况有着直接密切的关系,而企业的经营往往都是跌宕起伏的。据普华永道会计师事务所 2012 年发布的《2011 年中国企业长期激励调研报告》显示,中国中小企业的平均寿命仅 2.5 年,中大型企业集团也仅为 7~8年。企业家和中大型企业高管的收入稳定性可见一斑。

2. 家庭债务风险

与一般家庭财富不同,企业家经常犯的错误是致使企业资产与家庭资产混同。很多情况下,债权人都要求大股东对企业债务承担连带担保责任。此种情况下,企业经营一旦恶化,企业资产价值大幅下降,而企业债务则迅速上升,一旦资不抵债,则家庭资产就将直接面临威胁。

3. 家庭经济支柱人身风险

对于高净值家庭来说,家庭经济支柱一旦出现重病、失能甚至死亡等情况时,对家庭经济的打击往往是很大的。如果是专业人士,则其收入将立即中断。如果是企业家,则企业经营可能陷入困境,债务可能面临提前清偿,企业资产价值可能大幅下降。整个家庭的财务状况可能面临恶化的局面。

4. 婚姻风险

和普通低收入家庭相比,高净值家庭的夫妻感情可能面临更多挑战,高净值人士再婚的比率相对高于一般收入人士,非婚生子女比例也显著高于一般收入人士。而离婚与非婚生子女问题,对于家庭财富也存在诸多的威胁。高净值家庭因离婚、争产等导致家族企业失败的例子不胜枚举。

5. 家庭成员意外和疾病风险

对于很多高净值家庭来说,医疗费、护理费等一般都不会成为太大的负担。但高达几十万元甚至数百万元的医疗费,对于家庭的财务安排和现金流会有比较大的影响,因此也需要做一些保险理财的安排。

以上的任何一种风险发生,都有可能打破安全、稳定的家庭环境,给女性和孩子带来很多的问题。风险的发生有太多的偶然性,无法进行掌控和规划,我们唯一能做的就是提前做好规划,以应对可能发生的风险。

(二)幸福生活的四大守护神

1. 幸福守护神一:智慧理财是家庭财富的"不老泉"

案例 4-2-3

赵女士是一位智慧的女性,38 岁,有一儿一女。老公王总是某科技集团公司董事长,资产数亿元。家里老公负责公司的经营,赵女士负责教育孩子及家庭理财。目前家中有房产 8 套,总价值超 5000 万元,一套别墅自住,价值 2000 万元,市区学区房一套,价值 1300 万元,平时赵女士带着孩子住在市里方便上学,周末则回郊区的别墅。另外，北京和老家有6套投资的房产，总价不到2000万元。现金资产300万元，放在银行的宝宝类产品中，方便使用。金融资产3000万元，都在各种信托产品中，以一两年期固定收益类产品为主，私募基金类为辅，目前收益逐年降低。股票接近1000万元，处于被套状态。

赵女士给全家都购买了很多保险，重大疾病保险、意外保险、年金保险、住院保险等，每年交保费60万元左右。家庭每年支出也不小，两个孩子学费和兴趣班支出20万元左右，这还是上的公立学校。家庭生活费支出每年20万元左右。其他支出30万元左右。总支出每年70万元左右。两个孩子肯定都要出国留学，赵女士夫妇届时可能有移民计划。

赵女士作为一位智慧的女性，她应当如何规划来守卫她的家庭和婚姻的幸福呢？

私人财富管理界有一句名言："高净值客户的钱，花是花不完的！"譬如，某客户家庭净值产5000万元，在保证本金安全的情况下，目前做到3%的年化收益率还是很保守的，每年收益150万元，足够让一个家庭维持非常好的生活品质，因此，如果仅是家庭消费，应当是相当稳定和充裕的。

除了保险，几乎再没有哪一个投资产品能保证安全的前提下永远给付3%左右的收益，包括存款、国债、基金、股票、信托等，都不能像保险这样确定及持久。保险可以锁定一个保底收益，直至受益人终身。智慧的女性，要善于用保险给家庭构建一个财富的"不老泉"。

对于赵女士的家庭来说，构筑一个家庭财富的"不老泉"就是要建立起一个每年70万元的家庭生活费支出及将来孩子留学及移民的费用的安全储备，保证家庭财务的稳定，从而保证家庭的生活品质永远不下降。具体步骤如下：

首先，建议可出售一部分投资房产，回收现金1000万元。股票全部出售，回收资金1000万元。如果有到期的固定收益类信托，回收资金500万元。信托产品结构逐步转化为以私募和对冲基金为主，还可以考虑一部分美元类的投资产品。

其次，以赵女士为投保人，两个孩子为被保险人，两个孩子为生存受益人，赵女士为身故受益人，购买固定返还型年金保险，年缴保费500万元，五年缴总计保费2500万元。同时给全家购买高端医疗保险，每年保费用年金的一部分支付，保证全家的高品质医疗并规避掉医疗费用不确定的风险，防止因被迫的高额医疗费折损账户本金。之后，第二年的500万元保费用信托撤回的资金缴纳，剩余的1500万元现金全部追加至万能险账户中,第三年、第四年、第五年的保费从万能险账户中领取缴纳。每年的年金如不使用,则放入万能险账户中继续投资保全。

对于赵女士的家庭来说,虽然资产量比较大,以往投资收益也比较高,信托曾经高达10%以上的年收益,但2016年以来,随着经济的下行,利率的波动,目前信托的年化收益率已经普遍降到7%以下,且系统性风险已经积累的比较大。银行利率也持续下降,年息已低至1.5%。绝大部分投资的收益率都是波动的,这与家庭对财务的稳定是不相匹配的。特别是对于高净值家庭来说,因为他的财富基数非常大,而其消耗却是非常有限的。

对于高净值家庭而言,要保证其生活品质永远不降低,只需要拿出一小部分资金,首先保证其本金安全,其次再保证一个稳定的收益率,使每年的收益能完全覆盖家庭消费支出即可。然而,大部分的投资其收益率都是不确定的,而且也无法确定的照顾一个家庭几十年甚至更久。而年金型人寿保险则恰恰能满足这两个要求。

首先,人寿保险的本金非常安全,在美国次贷危机中,如雷曼兄弟这样的百年投行都难逃破产命运,AIG集团却因为经营人寿保险业务而得到美国政府的救助得以保全,人寿保险相比其他金融产品更加安全。

其次,人寿保险是唯一可以几十年保证固定收益的金融工具,而且可以通过合同锁定收益直至被保险人终身。保险费率市场化后,国内部分年金保单的预定利率高达4%以上,在市场无风险利率持续下行,部分国家出现负利率的市场环境下,能按照这样的预定利率建立一个财富的“不老泉”,机会是非常难得的。

赵女士通过五年,用2500万元构建起一个家庭财富的“不老泉”,按3%保证年金测算,每年保险公司都将支付给赵女士的家庭年金75万元,直至其儿女终身。本金安全,且收益锁定,即使将来进入负利率时代,每年75万元的年金给付也永远不会变。这才是真正的家庭财富的“不老泉”。

2. 幸福守护神二:资产安全隔离,家庭财富的“防火墙”

很多高净值家庭都经营有企业,而企业经营的好坏是非常不确定的。据普华永道会计师事务所2012年发布的《2011年中国企业长期激励调研报告》显示中国中小企业的平均寿命仅2.5年,中大型企业集团也仅为7~8年。但中国的民营企业家很多存在公私不分的问题,开着有限责任公司,老板却需要承担无限连带责任,老板的家庭财产甚至个人财产都会面临被清偿的威胁。造成这种现象的原因主要有以下几种:

(1)用个人账户收取公司账款,导致公私财产混同

特别是对于很多收取现金或者不需要开具发票的行业,用个人账户收取公司账款基本是普遍现象,如果公司一旦出现经营不善而负担债务,债权人将轻易地突破有限责任公司对股东的保护而要求股东用个人资产承担连带责任。

《公司法》第二十条第三款　公司股东滥用公司法人独立地位和股东有限责任,逃避债务,严重损害公司债权人利益的,应当对公司债务承担连带责任。

同时,用个人账户收取公司账款,还可能导致刑事责任,这一点是理财师们应当提醒企业家客户的。

用个人账户收取公司账款,因为公司是具有独立法人资格的,不能等同于股东的个人财产,股东将原本属于公司的财产收入自己个人名下,则可能导致侵占罪。根据《刑法》第二百七十一条规定,"公司、企业或者其他单位的人员,利用职务上的便利,将本单位财物非法占为己有,数额较大的,处五年以下有期徒刑或者拘役;数额巨大的,处五年以上有期徒刑,可以并处没收财产"。

真功夫董事长蔡某就是因"职务侵占罪""挪用资金罪""抽逃注册资本罪"数罪并罚,一审被判处有期徒刑 14 年。在一些企业家看来,蔡先生的做法可能很正常,但是法律是严肃的,不追究则已,一旦因家族内部纠纷对簿公堂,这些违法的行为很可能铺就了他通向监狱的道路。

用个人账户收取公司账款的另一个重要动机就是避税,目前增值税可至 17%,企业所得税一般为 25%,公司分红的个人所得税为 20%。不需要开具发票的收入则是最好逃税的资金,许多企业家就抱着侥幸心理将收入直接转入自己或者亲人的账户,从而达到逃税的目的,这是非常危险的!

《刑法》第二百零一条　纳税人采取欺骗、隐瞒手段进行虚假纳税申报或者不申报,逃避缴纳税款数额较大并且占应纳税额 10%% 以上的,处三年以下有期徒刑或者拘役,并处罚金;数额巨大并且占应纳税额 30% 以上的,处三年以上七年以下有期徒刑,并处罚金。

扣缴义务人采取前款所列手段,不缴或者少缴已扣、已收税款,数额较大的,依照前款的规定处罚。

对多次实施前两款行为,未经处理的,按照累计数额计算。

有第一款行为，经税务机关依法下达追缴通知后，补缴应纳税款，缴纳滞纳金，已受行政处罚的，不予追究刑事责任；但是，五年内因逃避缴纳税款受过刑事处罚或者被税务机关给予二次以上行政处罚的除外。

当然在国内，很多企业家存有侥幸心理，认为只需要补缴税款，缴纳滞纳金，一般都不会判刑，这种观点具有一定的片面性。并且，刑法还设有“虚开增值税发票罪”，企业家也应高度关注。

《刑法》第二百零五条　虚开增值税专用发票或者虚开用于骗取出口退税、抵扣税款的其他发票的，处三年以下有期徒刑或者拘役，并处二万元以上二十万元以下罚金；虚开的税款数额较大或者有其他严重情节的，处三年以上十年以下有期徒刑，并处五万元以上五十万元以下罚金；虚开的税款数额巨大或者有其他特别严重情节的，处十年以上有期徒刑或者无期徒刑，并处五万元以上五十万元以下罚金或者没收财产。

虚开增值税专用发票或者虚开用于骗取出口退税、抵扣税款的其他发票，是指有为他人虚开、为自己虚开、让他人为自己虚开、介绍他人虚开行为之一的。

案例 4－2－4

钱总(化名)经营有一家餐饮娱乐集团，集团下辖数家店，生意好的时候，一天的现金收入都有数十万元。大多数顾客都不要求开发票，而且很多的现金交易。钱总的独生女儿小丽负责公司的财务，其实大部分会计和出纳的事情都有专人处理，她最主要的事情就是每隔几天去店里收取现金，为了方便和安全，都会就近直接存入她的个人账户中，到达一定金额后又转入钱总的账户中。

小丽前几年结婚了，嫁了一个“凤凰男”小强。但是小丽从小娇生惯养，婚后更是横行霸道，最后小两口终于闹到了离婚的境地。

2015 年，二人为婚姻财产分割闹到了法院，小强指出，小丽隐匿夫妻共同财产，在小丽名下有账户长期向其父亲的账户中转移巨额财产，申请法院调查。法院调查发现，财产是钱总公司的账款，钱总和小丽存在逃税的问题，属于刑事问题。根据法律先刑事后民事原则，案件转入检察院调查。而检察院调查过程中，因为钱总的店每隔几年就需要重新装修，每次装修都需要花费数百万元，钱总就利用让他人帮忙虚开增值税发票，做高装修相关费用，以达到降低公司所得税的目的。构成了虚开增值税发票罪，涉案金额700多万元，虽经家人多方努力，但也没有让钱总洗脱罪责。

北京师范大学的《2015中国企业家刑事风险报告》显示，2015年共有751名民营企业家涉及刑事犯罪，其中虚开增值税发票一个罪名就占到12.57%，不可不警醒啊！

（2）金融机构借贷时往往要求企业大股东或实际控制人夫妻双方承担连带担保责任

当企业无法偿还债务时，实际控制人双方的夫妻共同财产和个人财产往往都成为债务偿还的责任财产。

（3）民营企业家高息吸引民间亲友借贷资金

这种借贷都是自然人借贷，一旦企业还不起贷款时，实际控制人双方的夫妻共同财产和个人财产肯定都是清偿对象。

而更严重的是，在吸引贷款的过程中，往往都会是亲戚朋友介绍他的亲戚朋友一起来借钱给企业家，很容易造成针对不特定公众，不知不觉就触犯“非法吸收公众存款罪”。根据北京师范大学《2015中国企业家刑事风险报告》，“非法吸收公众存款罪”犯罪人数达104人，占到所有民营企业家犯罪的13.81%。一旦面临这种情况，那真可谓家破人亡。

正是因为这种实际的社会环境，民营企业家要想有效的建立家庭财产和企业的隔离，难度可想而知。笔者经常听一些律师和理财师说，要构建家庭财产和企业财产之间的防火墙，避免家庭财产和企业财产混同等。其实现实中，要想将企业的控制人的家庭或个人财产和企业财产隔离开来，是缺乏有效手段的，可能是你也隔离开了，但企业也死掉了。

笔者认为较好的办法是在财富积累好的时候，拿出一部分独立于企业家夫妻双方之外，建立一个安全的资金池，在家庭和企业中间构筑一道防火墙，从而建立一个家庭财富保障体系是比较可行的。而工具无非两个，一个是私人信托或者是家族信托，可以有效地建立防火墙；另一个工具就是人寿保险，合理的规划设计人寿保险可以实现一部分的家庭财富保全功能。具体方法在上一章大额保单与债务中有详细阐述，这里不再重复，只简单列举以下方法，以供参考。

方法一，案例4-2-3中，赵女士可以给全家购买终身寿险、大病保险、子女教育金等保险，这一类的保险在司法判决实务中，被解除强制清偿债务的可能性比较小。但这些保单可以很好地保障家庭成员的医疗费用、孩子的教育金和成长费用等。购买教育金时一定购买专门的教育金而不要用万能险、投资连结保险、年金保险等理财性质明显的保险代替教育金，否则很难有保全的作用。

方法二，给家庭经济支柱购买高额人寿保险，且指定子女为受益人，利用父母和子女间天然的债务屏障保全财产。

方法三，利用赵女士和王总的父母作为投保人购买保险，因保单为父母持有，可以很好地隔离赵女士和王总的债务，起到保全资产的目的。但必须配合赠与协议，附义务的赠与、公证遗嘱等多种工具配合使用。否则还会带来其他的负面作用。

3. 幸福守护神三：配置保险成为财富风险的“安全垫”

对于一个家庭而言，家庭成员的风险往往会严重影响一个家庭的生活质量和财务状况，家庭成员的风险主要包括意外医疗风险、意外残疾风险、严重疾病风险、失能风险以及死亡风险等。这些风险的发生是偶然的、不可控制的。因此，对于女性来说，如何应对家庭成员的风险是必须考虑的问题。

保险是在财务方面应对家庭成员风险的最好工具，保险虽不能防止风险的发生，但当风险发生时，它可以提供充足的现金流以应对，可以大大减轻风险给家庭带来的重大冲击，给家庭幸福构建一个可靠的缓冲“安全垫”。

首先，在应对家庭成员死亡方面，一般非家庭经济支柱死亡，会在情感上给家庭带来很大的痛苦，但在财务上往往影响不大，因此保险的意义并不很大。但如果是家庭经济支柱遭遇死亡风险，则会直接切断家庭的收入来源，给家庭在情感和财务上以沉重打击。因此，用保险应对家庭经济支柱的死亡风险非常重要，主要遵循以下原则：

原则一：“双十”原则

对一般高净值客户而言，家庭经济支柱未来的收入是将来家庭支出的主要保证，如果身故，保险必须弥补其未来的收入损失，一般认为一次性赔偿10年的总收入是比较合理的。如家庭经济支柱收入100万元/年，则身故总保额应当在1000万元以上。用1/10的年收入做10倍于年收入的保障，这就是“双十”原则。

原则二：用保险构建家庭财务最后屏障

对于超高净值家庭，如上文案例4-2-3中的赵女士的家庭，其净资产数千万元，即使家庭失去收入，其储备也足够维持全家较高的生活质量。对于赵女士来说，家庭经济支柱死亡，后果和一般家庭是不一样的。案例中，如果王总死亡，企业可能陷入管理混乱，企业一旦资不抵债，则可能威胁家庭财产安全；另外，一般企业家都是资产与债务共存，而且很多有个人债务，如果王总死亡，就可能面临债权人同时要求清偿债务，现金不足以清偿就必须处理资产，而紧急处理资产，亏损将会巨大。所以，我们经常看到一个成功企业家意外去世后，其家庭和企业迅速陷入财务困境甚至破产。

针对这些风险，可以给王总购买高额寿险，王总同时为投保人和被保险人，受益人为孩子，保额要足够孩子成长、教育的费用，家庭的支出、医疗费用和赵女士的养老费用。如果王总不幸身故，则保险受益人直接给到孩子，利用孩子和父母间天然的债务屏障，保证这笔资金不会受到家庭的债务威胁。

在应对家庭成员因意外或者严重疾病，产生高额医疗费用支出的风险方面，一般高净值家庭对医疗费用的负担并不太敏感，因为几万元、几十万元的医疗支出相对其几千万元甚至上亿元的资产来说，负担并不重。但医疗费有以下几个特点：

特点一，必须以现金支付，所以准备医疗费必须是现金；

特点二，支付时间刚性，不能拖欠；

特点三，治疗费用差别大，医疗条件越好，治疗效果越好，费用越高；

特点四，治疗费用不确定，可能没有上限，花掉几百万元都有可能，如果是在境外，上千万元医疗花费也不罕见。

高净值家庭虽然资产量较大，但它不可能随时准备大量现金，同时高净值家庭一般都希望得到最好的治疗，但动辄数百万元的医疗费，对很多高净值家庭来讲也是负担。所以，用保险的杠杆作用规避医疗费用的风险是最优选择。

首先，赵女士可以用高端医疗加重大疾病保险的形式规避她家庭的医疗费用支出风险。给全部家庭成员购买高端医疗保险，全球所有医院都能报销，保额 2000 万元以上，并且保险公司和医院直接结算，同时还有很多辅助服务，费用支出平均每人 3 万元左右。

其次，再给每个家庭成员购买重大疾病保险 100 万元以上，重大疾病保险可以提前给付，可以给治病带来充足的现金流，保证最好的医疗条件，以免耽误病情。

最后，针对家庭成员因意外残疾或者疾病失能的风险，如果是家庭经济支柱发生意外残疾或者失能风险，其风险规避参考“原则一”。一般家庭成员发生失能风险则主要是照顾问题，看护费用一般对高净值家庭负担不大，但也可以通过购买残疾或失能保险来做一些保障，在国外还可以购买看护险，都是非常不错的选择，这里不做详述。

4. 幸福守护神四：巧用保险打造女性婚姻财富的“安全港”

在大多数高净值家庭中，女性往往都会牺牲自己的事业照顾家庭，主要的收入都来源于丈夫，如果婚姻一旦遭遇风险，就可能失去持续的收入来源，分得的婚姻资产，也会因为缺乏理财的能力而使其面临诸多风险，而要保持其原有的生活品质，消费却是非常大的。特别是对于一些“嫁入豪门”的女性，往往在结婚时就有婚内财产协议或者配偶家族已经有家族财富保全的安排，所以离婚时不一定能分得太多的财产。因此，对于这类家庭的女性来说，虽然我们希望婚姻永远稳固、幸福。但做最好的期望，做最坏的打算总是没有错的，适时构建一个婚姻财富的“安全港”，做到有备无患是非常必要的。

对于案例4－3－2中的赵女士来说，要做最坏的打算，其底限就是满足她个人将来的基本日常支出、养老和医疗需求。满足这些需求，保险依然还是最佳工具。在婚姻财富保全中，保单有以下几个方面的优势：

优势一，根据《婚姻法》第十八条第二款规定，一方因身体受到伤害获得的医疗费、残疾人生活补助费等费用属于夫妻婚内一方的财产。

因此，赵女士购买的商业医疗保险和大病保险、意外残疾保险、护理保险等获得的医疗费报销、大病保险金、残疾赔付金、护理费赔付等，被判定为夫妻一方财产的可能性很大，这给婚姻财产提供了可靠的法律保护。

优势二，在实务中，很多人寿保险保单在离婚时没有被分割，尤其是被保险人是第三人的情况。即使保单被主张分割，根据《保险法司法解释（三）》第十七条的规定，可以通过支付现金价值对价的方式进行保单的保全。而很多保单的现金价值会远远低于其所交保费和保险金额，因此只需要支付很小的对价就可以保全大额的资产。

《保险法司法解释（三）》第十七条　投保人解除保险合同，当事人以其解除合同未经被保险人或者受益人同意为由主张解除行为无效的，人民法院不予支持，但被保险人或者受益人已向投保人支付相当于保险单现金价值的款项并通知保险人的除外。

优势三，可以利用保单的架构，实现对保单财产的更可靠保护。

对于赵女士来说，可以要求爱人王总给她做一些专属于她个人的保险计划。这些保险计划建议用赵女士的父母作为投保人，赵女士为被保险人，孩子为受益人。保费先转至父母账户，然后再缴纳保险公司保费，整个过程必须让王总全部知情并认可。购买保单的同时，必须配合父母的遗嘱，约定当投保人去世时，保单投保人的权益归女儿赵女士所有，与其配偶无关。因为遗嘱的订立不需要赵女士的爱人到场，投保人去世后办理投保人变更亦不需要其爱人到场，不会有任何的尴尬。当离婚或者家庭面临债务危机时，保单因为投保人是赵女士的父母，因而不会受到威胁。但这种安排无法规避父母的债务或者退保等风险。如要更加可靠，在符合条件的情况下，可以选择通过离岸信托购买境外保单，以赵女士夫妇为委托人设立不可撤销的离岸信托，然后将保费赠与给信托，由信托向保险公司购买以赵女士为被保险人的保单，这样则可以实现非常完整的保全安排。国内目前已经出现人寿保险金信托，相信不久的将来，信托作为投保人也将实现。

下面我们以赵女士为例，列举几个可行的架构供大家参考：

架构一：以赵女士为投保人，儿女为被保险人，赵女士为生存和死亡受益人，购买大额年金险保单，年缴保费 200 万元，5 年共缴 1000 万元，每年的年金约为 30 万～40 万元。同时以赵女士为投、被保险人购买大额重疾险保单和高端医疗险保单，终身型重大疾病保险金额 100 万元，保费 3 万元，20 年共缴纳保费 60 万元，高端医疗保险 3 万元/年，每年报销金额 800 万元。

重疾险和高端医疗险保费用年金支付。年金险保单以儿女为被保险人，赵女士为投保人，保单财产的实际掌控权归赵女士所有，如果赵女士没有其他经济来源时，保单的年金足以保证其生活费和支付重疾险和高端医疗保费，赵女士的生活、养老、医疗都可以无忧。赵女士去世以后，其儿女还可以接着领取年金终身，死亡保险金还可以留给其孙辈，可谓一张保单保三代。

即使不幸赵女士面临离婚，年金险因为被保险人是儿女，所以一般夫妻双方不会选择分割保单。即使要求分割，因为被保险人是第三人，也有很大可能被判不能分割。当然也存在被分割现金价值的可能性，但只要补偿应分割的额度，依据《保险法司法解释（三）》第十七条的精神，保单应该还是可以保留的。重疾险保费相对较低，也一般不会被分割。即使配偶主张现金价值为夫妻共同财产，要求分割，因为现价极低，总保费仅 60 万元，现金价值在交完保费时也仅在 20 万～30 万元，假设按照夫妻共同财产各 50% 分配，依据《保险法司法解释（三）》第十七条的精神，则赵女士仅需支付 10 万～15 万元对价即可保全总保费 60 万元，保额 100 万元的保单。高端医疗则完全没有现金价值，被分割的可能性不大。

这个架构也有一个不足之处，就是如果赵女士特别长寿，儿女作为被保险人先于其去世，则年金险保单将终止，其产生的现金流也将终止。当然赵女士作为死亡受益人将获得年金的死亡赔付金，还可以继续做安排来照顾其养老生活。重疾险保单和高端医疗险则不会受影响。

架构二:如果想尽量降低保单被分割的可能性,则可以巧妙地利用保单的结构,用赵女士的父母作为投保人,其本人作为被保险人和生存受益人,儿女作为死亡受益人,购买大额年金险保单,年缴保费200万元,五年共缴1000万元。保费缴完后,立即办理投保人变更,变更为赵女士。

重疾险保单和高端医疗险保单则还是以赵女士为投、被保险人,和"架构一"的安排一样。做这个架构的好处:

如果赵女士婚姻稳定,则起到的作用和"架构一"样,可以保证其一生衣食无忧。赵女士去世后,死亡赔偿金给子女。如果再配合一个人寿保险金信托,则还可以继续给子女提供稳定的现金流。如果赵女士不幸面临离婚,则保单因为是父母持有,不存在被分割的法律基础,因而保全作用比"架构一"可靠。同时因为赵女士是被保险人,年金可以伴随其一生,真正创造一个伴随一生的现金流,不会有提前终止的可能性。但这个架构正如上文所说,必须配合其他的工具一起使用方可无忧,结构会比较复杂,有如下几个要点:

要点一,因为保费需要赵女士转给父母然后缴纳,处分的是夫妻共同财产,所以必须让其配偶知情且同意,这一点在现实处理时可能会有难度。

当然如此安排也是有充分的理由让配偶同意的:首先,将保费赠与父母然后购买保单可以有效地规避赵女士家庭的债务风险,可以起到债务隔离的作用。其次,给妻子构建一个稳定的经济来源,让妻子放心,让妻子感觉更加幸福,且保费支出占家庭总资产比例不大,很多丈夫是可以接受任何安排的。

要点二,因为父母在没有缴完保费前都是投保人,有可能行使退保的权利而导致保单被终止,也可能行使保单贷款的权利,将现金价值贷出。

虽然父母损害儿女利益的可能性不大,但如果赵女士有其他兄弟姐妹,其他兄弟姐妹要求父母帮助时,就可能被挪用。因此,最好能在赠与父母保费时签署一个附义务的赠与协议,规定资金专门用于购买保险,未经被保险人书面同意,不得退保,不得进行保单贷款,否则赠与合同无效。

要点三,投保人在投保的同时应当订立一份遗嘱,投保人去世后,保单投保人的一切权益归被保险人继承,与其配偶无关。

这样,万一父母在未交完保费时就去世,则该保单按照遗嘱继承,依据《婚姻法》第十七条、第十八条的规定,继承的遗产属夫妻共同财产,但明确给夫妻一方的除外,保单当然就属于赵女士的个人财产,即使将来离婚也不会被分割。因为遗嘱的订立可以保护女儿的利益,现实中父母一般都能接受,且订立遗嘱不需要赵女士的配偶知情,因此不会有太多的阻力。

要点四,保费交完后,建议将投保人变更为赵女士,这样其就完整的拥有了保单的权利。但同时要配合一份赠与协议,写明保单投保人的所有权益赠与给赵女士个人,与其配偶无关。

如果要为保险起见,可以将赠与协议进行公证。因为这些工作都不需要王总知情,因此不会有什么阻力。而万一面临离婚,则依据《婚姻法》第十七条、第十八条的规定,接受赠与的财产属夫妻共同财产,但明确赠与夫妻一方的除外。因此,保单属于赵女士个人财产,不会被分割。

附:常见公证文件收费标准(数据来源于上海市东方公证处):

表 4-2-1

公证项目	收费标准
证明财产继承、赠与和遗赠,如继承权公证、用于继承的亲属关系公证、赠与合同公证、用于继承的亲属关系公证、赠与合同公证、受赠或受遗赠书公证等	受益额 20 万元以下的部分,按 1.2% 收取;超过 20 万元不满 50 万元的部分,按 1% 收取;超过 50 万元不满 500 万元的部分,按 0.8% 收取;超过 500 万元不满 1000 万元的部分,按 0.5% 收取;超过 1000 万元的部分,按 0.1% 收取;证明单方赠与或受赠的,按上述收费标准减半收取。最低收取 200 元(除继承外)
证明涉及财产关系的民事协议如家庭财产分割协议、遗产分割协议、婚前财产约定、离婚财产分割协议等	每件收费 400 元
办理遗嘱公证	每件收费 400 元(不涉及财产的 200 元)
保管遗嘱(1)文字遗嘱;(2)音带、音像遗嘱	(1)每件每年收费 100 元,租用银行保管箱费用用另计 (2)每件每年收费 200 元,租用银行保管箱费用用另计

五、专属于儿女永远的爱

继承巨额遗产后,体贴的丈夫居然选择马上与我离婚!北京的小爱刚经历了失去双亲和离婚的双重打击!

案例 4-2-5

小爱今年 31 岁,父母是北京回龙观的村民,家里在回龙观拆迁时获得了数套房产和巨额拆迁补偿款。小峰是小爱的丈夫,研究生毕业后在一家事业单位从事设计工作。二人结婚两年,还没有孩子。

因为家境一直不错,所以小爱眼光也比较高,脾气也很不好,直到遇到学历高、长得帅、又很体贴的小峰才步入婚姻殿堂。小峰家是河北农村的,从小家境不太好,父母都是地道的农村人,小峰还有一个弟弟没上过大学,工作也一般,经常需要小峰照顾。因为双方家境差别比较大,小爱的父母并没有给两口子太多的财产,连住房都在父母的名下。小峰因为经常要照顾弟弟、父母甚至是家里的一些亲戚,时间长了,小丽经常责骂,小爱的父母也经常会说小峰,因为小丽脾气差,小峰是敢怒而不敢言。

2013 年年底,小丽父母在开车出去旅游的过程中,不幸发生车祸双双谢世。小丽作为独生子女,继承了父母全部遗产,因父母未留下遗嘱,而外婆健在,遗产继承过程还颇费周折。

2014 年 7 月,小爱老公小峰突然提出离婚,虽然小爱很不情愿,但小峰则坚持离婚,原来按照法律,离婚小峰可以获得巨额财产,小峰就再也忍受不了小爱的脾气了。通过二审判决,家庭财产 60% 归小丽,40% 归小峰。原来,按照我国《婚姻法》的规定,继承的遗产如果未明确指定归继承人个人所有,则属于夫妻共同财产。

在本案中,小爱父母为了保护自己家族的财产,将主要财产都放在自己名下,防止女婿小峰分走。希望将财产留给自己的儿女,这是人之常情,也是很多父母的心愿。但事与愿违,小爱父母怎么都想不到自己会在五十多岁双双离世,更想不到,因为没有做适当安排,留下的全部财产,会因为发生法定继承而自动变成了夫妻共同财产。更是因为小爱的父母和小爱对小峰的防备和苛责,导致小峰取得巨额夫妻共同财产后,坚决和小爱离婚。

传统观念影响下,人们一般都不太愿意写遗嘱,特别是在年纪还不是很大的情况下,写遗嘱会认为是晦气,有的人知道不写遗嘱可能后果严重,但总认为可以年纪大一点再写,结果往往措手不及。对于这种客户,我们可以用保险的功能很好的解决一部分问题。譬如,小爱的父母,可以以自己为投保人和被保险人,购买高额的年金保险,自己为生存受益人,小爱为死亡受益人,作为老两口的养老保障,如果有条件,可以将保单设立一份人寿保险信托,以小爱为信托受益人,在父母百年后获得信托的受益金。这样安排有以下优势:

优势一,保单本金安全,老人理财往往容易被骗或者被亏损,而保单在本金安

全的基础上,每年保证给付一笔年金作为父母的养老费用,保证父母高品质的养老生活一直到终身;

优势二,父母健在时,财产权由父母全权掌控,不会产生败家风险;

优势三,父母死亡后,保险的死亡赔付金不需要任何遗产继承手续,直接赔付给小爱或其生前所设立的信托,安全、无争议且隐秘;

优势四,按照当前通说观点,保单的死亡理赔金属于夫妻一方的婚内个人财产,父母希望留给自己子女永远的爱的心愿得以完美实现。

为什么说按照当前通说观点呢?因为根据《婚姻法》的规定,继承和接受赠与的财产属于夫妻共同财产,但遗嘱或赠与合同中确定只归夫或妻一方的财产除外。保险的死亡理赔金虽既不属于遗产,也不是赠与,但其与遗产和赠与类似。而其是否属于夫妻共同财产,法律并无明确规定。

依照《保险法》第二十一条第三款、第六十条第一款以及第六十三条的规定,"受益人是指人身保险合同中由被保险人或者投保人指定的享有保险金请求权的人,投保人、被保险人可以为受益人""人身保险的受益人由被保险人或者投保人指定""被保险人死亡后,保险金作为被保险人的遗产,由保险人向被保险人的继承人履行给付保险金的义务"。依照上述规定和我国《民法通则》《婚姻法》《继承法》的相关规定,保险利益主要表现为保险金,保险利益具有特定的人身关系,应属于夫妻一方的个人财产,不属于夫妻共同财产。上述观点代表了最高人民法院在审判实务中的观点,[①]非常具有指导意义。

① 最高人民法院:《民事审判实务问答》,法律出版社2005年版,第206页。

第三节　大额保单在婚内投保关系人确认与变更

一、受益人变更的时间节点认定

由于婚姻关系变化或情势改变，投保人或被保险人在婚姻关系存续期间可能有改变受益人的可能。从法律角度来看，投保人或者被保险人可以依法变更受益人，当事人主张变更行为自变更意思表示发出时生效的，人民法院应予支持。

投保人或者被保险人变更受益人未通知保险人，保险人主张变更对其不发生效力的，人民法院应予以支持。

投保人变更受益人未经被保险人同意的，人民法院应认定变更行为无效。

对于受益人而言，一般指享有保险金请求权的人，《日本保险法》将其界定为，生命保险合同或者疾病定额保险合同规定的接受保险给付的人。①

对于受益人的界定，应从以下几个方面理解：一是受益人享有保险金请求权，即受益人在保险事故发生后有权取得保险金；二是受益人的保险金请求权是基于投保人或者被保险人的指定产生的。基于合同自由原则，投保人与保险人在订立保险合同时可以将保险金请求权授权他人，受益人即根据投保人与保险人的指定享有保险金请求权。这也就是意味死亡保险金请求权不属于被保险人的遗产，而是为受益人的利益而商定的债权。② 保险金请求权是投保人或者被保险人享有的权利，可以自由处分，无须经过保险人的同意，故受益人身份的确定实际上是由投保人或被保险人指定产生的。

受益人的指定，往往基于投保人与受益人之间存有经济上或感情上的关系。人寿保险合同期限较长，时过境迁，人的关系难免发生变动，若受益人经指定后不需投保人变更，不但有违投保人真正意思，而且有碍寿险业务的正常发展，因此，投保人指定受益人后，仍有权变更指定之人。③ 保险金受益人的指定，在法律性质上属于投保人或被保险人的单方法律行为，无须保险人与投保人或被保险人的合意。

受益人享有的保险金请求权，不是从投保人或被保险人继承而来的，而是根据

---

① 《日本保险法》第二条第五款规定："保险金受益人，是指生命保险合同后者伤害疾病定额保险合同规定的接受保险给付的人"。

② 崔吉子、黄平：《韩国保险法》，北京大学出版社 2013 年版，第 43 页。

③ 林群弼：《保险法论》（下），三民书局 2009 年版，第 573 页。

保险合同固有的权利。作为受益人固有的权利,受益人行使该权利取得的保险金,是受益人固有的财产,不属于投保人或被保险人的遗产,因此,投保人或被保险人的债权人不能对保险金或保险金请求权实行强制执行。①

案例 4-3-1 常俊某与常乐某等人身保险合同纠纷再审案②

常俊某的儿子常鸿某于2001年向某保险公司投保了"康宁终身保险"50份,保额为15万元。其中,投保人、被保险人与受益人,均为常鸿某。

2002年7月,保险公司应常鸿某的口头申请,为其办理了保险合同的变更申请,将受益人变更为常鸿某的女儿常乐某,但合同中没有常鸿某的签字。

2003年5月,常鸿某再次缴纳了过去一年的保费4400元整。

2003年7月,常鸿某因病去世。

2003年12月,常俊某要求保险公司给付其儿子常鸿某保险金15万元的1/3~5万元为自己所有。而第三人常乐某则以合同变更后的受益人是自己为由,要求受益15万元保险金为自己所有。常俊某之妻原某认为,15万元保险金应由合同变更后的受益人常乐某享有。

二审法院认为,被保险人或者投保人可以变更受益人并书面通知保险人。保险人收到变更申请受益人的书面通知后,应当在保险单上批注。投保人变更受益人要履行书面通知保险人的义务,是严格的形式要求,就是为了防止在变更受益人问题上发生纠纷。在诉讼过程中,保险人、受益人及其他当事人均未提供证据表明投保人常鸿某书面通知保险人变更受益人的事实存在,故不能认定变更受益人的行为依法成立。其死亡后,保险金应作为遗产,由保险公司向被保险人常鸿某的继承人履行给付保险金的义务。

后当事人常俊某等申请再审。再审法院认为,虽然本案没有直接证据证明常鸿某曾变更保险合同受益人为其女儿常乐某,但可以通过间接证据得到认证。综合本案事实来看,常鸿某变更保险合同受益人为其女儿不存在道德风险,且以上间接证据以相互印证变更保险合同受益人为其真实意思表示。常鸿某采用口头方式委托变更受益人,由保险公司的保险代办员王某代为办理相关手续,保险公司予以

---

① 沙银华:《日本保险经典判例评释》,法律出版社2011年版,第19页。

② 河南省高级人民法院(2008)豫法民再字第00034号。

变更保险受益人，符合当前人身保险合同行为的日常习惯，故可以认定为双方当事人的合意。

本案中投保人及被保险人常鸿某向保险公司代理人员王某申请变更受益人后，因保险公司内部原因没有办理受益人变更的批注手续，并不能影响常鸿某变更受益人的意思表示的效力。

在美国，配偶和子女是受益人最常见的选项，不过雇主、合伙组织、公司、信托受托人、慈善组织也经常被指定为受益人，尤其是一些慈善组织及互助组织都在鼓励会员购买寿险，然后指定该组织为受益人。①

以遗嘱方式变更受益人，需要遵循遗嘱生效规则，只有在遗嘱产生效力时受益人的变更才有效。在投保人与被保险人不一致，投保人以遗嘱方式变更受益人的情况下，在投保人死亡前被保险人死亡的，由于投保人的遗嘱尚未生效，投保人的变更受益人不产生效力，仍应由原受益人取得保险金。

二、保险事故发生后不允许再变更受益人

投保人或者被保险人在保险事故发生后变更受益人，变更后的受益人请求保险人给付保险金的，人民法院不予支持。

《保险法》第十八条第三款　受益人是指人身保险合同中由被保险人或者投保人指定的享有保险金请求权的人。投保人、被保险人可以为受益人。

该条所指的受益人包含四层含义：一是受益人是人身保险特有的概念；二是受益人是享有保险给付请求权之人；三是受益人是由被保险人或者投保人指定的第三人；四是投保人、被保险人也可以为受益人。

财产保险中被保险人或者投保人指定的享有保险金请求权的人不能称为受益人。依现行保险法规定，受益人是单纯享有保险给付请求权之人，而不负有支付保险费、如实告知义务等法定或约定义务。

投保人或者被保险人指定数人为受益人，部分受益人在保险事故发生前死亡、放弃或者依法丧失受益权的，该受益人应得的受益份额按照保险合同的约定处理；保险合同没有约定或者约定不明的，该受益人应得的受益份额按照以下情形分别

---

① ［美］小罗伯特·H. 杰瑞、道格拉斯·R. 里士满：《美国保险法精解》，李之彦译，北京大学出版社 2009 年版，第 159 页。

处理：

未约定受益顺序和受益份额的，由其他受益人平均享有；

未约定受益顺序但约定受益份额的，由其他受益人按照相应的比例享有；

约定受益顺序且未约定受益份额的，由同顺序的其他受益人平均享有；同一顺序没有其他受益人的，由后一顺序的受益人平均享有；

约定受益顺序和受益份额的，由同顺序的其他受益人按照相应比例享有；同一顺序没有其他受益人的，由后一顺序的受益人按照相应比例享有。

受益权不是继承权，受益人所领的保险金是根据其所享有的受益权，而不是根据继承权从被保险人那里作为遗产取得的。受益人得请求保险人给付保险金，是受益人依契约而取得之权利，而非受益人基于继承权而得之遗产。

案例 4-3-2　张某与某保险公司人身保险合同纠纷案①

2008 年 1 月 1 日，张某的丈夫郑某与某保险公司签订了一份康宁终身寿保险合同，被保险人为郑某，身故受益人为张某、小郑（张某与郑某之子）受益份额各为 50%。合同生效后的 2009 年 1 月 30 日，郑某因病去世，张某要求保险公司按保险合同赔付。

法院认为，被保险人郑某与保险公司签订的人身保险合同意思表示真实，符合法律规定，为有效合同。张某作为保险合同指定的身故保险金受益人之一，在被保险人郑某去世后，向保险公司提出理赔，保险公司应按照其受益份额 50% 予以赔付。

三、大额保单中被保险人的"意愿"

因为是家族成员、特别是父母与子女之间的特殊亲密关系，很多保险代理人在征求被保险人意愿上的尽职调查工作往往容易忽视，造成保险合同的无效。

案例 4-3-3　刘某与某保险公司保险合同纠纷案②

2010 年 1 月 26 日，刘某在某保险公司投保盈盛两全 D 款（分红型）保险 100

① 河南省驻马店市中级人民法院（2010）驻民三终字第 519 号民事判决。

② 山东省青岛市中级人民法院（2013）青民四商终字第 217 号民事判决书。

份,保险单上载明投保人为刘某、被保险人为刘津某、生存受益人为刘津某、身故受益人为刘某,保险年期为20年,缴费年期为10年,基本保险金额为10万元,标准年费为每年10万元,合同生效日为2010年1月27日0时。刘某缴纳了2010年及2011年度年费共20万元。合同第二项身故保险金约定:“在本合同保险期内且本合同有效,如果被保险人身故,我们按照本合同的基本保险金额乘以身故所在缴费年度数给付身故保险金,同时本合同的效力终止。”合同第五条红利分配约定:“在本合同保险期间且本合同有效,我们将根据上一年度分红保险业务的实际经营情况决定红利分配方案。”保单签发后,刘某共从保险公司领取年度红利20,115.93元。

2013年6月13日,刘某诉至法院,以被保险人“刘津某”的签字不是刘津某本人所签为由,要求确认该合同无效,退还交的两年保费20万元及利息。

诉讼中,对于投保单上的刘津某的签字,经青岛青大司法鉴定所进行了鉴定,该“2012文鉴字第58号鉴定意见书”意见为:“标称时间为2010年1月26日的投保单上的被保险人刘津某的签名字迹与其提供的样本上刘津某的签名字迹不是同一人书写。”

保单签发后,某保险公司曾给刘某做电话回访,进行了录音,其中一段话为询问刘某:“请问这份投保单上是您和被保险人刘津某先生分别的亲笔签名吗?”刘某回答“是”。

二审法院认为,本案争议的主要焦点,是涉案的保险合同是否成立并生效。首先,在本案中,根据双方当事人提交的投保单,保险单所载条款显示的内容,涉案保险合同系以被保险人之生命作为保险标的,以死亡为给付保险金条件的保险合同。其次,根据原审法院委托鉴定部分的结论,刘某在与保险公司订立保险合同时,作为被保险人的刘津某并未签字,而保险公司提交的签名录像、刘某办理保单变更时签署的申请书,以及保险公司的电话回访记录都不能证明刘津某同意并认可该保险合同的事实,也不能证明刘津某对该保险合同的效力进行追认,因此,原审认定该保险合同无效并无不当。

关于保险公司称该保险合同是理财分红型保险,身故责任只占合同一部分,即使刘某伪造被保险人签名,也不会导致保险合同全部无效的观点。以人之寿命为保险标的,以死亡作为保险金给付条件的人身保险合同不同于一般的财产保险合同,其性质决定了该保险合同成立生效必须经被保险人的同意与认可。目的在于体现保险合同的成立生效所必需的基础性要件即保险利益，并以此作为防范道德风险发生的保障。因此，被保险人的同意认可，是该保险合同的生效基础。且该保险合同并不含有疾病、伤残以及医疗费用等保险责任，并不适用中国保险监督管理委员会《关于对保险法有关条款含义请示的批复》（保监复〔1999〕154 号）文件的相关规定。本案是典型的投保人确认无效要求返还保险费，而不是要求解除合同退还保单现金价值的案件。同时，该案中，二审法院考虑到投保人对合同无效也有过错，没有支持其要求返还利息的主张，体现了过错原则。

审判实务中，如何确认保险合同涉及无效时，“哪部分有效、哪部分无效”也确实存在一定难题，即如何判断死亡险条款无效是否影响其他条款的效力？死亡险条款如何与其他条款完全切割？死亡条款无效后，应该返还的保险费如何计算？还需要实践的进一步检验与操作。

四、未经被保险人同意的受益人的变更无效

投保人指定受益人未经被保险人同意的，人民法院应认定指定行为无效。

当事人对保险合同约定的受益人存在争议，除投保人、被保险人在保险合同之外另有约定外，按照以下情形分别处理：

受益人约定为“法定”或者“法定继承人”的，以继承法规定的法定继承人为受益人。

受益人仅约定为身份关系，投保人与被保险人为同一主体的根据保险事故发生时与被保险人的身份关系确定受益人；投保人与被保险人为不同主体的，根据保险合同成立时与被保险人的身份关系确定受益人。

受益人的信息包括姓名和身份关系，保险事故发生时身份关系发生变化的，认定为未指定受益人。

人身保险中，被保险人是保障对象，也是保险事故的承载对象，被保险人可能在保险事故中死亡，故人身保险中需要在被保险人之外确定其他领取保险金的主体，于是产生受益人制度。《保险法》第十八条规定了在人身保险合同中，在受益人的项目栏里应记载“受益人的姓名或者名称、住所”，并未明确规定诸如填写“法定”“法定受益人”“法定继承人”等模糊的受益人是否具有法律效力，这样可能会造成争议。实践中，还可能存在因被保险人和投保人未指定受益人或者受益人指定不明而使保险金转化成遗产的情景，导致保险合同的目标完全或者部分落空，无法体

现保险保障功能的情形。[①] 如上文所说，保险合同当事人与保险关系人的不同设置，即构成不同的权利义务后果；保险合同的权利义务结构实际上反映了保险合同关系中相关主体的法律地位。[②]

五、投保人解除大额保单的自主性

一般而言，投保人解除保险合同，当事人以其解除合同未经被保险人或者受益人同意为由主张解除行为无效的，人民法院不予支持，但被保险人或者受益人已向投保人支付相当于保险单现金价值的款项并通知保险人的除外。

《保险法》第十五条、第四十七条适用于为自己利益订立保险合同时，因解除权的行使不会直接影响投保人以外的第三人，故不涉及他人权利，但为他人利益保险合同的投保人行使任意解除权时，保险合同的终止将导致他人（投保人之外的人）本享有的保险给付请求权不再可能行使，使他人基于保险合同上的经济上之期待落空。特别是人身保险合同已长期存在，被保险人、受益人因确信约定给付保险赔偿金的时间或条件即将成立，其自身对应作出财务安排时，投保人突然解除保险合同，可能导致此种期待的落空，从而对被保险人、受益人有影响。由此，产生了是否应当限制投保人行使解除权的思考和争议。

投保人系保险合同当事人，第三人（受益人）仅系保险合同关系的关系人，而不是保险合同的当事人。根据合同法原理，解除权作为合同当事人独享的权利，自然应当归属于投保人所有，而不会转归被保险人或者受益人。至于如何兼顾第三人利益，则属于另一个法律关系，行使解除权是否应得到第三人的同意和限制。被保险人、受益人已向投保人交付合理的对价，而且通知了保险人的，投保人的解除权不得行使。被保险人、受益人对保险合同已经产生了期待，在这种期待情形下，被保险人、受益人已作出了相应的财务安排或保险计划，这时候，如果投保人解除合同，将导致被保险人、受益人蒙受损失。为了保障被保险人、受益人的期待权益，尽可能维系原有保险合同效力，是较好的处理方式。因此，《保险法司法解释（三）》规定，由被保险人、受益人出资向投保人受让保险合同的权利义务。至于投保人恶意不告之解除企图、导致被保险人、受益人丧失赎买机会，是否应当赔偿，还待实践进一步研究观察。

---

① 游源芬：《浅议人身保险受益人填写“法定”不规范性》，载《福建金融》2000年第4期。

② 高宇：《保险合同权利结构与保险利益归附之主体》，载《当代法学》2006年（第20卷）第4期。

第五章

大额保单与家族财富传承

忠厚传家久，诗书继世长。家族财富传承的核心是家族精神和文化的传承，家族人才辈出方是基业长青的可靠保证。

而家族财富传承的关键是在于构建精神、文化传承规划的物质基础与制度保障。

第一节 家族财富传承概述

一、什么是家族财富传承

何为传承？传，即传递、传授。承，即托着、接着、继承的意思。传承，泛指对某种学问、技艺、教义等，在师徒间的传授和继承的过程。家族财富传承是指高净值人士或资产持有者通过预先系统的规划，综合运用各种财富管理工具，包括金融的、法律的、税务的等，以及对家庭成员身份进行安排、制定家族宪章等，以实现其家族财富的风险隔离和代际传承。家族财富包括物质层面的财富与精神层面的财富。

财富保全、财富传承以及财富管理是家族传承的三大核心。

财富保全是家族传承的基础保证，只有被保全的财富才具备被传承下去的基础，未保全的财富因面临较强的不确定性，甚至于会有失去的可能，很难上升到传承的层面。

财富传承是家族传承的核心目标，所有的财富保全架构与财富资产管理，都是为了让财富在代际传承的过程中少一些漏洞和不确定性，并且尽可能的不偏离创建者的初衷。

财富管理是家族传承的重要内容，即通过专业化的运作让财富更好的实现保值增值。

在国外，有很多家族在传承方面做得非常出色。比如，美国的洛克菲勒家族，这个大家耳熟能详的家族从 19 世纪中叶到现在历经六世、一百五十余年，其间经历两次世界大战及诸多经济危机，家族依然屹立不倒，家族财富更是稳中有升，其资产遍布全球，并创立多家慈善机构。并且时至今日，这个家族仍继续运用其巨大的财富力量影响这个世界。

再如，法国的穆里耶兹家族，①从 1900 年开始，经历四代、一百多年，家族成员将近八百人。其中有五百多人持有家族企业的股份，这当中又有 250 人直接参与了家族企业的经营，而其家族企业是由若干独立运营的子公司组成、拥有数十万名员工、年营业额数百亿欧元，其中不乏欧尚集团、迪卡侬等世界级巨头。

---

① 新浪财经：范博宏、默顿·班纳森：《两个家族的财富故事》，载 http://finance.sina.com.cn/money/bank/20140520/142419166210.shtml，最后访问日期：2016 年 8 月 27 日。

除此之外，还有如意大利的安东尼家族、德国的罗斯柴尔德家族、美国的肯尼迪家族、杜邦家族和沃尔玛家族……这些百年家族，都有很多值得中国的家族尤其是超高净值家族参考和借鉴的地方。

二、家族财富传承的价值与意义

改革开放以来，中国民营企业家用勤苦、智慧与胆识，创造了堪称世界奇迹的一波财富增长史。而对于很多企业家来说，其财富管理能力似乎赶不上财富增长的速度。在过去的二三十年里，他们的重心更多聚焦在如何创造更多财富上面。而在进入经济“新常态”的新时代背景下，国内经济运行进一步放缓，国家也面临着从“旧经济”到“新经济”的转型，整体呈现缓中趋稳、稳中有进的发展态势。随着经济的发展和财富管理观念的日益深入人心，不少民营企业家也开始改变“原生态”的财富观，开始更注重财富的安全性，对财富管理的态度由过去仅仅关注投资的高收益，逐渐转变为关注如何根据自身的风险偏好，在财富的增值与传承之间取得最佳的平衡。事实上，从 2013 年开始，中国越来越多的高净值人群尤其是“创一代”企业家们开始意识到家族财富传承的问题。

招商银行与贝恩公司联合发布的《2015 中国私人财富报告》显示，“财富传承”已经成为中国高净值人群的重要财富目标，其重要性排序从 2013 年的第五位跃居第二位，约 40% 的受访高净值人士将其列为主要财富目标，在超高净值人士中该比例高达 45% 。而且随着年龄的增长，高净值人群对财富传承的关注度进一步提升。这充分反映出当前中国高净值人群的财富心态变化，部分高净值人士不仅看重通过各种方式保障今后高品质的生活，也开始长远地考虑财富的代际传承。如果说过去十年二十年考验的是企业家创造财富的能力，而往后十年二十年更侧重于考验企业家保全和传承财富的智慧。

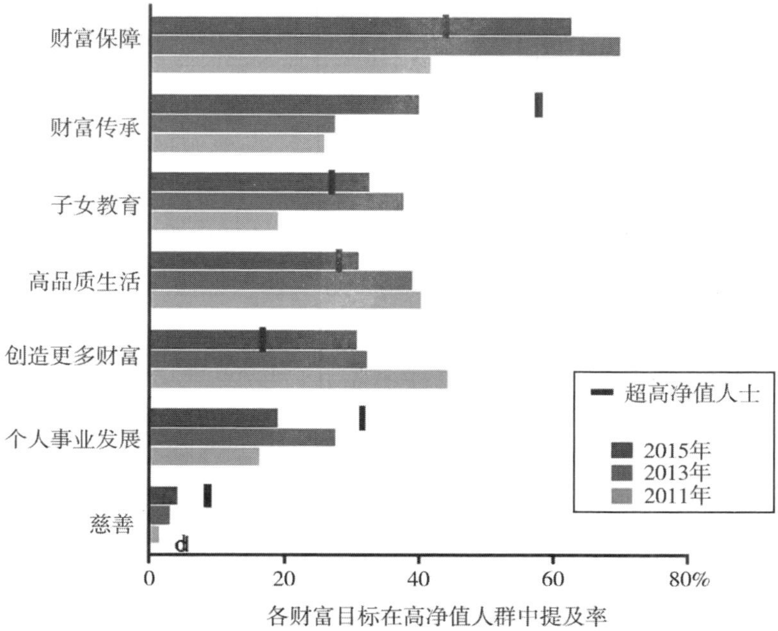

图 5-1-1 2011 年、2013 年和 2015 年中国高净值人群财富目标对比①

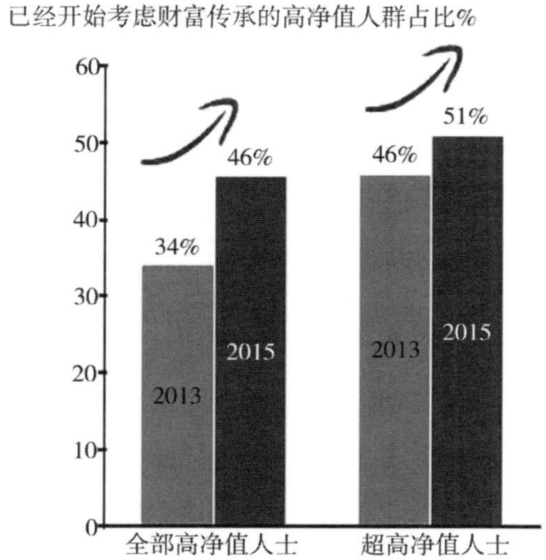

图 5-1-2 2013 年和 2015 年已经开始考虑财富传承的中国高净值人群对比②

① 资料来源:招商银行与贝恩公司联合发布的《2015 中国私人财富报告》。
② 同上。

在笔者看来,家族财富传承是一件“箭在弦上,不得不发”的事情。打拼得来的成功事业对于民营企业家来说意义非凡,每个企业家都会希望自己的家族基业长青,事业得以长久延续下去。过去几十年企业家专注于创富,随着家族核心创始人员的逐渐离任或离去,必然要过渡到守富和传富阶段。纵观这些年发生的案例,因为二代无意继承家族企业、对家族企业的经营不善、二代婚姻变故等因素造成家族企业保全或传承失败的案例比比皆是。甚至有些企业家因为没有提前做好规划,当意外发生时,往往导致家族陷入纷争,使现实发生的情况与心中所期冀之愿望背道而驰。对于这样一个“创造了60%的GDP,解决了80%的就业”的群体,做好财富的保全与传承规划,从某种程度上说也是间接照顾了企业中成千上万的家庭。

三、家族财富传承四要素

家族财富的顺利传承对于一个家族来说意义非凡,是实现基业长青的关键。那么在传承的过程中,为何传?传什么?传给谁?怎么传?这是在家族财富传承中必须仔细考量的四个要素。

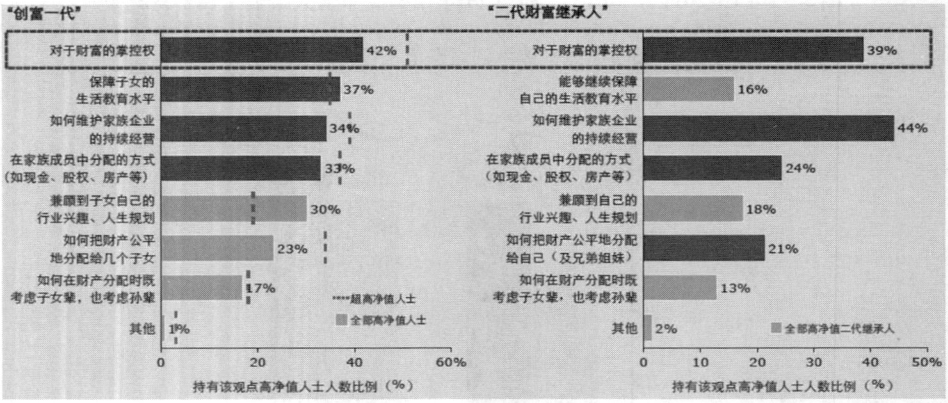

图5-1-3

(一)为何传

首先,我们必须厘清家族传承的目的是什么?追本溯源,我们先要探索究竟财富是什么,我们与财富的关系是什么?

财富泛指一切有价值的东西。从财富的形态来看,可以分为自然财富、物质财富和精神财富。从宏观层面来看,毋庸置疑,对财富的滋滋追求是人类社会历史持续欣欣向荣、不断创新发展最根本的动因,尤其工业革命以来,创造更多的财富更是众多社会精英一直追求的目标！那么,具体到每一个个体,我们创造财富的目的是什么？我们又该如何认识财富与我们的关系？在创富初期,每个人几乎都会有一个共同的目标,即享受财富,满足生活基本之需求,让家人更好的生活。然而,对于很多高净值人士,他们创造的财富远远高于真正要花的,这时候财富对于他们来说,更是一种自我价值实现的需求。那么,财富是不是越多越好？笔者认为,这取决于个人可以驾驭财富的能力。

当一个企业家或高净值人士积累了大量的财富之后,传承便成了顺理成章的事情。有些人会认为,"创一代"的钱花不完,直接给到下一代便好了。然而,大量的案例证明,这种原生态的传承观抗风险能力是极低的。更多的高净值人士会希望可以更有效的将财富顺利的交接到下一代的手里,不仅让下一代可以享受财富,更希望财富能够在后代的手中持续发挥其作用,世世代代,生生不息。

(二)传什么

一般情况下,传承的标的可以分为物质财富和精神财富。物质财富常见的有企业、股权、房地产、金融资产、知识产权以及艺术品等。而精神财富更强调的是家族精神,如父辈们的开拓精神、艰苦奋斗的作风、家族成员对财富的理解、家庭成员财商的教育。

古人云:"道德传家,十代以上;耕读传家次之,读书传家又次之;富贵传家,不过三代。"可见在家族传承的问题上,古人对于形而上的传承是更推崇的。

案例 5-1-1 曾国藩家族的传承之道

在家族传承方面,从浩瀚的史料之中,我们可以看到"盛不过三代"是大多数官宦之家很难逾越的魔咒。而曾氏家族却代有英才层出不穷,出现了像曾纪泽、曾广均、曾广铨、曾昭抡、曾宪植等一代代杰出人物。探寻曾氏家族长盛不衰的奥秘,曾国藩家训里留给后代的"四条遗嘱"起到了"决定性的作用"。①

中国的历史源远流长,文化博大精深,但像曾国藩这样留下家训的并不多见。在财富积累越来越多、财富分布越来越多元、财富传承越来越迫切的今天,我们首

① 凤凰历史:《曾国藩家族为何长盛不衰:曾国藩为子孙留下四"锦囊"》,载 http://news.ifeng.com/a/20150219/43201470_2.shtml,最后访问日期:2016 年 8 月 27 日。

先要以史为鉴，树立家族精神，让子孙后代在相同或相似的价值观下，沿着正确的轨道繁衍生息，造就百年家族。

事实上，中国的高净值家族，也正在这么做。招商银行与贝恩公司联合发布的《2015 中国私人财富报告》中提到：在对高净值人士的访谈过程中了解到，较之于物质财富的传承，高净值人士，尤其是一代企业家，希望子女或其他家庭成员能继承宝贵的精神财富，受用一生。不少受访者表示，如果将大量的物质财富过早地或没有规划和原则地交给子女，他们担心滋养出子女不劳而获、好逸恶劳、游手好闲等不良心态，不利于培养子女的自主意识和创造力。“授人以鱼不如授人以渔”，秉承这样的观念，许多受访者希望有规划、有原则地将物质财富传承给子女，同时期待他们培养起独立自主的品格和能力，能够正确地认识和运用家族财富，让财富成为生活和事业的助力而非阻力。①

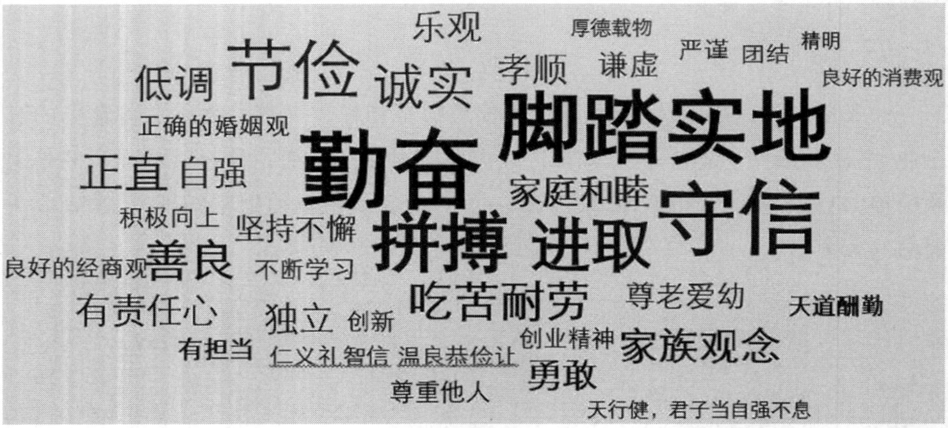

图 5－1－4　2015 年高净值人群认为值得代代相传的家风

当然，面对辛苦创下的物质财富，同样需要妥善的传承安排。而且，物质财富的传承和精神财富的传承应该是相辅相成的，两者同时传承才能使家族传承效率最大化。物质财富是载体，只有在安全系数更高的物质财富架构基础之上，精神财富的传承才能够更顺利地传承，同时，精神财富又可以更好地指导物质财富传承的落地，从而实现无形财富有形化。

其实，每一个家族都会有想永久保存留传的“传家宝”。它有可能是一件物品，

① 招商银行与贝恩公司联合发布的《2015 中国私人财富报告》。

也有可能是一种手艺；有可能是一手创办的企业，也有可能是一篇家训；有可能是毕生所积累的财富，也有可能是一种精神。

（三）传给谁

这是目前很多企业家所面临的一个非常现实的问题。当下一代不愿或无力接管企业，或者继承人选未能确定时，传承不力会给家族企业的经营带来严峻的挑战。林则徐说过一段发人深省的话："子孙若如我，留钱做什么，贤而多财，则损其志；子孙不如我，留钱做什么，愚而多财，益增其过。"子孙如果像我一样卓异，那么我就没必要留钱给他，贤能却拥有过多钱财，会消磨他的斗志；子孙如果是平庸之辈，那么我也没必要留钱给他，愚钝却拥有过多钱财，会增加他的过失。这话说得何其透辟又何其超脱。

然而，在一个有着几千年"家天下"文化传统的国度，"子承父业""立嫡立长"也是千年不变的基本原则。大多数中国企业家更倾向于将企业或财富传承给自己的孩子尤其是儿子。但随着中国长此以往计划生育基本国策的后续影响，慢慢出现了很多的女接班人，娃哈哈的宗馥莉、碧桂园的"明珠"杨惠妍、新希望集团的"新希望"刘畅、已任力帆董事的尹索微、康奈副总裁郑莱莉、通化万通总裁潘巍都是"女承父业"。

无论是子承父业，还是女承父业，至少从表面上解决了"传给谁"的问题。然而在现实中也会有其他一些情况，让"传给谁"的问题变得扑朔迷离，如子女愿意接班但没能力接班、子女有自己的个人志向不愿意接班、甚至是没有子女。当这些情况与企业家不愿意出售家族企业相遇时，传承就是一个两难的选择。

面对这种两难的选择，国外的百年家族普遍采用的方法值得我们学习和参考，那就是家族信托。

通过家族信托的架构，将家族企业/财富的所有权、经营权和受益权进行分离，解决"传给谁"的问题，以实现家族传承的目的。

没有能力或者没有意愿的子女，作为家族信托的受益人，无须直接参与家族企业/财富的直接经营，却可以享受其创造的价值；而家族企业的职业经理人或者家族财富的管理人员，则享有家族企业或/和财富的经营权，依托其专业能力，努力实现家族企业的发展壮大、家族财富的保值增值；家族信托的受托人则享有家族企业/财富的所有权，以名义所有者的身份，保护家族企业/财富的安全，不因家族成员的债务而连带、不因婚变而分割、不因意外而遗落、不因挥霍而消耗、不因争产而损失。

（四）怎么传

“万里江山千钧担，守业更比创业难”，由景岗山演唱的《大汉天子》主题曲《守业更比创业难》不仅歌词大气优美，其中更凸显了传承的艰难。

传承之“难”难在其不确定性。在整个传承过程中，为何要传承、传什么、传给谁，每个企业家的答案都是非常个性化的，因此在传承的形态上也会有非常大的差异。传长还是传贤？是分家还是保持家族财富的完整性？选用什么传承工具？各种工具如何配搭？捐赠、慈善等方式如何引入？海外成熟的经验如何本土化？等等，这种种问题都需要大智慧去思考、去解决。

案例 5－1－2

长期稳坐华人首富之位的李嘉诚在家族传承安排方面应该说是比较成功的。[①] 长子李泽钜顺利接班，次子李泽楷获重金支持，自行创业。这是基于对两个儿子性格特征认知准确基础上作出的决定。李家长子李泽钜 1985 年毕业于斯坦福大学，获土木工程学士学位、结构工程硕士学位，同年加入长江实业。为人低调沉稳，即使是在有质疑李泽楷可能分到的资产更多时，其也只是含笑表示，“爸爸的安排我们永远都 OK”，确实是可当重任的首选。相比之下，小儿子李泽楷似乎更具胆识和开拓精神，素有“小超人”之称，其作风也与哥哥迥异，各种花边绯闻频频出现在娱乐头条。2012 年李超人长子李泽钜获得逾四成长江实业及和记黄埔权益及三成半赫斯基能源权益，顺利继承商业帝国，而素有“小超人”之称的李泽楷则得到“超人”老爸强大现金流支撑，自此之后得以随心所欲收购心仪公司，在家族企业之外开拓全新领域。一个守业另一个创业，外加李嘉诚慈善基金这“第三个儿子”，守业、创业、传富、捐富，东西方传承观兼顾。相比其他因分家闹得沸沸扬扬的富豪家族，如何家、霍家，李“超人”的家族传承可以说水到渠成，顺理成章。

李家的传承方式值得很多高净值家族参考和借鉴，但并非能够照搬照抄，毕竟每个家族的具体情况、传承目标、传承方式都有所不同，我们需要依据每个家族的基本情况，进行个性化的传承架构的设计。当然，本章的重点并非是要构建无懈可

---

① 人民网：《李嘉诚分家智慧：次子李泽楷出局在意料之中》，载 http://finance.people.com.cn/n/2014/0603/c1004－25098073.html，最后访问日期：2016 年 8 月 27 日。

击的传承架构,这似乎也是不太可能的,即便有人宣称能做到的,那也是最终难以得到印证的。我们的关注点在于可以通过我们的规划让客户的传承计划更少一些漏洞,少一些变数。

第二节　家族财富传承会遇到的问题

一、继承权公证

遗嘱继承面临六大难关，其中最具有普遍性的“关卡”便是“继承权公证关”。继承权公证是国家公证机构根据当事人的申请，依照法律规定证明哪些人对被继承人的遗产享有继承权并证明其继承活动真实、合法。继承权公证根据被继承人生前有无遗嘱分为依遗嘱继承、依法定顺序继承。根据中国继承法的规定，第一顺序继承人为被继承人的父母、配偶、子女，在没有第一顺序继承人时由第二顺序继承人祖父母、外祖父母、兄弟姐妹继承。

被继承人可以随时分配自己的遗产。也就是说，被继承人可以立多份遗嘱。至于这些遗嘱的效力，根据法律规定，经过公证的遗嘱，要比一般遗嘱效力高。如果被继承人立有多份公证遗嘱，时间最晚的一份公证遗嘱效力最高。如果继承人拿着被继承人所立的其中一份遗嘱到相关部门，要求继承遗产，在这种情况下，相关部门如果贸然进行相关操作，很有可能损害其他继承人的权利。为更好地维护被继承人和继承人的合法权利，相关部门会要求继承人拿着遗嘱到公证部门进行继承权公证。由公证部门审查相关遗嘱的效力后，出具继承权公证书。

继承权公证需要所有涉及的继承人（无论其是否为遗嘱继承人）共同配合前往公证处进行继承权公证，领取继承权公证书后持该公证才能办理相关继承财产的过户。高净值人士资产总量较大、资产形态各异及涉及继承人员较多且有可能有海外身份，因此在继承权公证中，只要有一位继承人对遗嘱分配不认可或不予配合，或者由于各种原因而联系不上，都有可能导致整个继承过程的中断，结果往往是亲人互相起诉到法院进行旷日持久的继承诉讼大战，长时间无法办理继承过户手续。有数据显示，在实践中，此类上诉平均审理期限两年到三年。

《办理继承公证的指导意见》（2009 年 10 月 22 日中国公证协会第五届常务理事会第九次会议通过）

第一条　为了规范公证机构办理继承公证事项，根据《中华人民共和国民法通则》《中华人民共和国继承法》《中华人民共和国公证法》《公证程序规则》和有关法律、法规、规章以及《中国公证协会专业委员会业务规则制定程序》的规定，制定本指导意见。

第二条　当事人可以就继承被继承人某项遗产向公证机构申请办理继承公证,也可以就继承被继承人数项遗产一并向公证机构申请办理继承公证。

二个以上当事人继承同一遗产的,应当共同向一个公证机构提出公证申请。

第三条　当事人申请办理继承公证,应当提交下列材料:

(一)当事人的身份证件;

(二)被继承人的死亡证明;

(三)全部法定继承人的基本情况及与被继承人的亲属关系证明;

(四)其他继承人已经死亡的,应当提交其死亡证明和其全部法定继承人的亲属关系证明;

(五)继承记名财产的,应当提交财产权属(权利)凭证原件;

(六)被继承人生前有遗嘱或者遗赠扶养协议的,应当提交其全部遗嘱或者遗赠扶养协议原件;

(七)被继承人生前与配偶有夫妻财产约定的,应当提交书面约定协议;

(八)继承人中有放弃继承的,应当提交其作出放弃继承表示的声明书;

(九)委托他人代理申办公证的,应当提交经公证的委托书;

(十)监护人代理申办公证的,应当提交监护资格证明。

第十三条　当事人依照《中华人民共和国合伙企业法》第五十条和第八十条的规定申请办理继承合伙人财产份额或者合伙人资格公证的,公证机构参照本指导意见第十二条的规定办理。

第十四条　公证机构办理遗嘱继承公证,应当按照下列方式审查确认遗嘱的效力:

(一)遗嘱为公证遗嘱的,公证机构应当对遗嘱内容是否符合法律规定进行审查,并向全体法定继承人核实,核实的内容包括询问被继承人有无其他遗嘱或者遗赠扶养协议,法定继承人中有无缺乏劳动能力又没有生活来源的人。

法定继承人对公证机构的核实没有回复的,或者无法与法定继承人取得联系的,公证机构在对遗嘱进行审查后,可以确认遗嘱的效力。

(二)遗嘱为公证遗嘱以外的其他符合法定形式的遗嘱的,公证机构应当取得全体法定继承人对遗嘱内容无异议的书面确认,并经审查认为遗嘱的内容符合法律规定,可以确认遗嘱的效力。

(三)遗嘱为在境外所立的遗嘱的,公证机构应当根据法律、法规及司法部的有关规定确认遗嘱的效力。

二、没有规划或者规划不足

著名私人银行家颜怀江博士做过一个非常形象的比喻,他说家族企业的传承就像是一辆奔驰在高速上的汽车,司机是“创一代”,副驾驶上坐的是“富二代”,要在高速运转的汽车中实现副驾驶到驾驶座的转移,其难度可想而知。

我们在第一章中提到的海鑫钢铁第一代“掌舵人”李海仓遭遇刺杀身亡,以至于儿子李兆会仓促接班。然而,年青一代与元老叔伯团队不同的价值观及各种不可调和的矛盾,家族内部制衡机制的缺失,家族成员彼此的内耗等原因,一个曾经资产百亿的家族企业集团,在二代接班后的十年内经历跌宕起伏,最终黯然落幕。从身价 70 亿元到负债上百亿元,从“山西首富”“二代典范”到“败家子”。变化之快,让我们不得不感叹“人生如戏,戏如人生”! 时过境迁,我们来分析李氏家族的盛衰原因,虽不能尽数,但以下几个方面的影响肯定是很大的:

1.“创一代”和“富二代”的知识背景、经营思路差别巨大,仓促接班后,李兆会的多元化经营思路和投资虽然给海鑫带来了短暂的繁荣。然而主业钢铁的衰败最终使家族企业的根本损毁殆尽。

2. 一代意外去世,二代接班过于年轻,缺乏经验。李兆会仓促接班之时,其年仅 22 岁,从一个尚未毕业的大学生立马变身为大型企业的董事长,本身就是一件挑战系数极高的事情,不仅受困于经验的不足,有时候也会出现年轻人的冲动。比如,天价婚礼迎娶演艺明星,斥资上亿元奖励员工车子、房子甚至现金,大幅度加大企业培训,参训人数超过 27,000 人。虽说都是非常不错的企业管理举措,但也能从中看到年轻的企业掌舵人某些理想化的影子。

3. 多元化经营,尤其是抽调大量现金用于投资,虽然部分投资的效果确实不错,但同时也导致主业大量高息举债,让本来就贫血加处境困难的海鑫钢铁雪上加霜。最终投资收益根本无法填补主业的债务漏洞,导致破产。

4. 笔者认为最主要最深层次的原因,就是没有安排和制衡,导致家族内耗严重。海鑫虽为李海仓一手打造,但其五弟、六弟在海鑫的管理层影响力也很大。李兆会接班后,作风比较强硬,而且经营思路变化很大。这就引起了家族元老们的不服,家族内斗开始,先是五叔被赶走,后被重用的六叔也消失在海鑫的管理层。其妹妹一度掌管海鑫钢铁,但生孩子后也长期在上海。李兆会大部分精力都在多元化和投资。导致海鑫钢铁缺乏管理,再加上钢铁寒冬的影响,企业衰败就在所难免了。

事实上,还有很多的案例也充分说明了没有规划或者规划不足对家族传承造成的沉重打击。一代相声大师侯耀文先生于2007年6月23日因病仙逝,因生前未对财产进行安排,引发亲属之间各种遗产争夺,至遗产分配问题解决之后,也是距侯耀文先生逝世三年零九个月,侯耀文的骨灰才得以安葬,其遭遇令人唏嘘!

侯先生由于没有对家族财富提前规划安排,导致意外降临时,至亲之人为此对簿公堂,可谓是"亲者痛"的事情。而香港华懋集团的世纪遗产案,凸显的是规划不足的问题,仅靠一纸遗书,有时候未必能够换来和谐的财富安排。

三、"代持"问题

"代持"是指资产持有人找机构或者个人代为持有房产、股权、债券等金融或非金融资产并签订协议的行为。"代持"的原因繁多且复杂,归结为两点,一为保护隐私,二为隔离风险。当然,根据合同法的基本原理,违反法律规定的约定是无效的,因此,若是为了规避法律的"代持",隐名股东的资格也不能得到法律的认可。

然而在现实生活中,出于某些原因找人代持就万事大吉了吗?答案是否定的。从法律角度来看,代持确实可以让资产拥有者实现保护隐私或者隔离风险的目的,但是找自然人代持相当于规避了自己的法律风险,但同时意味要承担另外一个自然人有可能产生的法律风险。例如,若代持人欠债,则资产有可能被用作偿还债务,代持人若意外过世,则资产将会变成代持人的遗产,在代持人的继承人中进行分配;若代持人离婚,则将面临婚姻财产分割的问题;另外还有代持人反悔等道德风险。

股权代持是当前非常普遍的一种商业和法律现象,股权代持又称委托持股、隐名投资或假名出资,是指实际出资人与他人约定,以他人名义代实际出资人履行股东权利义务的一种股权或股份处置方式。

《公司法司法解释(三)》对股权代持做了积极认定,如果隐名股东(实际出资人)与显名股东之间存在股权代持协议,并且能够提供实际出资证明,法院对于实际出资人的投资权益是予以认可的。虽然法律规定如此,但是举证是比较难的,从小马奔腾的案例中可见一斑。

案例5-2-1

从1994年李明创立北京雷明顿广告公司(北京小马奔腾文化传媒股份有限公司前身),到2014年年初李明突然离世,小马奔腾走过22年跌宕起伏的沉浮史。然而,在李明逝世不久,小马奔腾便上演了"姑嫂"控制权之争,其争论的焦点是段权代持。李明的妻子金燕于2014年10月31日发表声明称:李明的遗产,包括他持有的公司股份,完全没有在合法继承人中进行确权分配;李明股份被代持的情况一直被隐瞒,某些股东有恶意侵占他人合法权益的嫌疑。而当时工商局网站显示,小马奔腾的大股东是一家名叫小马欢腾的公司(占股45.33%),而这家公司的股东分别为李明的妹妹李萍(持股50%)、李明(持股33%)、李明的姐姐李莉(持股17%)。

小马奔腾前副董事长钟丽芳在接受媒体采访时也表示:"我们其实也并不能确认是否有代持,因为具体的股权细节是当年他们姐弟自己商定的,外人并不清楚,所以我没法回答有或没有。"股权代持的安排增加了小马奔腾控制权争夺战的复杂性。李明的遗孀金燕如果想要证明李明的股权被其他股东或者他人代持,将承担主要的举证责任。

随着"右脑"李明的离世,"左脑"的淡出,以及大量编剧和管理人才的流失,被冠以影视圈新锐的小马奔腾的发展轨迹走向了另一个方向。小马奔腾曾经出品了众多叫好又叫座的影视剧,带给人们无数的喜怒哀乐,或许无论如何也想不到自己的命运会如此多舛。

四、种姓的安宁

首先来认识一下何为亲属。所谓亲属,广义而言,是指以真实的或虚拟的血亲关系和姻亲关系为基础的社会关系。[①] 生物学意义上的亲属,是指以两性和血缘关系为纽带的亲属,不包括拟制血亲;而法律意义上的亲属是指法律承认并规定其权利义务的亲属,包括一定范围的生物学意义上的亲属以及法律拟制血亲。在此,笔者将从以下三组概念阐述这个问题。

(一)血亲与姻亲

血亲(consanguinity),是指有血缘关系的亲属,是以具有共同祖先为特征的亲属关系。血亲又分为自然血亲和拟制血亲。自然血亲指出自同一祖先、因出生而自然形成的具有真实血缘联系的亲属,如父母与子女、兄弟姐妹等有血缘关系的亲属,以及由血缘关系推衍出去的堂兄弟姐妹及其子女,都是自然血亲。拟制血亲指虽然没有血缘关系,但由法律确认的亲属关系。例如,养父母与养子女、继父母与形成了抚养教育关系的继子女。

---

① 李高峰、张海和:《"亲属、血亲、姻亲"概念辨析》,载《生物学教学》2005年(第30卷)第3期。

姻亲是以婚姻为中介而形成的亲属关系。姻亲之间没有必要的生物意义上的关系。包括血亲的配偶,如儿媳、姐夫等;配偶的血亲即自己配偶的血亲,如岳父、小姑子等;配偶的血亲的配偶也即自己配偶的血亲的夫或妻,如妯娌、连襟等。姻亲关系因夫妻关系的终止而消失,包括离婚或夫妻中一方死亡、他方再婚等情况。

(二)直系血亲与旁系血亲

直系血亲是指与自己有直接血缘关系的亲属,包括配偶、以及生育自己和自己所生育的上下各代亲属,如自己与父母、祖父母,以及自己与子女、孙子孙女之间,都是直系血亲。同时也包括拟制血亲,如自己与形成抚养关系的继子女之间。旁系亲属指具有间接血缘关系的亲属,即和自己同出一源的亲属。例如,亲兄弟姐妹、堂兄弟姐妹、姑表兄弟姐妹都是自己的旁系血亲,叔、伯、姑、舅、姨、侄子、侄女、外甥、外甥女,也都是自己的旁系血亲。图 5-2-1 为直系血亲和旁系血亲图:

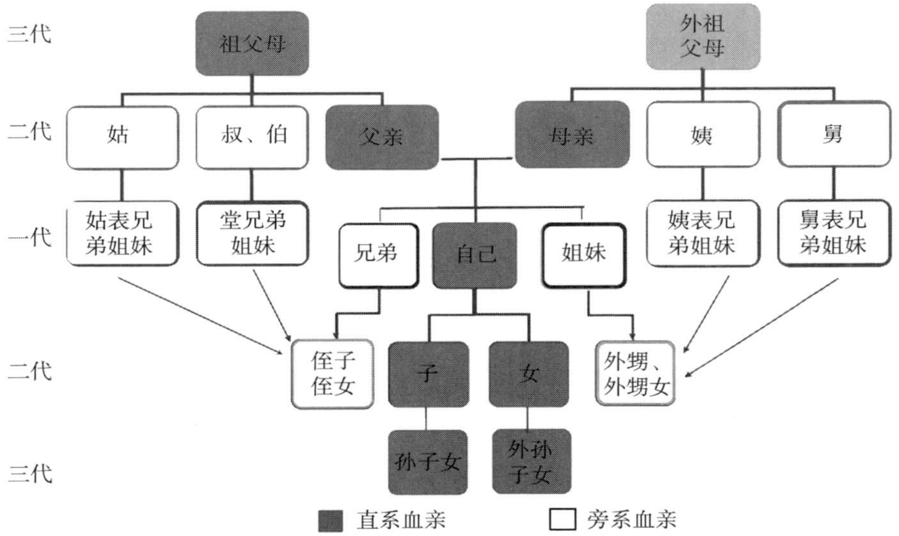

图 5-2-1 直系血亲和旁系血亲

(三)尊亲属与卑亲属

尊亲属是指辈份和排行在自己血统位置之上的亲属,如父母一辈及父母之上各辈均为己身之尊亲属;卑亲属是指辈分和排行在自己血统位置之下的亲属,如子女一辈及子女之下各辈为己身之卑亲属。

在创富的过程中,婚姻可以让财富保值增值,很多“夫妻店”都是夫妻俩经过多年的打拼,用血汗换来了事业的天空。但是婚姻一旦破裂更可以让财富瞬间缩水,甚至毁掉财富。例如,2011 年真功夫、土豆网等公司创始人的夫妻婚姻财产纠纷,最终闹得这两家企业上市之路一波三折。土豆网虽然最终顺利上市,但由于错过了最优的上市时期,后起之秀优酷网又先于土豆网一步上市成功,最后的结果就是优酷收购了土豆,土豆创始人王微黯然离开了一手创办的土豆。

拟上市公司高管的婚姻或者家庭问题会影响到上市的进程,更催生了公司治理中的“土豆条款”。即投资人将把项目创始人的夫妻关系也当作考察因素之一,以规避因公司治理结构不健全带来的风险。事实上,限制婚姻自由在任何地方都很难合法化,因此“土豆条款”在实务中可操作性并不高,但毋庸置疑,富人的亲情、婚姻已经成为影响企业发展的重要因素。

家庭主要是婚姻的产物,而家庭却是血缘的产物。[①] 在家族财富传承中,婚姻同样是最不稳定的因素之一。从世界范围来看,大多数国家和地区对于遗产继承的规定基本上都会更有利于姻亲,我国的《继承法》亦是如此。第一顺位继承人中包含姻亲,那么在姻亲继承财产之后,是否有再婚的可能性?这就是不确定性,这就是风险。因此,如何确保家族资产尤其是家族企业股权的完整性,如何隔离家族成员因婚姻问题导致的资产流失,这在家族财富管理中是很重要的一个方面。

案例 5-2-2

2013 年 12 月 20 日,[②]柏联集团 46 岁的总裁郝琳先生(Lam Kok)在法国新收购的酒庄 Chateau de La Rivière 乘坐庄主直升机失事身亡的新闻震动了整个西南商圈,机上另有一名翻译和郝林 12 岁的独子,郝林先生的妻子因惧怕乘坐直升机在最后一刻没有登机而幸免于难。据悉,坠机当天郝琳先生上午才完成签购协议庆祝承购葡萄园酒庄,此次大河酒庄的出售交易价格约为 3 千万欧元,是当时中国企业家收购波尔多酒庄交易中的最高的金额。郝琳先生之前所开发的腾冲和顺古镇等地产项目都非常成功,此次收购酒庄,就是想把西洋的红酒文化跟中国普洱茶的那个茶文化结合,再做一个旅游地产。协议签署完毕,葡萄园卖家同时也是前庄主 James Gregoire 想亲自带这位新主人从空中俯瞰这片 50 公顷的庄园,岂料乐极生悲。

① 郑杭生主编:《社会学概论新修(修订本)》,中国人民大学出版社 1998 年版。

② 新华网:《云南企业老总父子法波尔多空难殒命》,载 http://news.xinhuanet.com/fortune/2013-12/22/c_125896502.htm,最后访问日期:2016 年 8 月 27 日。

郝琳为人低调，柏联集团柏联集团以其开发的柏联广场为昆明人所熟知，还涉足普洱茶产业、腾冲和顺古镇开发等，经营范围包括房地产开发、旅游文化、商业百货、酒店业、茶产业等行业。事故发生时柏联集团大概五十亿元的市值。

郝琳的父母已经离世，有兄弟姐妹。而在这次事故中，唯一的儿子也离开了，因此，郝琳的第一顺位继承人正是他的妻子刘湘云女士，所有的资产均由这个第一顺位继承人来继承。而郝总的兄弟姐妹则分不到任何财产，这跟中国传统的想法是有很大差异的。

《继承法》作如此的规定，自然有其合理性和必要性，但对于个性化的家族财富管理而言，尤其是涉及巨额财富的保全与传承的时候，往往需要利用更全面的法律基础和多样化的金融工具，提前进行规划和安排，既要维护姻亲也要保护血亲，更要保护家族财富不因姻亲的变化而遭受损失。

在欧美有些家族设立了特殊的信托条款来保证财富尽可能归于血亲之中。例如，对受益人的身份做出设定；对受益人领取收益金的条件进行设定；更有甚者要求本家族成员只可以生孩子，不能结婚，验明正身后便接回家族接受统一的家族教育。

五、不同国籍的问题

高净值人士不是已经移民，就是在移民的途中，下图可以说明高净值及超高净值人士移民的情况。

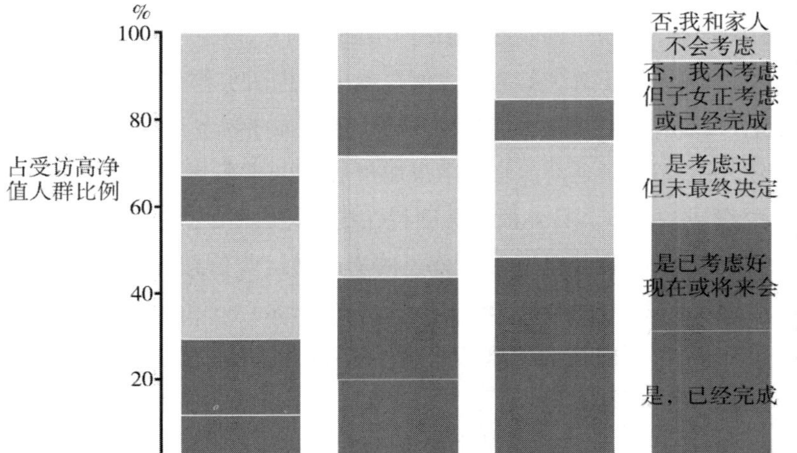

图 5－2－2　2015 年中国高净值人群投资移民偏好

家族成员很多情况下拥有他国身份，不同国家的税务及法律环境又是千差万别，当这些因素交织在一起的时候，将使高净值人士传承规划中又增加很大的不确定性，规划空间将会变得狭小。

笔者一年前曾经遇到一位客户王总，王总是一位企业家，45 岁，当时已经拿到美国绿卡 3 年。与很多高净值人士一样，王总办理投资移民的时候并没有特别思考移民的目的。王总早年从事电子行业，他的很多同学也都是 IT 精英，不少同学很早就移民到美国去了，看到北京日益严重的雾霾，同时孩子也渐渐长大，为了孩子更美好的将来，王总和太太在移民公司的推荐下，一家三口都办理了 EB－5 美国投资移民，并且在加州购置了一套 80 万美元的房产。虽然拿到了美国绿卡，但是王总的事业中心还是在国内。2015 年王总与朋友共同投资的公司即将登陆新三板，而该公司的股权在王总移民的时候并没有对美国政府进行披露，事实上，不止这家公司的股权没有披露，为了省事，当初王总夫妇名下的好几处房产包括银行的部分金融资产也没有披露。这意味王总不仅因为不披露将要承担罚款，同时公司一旦上市成功，很有可能面临着高额的个人所得税。

美国的税收体制遵循的是属人＋属地的原则，只要是美国公民以及美国绿卡持有者，无论其收入来自美国境内还是美国境外，均需要对美国政府纳税。尽管王总是中国公民并长期在中国工作，但是因为他取得了美国绿卡，那么他一般会被认定为美国的税务居民。而王总大部分的金融资产均放在个人名下，在取得美国绿卡之后，这些金融产品衍生的收益（包括但不限于利息，股息）需要每年申报缴纳美国联邦所得税。此外，王总夫妇为了方便在美国的生活工作，在加州购置了房产并放在自己名下，这样也会被美国加州税务局认定为加州税务居民，也即除了要每年申报美国联邦所得税，他还要面临着申报加州州税的问题，美国加州 2013 年最高的个人所得税率是 12.3%。另外根据美国税法的规定，只要王总持有超过境外公司 10% 的股权，他就需要将其名下各家公司的资产和运营信息披露在税表 5471（Information Return of US Persons With Respect To Certain Foreign Corporations）上面。所以，未来王总全部国内公司的重组并购，除了要考虑中国国内的税务问题外，还需要考虑美国的税务影响。最后，由于 FATCA 法案已经逐渐在我国大陆、香港地区、台湾地区落地开展，王总名下的金融资产都将在美国税务局变得透明。

在实务中，越来越多的已移民高净值客户与我们咨询税收筹划问题。大部分人在申请境外身份的时候首要想到的是国外的环境、孩子的教育等问题，较少有人真正事先了解境外法律法规以及税务的规定，更别说进行整体的税收筹划，造成日后非常多的烦恼和成本开销。我们建议高净值人士在考虑移民问题的时候，充分考虑以下几个因素：

（一）首先厘清自己移民的真正目的

比起其他民族，中国人更喜欢热闹，很多人移民的原因是身边的亲朋好友也都移民了，较少有人会提前思考我究竟为什么移民？事实上，移居并非一定要通过移民的方式才能实现。

（二）提前了解移民目标国的法律税务规定

每一个不同法域、税域对于法律、税收的规定都不尽相同，根据自己的需求选择移民目标国，并提前咨询专业律师、税务师该国或地区在法律和税务上的政策规定，避免取得境外绿卡身份后造成的一系列税务上的麻烦。

（三）申请境外国家绿卡的家庭成员身份安排

主要是解决在申请境外国家身份的时候，以家庭成员中谁作为主申请人的问题？通常建议以家庭成员中收入相对较少的成员作为主申请人，由此可以避免高昂税务负担。另外很多移民国会有居住时限的要求（俗称“移民监”），也是需要综合考虑的因素。不过同样存在一些问题，如一些“内在美”家庭由于夫妻双方长时间两地分居有可能造成的家庭不稳定因素。

（四）挑选靠谱的投资移民项目

移民热门国家基本上都是通过投资的方式取得移民的身份，既然是投资，就有可能存在投资失败的风险。所以，必须谨慎挑选靠谱的移民公司和移民项目。

（五）移民前的税务筹划

1. 准备好国内合法收入来源证明。境外移民国家在投资移民申请的过程中大多需要客户提供这样的信息，包括收入来源证明，中国纳税的完税凭证等。

2. 在取得海外居留权身份之前，做好个人资产的评估报告。如此可以更好的锁定自己取得境外身份之前的个人资产价值。以美国为例，是有弃籍税一说，也就是假如放弃美国绿卡的时候会视为自身名下的资产进行出售，那么如果提前拥有一份法律公证的资产净值报表，就会很好的证明自己取得绿卡时点个人财产的成本，以最大限度降低弃籍税的负担。

3. 将自身名下的资产提前传承，境外一些国家有赠与税/遗产税，那么提前地将自己名下的资产传承给自己的子女，可以避免未来在代际传承过程中的税务负担。当然这个环节如果配合信托架构的合理搭建，在财富传承的同时，也避免后代的过早挥霍。

4. 在取得海外居留权身份之前，是否考虑提前处分一些资产。一般来说，可以将高收益的产品提前出售，如有必要再回购。国外的很多国家都会针对资本买卖收益去征税（资本利得税），那么这样做得好处就是能够摊薄持有资产的成本。举个例子，当初100万元购买的房产，取得美国绿卡前房产涨到了300万元，取得绿卡后房产涨到了400万元出售。如果不进行这样的操作，以美国为例，资本利得税按照400万元与100万元的差价收益300万元进行征税。如果您能够在移民前就将其出售再回购，这样美国税上就仅仅针对400万元与300万元的差价收益100万元进行征税。尽管存在一定的买卖成本，但是相比起税收来说还是比较微不足道的。

（六）聘请专业人士进行每年合规的税务和资产申报

境外税务申报尤其是美国税务是非常复杂的，动辄几十页上百页的税表申报是非专业人士不能操作的。因此，最好聘请专业人士进行每年合规的税务申报和资产申报，以免出现疏漏而造成损失。

（七）遗产税与赠与税的筹划

在移民的时候，尤其需要注意的就是很多移民国都开征了遗产税和赠与税。比如，美国和欧洲大部分国家，当拥有该国身份的家族成员去世之后，其继承人将面临比较重的遗产税。如果选择生前赠与，不仅容易因资产失去控制而产生一系列的问题，而且还有会赠与税的问题，一般来说，赠与税的税率和遗产税在税率方面基本一致。

而且相比赠与税一般是由赠与人交税不同，遗产税普遍是由继承人交税，先完税再分配。因此，假如继承人没有足够的现金或者可变现的资产，那么被继承人遗留下来的财产，可能就会面临司法处置的风险。

综上所述，高净值人士在跨境移民的问题上，必须根据自身家庭的具体情况进行个性化的税务筹划安排，才能有效地解决其所面临的个性化问题。

六、身后控制

2016 年 6 月 18 日，上海迪士尼世界正式开业，世人惊叹于沃特·迪士尼先生的奇思妙想，沉浸在迪士尼先生构造的美妙世界之中。也许大多数人并不知道，迪士尼在其发展的 100 年中经历了诸多坎坷。

案例 5-2-3

1901 年，沃特·迪士尼①出生在芝加哥的普通家庭。

1923 年夏天，“迪士尼兄弟动画制作公司”（以下简称“迪士尼兄弟公司”）正式开工，这就是今天迪士尼娱乐帝国的真正开始。公司的首部作品《爱丽丝漫游仙境》一炮走红。

1926 年“迪士尼兄弟公司”的名称也改为“沃特·迪士尼公司”。

1928 年 11 月 28 日，从车库诞生的米老鼠乘着《威利号汽船》首次在纽约殖民地剧院亮相，这部史上第一部有声动画片让一直看默片的观众大开眼界。在米老鼠激励下，20 世纪 30 年代成为沃特创作的丰收期。世界上第一部彩色动画片《花和树》使沃特获得了美国电影艺术学院第一次为动画片颁发的金像奖，米老鼠也获得了特别奖；而《三只小猪》的出现让被经济危机侵扰的美国民众找到了精神安慰；《聪明的小母鸡》中的配角唐老鸭比主角还出名，人们在这个一身毛病的鸭子身上看到了自己的影子，从此唐老鸭与米老鼠齐名；1937 年推出的《白雪公主》是世界上第一部长篇动画电影，沃特为此获颁奥斯卡特别奖。正是这一次次的“第一”让迪士尼公司最终成为当时业界领航者。

1955 年诞生于洛杉矶的迪士尼乐园不但吸引了全世界的小朋友，还让成千上万的大人们都流连忘返，公司因此财源滚滚。十年之后，意识到自己身体大不如前的沃特又提出在佛罗里达州的奥兰多建立世界最大游乐园“迪士尼世界”，一年后，乐园还没修好，沃特就去世了。

当这个国王一次次沉醉在自己的艺术世界中时，却忽视了王国的家族传承问题。在沃特·迪士尼看来，他的两个女儿和侄子都不能挑起这个重担，有着超强想象力的沃特也未能培养出一个他中意的继承人。

---

① 今日头条：《迪士尼家族：一个比迪士尼动画更惊心动魄的真实故事》，载 http://toutiao.com/a6296769129173270786/，最后访问日期：2016 年 8 月 28 日。

1966 年,沃特因病去世了,由于后继乏人,他已经退休的哥哥罗伊不得不重新出山。1971 年,老罗伊也去世了,公司再没出现过有影响力的作品,因此一直徘徊在低增长甚至亏损的边缘,并从好莱坞首屈一指的动画巨头也变成二流制片商。1980 年沃特的女婿米勒接任公司总裁,却与公司的董事老罗伊的儿子,沃特的侄子罗伊 · E. 迪士尼发生矛盾。公司一度陷入被收购的危机,最终罗伊 · E. 迪士尼赶走了自己的堂姐夫米勒,引进职业经理人迈克尔 · 艾斯纳,并在迪士尼公司历史上第一次实现所有权和经营权的分离。

因为权力制衡的公司治理结构并没有在迪士尼公司建立起来,没有监事会,艾斯纳又身兼董事长和 CEO,大权在握,野心不断膨胀。他不断排除异己,安插心腹,增持迪士尼股票,直至超过罗伊 · E. 迪士尼。而此时董事会早已变成艾斯纳个人的董事会。

在罗伊 · E. 迪士尼还是最大股东的时候,曾提议把他的一个儿子安插到公司董事会中,为公司交接班做好准备,但遭到艾斯纳绝对地阻拦。当罗伊 · E. 迪士尼感到艾斯纳的威胁时,为时已晚。2003 年,已经 73 岁的罗伊 · E. 迪士尼由于超龄而退休,至此迪士尼家族告别了由他一手创立的娱乐王国。

2004 年 3 月 3 日,迪士尼公司年度股东大会上,43% 的股东不再支持艾斯纳连任董事长。虽然不甘心,2005 年艾斯纳还是辞去 CEO、董事、顾问等一切和迪士尼有关的职务。

当迪士尼公司还在忙于权力的争夺时,1994 年才成立的梦工厂于 2001 年出品的《怪物史莱克》票房达 2.6 亿美元,成为迪士尼不可忽视的竞争对手。与日趋保守的迪士尼相比,梦工厂就像当年刚出道的沃特一样,依靠不断创新的魔力,总能在人们不经意时出奇制胜。好在罗伯特 · 伊格接替艾斯纳之后,开始通过深思熟虑的冒险举措及对权力的谨慎使用来逐步恢复迪士尼公司的光芒。迪士尼能否再创沃特时期的辉煌,一切只能等时间来证明。

如果沃特 · 迪士尼在其生前能够对公司的接班问题进行系统的规划安排,无论是基于内部家族子孙的接班,还是基于外部职业经理人的经营管理,也许能够避免迪士尼公司的很多争斗,也许能够在很大程度上避免家族成员告别这一王国的现状。

现实中,像迪士尼公司这样由于创始人身前没有规划而导致身后失去控制并最终造成家族成员离开家族企业的案例不在少数,如前面说的小马奔腾公司,还有创办申通快递的聂俊峰等,这或许也是只有 5% 左右的家族企业能够传承到第四代的原因之一。

七、隔代传承的问题[①]

我们先来看个真实案例：

案例 5-2-4

张老先生是一位老北京，九十岁高龄。老伴多年前就去世了，有两个儿子和一个女儿，都已结婚生子。张老先生有点重男轻女，他有一个愿望，就是把他的四合院留给他唯一的孙子张小帅，其他财产则由儿女们平均继承。2011年，张老先生立下遗嘱并进行了公证，遗嘱表明他死后，四合院由孙子张小帅继承，并告知了张小帅。

2014年9月，张老先生仙逝，此时孙子张小帅正在美国念书，没有及时回来。2015年年初，张小帅回国，当他拿着爷爷的公证遗嘱去办理四合院的过户手续时，遇到了非常大的麻烦。

我们经常会遇到客户想把一部分财产直接留给孙子或者孙女，但当我们查阅《继承法》的时候，会发现一个很有意思的现象：

《继承法》第十条　遗产按照下列顺序继承：

第一顺序：配偶、子女、父母。

第二顺序：兄弟姐妹、祖父母、外祖父母。

继承开始后，由第一顺序继承人继承，第二顺序继承人不继承。没有第一顺序继承人继承的，由第二顺序继承人继承。

你会惊奇地发现，第一顺序和第二顺序继承人中找不到孙子女、外孙子女。也就是说，孙子女和外孙子女对祖父母、外祖父母的遗产没有直接继承的权利！于是就出现了开头的那个案例。有的人可能会质疑，这个法律漏洞也太大了吧！其实不然，这是由继承本身的逻辑决定的，孙子女和外孙子女确实没有直接继承权，但他们有另一个权力——“代位继承权”。《继承法》第十一条规定：被继承人的子女先于被继承人死亡的，由被继承人的子女的晚辈直系血亲代位继承。代位继承人一

① 刘长坤、陈云、曾祥霞：《隔代传承之术》，载《财富管理》2015年12月刊。

般只能继承他的父亲或者母亲有权继承的遗产份额。

因为被继承人子女的直系血亲(孙子女、外孙子女、曾孙子女……)有“代位继承权”,因此在逻辑上就无法为其设置继承顺位。假如设置其为第一顺位,那么孙子女和子女就会同时出现在第一顺位继承,这显然是不合理的！假如设置其为第二顺位呢？如果其父母还在世,其作为第二顺位继承人当然不能继承;如果其父母离世了,那么他将代位父母作为第一顺序继承人继承。其作为第二顺位继承人永远都没有继承的可能性,因而设置就没有任何意义了。这就是为何第一顺序、第二顺序继承人中都没有孙子女和外孙子女的原因。

作为张老先生的孙子,张小帅对爷爷的遗产是没有直接继承权的,因此该遗嘱只能认定为遗赠。但遗赠必须由受遗赠人在应当知道受遗赠后两个月内口头或书面表示接受遗赠,否则视为放弃受遗赠！张老先生仙逝迄今已四月有余,早已过了表示期限,该遗赠失去效力,四合院只能由老先生的儿女法定继承！如此与张老先生最初的心愿肯定有所违背,但已成事实,难以更改！

八、遗产税

遗产税(Inheritance Tax)是对被继承人死亡时所遗留的财产课征的一种税,因此在英国曾被称为“死亡税”(Death Tax)。遗产税是一个古老的税种。早在古罗马时期就有了遗产税。近代意义上的遗产税已经有400多年的历史。在现代西方发达资本主义国家,各国普遍开征了遗产税。据统计,全球有一百多个国家和地区开征了遗产税。在中国,遗产税其实也并不陌生。

新中国成立前国民党政府曾于1938年10月正式颁布《遗产税暂行条例》,并于1940年7月1日起正式开征遗产税。新中国成立后,当时的政务院曾于1950年1月颁布《全国税收实施要则》,其中列有遗产税,但由于各种原因未能开征。1985年《关于〈中华人民共和国继承法〉(草案)的说明》也曾提到设立遗产税问题,“现在有些遗产数额较大,而且有增长趋势,征收遗产税的问题需要研究,如果要征收遗产税,可以另行制定有关税法”。在1993年12月国务院批转国家税务总局《工商税制改革实施方案》中,又提到了“开征遗产税”。1997年党的十五大报告正式提出“调节过高收入,逐步完善个人所得税制度,调整消费税,开征遗产税等税种”,为我国遗产税立法提供了政策依据。2004年9月21日,在中国经济网首次刊登了《遗产税暂行条例(草案)》,2004年11月19日,有新闻称《遗产税暂行条例(草案)》已经上报到了国务院。而在2010年8月新出草案,对其中部分内容作了修订,并且添加了新的内容。

通过《遗产税暂行条例(草案)》的内容显示,遗产税征收对象为居住在境内的中国公民的境内外遗产,居住在境外的中国公民、外国公民、无国籍人士的境内遗产,包括继承人死亡时遗留的全部财产和死亡前五年发生的赠予遗产。遗产税交清前,遗产不得分割,交付遗赠,不得办理转移登记,税率方面采用累进制,1000 万元以上的税率达到 50%。据测算,3000 万元的遗产净额应缴税 1034 万元,对于高净值家庭尤其是超高净值家庭来说,遗产税的负担可谓相当沉重。

遗产分为积极遗产和消极遗产。积极遗产指死者生前个人享有的财物和可以继承的其他合法权益,包括所有权、债权、继承权、专利权、商标权和著作权等。而消极遗产指死者生前所欠的债务,包括个人债务和夫妻共同债务等。

从范围来说,积极遗产主要包括自己的婚前个人财产、夫妻间共同财产中属于自己的一半、夫妻之间约定属于自己的财产、婚后个人的特有财产等。

而从类型上来说,积极遗产几乎囊括所有有形的和无形的财产,包括金融资产、动产、不动产、股权、艺术品、知识产权等。需要注意的是,关于抚恤金、公房承租权、农村土地承包权、经济适用房、网络财产等由于各式各样的原因,暂时不包括在遗产之中或者还存在一定的争议。

由此可见,个人名下几乎所有的资产,未来都有可能被征收遗产税,因为驾鹤西去,是每个人的终极归宿。

按照法律的规定纳税是每个公民应尽的义务,但同样,在法律的范围之内,利用一些合法有效的工具,进行恰当的税务筹划,也是每个公民应该享有的权利。一方面,如何在法律范围之内让自己辛苦积累的财富尽量少交甚至不交遗产税;另一方面,如何为子孙后代提前准备足够的应税现金,尤其是对于个人名下拥有巨额财富的时候,应该是每个公民需要提前思考,并且进行筹划和安排的。

虽然时至今日,这一税种依然没有开征,甚至于在“十三五”期间,很有可能也不会征收,笔者建议:高净值人士无须恐慌于市场的各种传闻的同时,却应该为此提前做好准备,因为种种迹象表明,国家正在为征收遗产税而做着各方面的准备——从各种信息的全国联网,到各类资产的统一登记,从国内资产的登记,到国外资产的摸底,都是在逐步的摸清个人名下的真实资产,这些准备工作做完之日,也许就是我国开征遗产税之时。

对被继承人来说,死亡也许只是一了百了的事情,但对于继承者而言,死亡,有时候意味更多烦恼的开始。

第三节　家族传承可选工具

事实上，很多高净值人士的家族传承都有着高度的复杂性和综合性。这种复杂性具体表现在两个方面：其一，家族传承的财产类型多样化，如公司股权、知识产权、房地产、古董字画、金融资产、网络资产，所对应运用的传承工具必然不尽相同，其二，高净值人士家族成员国籍身份多元化，其资产也多散布在境内外，也会使其财富传承所面对的因素更复杂。因此，在做规划的时候有可能会用到大量的工具，包括金融的、法律的、税务的架构，甚至有些家族专门建立家族办公室来打理家族的传承事宜。以下我们介绍几种常见的财富传承工具。

一、赠与

赠与是赠与人将自己的财产无偿给予受赠人、受赠人表示接受的一种行为。这种行为的实质是财产所有权的转移。赠与行为一般要通过法律程序来完成，即签订赠与合同（也有口头合同和其他形式）。

赠与不仅是老百姓日常生活中常见的行为，在家族财富传承时也会经常用到。例如，提前将股权给到孩子，以孩子的名义买房，为孩子购买大额保单。赠与一般可分为直接赠与和附条件赠与。

（一）直接赠与

在上一节提到的隔代传承的案例中，张老先生其实可以选择生前直接将四合院赠与给孙子，如此肯定不会出现违背初心的遗憾，但也有可能遇到其他的问题：

问题一，如果孙子尚未成年，未成年人的资产由其监护人（一般是父母）法定代理管理，“除为被监护人的利益外，监护人不得处理被监护人的财产”。因此在资产管理特别是资产进行处分时，是非常不方便的。在此可参考《民法通则》第十八条。

《民法通则》第十八条　监护人应当履行监护职责，保护被监护人的人身、财产及其他合法权益，除为被监护人的利益外，不得处理被监护人的财产。

监护人依法履行监护的权利，受法律保护。

监护人不履行监护职责或者侵害被监护人的合法权益的，应当承担责任；给被监护人造成财产损失的，应当赔偿损失。人民法院可以根据有关人员或者有关单位的申请，撤销监护人的资格。

问题二，提前进行传承，张老先生将失去对财产的掌控力，如果其孙子对张老先生不孝顺，甚至直接将房子卖掉，让老人落个无家可归，张老先生也是束手无策！这一类的案件在现实生活中为数不少。

问题三，孙子过早获得大量资产，可能导致年轻人有享乐思想，不思进取甚至挥霍资产。结果爷爷还没走，孙子就将资产挥霍一空，还养成一身臭毛病。如此，“对孙子的爱”变成“对孙子的害”，到时候张老先生恐怕肠子都要悔青了。

问题四，如果孙子已经结婚，那么四合院就将是夫妻共同财产，当然张老先生可以在合同中明确财产属张小帅个人所有，与其配偶无关。但这依然无法保证在婚后的岁月里因财产形式的改变而导致婚姻财产混同从而变成夫妻共同财产的问题。

问题五，生前赠与，如果在亲属中分配不公平，比较容易引起家庭争端，导致家庭不和，这恐怕也是老人不愿意看到的。

（二）附条件赠与

直接赠与会出现诸多问题，那么附条件的赠与呢？假如张老先生和孙子张小帅签订赠与合同，张老先生将四合院赠与给张小帅，并办理过户登记。但同时约定以下限定条款：

限定一，张老先生有权继续居住在四合院，张小帅不得以任何理由干涉，否则撤销赠与合同；

限定二，张小帅不得处置四合院，要处置的，必须征得张老先生同意，否则撤销赠与合同；

限定三，张小帅必须孝敬爷爷，如有冷落、顶撞、谩骂、殴打爷爷的行为，张老先生有权撤销赠与合同；

限定四，张小帅毕业后，必须有固定工作或者事业，如果张小帅连续半年以上没有工作，张老先生有权撤销赠与合同。

当然，张老先生还可以根据自己的愿望设置更多的限制条款，但这仍然不能解决若孙子未成年的财产持有问题。同时张老先生仙逝以后，张小帅依然可能挥霍财产，这可能也是张老先生不愿意看到的。最后，这依然解决不了婚姻财产混同的问题。需要注意的是，签订附条件的赠与合同时，尽量进行公证，以保证合同能够得到有效的实施。

二、遗嘱继承

（一）遗嘱类型

《继承法》第十六条第二款规定："公民可以立遗嘱将个人财产指定由法定继承人中的一人或数人继承。"遗嘱继承是指按照立遗嘱人生前所留下的符合法律规定的合法遗嘱的内容要求，将遗产的全部或部分指定由法定继承人的一人或数人继承。当前法律的遗嘱种类分为自书遗嘱、代书遗嘱、口头遗嘱、录音遗嘱、公证遗嘱。在法律事务中各类遗嘱的使用要点总结如下：

1. 自书遗嘱：自书遗嘱必须由立遗嘱人亲笔书写签字，并注明年月日。《最高院关于贯彻执行〈中华人民共和国继承法〉若干问题的意见》（以下简称《意见》）第四十条规定，公民在遗书中涉及死后个人财产处分的内容，确为死者真实意思的表示，有本人签名并注明了年、月、日，又无相反证据的，可按自书遗嘱对待。

2. 代书遗嘱：代书遗嘱应当有两个以上见证人在场见证，由其中一人代书，注明年、月、日，并由代书人、其他见证人和遗嘱人签名。

3. 口头遗嘱：在紧急情况下可以采用口头遗嘱的方式，口头遗嘱应当有两名无利害关系见证人在场见证，需要注意的是，在紧急情况解除之后，遗嘱人能够用书面或者录音形式立遗嘱的，所立的口头遗嘱无效。

4. 录音遗嘱：录音遗嘱同样应当有两名无利害关系见证人在场见证，

5. 公证遗嘱；公证遗嘱经由公证机关办理，在所有遗嘱类别中效力最高，继承手续也比较烦琐。实操中需注意，若遗嘱内容改变则需重新公证。

（二）遗嘱常见的问题

作为家族财富传承的工具，遗嘱普遍为大众所运用。的确，比起原始的法定继承，遗嘱继承更为清晰明了，可以避免很多的家庭争端，但在一些高净值人士家族传承规划中，因为其传承标的的多样化以及家族成员相对复杂化，单纯以遗嘱作为传承方案往往会出现一些问题。在此，我们先来回顾一下被我国香港媒体誉为"世纪遗产案"的龚如心遗产争夺案。

案例 5-3-1

在 2007 年龚如心逝世后第四天，就出现了两份遗嘱。一份是由龚如心家人拥有的华懋基金继承遗产，另一份由龚如心生前交往甚密的风水师陈振聪持有。2009 年 5 月 11 日香港高等法院正式开审此案，38 天的审讯共传召了 36 名证人，包括陈振聪、陈振聪妻子谭妙清、龚如心弟弟龚仁心，双方请来的笔迹专家、风水专家、精神科专家轮流上阵。2010 年香港高等法院裁定华懋慈善基金一方胜诉，龚如心在 2002 年立的遗嘱有效，为最终遗嘱，并认为香港商人、风水师陈振聪所提供的 2006 年遗嘱属于伪造，证词不可信。2011 年 10 月 24 日香港终审法院驳回原审败诉方陈振聪的上诉许可，陈振聪将不能再采取任何法律行动，龚如心遗产争夺风波正式终结。

然而，华懋基金和香港律政司在遗产受益人方面又产生分歧。2012 年 5 月香港律政司以遗产守护人身份，要求法庭解释遗嘱的条文，包括确认华懋基金为受益人还是信托人。律政司指出华懋慈善基金只是“奉命行事”的“受托人”，必须依据遗嘱把遗产用作行善，并受到监管机构和法庭的双重监管。而华懋慈善基金一方坚持基金是遗产的唯一“受益人”，2013 年香港特区高等法院裁定，已故华懋集团主席龚如心在 2002 年遗嘱的意愿是成立慈善基金，并委任华懋慈善基金作为信托人，按照她在遗嘱中的指示，将其 830 亿元巨额遗产全部用作慈善；华懋基金不服提起上诉。于 2014 年 4 月 11 日被香港高院驳回。2015 年 4 月华懋基金再向终审法院提出终极上诉，5 月 18 日被高院驳回。至此“世纪遗产案”落下帷幕，这个过程中，除了律师，没有赢家。

常见问题如下：

1. 遗嘱效力难以保证：一方面，遗嘱属于要式行为，除了要求立遗嘱人有完全的民事行为能力外，还要求遗嘱的内容与形式，必须严格按照法律规定的形式，否则为不成立；另一方面，由于遗嘱的类型多样，并且被继承人可以随意订立遗嘱，这就为遗嘱的效力增添了变数。

2. 遗嘱的真实性容易受到挑战：除了公证遗嘱之外，其他形式的遗嘱或多或少都面临真实性的挑战，理由多种多样，如主张遗嘱为伪造或者变更过相关条款的、受胁迫订立的、健康状况不佳时订立的。

3. 私密性差：不患寡而患不均，如此易又造成家庭的纠纷。同时继承权公证需要所有涉及的继承人（无论其是否为遗嘱继承人）共同配合前往公证处进行继承权公证,若继承人中身份有争议,如养子女或私生子,若有继承人对继承份额提出质疑,则遗产的继承将面临更多变数。

4. 继承权公证要求每位法定继承人和遗嘱继承人均对该遗产分配方案表示同意。发生争议时,则需要履行复杂的法律程序,导致遗产长期被冻结,不利于资产的盘活运作,尤其是一些企业主的高净值客户来说,或许会造成家族企业持续经营的问题。

5. 股权继承不能光看遗嘱,还需要提交公司章程及其现任职证明。

《办理继承公证的指导意见》第十二条　当事人申请办理继承有限责任公司股权公证的,公证机构应当告知其《中华人民共和国公司法》第七十六条的规定。

当事人申请办理继承有限责任公司股东资格公证的,应当提交公司章程和其现任职证明。公证机构应当审查公司章程对当事人继承股东资格有无限制性规定以及审查当事人所从事的职业是否限制其继承股东资格。根据公司章程和有关法律规定,当事人不能继承股东资格的,公证机构不能为其办理继承股权公证。

6. 公证处在为继承人办理继承权公证时,需收取较高额的公证费。

(三)遗嘱与遗赠的区别

遗赠是公民以遗嘱方式将个人财产赠给国家、集体或者法定继承人以外的人,而于其死亡时发生法律效力的民事行为。遗赠与遗嘱继承都是通过遗嘱方式处分财产,这两种方式在形式上有许多相似之处,但从根本上说二者是两种性质不同的民事法律行为。根据《继承法》的规定,遗嘱继承与遗赠的区别主要体现在如下几个方面:

1. 受让主体不同。遗赠的受让人必须是法定继承人以外的自然人,或国家及其他社会组织。而遗嘱继承中的受让人,即继承人必须在法定继承人范围内,且必须是自然人。

2. 所指向的客体范围不同。遗赠的客体只包括财产权利,不包括消极的财产义务;而继承的客体范围不仅包括财产权利,还包括财产义务。

《继承法》第三十三条　继承遗产应当清偿被继承人依法应当缴纳的税款和债务,缴纳税款和清偿债务以他的遗产实际价值为限。超过遗产实际价值部分,继承人自愿偿还的不在此限。

继承人放弃继承的，对被继承人依法应当缴纳的税款和债务可以不负偿还责任。

第三十四条 执行遗赠不得妨碍清偿遗赠人依法应当缴纳的税款和债务。

3. 权利的接受、行使方式不同。受遗赠人只有依法在法定期间（在知道受遗赠的两个月）内明确作出接受的意思表示时才视为接受，否则视为放弃遗赠，受遗赠人无权参与遗产分配。而遗嘱继承人在继承开始后，遗产分割处理前，明确作出放弃继承的表示才能有效。没有表示的视为接受继承。

《继承法》第二十五条 继承开始后，继承人放弃继承的，应当在遗产处理前，作出放弃继承的表示。没有表示的，视为接受继承。受遗赠人应当在知道受遗赠后两个月内，作出接受或者放弃受遗赠的表示。到期没有表示的，视为放弃受遗赠。

4. 在遗嘱继承中，遗嘱人可在遗嘱中指定候补继承人，而在遗赠中则不能指定候补的遗赠人。

遗赠可以很好地解决生前的掌控力问题，但被继承人仙逝后的很多问题依然得不到很好的解决：如子孙挥霍、引起亲属争端、夫妻财产混同。同时如果被继承人生前欠债，则财产作为遗产，可能会被抵债，传承计划依然有可能落空。

三、大额保单

（一）大额保单在家族传承中的优势

大额保单作为一种专业的传承方式，拥有以下八个方面的优势：

优势一：大额保单是风险管理工具，可以通过风险转移的方式，将高净值人士的人身风险转嫁给保险公司。大额保单是一种以被保险人的生命为标的，且以被保险人的死亡为给付条件的人身保险，是财富传承安排中非常重要的工具。

优势二：杠杆作用。建立于大数法则之上的风险转移模式赋予了大额保单杠杆的功能，被保险人通过较低的资金即可获得较高的保障，当然，这种杠杆效果是经过比较得出的，而非绝对的。

优势三：大额保单具有债务相对隔离功能。利用大额保单特殊的结构、保险现金价值与保单实际价值的差异以及保单贷款等因素，可以在一定程度及情况下实现债务隔离的功能。

优势四：通过对投保人、被保险人以及受益人恰当的设计，以实现财富传承的专属性。例如，以父母一方为投保人，孩子为被保险人投保的年金保险合同，生存金受益人设定为孩子，则该保单属于其个人所有，与其配偶无关。

优势五：税收优惠。作为社会的稳定器，无论国外还是国内，大额保单在税务上都是得到"特殊照顾"的。大额保单的死亡理赔金一般由保险公司直接给付给受益人，而不会纳入被保险人的遗产计算，因此大部分的国家和地区，保单是可以避遗产税的。

优势六：保险公司运营稳健，年金类保险产品按预定利率进行精算，只要不提前终止合同，基本上不会有本金的损失。每年领取的年金十分稳定，终身型年金保险可以领取终身，是伴随一生的现金流，也是父母留给孩子一辈子的爱。

优势七：各国保险公司监管非常严格，大多数国家对保险公司破产都有预案措施，从而最大程度保证投保人和被保险人的利益。

优势八：隐私保护功能。可以实现秘密传承，保险合同只需要投保人和被保险人签字即可生效，不需要通知其他相关亲属，如此也就可以较好地避免家庭争端。

（二）人寿保险在家族传承中的不足

但使用人寿保险进行传承也有一些不足：

缺点一：保险公司对投被保人年龄的限制。一般被保险人的年龄上限为65岁左右，此时不仅保费较为昂贵，同时因为这个年纪身体多少会有点问题而导致保险公司拒保或加费承保，如果年纪过小则可投保的保额有限，另外目前国内10岁以下的被保险人不能隔代投保。

缺点二：相对对抗债务。保单设计再完美，也会有一些无法预料的情况。例如，作为父母的投保人突然死亡，一方面，保单的现金价值可能会作为投保人的遗产而在继承者中进行分配；另一方面，若将投保人变更为已成年的孩子，则存在财富被挥霍的风险。再如，作为父母的投保人欠债，那么这份保单的现金价值将作为父母的财产而可能被追偿，传承计划就会落空。

缺点三：《保险法司法解释（三）》第十条造成的保险架构不稳定。

《保险法司法解释（三）》第十条　投保人或者被保险人变更受益人，当事人主张变更行为自变更意思表示发出时生效的，人民法院应予支持。

投保人或者被保险人变更受益人未通知保险人，保险人主张变更对其不发生效力的，人民法院应予支持。

投保人变更受益人未经被保险人同意的，人民法院应认定变更行为无效。

缺点四：隔代投保效力在实践中须过“父母关”。

根据《保险法司法解释（三）》相关规定，未成年人父母之外的其他履行监护职责的人为未成年人订立的以死亡为给付保险金条件的合同，当事人主张参照《保险法》第三十三条第二款、第三十四条第三款的规定认定该合同有效的，人民法院不予支持，但经未成年人父母同意的除外。

我国对未成年人死亡保险道德危险的限制方式主要有三种：父母投保、保险金额以及被保险人同意。具体来说，对于未成年人，如果父母对其投保死亡保险，不需经未成年人同意，但死亡保险金额受金融监管部门规定的限额限制。同时，我国虽然禁止父母之外的人为无民事行为能力人投保，并未完全禁止父母之外的人为限制民事行为能力人投保死亡保险。这意味着，父母之外的人为 10 周岁以下的未成年人投保被禁止。

2015 年 9 月 14 日，中国保监会发布《关于父母为其未成年子女投保以死亡为给付保险金条件人身保险有关问题的通知》（保监发〔2015〕90 号），再次就规范父母作为投保人为其未成年子女投保以死亡为给付保险金条件人身保险的有关问题作出规定，该通知自 2016 年元月 1 日起实施。该通知规定，各保险合同约定的被保险人死亡给付的保险金额总和、被保险人死亡时各保险公司实际给付的保险金总和，对于被保险人不满十周岁的，不得超过人民币 20 万元；10 ~ 18 岁的，不得超过 50 万元。

理论界一致认为，完全开放其他监护人或近亲属为未成年人投保违反保险法的本意，且可能增加道德风险，因此，原则上仍然应当不予认可这类保险合同的效力。不过，允许父母之外的其他履行监护职责的人经父母同意为未成年人（10 岁以上）订立死亡险，此情况应值得读者关注。

在审判实践中，无锡市中级人民法院在陆惠清与中国人寿股份保险公司无锡市分公司人身保险合同纠纷案①中认为，《保险法》第三十三条规定，除父母以外的其他投保人不得为无民事行为能力人投保以死亡为给付保险金条件的人身保险，

① 无锡市中级人民法院（2014）锡商再提字第 00004 号民事判决书。

保险人也不得承担。第三十四条规定,以死亡为给付保险金条件的合同,未经被保险人同意并认可保险金额的,合同无效。上述立法本意,是为保护未成年人的生命安全。而无锡中院在陆惠清案中,认为投保人虽是无民事行为能力人陆某某的祖父,但该合同已经陆某某父亲的同意,因此,投保的道德风险已被防范,符合保险法的立法本意;再者,此保险合同经过被保险人的法定监护人的同意,即可视为经被保险人同意,故属有效。

四、家族信托

呈前 5－2－4 张老先生的案例,张老先生可以以孙子作为受益人,设置私人信托,信托财产可以是这套四合院加上部分现金,也可以直接将四合院卖掉,将所得资金放入私人信托之中,保障孙子未来的生活所需。此方案不仅具有以上各种方法的优势,还有以下几个自身的优势:

优势一,避免前三种方法中有关时效、纠纷、监护人挪用、夫妻分割、死后无法控制等问题,保障受益人无论什么时候提出权益主张都能得到执行,也能保障无论张老先生什么时候仙逝,都可以按照其意愿管理、运用和处分由其自己积累的财富,让张老先生做到我的资产我做主。

优势二,可以避免方法四中关于隔代设立、债务隔离、孙子挥霍、资产形态受限等问题。

优势三,规避遗产税。由于放入私人信托里面的财产不是遗产税的征税对象,因此可以有效的规避未来可能出现的遗产税。

优势四,保护隐私。张老先生设置的私人信托条款,除非法律法规及信托文件的规定,任何人、任何机构都无权查阅,受托人也无权向任何人、任何机构披露与该私人信托有关的任何信息。

当然,私人信托也并非完美无缺,其缺点主要有以下两个:

缺点一,若张老先生将这套房子放入私人信托里面,会面临一定的过户费成本,并且以机构的名义持有房产,每年需要缴纳一定的房产税;

缺点二,信托存续期间,每年可能会面临一定的信托管理费,这也是前面四种方式所没有的。

但话说回来,虽然私人信托有这样的成本,但相比起能解决的问题来说,这个成本还是值得的。

五、家族基金会/慈善基金会

以家族基金会或者慈善基金会的形式管理和传承家族财富,在国外是比较流行的做法,著名的有卡耐基基金会、洛克菲勒基金会、福特基金会、比尔和梅琳达·盖茨基金会等,而在华人世界,李嘉诚基金会、王永庆家族基金会、牛根生的老牛基金会、曹德旺的河仁基金会也逐渐被大家所认识。

古人云:“道德传家,十代以上;耕读传家次之,读书传家又次之;富贵传家,不过三代。”家族基金会除了对家族有形财富进行管理和传承之外,更重要的是对家族无形资产、家族精神、家族道德进行塑造和传承。而家族的精神和道德包括追求卓越创造辉煌的梦想,严于律己宽于待人的品质、与人为善团结友爱的准则、奉献社会扶老携幼的爱心等。

六、家族办公室

在财富管理领域,家族办公室(Family Office,FO)堪称“皇冠上的明珠”,位居最顶端,也因其极强的私密性,成为财富管理中最神秘而且复杂的领域之一。

家族办公室最早起源于古罗马时期的大“Domus”(家族主管)以及中世纪时期的大“Domo”(总管家)。现代意义上的家族办公室出现于19世纪中叶,一些抓住产业革命机会的大亨将金融专家、法律专家和财务专家集合起来,研究的核心内容是如何管理和保护自己家族的财富和广泛的商业利益,同时使税务能得到很好的筹划,并且缓解家庭内部的冲突等。

家族办公室从富有家族的考虑出发,为其提供各种专业的管理咨询和操作服务,其中包括律师、注册会计师、投资管理、股票经纪人、保险代理、银行、还有独立信托实体等。家族“助理”的职责也被家族办公室担当起来了,规划家族后代教育、考虑家族安全、慈善安排、遗产规划等服务也属于家族办公室服务的范畴。与家族基金会类似,家族办公室除了要管理和传承有形财富之外,更重要的是对家族无形财富进行塑造和传承。

从服务对象来说,家族办公室分为单一家族办公室和联合家族办公室。前者只服务一个家族,后者往往服务多个家族,所以也叫多家族办公室。

而清华大学五道口金融学院的高皓博士等人,依据家族办公室的不同定位,将其分为五种类型,分别为内置型、外设型、分离型、一体型和控股型。如表5-3-1所示:[①]

---

① 新财富:高皓、刘中兴、叶嘉伟:《FO光谱模型:定位你的家族办公室》,载http://www.xcf.cn/jrdd/201406/t20140624_604875.htm,最后访问日期:2016年8月28日。

表 5-3-1　家族办公室的 5 种类型

FO 阶段	FO 类型	含义	与家族和企业的相对位置	举例
家族企业（Family Business,FB）主导阶段	内置型	FO 为企业的内设部门或者企业员工及其组合	与企业距离为零	三星秘书室
	外设型	FO 与家族企业平行，为独立的法人实体	介于家族和企业之间	戴尔家族办公室 美的何家族/盈峰资本 南丰陈氏家族/南丰投资
	分离型	FO 与家族企业相分离	与家族距离为零	皮特卡恩家庭信托 龙湖地产蔡氏家族信托
FO 主导阶段	一体型	FO 成为新的家族企业	与企业距离为零	洛克菲勒/Rockefeller & Co 斯科特家族/SandAire 恒隆陈氏家族/恩荣金融
	控股型	FO 控股多家家族企业	介于家族和企业之间	欧尚穆里耶兹家族协会 菲亚特阿涅利家族/EXOR

无论哪一种家族办公室，都需要依据家族或者家族企业的不同发展阶段、不同的需求等进行选择、设立和调整。

综合以上分析，我们通过一个表来总结赠与、附条件赠与、遗赠、人寿保险与信托这五种方法的优劣势（因慈善基金会与家族办公室是更为系统的财富管理工程体系，暂且不做比较）。

表 5-3-2　家族财富传承工具优劣势分析

效果/工具	遗嘱	赠与	附条件赠与	遗赠	人寿保险	家族信托	家族基金会
传承实现的可能性	可能落空	立即实现	立即实现	可能落空	比较可靠	有保证	有保证
被继承人对财产的掌控力	好	不好	好	好	好	好	好
防止子孙挥霍	不好	不好	身前可以，身后不能	不能	身前可以，死亡不能	能	能
后代婚姻风险	有漏洞	有漏洞	有漏洞	有漏洞	较好	很好	很好
被继承人的债务隔离	不好	较好	较好	不能	不能	能	能
继承人的债务隔离	不能	不能	不能	不能	能，但有漏洞	能	能

续表

效果/工具	遗嘱	赠与	附条件赠与	遗赠	人寿保险	家族信托	家族基金会
遗产及赠与税风险	目前没有	目前没有	目前没有	可能追溯	目前没有	能	能
和谐传承	不能	不能	不能	身前可以，身后不能	有可能实现	能	能
其他限制	旷日持久	成本较低	成本较低	确认接受遗赠时限较短	年龄有限制	成本较高	门槛较高

第四节　大额保单在家族传承规划中的应用

首先我们来分析一下保险权益的基本架构,保险合同中涉及各当事人及关系人各方权利义务如图5-4-1所示:

而其中投保人核心的权利表现为保险财产的所有权、退保获取现金价值、获得红利及收益,其核心的义务则是支付保费;保险公司核心权利为收取保费,核心的义务则为支付保险金;被保险人为保障的标的,其最核心的权利为获取理赔金以及生存金的给付;受益人最大的权利就是获得赔偿金,当然受益人是可以变更的。

从图中我们可以看出,鉴于保险独特的法律架构,资产的所有权依据一定的法律规定在四方当事人中进行转移,这是任何其他传承工具所不具备的。可以说,大额保单的保全和传承正是在这所有权的转移过程中实现的。以下我们便来分析一下大额保单在家族传承中如何应用。

大额保单的投保人和被保险人可以在法律规定的范围之内,灵活指定大额保单受益人及其收益比例,并在大额保单赔付之前,具有更改受益人及其受益比例的权利,从而实现财富的传承,甚至是代际的精准传承。

一、人力资本的体现

人力资本(Human capital)是指劳动者受到教育、培训、实践经验、迁移、保健等方面的投资而获得的知识和技能的积累,亦称"非物力资本"。由于这种知识与技能可以为其所有者带来工资等收益,因而形成了一种特定的资本——人力资本,也可称为人一生的时间价值,更通俗的说法:这个人值多少钱。虽然不能万事都用金钱去衡量,但是在家族中,每一个家族成员都有其人力资本,如何量化?以死亡为给付条件的人寿保险提供了很好的衡量标准。通过投保人寿保险锁定家族成员的人力资本。我们亦可以称为家族成员的IPO计划,总有一天会上市。

那么,市盈率是多少呢?这里就需要考虑杠杆的因素了。举例来说,一位43岁的男性企业家,趸交700万元左右可以获得1000万元的保额,若分为十年交,则每年大概交80万元,总共交800多万元,市盈率一倍多。越年轻保费越低,越健康保费越低。境外保险公司提供的大额万用寿险,通过境外私人银行等机构做结构化产品,将会获取更高的保障杠杆。但也需要注意,金融产品的杠杆效果高低与风险大小成正比,保险也不例外,高杠杆意味高风险。

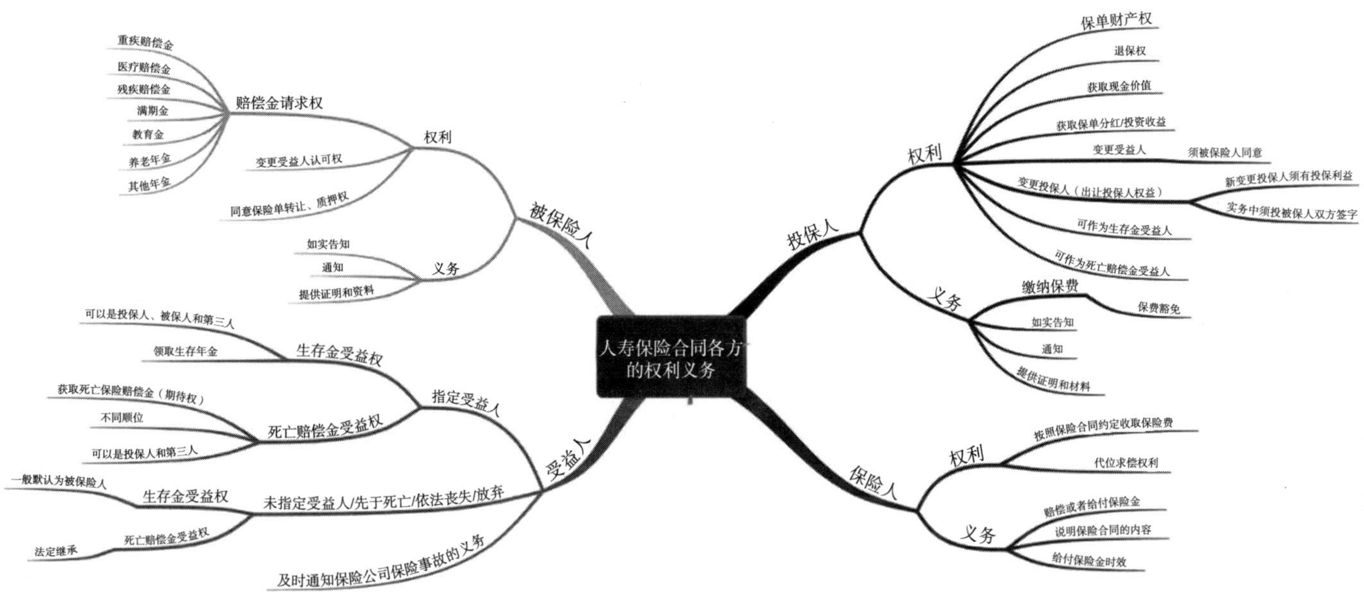
人寿保险合同各方的权利义务
投保人
权利
保单财产权
退保权
获取现金价值
获取保单分红/投资收益
变更受益人
须被保险人同意
变更投保人（出让投保人权益）
新变更投保人须有投保利益
实务中须投被保人双方签字
可作为生存金受益人
可作为死亡赔偿金受益人
义务
缴纳保费
保费豁免
如实告知
通知
提供证明和材料
保险人
权利
按照保险合同约定收取保险费
代位求偿权利
义务
赔偿或者给付保险金
说明保险合同的内容
给付保险金时效
被保险人
权利
赔偿金请求权
重疾赔偿金
医疗赔偿金
残疾赔偿金
满期金
教育金
养老年金
其他年金
变更受益人认可权
同意保险单转让、质押权
义务
如实告知
通知
提供证明和资料
受益人
指定受益人
生存金受益权
可以是投保人、被保人和第三人
领取生存年金
死亡赔偿金受益权
获取死亡保险赔偿金（期待权）
不同顺位
可以是投保人和第三人
未指定受益人/先于死亡/依法丧失/放弃
生存金受益权
一般默认为被保险人
死亡赔偿金受益权
法定继承
及时通知保险公司保险事故的义务

图5-4-1

二、为遗产税准备流动性资产

通过购买人寿保险，指定身故受益人，实现资产传承。

《保险法》第四十二条　被保险人死亡后，有下列情形之一的，保险金作为被保险人的遗产，由保险人依照《中华人民共和国继承法》的规定履行给付保险金的义务：

（一）没有指定受益人，或者受益人指定不明无法确定的；

（二）受益人先于被保险人死亡，没有其他受益人的；

（三）受益人依法丧失受益权或者放弃受益权，没有其他受益人的。

受益人与被保险人在同一事件中死亡，且不能确定死亡先后顺序的，推定受益人死亡在先。

《遗产税法草案》第五条　不计入应征遗产税总额的有：……（四）被继承人投保人寿保险所取得的保险金。

而从国际惯例来看，大多数国家的人寿保险理赔金都是免征遗产税的。另外，很多的高净值客户家族成员是有不同国籍身份的，那么这些国家很有可能是征收遗产税的，因此，必须提前合理规划，才能将家族财富更好的传承下去。

此外还需要提醒的是，遗产税的征收一般采取“先完税，再继承”的方式，而保险赔偿金以现金形式支付，可以为遗产税准备部分应税现金。

三、实现有控制权的转移与传承

传承能够按照高净值人士的意志进行，实现有控制权的转移与传承。无论是法定继承、遗嘱继承、遗赠还是生前赠与，有时候都难以完全实现被继承人的意愿，各种各样的变化导致难以做到真正意义上的有控制的转移和传承。而通过大额保单的方式传承财富，则能够更好地实现有控制力的转移和传承。

主要有以下三种实现方式：

方式一：父母作为保单的投保人，拥有对保险财产的绝对权利，可以按照自己的意愿对保单进行设计。比如，可随时通过撤销保险合同而获得现金价值；再如，可以与被保险人一起，随时更改受益人，在子女不孝或者挥霍败家的时候，通过这些方式保全家族财富，并在其做出让投保人满意的改变后，再重新购买保单或者重新变更收益,从而实现对家族财富的控制。

方式二:父母为子女购买的大额保险,或者以子女为受益人的大额保险,在子女离婚时,保单不会被分割,从而避免子女婚姻的变化对家族财富带来的分割风险,让自己创造的财富,一直归自己掌控。

方式三:父母为子女购买的大额保险,或者以子女为受益人的大额保险,可以有效对抗子女有可能面临的债务,如果子女欠债,则因为这份合同并不属于孩子的财产,而不会被债权人追偿。从而让父母对这部分资产依然享有掌控。

四、隐蔽性较好

保险的签订一般只在当事人之间,保险金的理赔基本上也不需像遗嘱那样,必须所有继承人到场并要求每位法定继承人和遗嘱继承人均对该遗产分配方案表示同意,因此,可以比较好的实现隐私保护,以避免出现不必要的家庭不和谐因素。

五、与信托的结合

当大额保单还没有理赔前,无论是有控制力的传承属性,还是较好的隐私保护功能,都能够得到很好的体现,但是当大额保单理赔以后,由于此时保险已经终止,就很难再用原有的保险架构来进行传承的安排了,也就既无法避免受益人挥霍败家、债务连带、婚变分割等对财富的影响,也无法保护其资产的隐私。

但若将大额保单与私人信托相结合,也即设立保险金信托,以受托人作为大额保单的受益人,当大额保单发生理赔后,保险理赔金直接进入私人信托而成为信托财产,并依据《信托法》及其相关法律法规的规定,结合投保人的意愿,对保险理赔金进行保全与管理,既最大限度地避免受益人挥霍败家、债务连带、婚变分割等对财富的影响,也充分保护其资产的隐私,从而更好地实现家族财富有控制力的传承的目的。

关于保险金信托,将在后面予以介绍,在此不做赘述。

六、保险与其他法律工具的结合运用

家事无小事,传承亦无小事。面对复杂的家族环境和多样化、个性化的传承需求,很难用单一的工具进行筹划,因此,往往需要将多种工具组合使用,包括大额保险、私人信托、遗嘱、财产协议、赠与协议等。

除了大额保单与私人信托结合使用之外,大额保单还可以与遗嘱结合使用,如以自己为投保人为子女购买的大额保单,同时订立遗嘱,约定投保人身故后,保单的现金价值由指定的人继承;这就能够避免届时更改投保人的部分麻烦;又或者将大额保单与附条件赠与协议相结合,如父母将现金赠与子女并签订附条件赠与协议,约定子女只能用这笔资金购买指定的大额保单,并且不能进行退保,若违背协议,则父母有权撤销赠与。

七、大额保单传承规划的注意事项

尽管大额保单在传承方面有着其他规划工具无可比拟的作用,但是在使用大额保单进行传承规划的时候,仍然需要注意以下几个方面:

1. 保单险种的选择:寿险还是年金类保险。

2. 保险与家族信托的结合。保险与信托的结合运用可以将传承效率最大化,我们将在其他章节专门阐述。

3. 合理使用杠杆。

4. 继承人为多人的保险金领取。

《保险法司法解释(三)》第十四条规定,保险金根据《保险法》第四十二条的规定作为被保险人的遗产,被保险人的继承人要求保险人给付保险金,保险人以其已向持有保单的被保险人的其他继承人给付保险金为由抗辩的,人民法院应予以支持。

现实生活中,被保险人的继承人可能是多人,如果仅其中一个或者部分继承人持有保单向保险人申请理赔,保险人可否直接向该继承人给付保险金?或者保险人需要审查是否有其他继承人,待全部继承人到齐后才给付保险金?对此存在不同观点。《保险法司法解释(三)》的观点为,保险金根据《保险法》第四十二条规定作为被保险人遗产,被保险人的继承人要求保险人给付保险金,保险人以其已向持有保险单的被保险人继承人给付保险金为由抗辩的,人民法院予以支持。

我国继承法虽然没有规定遗产管理人,但对遗产保管人作出了规定,在《继承法》第二十四条,遗产保管人不仅可以适用于法定继承,也可以适用于遗嘱继承中。只要拥有被继承人的遗产,就负有妥善保管的义务。遗产保管人和遗产管理人的区别在于,遗产保险人只需要尽到善良管理人义务,合理保存遗产即可,但是并不能享有像遗产管理人那样广泛的权利。

案例5-4-1 周某与某保险公司保险合同纠纷案[①]

2009年11月，周某在某电子公司打工期间因意外事故死亡。生前，周某在保险公司投保人身意外伤害保险。根据保险合同，保险公司应支付4万元赔偿金。保险合同未指定受益人。

2009年12月，周某妻子持保单向保险公司请求支付保险金。保险公司向周某妻子支付4万元保险金。

2010年1月，周某父母向保险公司请求支付保险金，保险公司以已支付给持有保单的周某之妻为由拒绝。周某父母即以保险公司为被告，提起诉讼。

周某父母称，保险公司在没有查清周某全部继承人的情况下，将全部保险金给付周某妻子不妥。

保险公司认为，周某妻子是第一顺位的继承人，其持有保单，保险公司已履行保险金给付义务。

法院经审理认为，因涉案人身保险合同未指定受益人，根据《保险法》第四十二条的规定，保险金应作为被保险人遗产。周某妻子为第一顺序法定继承人，向保险公司请求给付保险金，保险公司在核实其与被保险人的身份关系后，支付了全部保险赔偿金，已尽到合同约定的支付保险金的义务。至于周某父母、女儿以及周某妻子内部的保险金分配问题，属于法定继承法律关系，与本案保险合同纠纷不是同一法律关系，可另行解决，故驳回周某父母的诉讼请求。

5. 家庭成员同时身故的继承与受益人顺序的认定。

受益人与被保险人存在继承关系，在同一事件中死亡且不能确定死亡先后顺序的，人民法院应根据《保险法》第四十二条第二款的规定推定受益人死亡在先，并按照保险法及本解释的相关规定确定保险金归属。

在处理此类保险合同纠纷案件时，应明确区别两点：一是当受益人与被保险人不存在继承关系时，适用保险法同时遇难死亡时间推定；二是当受益人与被保险人有继承关系时，在对保险金定性时适用保险法同时遇难死亡时间推定，在确定遗产继承人范围时必须适用最高人民法院继承法意见的同时遇难死亡时间推定。

一方面，《最高院继承法意见》第二条是针对《继承法》所作的解释，与《继承

---

① 杜万华主编：《最高人民法院关于保险法司法解释(三)理解与适用》，人民法院出版社2015年版，第368页。

法》《保险法》一样，在各自调整的范围内均为有效。另一方面，继承法主要调整被继承人死亡后引发的继承问题，《最高院继承法》意见第二条是对有继承关系的多人同时死亡如何发生继承进行调整，而《保险法》主要针对保险行业、保险公司及保险合同进行规范的法律，《保险法》第四十二条第二款主要对被保险人与受益人同时死亡时保险金如何分配进行规定。二者的调整范围不一致，《保险法》第四十二条第二款与最高人民法院继承法的意见第二条适用于各自调整范围内法律关系。法院审理相关案件时，可在裁判文书中交代清楚两者适用的界限。①

案例5-4-2　徐某与某保险公司保险合同纠纷案②

被保险人陆某（女）和受益人张某系一对恋人，2002年2月6日，陆某与某保险公司签订终身保险合同，约定投保人为陆某，被保险人是陆某，受益人是其男友张某。2002年12月15日，陆某在一起交通事故中意外身故，但同时，张某也一起身故。

事后，太仓保险公司将保险金理赔给了陆某的继承人。张某的继承人许某认为，被保险人和受益人都已死亡，保险公司应将保险金支付给受益人的法定继承人，遂提起诉讼。

法院认为，受益人基于保险合同的约定，而非法定。受益权是期待权，只有当保险事故发生时它才成为一种现实的财产权。根据保险法规定，如果受益人先于被保险人死亡，其受益权就因此丧失，保险金的请求权仍归被保险人，因此受益权不能作为受益人遗产而由受益人的继承人继承。

本案中，当保险事故发生时，受益人与被保险人同时死亡，因此，受益人的继承人不能继承受益权。另外，在人寿保险合同中习惯上往往认为投保人是在为自己利益而投保，当发生受益人和被保险人同时死亡情形，应当推定受益人先予被保险人死亡更符合投保人为自己利益投保的目的。本案中，受益人和被保险人同时死亡使得投保人为受益人所设定的利益落空，如果将保险金理赔给予投保人没有保障利益的受益人的继承人，这不符合投保人为自己利益投保的目的，也不符合我国保险法的精神，因此判决驳回许某的诉讼请求。

---

① 张玉良：《被保险人和受益人同时死亡保险该赔谁?》，载《中国保险报》2012年1月12日，第8版。

② 杜万华主编：《最高人民法院关于保险法司法解释（三）理解与适用》，人民法院出版社2015年版，第383页。

可见，本案中，应根据《保险法》第四十二条规定，推定受益人先死亡，受益人继承人无权要求继承保险金。法院判决驳回受益人继承人的诉讼请求，符合法律规定。本案从一个侧面印证被保险人与受益人同时遇难时推定受益人先死亡的合理性。如果推定陆某先死亡，保险金由张某的继承人享有，张某的继承人显然与投保人、被保险人陆某并无亲属或者感情上的联系，让张某的继承人取得保险金显然不符合陆某的真实意愿。

实践中，有可能存在多张保单，而多张保单中的被保险人、受益人可能不一致。受益人与被保险人同一事件中死亡不能确定死亡先后顺序时，推定受益人死亡在先，这是法律上的推定，与客观事实不一定相符。在被保险人与受益人存在多份保单，不同保单中的被保险人与受益人可能完全相反，在适用以上规则推定受益人死亡在先时，不同保单可能会得出不同的结论。例如，张某以自己为被保险人订立生死两全保险合同，指定其配偶王某为受益人；同时王某以自己为被保险人也订立一份意外伤害险，指定其配偶张某为受益人。张某与王某在同一车祸中死亡，无法确定死亡先后顺序的，则根据推定受益人先死亡的规则来认定，两份保单会得出不同的死亡顺序：第一份保单中，被保险人是张某，受益人是王某，推定王某先死亡；第二份保单中，被保险人是王某，受益人是张某，推定张某先死亡。这种结果确实存在难以理解之处，但对于法律适用人员来说，须严格依据以上规则推定。

案例5-4-3 余某与某保险公司保险合同纠纷案①

顾某与余某是夫妻，育有一子小余。

2008年7月25日，顾某以本人为被保险人向某保险公司投保康宁终身寿险、康宁定期保险各一份，受益人为其子小余。

2009年4月25日，顾某为其子小余投保国寿两全险(分红型)以及国寿附加提前给付重大疾病保险，受益人为顾某。

2012年1月27日，案外人高某驾驶小轿车操作不当，发生交通事故，致使顾某、小余当场死亡，高某负事故全部责任。

事故发生后，保险公司认为，小余为被保险人、顾某为受益人的寿命合同，根据保险法的规定，推定受益人顾某先死亡，小余的遗产由其父余某继承，并向余某给付了理赔款。

---

① 南京市鼓楼区人民法院(2012)鼓商民初字第497号。

对于顾某为被保险人、小余为受益人的保险合同，保险公司推定受益人小余先死亡，被保险人顾某的遗产应当由其配偶、父母等人继承。因此，拒绝向顾某丈夫余某给付保险金。

法院认为，投保人顾某与保险公司签订保险合同合法有效，被保险人顾某在保险责任期间内死亡，已构成保险事故，保险人应当承担赔偿责任。关于顾某和小余在同一交通事故中同时死亡的情况下，如何推定死亡先后顺序的问题，根据法律规定，应推定受益人先于被保险人死亡。本案系保险合同纠纷，确定的是保险金的归属，应当适用保险法的规定。本案中，保险法推定受益人先于被保险人死亡的特殊规定，要先适用继承法司法解释中继承推定死亡顺序的规定。根据特别法优先于普通法的原则，应适用保险法。此案例涉及同时遇难规则的几个重要问题：

一是适用条件，即同一事件中死亡不能确定死亡先后顺序的认定；二是存在继承关系的被保险人与受益人同时死亡的，在不同法律关系中应适用不同的推定规则；三是被保险人与受益人存在多份保单且不同保单中的身份不一致时可能存在不同规定。

6. 保险受益人为多人，部分受益人丧失受益权的，该受益人应得的受益份额如何分配的问题。

实践中，部分保险受益人在保险事故发生前死亡，放弃受益权或者依法丧失受益权的，该受益人应得的受益份额应由谁享受存在争议。有观点认为，受益人是基于被保险人或投保人的指定享有保险金请求权，若其在保险事故发生前因各种原因丧失受益权的，应由被保险人或投保人重新确定受益人，否则该受益份额由被保险人享有，也就是说该份额的死亡受益金作为被保险人的遗产。另有观点认为，受益人虽然是基于被保险人或者投保人的指定享有保险金的请求权，但受益人一旦被指定，受益人的受益权益具有独立性，受益人在保险事故发生前丧失受益权的，应由其他受益人进行分配。①

《保险法司法解释(三)》最终采用了后一种观点，就是受益份额由其他受益人进行分配，因为考虑到根据《保险法》第四十三条的规定，受益人先于被保险人死亡或者受益人放弃受益权或依法丧失受益权又没有其他受益人的，保险理赔金才作为遗产处理。这里还有其他的受益人，当然不应当作为遗产处理，而应当由其他受

① 杜万华主编、最高人民法院民事审判第二庭编著：《最高人民法院关于保险法司法解释(三)理解与适用》，2005 年 12 月，第 325 页。

益人进行分配。

但由其他受益人进行分配的情况，如果存在两个顺位以上的受益人，又存在两种观点。第一种观点认为，第一顺位受益人部分丧失受益权的，应由其他第一顺位受益人对份额进行分配，唯有第一顺位受益人均丧失受益权后，第二顺位受益人才能进行受益权的分配。第二种观点则认为，第一顺位部分受益人丧失受益权，这一部分受益权应当由第二顺位受益人进行分配。在《保险法司法解释（三）》中，采用了第一种观点。投保人和被保险人一般是根据不同受益人与其关系的远近亲疏确定不同受益人的受益顺序与受益份额的，关系较近、较亲的一般顺序在先，而关系较远的顺序在后，关系基本相同则在同一顺位来分配受益份额。如果探究投保人或者被保险人的真实意愿，顺序在先的受益人在保险事故发生前丧失受益权的，其更可能是让关系更近、顺序在先的受益人取得受益权，而不是让关系较远，顺序在后的受益人取得受益权。

基于上述考虑，最高人民法院在《保险法司法解释（三）》第十二条中对这种情形作出了明确的规定，使保险受益份额的分配有了比较完善的法律依据。

《保险法司法解释（三）》第十二条

投保人或者被保险人指定数人为受益人，部分受益人在保险事故发生前死亡、放弃受益权或者依法丧失受益权的，该受益人应得的受益份额按照保险合同的约定处理；保险合同没有约定或者约定不明的，该受益人应得的受益份额按照以下情形分别处理：

（一）未约定受益顺序和受益份额的，由其他受益人平均享有；

（二）未约定受益顺序但约定受益份额的，由其他受益人按照相应比例享有；

（三）约定受益顺序但未约定受益份额的，由同顺序的其他受益人平均享有；同一顺序没有其他受益人的，由后一顺序的受益人平均享有；

（四）约定受益顺序和受益份额的，由同顺序的其他受益人按照相应比例享有；同一顺序没有其他受益人的，由后一顺序的受益人按照相应比例享有。

第五节 实例分析

曾经看过一个“创一代”与“富二代”的对话节目。对话的两个人分别是“娃哈哈”的掌门人宗庆后和希望集团刘永好的女儿刘畅。作为典型的“创一代”，宗庆后希望给孩子留下来的是精神，他认为每一代要有创造的能力，要有创造自我，创造财富的能力，而不是单纯地坐吃山空，财富可以传下去，但他更注重的是精神；而作为“富二代”的刘畅看到的则是压力，因为父辈给了那么大的一个担子，那么多的财富，这对他们来说是一个非常大的压力。所以刘畅认为“富二代”应该是“负二代”，代表了两个“负”，一个是背负的“负”，另一个是减法的“负”。两人的对话充分说明了第一代与第二代想法之间是有很大差距的。

“创一代”年轻的时候打拼出自己的一片事业天地，对自己的事业非常有感情，企业从某些角度就如同自己的另一个孩子，他们非常希望自己的企业能够顺利的传承下去，就如同生命的延续，基因的传承。他们基本上都会送孩子们出国接受更好的教育，在经过一段时间的海外生活之后，很多“富二代”会倾向于选择移民留在国外生活，也有一些选择回国。但是毋庸置疑，家族企业两代人在交接班意愿的契合度上存在较大差异，时代的变迁造成了两代人价值观的不一致，很多“富二代”也有自己的兴趣爱好，对父辈的行业不甚了解也不是特别有兴趣了解，当然，也有不少二代选择做“创二代”，但总体来看大多数是不愿意接班的。下面笔者就用亲历的案例[①]来剖析企业家传承之“惑”。

一、案例背景描述

案例 5－5－1[②]

张总现年 65 岁，张太太 63 岁，居住在北方某大型城市。张总拥有一家房地产公司及一家制造业公司，其中房地产公司属于中小规模，因为近些年房地产政策的收紧，张总的公司已经很多年没有新开发的项目了，之前开发的写字楼仍保留了部

① 声明：案例已经过艺术处理，如有雷同，纯属巧合。

② 曾祥霞、刘长坤：《都说富不过三代，专家教你如何破解家族传承难题》，载《财智生活》2016 年 6 月刊。

分,目前这些写字楼每年的租金大约1000万元。经营之制造业公司总资产约6亿元,企业效益良好,每年净利润将近2000万元,并可预期未来五年持续盈利。

张总在全国各地房产拥有十多套房产,总价值1.5亿元。金融资产总共约8000万元,张总对银行有相当高的信任度,大部分个人资产分别交由国内三家银行私人银行进行打理。同时也配置了部分集合信托产品,金融产品类型比较均匀地分布在集合信托、银行理财及短期银行保险产品。2015年年初股市大涨,张总在理财人员的建议下配置了一些股票型基金,目前处于亏损状态。另外,家里还有一些古玩字画等艺术品。并有一部分海外资产的配置,价值约300万美元。

张总的父母已经过世,有一兄一姐一弟,张太太的母亲已经过世,父亲现年88岁,张太太有一兄一弟。张总和张太太育有一儿一女,女儿张文锦34岁,从小对艺术比较感兴趣,成年之后赴欧洲学习,毕业之后回国陪伴父母左右,但经常会出国参加一些国际艺术交流活动,回国后创办了自己的画廊,六年前与男朋友结婚并生子,儿子乐乐现年5岁,婚姻较稳定。儿子张文宇现年29岁,在美国学习金融专业并留在美国工作,两年前办理了投资移民,目前持有美国绿卡,并在美国加州购置了一套房地产,没有固定交往对象。

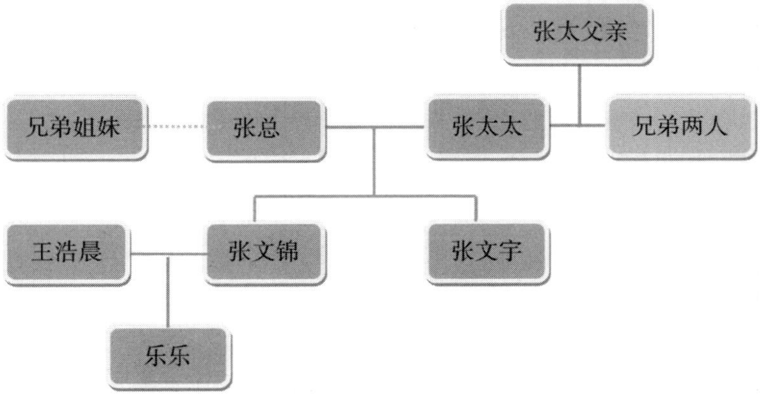

图5-5-1

虽然张总非常希望一双儿女能够接班,但是现实面临着很大的难题,那就是儿子和女儿接班的可能性都不是很大。女儿张文锦有自己的兴趣爱好,且生性淡泊,并不是特别适应商场上的氛围;儿子对家里的企业没有太大兴趣,另外他也不愿意别人认为自己只能靠家里。

去年冬天,张总一位同龄挚友因癌症去世,张总一下感叹世事无常。也对自己家族企业以及财富如何传承感到焦虑而茫然。

通过案例描述我们可以看出,张总属于比较典型的中国民营企业家“创一代”,经过多年的努力积累了丰厚的财富,对企业付出了很多心血,希望孩子能够接班,但现实中“传给谁”这个问题又给张总打了大大的一个问号。下面我们一起来梳理张总财富传承过程中有可能遇到的问题,并寻求切实可行的解决方案,让张总的财富能够得以更好地传承。

二、张总财富规划的需求分析

(一)张总的“烦心事”

如图所示,张总的烦心事的确不少:

1. 家人品质生活的安排:首先,全家人的身体健康问题,每年是否都会做详细的体检,以保障身体处于最佳的状态,将小的病灶防患于未然。随着年龄的增大,张总与张太太更需要注重身体的保养;其次,张总和张太太的养老生活以及家人们的基本品质生活是否已经有安排?包括资金的安排与生活方式安排?

2. 保险保障:家人们是否已经拥有足额的保险保障;是否做好现金流规划?是否已经构建家业与企业的防火墙?

3. 女儿与儿子婚姻风险:女儿目前婚姻稳定,儿子不太定性,但世事难料,如何有效防范子女们有可能出现的婚姻风险。

4. 投资规划:随着年龄的增长,张总的投资产品组合配置比例是否需要调整?是否需要配置不同币种的资产?

5. 中国未来遗产税的准备:是否要做准备?如何做准备?

6. 房产传承:房产在家庭资产中所占比例是否合理?房价一直会在高位吗?是否需要出手一部分?未来有可能面临的房产税几何?房产继承手续又将如何办理?

7. 企业经营风险:凭借多年的积累,企业目前经营还比较有声有色,但行业周期是否会有变化?若将来儿女均不接班,职业经理人的方式又将会面临着什么样的风险?

8. 企业传承问题:企业传承一定要传承所有权吗?可否将所有权、经营权与受益权进行分离?

9. 移民规划:儿子张文宇是否打算在美国永居,如果有此打算,那么以外国人身份继承国内遗产的诸多限制该如何应对?

10. 艺术品的传承:艺术品如何传承?

11. 家族精神的传承。

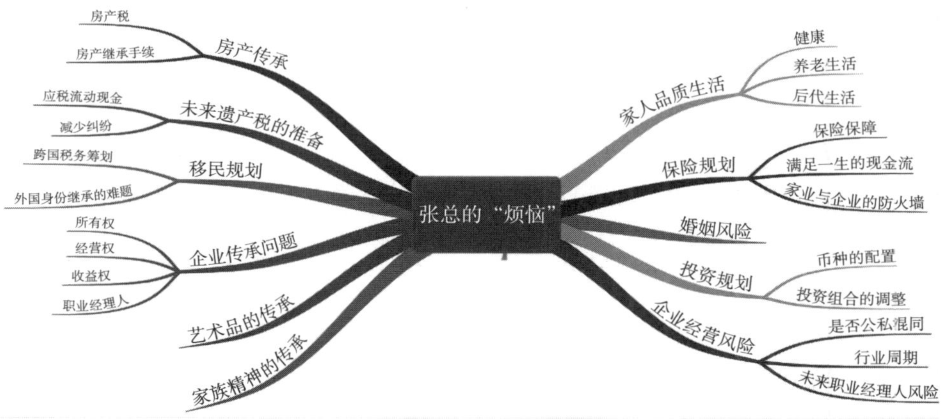

图 5-5-2 张总的"烦恼"

(二)烦恼背后的逻辑

在张总看似纷繁复杂的烦恼背后,围绕的是三个基本逻辑:

其一,对财富的认知。财富是什么?财富究竟应该为我所用还是我为财富所累,财富应该以何种形式存在更易于保全和传承?

其二,如何搭建财富保全架构,做好财富风险管理,包括健康、法律、税务、汇率、婚姻等风险,从而更好地保全家族财富?

其三,如何更有效的将有形资产(如企业、房产、金融资产和艺术品)和无形资产(如家风、家族精神)传承下去?

三、张总家族财富的传承规划

(一)建立家庭财富防火墙,保证家人品质生活

考虑到经营企业的风险,建议张总首先建立家业和企业之间的防火墙,具体做法就是拿出一部分资金对家庭品质生活进行一个安排,使其独立于家庭和企业财产之外,并保证其绝对安全,用来保证自己的高品质养老生活,成年儿女的基本生活和健康以及第三代的教育、基本生活和健康。以达到即使面临严重企业经营风险和家庭成员风险的情况下,依然能保证家族成员的基本生活和后代的教育不成问题,锁定家族的财富基石。需要注意的是,防火墙的建立一定是需要未雨绸缪的,必须在家庭净资产为正财务状况良好的时候进行,而非临时采取的应急权宜方法。

市场上很多保险公司的大额年金产品或者类年金的储蓄类型终身寿险可以很

好的实现品质生活现金流的规划。以张文锦为例，现年 34 岁，若一次性缴纳保费 520 万元，即可构建一个从 50 岁开始，每年领取 36 万元的生活收入现金流，直至客户生存到 99 岁。此时按照保险公司保底的投资收益率（3.5%），账户价值大约还剩下 161 万元，以身故保险金的方式赔付给受益人；若客户在 85 岁过世，此时账户价值还剩下 510 万元，以身故保险金的方式赔付给受益人。若按照中档投资收益（4.5%）测算，如果同样每年领取 36 万元的生活现金流，客户账户里面的价值将剩下 922 万元左右，以身故保险金的方式赔付给受益人。若客户在 85 岁过世，此时账户价值将剩下 850 万元，以身故保险金的方式赔付给受益人。（温馨提示：该利益演示基于保险公司精算及其他假设，不代表保险公司历史业绩，也不代表未来预期收益率）如此，将从很大程度上锁定收益稳定的现金流。

若结合张总的财富传承及女儿有可能产生的婚姻风险隔离等规划目标，建议可以以张总为投保人，女儿张文锦为被保险人，外孙乐乐作为死亡保险金受益人。并配以相关法律协议，约定将投保人权益赠与女儿张文锦，与其配偶无关，最好在进行一下公证。同样，如果张先生希望给儿子甚至外孙建立现金流账户，亦可以考虑类似的产品架构。不过因为儿子目前持有美国绿卡，为美国税务居民，在规划的时候需要考虑的因素将会更复杂。

（二）资产梳理及投资规划

1. 家庭资产的梳理

张总的家庭资产配比中，房产 1.5 亿元，金融资产 8000 万元，外汇 500 万美元，由此可见，不动产在其家庭资产中的占比是超过了半壁江山的，而金融资产占比相对是比较低的。这也是比较典型的从中国旧常态的经济高速发展中成长起来的企业家的特征。偏“重”的资产结构很可能会面临因全球老龄化问题加剧、地区需求变化，或货币汇率变动等风险而难以传承。而金融资产更便于灵活流通、分散配置，可随着市场环境的变化而调整，所以比起实业、房产这些手续烦琐、管理复杂的“重资产”，金融资产是可以更加高效地传承至下一代的“轻资产”。为了长远考虑，必须定期对资产比例进行梳理与调整。①

2. 从张总的家庭资产类型来看，需要进行全面的梳理，从张总目前投资组合中的持有的风险资产类型来看，也需要进行调整。要根据个人的风险承受能力以及

---

① 张煌义：《真正的财富，是挤掉了“风险水分”的资产》，载《私人财富》2016 年“金臻奖”优秀个人奖一等奖文章。

风险偏好来选择产品类型，对于一些偏股型或其他风险较大的金融产品审慎对待，最好征询专业机构或专业人士的意见，量身定做适合张总家庭情况的投资产品组合。

3. 不同币种资产配置：除了早些年配置了一定量的外币资产，张总的财富基本上均为人民币计价，这样将面临着单一货币贬值风险。当然，多币种配置并非十全十美，并可能要面临系统性风险和汇率风险。系统性风险有其共性，单一货币资产亦同样面临；汇率风险是双向性的，即几十年后的汇率相对于今天的汇率可能是升也可能是降，但未来几十年，最大的风险不在于汇率的升降，而在于若只持有单一货币计价的资产，该单一货币一旦贬值过多，损失是惨重的。因此，如果有条件可以适当增加一些以外币尤其是美元计价的海外资产配置。

（三）健康风险管理

健康风险主要是指疾病及意外等原因造成的人身风险。建议构建高端医疗保险与重大疾病保险相互配合的健康风险管理体系。

近年来兴起的高端医疗保险因其保障全面、私密性好、服务尊贵等特点广受高净值人士青睐。高端医疗保险属于费用补偿型保险，保障全面，保额非常高，相应保费较高，且随着年龄以及医疗费用的上涨而每年增长，张总夫妇俩如果以目前的年龄投保高端医疗每人每年的费用在 6 万到 8 万元，女儿一家三口整体的费用 8 万到 10 万元。儿子在美国，建议购买美国本土的高端医疗保险，每个月大约 400 美元。

重大疾病保险属于给付型的保险，可根据每个人的实际情况购买适当的额度即可。当然，以往年纪大的人可能因为身体健康方面的原因无法通过核保，但是随着近年来保险市场的细分，很多保险公司也推出了专门针对老年人市场的重大疾病保险。重大疾病保险对于高净值人士的意义在于其杠杆的方式，当发生损失较严重的健康风险发生的时候，可以确保这一部分资金及时到位，从而不至于因为短时间的大资金需求而造成流动性风险，从而影响其他的资金安排，并且对这一阶段的人力资本进行一定程度的补偿，由此使家庭或家族的财务架构更稳健。

（四）未来遗产税的规划

考虑到未来有可能开征的中国遗产税，张总必须提前做些准备，从国际经验看来，保险是解决这个问题最有效的工具，一是因为保险的杠杆作用，二来保险理赔正好创造一笔现金。但是,因为张总的年龄较大,能够选择的余地不多,保障成本相对也会比较高,另外也许因为身体健康等因素遇到保费的额外加费等情况,具体规划的细节还需根据投保实务中的实际情况而定。以下以国内某保险公司某款终身寿险为例说明。

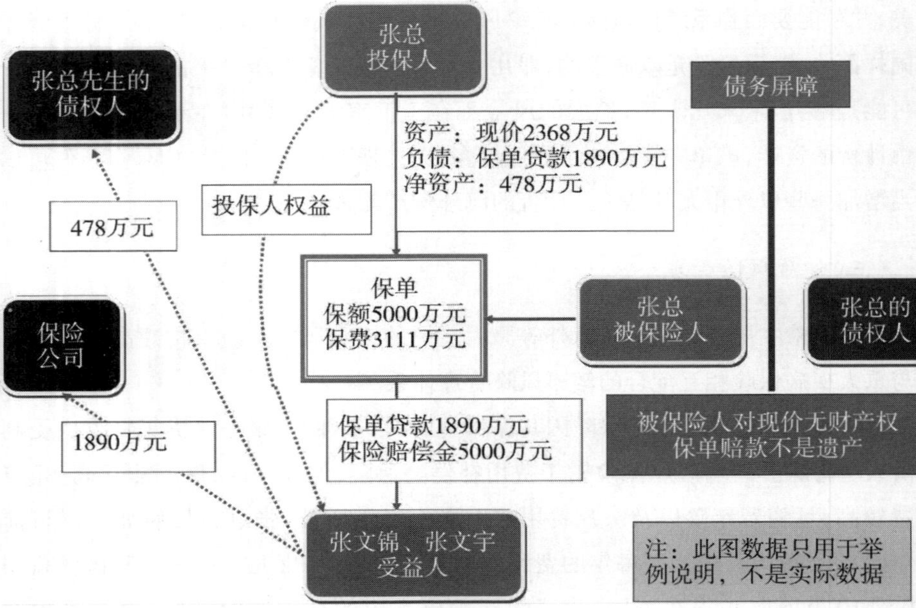

图 5 – 5 – 3

以张总为投保人,张总为被保险人,其儿女张文锦、张文宇为死亡保险金受益人,以趸交方式购买国内某保险公司终身寿险保单,保额 5000 万元,趸交,保费为 3111 万元,现金价值高达 2368 万元,可贷款 80% ,即 1890 万元,实际付出保费 1221 万元,杠杆倍数 4 倍。贷出的 1890 万元可做安全稳健的投资。这份保单同时还具备比较强的债务隔离能力,可以部分隔离张总的债务,张总作为被保险人,若其身故,则保险金将直接赔付给受益人,不纳入其遗产增收范围;另外,若张总陷入债务危机,依据代位清偿法理原则,受益人只需要付出现金价值的代价即可保全此保单,其儿女只需要将原来转入其名下的保单贷款再加上相当于现金价值 20% 的资金,就可以将保单转入自己名下。

当然,上述大额保单如果放入保险金信托,将更好的提升该架构的效力。虽然已经出现比较完备的保险金信托,但是因为目前境内家族信托作为投保人的制度障碍依然无法跨过，因此无法做到真正的人寿保险信托的效果。若设立保险金信托作为保单的受益人，理论上可行，但是会引发另外的一些问题，我们在大额保单与家族信托的章节有详细解析，在此不加赘述。

另外，因张总本人在境外有一定的资金，也是某知名私人银行的客户，可以咨询相关专业金融机构做一些保险的安排。从而更大程度地优化家族财富，并做一部分遗产税税源的准备。

（五）房产的传承

张总在国内的十几套房产，根据价值、地区分布、性质等进行妥善处理。建议可将大部分的房产出售，原因有三：一是考虑到目前国内二三四线城市房产风险很高，一线城市房价风险也不小；二是房产税的试点已经运行，未来很有可能全面铺开，那么又将会面临每年高额的房产税，持有成本升高；三是如果直接继承房产，因儿子的外籍身份，继承手续将较复杂。如果想配置房地产，建议可以考虑一下境外房产配置。也可以用信托持有，需要照顾的人为受益人，提前进行有控制力的传承。

在此首先需要提醒的是，因为儿子是美国身份，同时打算在美国长期生活。依照我国法律规定，外国人持有中国的住宅地产限制诸多，因此将来国内的几套房产要传给儿子会有困难，如果用公司持有再进行传承也可以，但是面临的税费比较高，成本比较大。

（六）古玩字画的传承

古玩字画等艺术品亦可以装进家族信托进行传承，事实上，信托持有艺术品从法规上并没有障碍。需要提醒的是，因为艺术品估值难、保管难，实际操作并不太容易。另外，艺术品也分很多种类型，目前国际上通行的做法是从拍卖公司买来的可能需要交，但如果是祖传的或者没有其他可供查询的交易方式取得，应该是不用交遗产税，但中国目前没有遗产税，开征的时候对艺术品会怎么约定就不得而知了。

（七）家族企业及企业家精神的传承

关于家族企业的传承，财富管理领域的前辈颜怀江博士对此做过非常形象的比喻，他说家族企业的传承就像是一辆奔驰在高速上的汽车，司机是“创一代”，副驾驶上坐的是“富二代”，要在高速运转的汽车中实现副驾驶到驾驶座的转移，其难度可想而知。

其实对于大部分“创一代”而言，家族企业的传承要更早的做准备。就如上面案例中海鑫钢铁的李沧海，就是因为遇到意外而导致儿子仓促接班。创业与守业不一样，“创一代”和二代在企业中的地位也不一样。创业一般要求要有一个比较强硬、独断专行的领袖，企业才能迅速高效的发展，企业的元老们对“创一代”都是比较臣服的，而且经过多年的磨合，自然比较融洽。家族财富达到一定程度后，就应该是守业了，古话说创业容易守业难。“求快”相对容易，“求稳”其实更难，更何况“守业”的二代掌门人能力、资历、人脉等比起“创一代”都会有一些差距。

本案中，张总的女儿及儿子都不愿意接班，但父亲希望将企业传承下去，目前看来唯一的办法就是传股权，运用家族信托架构，引入家族董事会机制，用职业经理人进行管理。因为儿子是美国身份，而家族企业又是制造业，在没有外资限制的情况下，首先要考虑境外控股架构的设立，以保证将来股权能顺利的转移至儿女手中，而不至于在张总百年之后因为继承手续的问题而使企业面临风险。

随着张总年龄的增大，职业经理人的选择也将提上日程，那么职业经理人的道德风险也是必须要考虑的，国内职业经理人治理企业的环境还不成熟，如果后代不接班，又没有绝对可靠的职业经理人，则将来企业大股东受损甚至于企业经营失败的风险都是比较大的，这一点建议张总要认真考虑。如果没有足够把握，其实将企业在很好的情况下进行高价出售也是一个不错的选择。

从国际经验来看，家族信托的架构结合家族委员会或者家族董事会机制是国内家族企业可以参考的一种治理机制。“创一代”应该在企业进入平稳发展期后，逐步引入这些机制，这样可以使家族企业由一个人的独裁变成家族成员的共同治理，通过“法治”代替“人治”，完善家族的利益分配和激励机制。这样的机制设计有几个好处：

(1)降低企业对创始人的依赖程度，可以防止因企业创始人突然离世造成企业经营混乱。同时因为董事会相对稳定，可以很好地传承企业的管理和文化。

(2)接班的二代掌门人接班初期完全可以依赖董事会进行工作，对其个人能力要求不用那么高，降低二代接班的难度。

(3)通过权力制衡，防止二代独断专行，导致家族企业经营失败。也可以防止二代挥霍家族资产。

(4)家族成员利益分配相对确定，激励机制相对完整。可以减少家族成员之间的利益冲突，降低内耗。同时也能激励家族内有能力的成员努力工作。

(5)当家族内部人才比较缺乏时，也方便引入和管理有能力的职业经理人。

以上针对张总家族传承的情况进行了简单的分析,必须要对自己的资产进行梳理并合理配置,构建系统化的财富管理系统,才能真正帮助张总解决所面临的“烦恼”,才能在纷繁复杂的国际金融市场和经济环境下,通过专业全面而精准的规划,帮助客户建立成熟、牢不可破的财富体系,从而顺利实现“创富、守富、传富”。

第六章

大额保单与税收筹划

照章纳税是每一个公民应尽的义务，税收是社会得以持续运行的基础。税收筹划必须合规合法。

“世界上只有两件事情不可避免，那就是税收和死亡！”

——本杰明·富兰克林

第一节 税收筹划基本知识

一、税收筹划的概念

在私人财富管理中，财产保全、传承与税收筹划是三大核心内容。“税收筹划”又称“合理避税”。它来源于1935年英国的“税务局长诉温斯特大公”案。当时参与此案的英国上议院议员汤姆林爵士对税收筹划作了这样的表述：“任何一个人都有权安排自己的事业。如果依据法律所做的某些安排可以少缴税，那就不能强迫他多缴税收。”这一观点得到了法律界的认同。经过半个多世纪的发展，税收筹划的规范化定义得以逐步形成，即“在法律规定许可的范围内，通过对经营、投资、理财活动的事先筹划和安排，尽可能取得节税（Tax Savings）的经济利益。”

美国南加州大学的W. B. 博格斯博士在与R. F. 梅格斯合著的《会计学》中写道：“人们合理又合法地安排自己的经营活动，使之缴纳可能最低的税收，他们使用的方法可称为税收筹划……少交税和递延缴纳税收是税收筹划的目标所在。”在中国，由唐腾翔、唐向编著的《税收筹划》一书中认为，“税收筹划是指在法律规定许可的范围内，通过对经营、投资理财活动的事先筹划和安排，尽可能地取得节税（Tax Saving）的税收利益”。

从税收筹划的定义可以看出，税收筹划必须符合以下几个特征：

（一）合法性

纳税人在不违反国家法律及税收法规的前提下，通过事前安排及筹划纳税方案来处理自己的生产、经营和投资、理财活动，可以尽可能减轻税收负担，但绝不可以违反法律。否则就不属于税收筹划，而是属于逃税行为。一个是合理合法的规划，另一个是违法犯罪行为，不可不审慎对待。

（二）贯穿性

从企业的纳税环节来看，纳税事务不但伴随在企业的各种经营活动中，同时也贯穿于企业的整个生命周期中。纳税环节的各纳税事务之间相互联系、相互作用，并形成一个循环整体。因此，税收筹划也应当贯穿于企业生命周期的全过程。

（三）目的性

每一个税收筹划，都应当是结合当前税收环境，在法律允许的范围内合理安排各种涉税活动，以达到最大程度降低税收的目的。其每一种活动和流程的安排都是有目的的，否则很难成为有效的税收筹划。

二、高净值人士税收筹划的意义

本杰明·富兰克林说过，在这个世界上，只有死亡和税收是不可避免的。尤其是对于高净值家族，合理的税收筹划显得尤为重要，原因有三个：

（一）降低企业的税务负担

合理的税收筹划可以大幅度降低企业的税务负担，提升企业盈利能力，提升企业竞争力，为股东创造更大的价值。最具代表性的就是苹果的全球税收筹划案例。

案例 6－1－1

美国企业所得税法定税率在联邦层面可高达 35%，再加上州税，综合平均为 39%，为世界最高法定税率之一。爱尔兰法定税率 12.5%，为实际最低之一。基于此，美国跨国公司有很强的税务筹划动力，而爱尔兰的税制是美国税制的“完美搭档”，似乎就是专为美国公司进行税务筹划而设计的。

但是，法定税负是不能说明任何问题的。苹果公司的一个爱尔兰子公司 Apple Sales International（ASI）2009～2011 年的税前收入为 380 亿美元，但只缴纳了 2100 万美元的税款，税负 0.06%。

苹果公司避税的问题出现后，美国的参议院专门委员会对其进行过调查并发布了 300 多页的报告，美国证券交易所 SEC 对其也进行过调查，但是所有的结论都是苹果的整个税务架构是合法的，从法律上来讲是没有任何问题的，这是我们今天讨论的一个前提。另外，苹果公司签署的成本分摊协议每年都经过美国税务局审查，美国税务局也都一直认可。①

① “后鲁说国际税”：《苹果公司税务筹划案例分析》，载 http://www.360doc.com/content/16/0515/09/31317912_559254504.shtml。

（二）实现更有效率的财富传承

部分国家或地区开征有遗产税，高的税率区间甚至在50%左右。在财富传承中，如果不做好税收筹划，家族财富将在每一次传承中都会大幅折损。最具代表性的就是我国两大台湾地区首富的传承案例对比。

案例6－1－2

蔡万霖先生2004年去世时，留下了约46亿美元的庞大资产，约合1564亿元新台币。按照当时我国台湾地区的遗产税法，1亿元新台币以上必须缴纳50%的遗产税，蔡万霖应当缴纳23亿美元，约合780多亿元新台币的遗产税。但蔡万霖先生在生前结合保险，家族信托、家族基金会、离岸架构等工具对其财产做了很好的税收筹划，最后的结果是台湾地区税务局仅入账遗产税5亿元新台币。[①] 当然，对此媒报也有不同意见，有人也认为，之所以蔡先生遗产税仅数亿元，也是因为蔡氏家族结合保险，搭建多层投资公司与基金会等多种财富管理工具综合应用的结果。但不论如何，保险工具在其中也起了一定的作用。

而与之形成鲜明对比的是另外一位台湾地区首富王永庆先生，2008年，一代经营之神王永庆先生谢世，在台湾地区留下了约595.84亿元新台币的资产。王永庆先生虽然长于经营，但在税收筹划和传承方面的安排不敢恭维，身后连遗嘱都没有留下一份。直接后果就是面临巨额遗产税，如果按照当时台湾地区遗产税率，可能高达近300亿元新台币。但基于夫妻财产共有制，三名配偶共分得297.92亿元新台币，不用缴纳遗产税。剩余财产又捐赠了一部分，最后实际缴纳遗产税119亿元新台币。创下台湾地区遗产税新纪录。[②]

同样是台湾地区首富，一个留下1564亿元新台币，交遗产税5亿元新台币。另一个实际留下297.92亿元新台币，却缴纳遗产税达119亿元新台币。税收筹划的重要性不言而喻。

---

① 中国政法大学俞飞：《台湾遗产税那些事儿》，载http://www.fyfzw.cn/a/fangyuan/2013/__/2013/1206/53706.html。

② 《台商王永庆交119亿台币遗产税 创台湾最高纪录》，载http://news.163.com/14/0903/03/A56IBMMG00014AED.html。

（三）避免涉税风险

合理的税收筹划可以避免企业股东或者个人的涉税行政处罚甚至刑事风险。降低税负的工作每一个企业都在做，区别是有的企业的做法是合法合规的，而有的则可能存在违法行为。特别是在国内，因为税收负担过重和税务征管体系的不完善，使很多企业都在用很多“土办法”进行避税。常见的有：

1. 用个人账户收取公司账款；

2. 购买、虚开增值税发票、普通发票冲抵公司成本；

3. 私设小金库，账外经营；

4. 以现金形式发放工资，逃避个人所得税和社保缴存。

这四种方法都是违法行为，用个人账户收取公司账款带来的直接后果就是滥用法人权利导致有限责任公司的股东需要承担无限责任。而且逃税部分需要补缴税款，缴纳罚款。甚至可能入刑。虚开增值税发票则属于刑事责任。根据北京师范大学的《2015 中国企业家刑事风险报告》，2015 年共有 751 名民营企业家涉及刑事犯罪，其中虚开增值税发票一个罪名就占到 12.57%。后果极其严重。第三种、第四种行为后果和第一种行为类似。

而通过合理的税收筹划，不仅可以合理合法的降低企业税收，而且通过对税务架构和行为的梳理，能很好地避免涉税的违法行为，从而更好地保护企业股东，远离犯罪风险。

第二节　中国税收体系简介

我国现行的税收制度框架主要形成于1994年。目前，我国共有增值税、消费税、企业所得税、个人所得税、资源税、城镇土地使用税、房产税、城市维护建设税、耕地占用税、土地增值税、车辆购置税、车船税、印花税、契税、烟叶税、关税、船舶吨税17个税种。

一、增值税

增值税纳税人分为一般纳税人和小规模纳税人。对一般纳税人，对其销售收入中，扣除成本以后的增值部分征税，基本税率为17%。低税率为13%，对小规模纳税人，实行简易办法计算应纳税额，对全额征收率为3%。

二、企业所得税

中国企业所得税税率为25%。纳税企业分为居民企业和非居民企业，其中居民企业就其来源于国内和国外的盈利缴纳企业所得税；非居民企业则需要根据其是否在中国境内设立有机构或者办公场所，取得的收入与中国境内有没有联系等确定税基，现行税率为20%，实际执行的是10%。

三、个人所得税

中国个人所得税目前执行分项分类征收原则，即不同类型的收入执行不同的税率政策。(1)一般工资、薪金所得适用七级超额累进税制，起征点为3500元；(2)个体工商户、个人独资企业、合伙企业的生产经营所得和对企事业单位的承包经营、承租经营所得则适用5%～35%的五级超额累进税率；(3)其他的如股息、公司分红、投资收入、稿费收入等则统一适用20%的税率。

表6－2－1　个人所得税税率表(工资、薪金所得适用)

级数	全月应纳税所得额(含税级距)	税率	速算扣除数
1	不超过1500元	3%	0
2	超过1500元至4500元的部分	10%	105
3	超过4500元至9000元的部分	20%	555

续表

级数	全月应纳税所得额(含税级距)	税率	速算扣除数
4	超过9000元至35,000元的部分	25%	1005
5	超过35,000元至55,000元的部分	30%	2755
6	超过55,000元至80,000元的部分	35%	5505
7	超过80,000元的部分	45%	13,505

表6-2-2　个人所得税税率

(个体工商户的生产、经营所得和对企事业单位的承包经营、租赁经营所得适用)

级数	全年应纳税所得额	税率	速算扣除数
1	不超过15,000元的	5%	0
2	超过15,000元至30,000元的部分	10%	750
3	超过30,000元至60,000元的部分	20%	3750
4	超过60,000元至100,000元的部分	30%	9750
5	超过100,000元的部分	35%	14750

表6-2-3　个人所得税税率表(劳务报酬所得适用)

级数	每次应纳税所得额	税率	速算扣除数
1	不超过20,000元(含)的部分	20%	0
2	超过20,000元至50,000元(含)的部分	30%	2000
3	超过50,000元的部分	40%	7000

值得一提的是,2016年5月1日以前,我国对于交通运输业、建筑业、金融保险、娱乐业等七个行业不执行增值税,而执行营业税。顾名思义就是依据营业额或者说销售额来征税。除了娱乐业实行20%的税率外,其他税目的税率为3%或5%。但从2016年5月1日起,我国开始全面执行营业税改增值税,营业税彻底退出了历史的舞台。

第三节　世界主要国家和地区的税收制度特点

一、美国的税收制度

美国的税由两大部分组成，即联邦税和州税。联邦税以个人所得税、社会保险税、公司所得税为主，此外还有遗产税与赠与税、消费税、暴利税、印花税等。州税主要以财产税为主。

（一）个人所得税

个人所得税的纳税义务人为美国公民、居民外国人和非居民外国人。美国公民和居民外国人要就其在全世界范围的所得纳税，而非居民外国人仅就其来源于美国的投资所得与某些实际与在美国的经营业务有关的所得缴纳联邦个人所得税。个人所得税采用对综合所得计征的办法。

1. 课征对象包括劳务与工薪所得、股息所得、财产租赁所得、营业所得、资本利得、退休年金所得。

2. 应剔除的不征税项目有接受赠与、夫妇离婚一方付给另一方的子女抚养费、长期居住在国外取得的劳务收入、军人与退伍军人的津贴和年金、社会保险与类似津贴、雇员所得小额优惠、州与地方有奖债券利息、人寿保险收入、小限额内股息等。

3. 可扣除项目有在国外、州、地方缴纳的税款、医疗费用、慈善捐赠、付借款的利息、意外损失、取自政府储蓄计划的利息等。可以抵免的项目有家庭节能开支、抚养子女及赡养老人费用、已缴外国所得税。

从总所得中扣除这些项目后的余额为实际应税所得。依差额累进税率计税，按年计征，自行申报。家庭可以采用夫妇双方共同申报办法。税率表如下：

表 6－3－1

家庭收入（美元）	缴纳所得税比例	不缴纳所得税比例	因标准减项不缴纳所得税比例	因政策性抵税项目不缴纳所得税比例
10,000	0.6%	99.4%	99.8%	0.2%
10,000～20,000	19.2%	80.8%	43.7%	56.3%
20,000～30,000	39.1%	60.9%	19.2%	80.8%
30,000～40,000	58.7%	41.3%	5.4%	94.6%

续表

家庭收入（美元）	缴纳所得税比例	不缴纳所得税比例	因标准减项不缴纳所得税比例	因政策性抵税项目不缴纳所得税比例
40,000～50,000	69.4%	30.6%	2.2%	97.8%
50,000～75,000	85.6%	14.4%	1.3%	98.7%
75,000～100,000	94.7%	5.3%	1.4%	98.6%
100,000～200,000	98.0%	2.0%	4.5%	95.5%
200,000～500,000	99.0%	1.0%	8.8%	91.2%
500,000～1,000,000	98.5%	1.5%	5.8%	94.2%
1,000,000	99.0%	1.0%	23.5%	76.5%
总计	53.6%	46.4%	50.2%	49.8%

（二）公司所得税

公司所得税的课税对象包括利息、股息、租金特许权使用费所得，劳务所得，贸易与经营所得，资本利得，其他不属于个人所得的收入。实际应税所得，是指把不计入公司所得项目剔除后的总所得作法定扣除后的所得。将应税所得乘以适用税率后，再减去法定抵免额为实际应纳税额。其中，可扣除项目主要有符合常规和必要条件的经营支出与非经营支出，如经营成本、雇员工薪报酬、修理费、折耗、租金、利息、呆账、法定可扣除的已缴税款、社会保险集资、广告费；公司开办费的限期摊提、折旧、亏损与意外损失、法人间的股息、研究与开发费用等。可抵免项目有特定用途的燃料与润滑油抵免、研究与开发费用增长的抵免、国外税收抵免、财产税抵免等。

公司所得税的纳税人分为本国法人和外国法人。本国法人指按联邦或州的法律在美国设立或组织的公司，包括政府所投资的法人。本国法人以外的法人为外国法人。本国法人应就其全世界范围所得纳税，而外国法人则就其在美国进行贸易、经营的有关所得，以及虽然与其应纳税年度内在美国的贸易、经营无关，但来源于美国的所得纳税。公司所得税采用累进税率。

（三）遗产税和赠与税

美国的遗产税和赠与税分为三个部分，即遗产税、赠与税与隔代赠与税。

先说遗产税，就是人去世以后，根据其遗产的多少，其继承人需要缴纳相应的遗产税方可继承。遗产税是针对富人的税，其起征点很高，2015 年联邦政府遗产免税额是每人543万美元。超过部分采用18%～55%的17级累进税制。

表6－3－2

级数	应纳税遗产额	税率
1	0万～1万美元	18%
2	1万～2万美元	20%
3	2万～4万美元	22%
4	4万～6万美元	24%
5	6万～8万美元	26%
6	8万～10万美元	28%
7	10万～15万美元	30%
8	15万～25万美元	32%
9	25万～50万美元	34%
10	50万～75万美元	37%
11	75万～100万美元	39%
12	100万～125万美元	41%
13	125万～150万美元	43%
14	150万～200万美元	45%
15	200万～250万美元	49%
16	250万～300万美元	53%
17	300万美元及以上	55%

州	豁免额（美元）	最低和最高税率
康涅狄格州	200万	7.2%～12%
德拉瓦州	500万	0.8%～16%
夏威夷州	360万	0.8%～16%
缅因州	100万	0.8%～16%
马里兰州	100万	0.8%～16%
马萨诸塞州	100万	0.8%～16%
明尼苏达州	100万	0.8%～16%
新泽西州	67.5万	0.8%～16%

续表

州	豁免额(美元)	最低和最高税率
纽约州	100 万	0.8% ~16%
北卡莱罗那州	500 万	0.8% ~16%
俄亥俄州	33.8 万	6% ~7%
奥勒岗州	100 万	0.8% ~16%
罗德岛	89.2 万	0.8% ~16%
田纳西州	100 万	5.5% ~9.5%
维蒙特州	275 万	0.8% ~16%
华盛顿州	200 万	10% ~19%
哥伦比亚特区	100 万	0.8% ~16%

美国有一些州还有州遗产税,而且免税额一般都比较低,如华盛顿州是 200 万美元,而新泽西州遗产免税额只有 67.5 万美元,超过的部分就要交州遗产税。

再说赠与税。以 2015 年的政策为例,每个人一年的免征额为 1.4 万美元。每人一生有 543 万美元的生前赠与额,这与遗产税的起征点是一致的。如果每年超过 1.4 万美元或者总计超过 543 万美元,则要交赠与税。

当祖父母直接将财产留给孙子女,则又牵涉到隔代赠与税。因为美国国税局(IRS)认为这样会让 IRS 少征了一代的遗产税,必须补上,税率为 50%。简单地说,比如,甲留下的遗产除免征额外,应纳税资产为 1000 万美元,综合税率为 40%,直接留给孙子女的话。首先交遗产税 500 万美元,剩余 500 万美元再交 40% 的隔代赠与税,最后到孙子女手里就剩 300 万美元了。

需要非常注意的一点是,美国的非税务居民在美国的财产是要交遗产税的。现在很多中国人在美国买房产投资,而自己却没有移民美国,长期在中国居住。这种人如果去世,其在美国的财产需要缴纳美国的遗产税,且起征点仅仅 6 万美元。假设钱总在美国买了一套房子,价值 100 万美元,而钱总却既不是美国人,也没有美国绿卡,而且基本也不去美国。此时钱总一旦去世,其后代要继承这套房子的话,除去免征额 6 万美元,94 万美元的部分需要缴纳遗产税。我们一般建议钱总最好用信托或者公司持有房产进行投资,则能比较好的规避这个风险。

二、加拿大的税收制度

加拿大的税收制度和美国比较类似,也分为联邦税和省税、市税。但加拿大没有遗产和赠与税。

(一)公司所得税

加拿大公司税由联邦税和省税两级构成。联邦税为21%,此外另征1.12%的附加税。省税由各省制定,税率不等,目前在8.0% ~17%,魁北克省设立的主动收入税率为8.9%,阿尔伯塔和安大略省为8.0%。部分省还征收资本税。

(二)个人所得税

加拿大个人所得税也由联邦税和省税两级组成。联邦执行四级16% ~29%的累进税制。

2005年联邦所得税率如下:

表6-3-3

级数	应纳税额(加元)	税率
一	小于$36,378	16%
二	$36,378~72,756	22%
三	$72,756~118,285	26%
四	超过$118,285	29%

除联邦税外,各省还有个人所得税。

表6-3-4 2007年各省及属地最高边际税率以及最高综合边际税率

省或属地	省或属地最高边际税率(%)	省或属地以及联邦最高综合边际税率(%)
阿尔贝塔	10.0	39.0
英属哥伦比亚	14.7	43.7
曼尼托巴	17.4	46.4
新伯伦威克	17.95	46.95
纽芬兰及拉布拉多	17.26	46.26
西北属地	13.6	42.6
新斯科夏	17.5	46.5
安大略	11.16	40.16
爱德华王子岛	16.7	45.7
魁北克	24.0	53.0
萨克其旺	15.0	44.0
尤康属地	12.76	41.76
怒纳瓦特	11.5	40.5

整体来说，加拿大的个人所得税率是比较高的。而且需要非常注意的是，加拿大的投资收入税是比较高的，资本利得的50%应为纳税收入，资本损失可以追溯至前三年或无限延后的用于税务抵扣，但通常仅限于抵扣资本利得部分。出售某种商业资产所获得的收益，在重置资产时可充抵部分资本利得税。在一人一生中，出售合格小型企业或农场资产而获得的资本收益可享有最高50万加元免于缴纳资本利得税，出售私人主要住宅的收益无须缴纳资本利得税。

加拿大虽没有遗产税，但因为有非常高的资本利得税，从而衍生出了一个被称为“人生最后一次纳税”的税收现象。因为当一个加拿大人去世时，他需要最后一次纳两个方面的税。第一是就其最后的全球收入缴个人所得税。另外，就是他当时名下的财产，以当时的市价计算，扣除其当时取得的成本后，剩余部分需要缴纳50%的资本利得税。譬如，买了很多年的房产，增值幅度很大，股票增值幅度很大。则在死亡当时视为资产出售，缴纳完资本利得税方可继承。

三、中国香港地区的税收制度

中国香港地区的税收比较低且比较简单，且以直接税为主，主要有薪俸税、利得税、物业税。香港地区没有遗产和赠与税。

（一）薪俸税

薪俸税是纳税人为在香港工作所赚取的入息所缴交的税款。政府会对薪俸税纳税人提供各种免税额，扣除免税额后会按一个累进的征税率征税。设置也非常简单，对应扣除各种免税额和扣除额后的应税部分：

第一个40,000港元，税率2%；

第二个40,000港元，税率7%；

第三个40,000港元，税率12%；

12万港元以上部分，税率17%。

唯所征收的薪俸税款，不会超过按标准税率15%所征收的税款。

表6-3-5

项目	金额（港元）
个人	免税额108,000
已婚人士	免税额216,000
第一名及第二名子女	每名30,000

续表

项目	金额(港币)
第三名至第九名子女	每名15,000
供养父母或(外)祖父母	免税额30,000
单亲人士	免税额108,000
供养兄弟姐妹	免税额30,000
伤残受养人	免税额60,000

(二)利得税

利得税是纳税人为在香港地区经营业务取得的利润所缴交的税款。非常值得注意的是,利得税的征收对象除了法人和团体外,还包括自然人。非香港籍人士在香港地区经营、业务或专业所取得的收入也需要缴纳利得税。

有限公司利得税税率为16.5%;

独资或合伙企业利得税税率为15%。

(三)物业税

物业税是纳税人为在香港地区持有物业并出租赚取利润所缴交的税款。只持有物业不须缴交物业税,但仍须缴交差饷(部分物业更须缴纳地租)。有限公司将拥有的物业出租,从而获得的收入可豁免物业税,只需缴纳利得税。物业税的计税依据是应评税净值,即应评税值扣除业主支付的差饷后,减去20%的维修支出免税额后的余额。如果物业租金未能收回,可予以扣减,但其后又收回的租金必须在收回年度征税。

(四)个人入息课税

个人入息课税是指为需要同时缴交薪俸税、利得税及/或物业税的纳税人所提供的一项税务宽减。税务局会对选择个人入息课税的人士的所有收入(薪俸税、利得税及/或物业税所列明的各种应课税收入)合并,并以薪俸税税率课税,并享有薪俸税列明的免税额。因利得税及物业税不可享有薪俸税免税额,并以一个固定税率课税,薪俸税则有一个累进税阶(最初的税阶税率非常低),并享有各种薪俸税免税额,选择个人入息课税可以令所有入息一并当作薪俸税处理,因而减低税项。

第四节 “避税天堂”与全球反避税时代

一、“避税天堂”

传统的“避税天堂”一般需要同时包含两个方面的含义,首先,该地区针对外国人或外国企业的税率必须很低甚至免税;其次,该地区的金融信息不透明,对外国人或外国企业在本地区的企业和财产信息一定程度上保密。“避税天堂”还有一个更好听的名字:“离岸地”,因为他们都在提供一项富豪最喜欢的服务——“离岸资产管理”。

说到“避税天堂”就必须提到瑞士,最顶峰时期,瑞士的银行管理着全球近 1/3 的私人财富,而瑞士成为全球私人财富管理中心的最核心原因是 1934 年瑞士议会通过的《银行保密法》,该法规定,银行应防止客户信息被第三方获知,无论第三方是私人还是官方,瑞士银行也因此赢得了世界各地客户的信赖,并吸引大量资金流入。但与此同时,也有不少人利用这一法律钻空子,或偷税漏税,甚至转移藏匿不法资产。

随着瑞士财富管理的火爆,更多的国家和地区加入进来,他们几乎都给客户提供两大法宝,就是“低税”和“保密”。“避税天堂”大多是较小的沿海国家和内陆小国,甚至是很小的岛屿。它们自然资源稀缺、人口数量较少、经济基础薄弱,但这些国家和地区一般政治环境都非常稳定。于是他们通过给外国人和外国企业提供便利的注册地,提供企业和金融服务作为本国的主要经济支柱。

世界主要的“离岸地”有列支敦士登、安道尔、摩纳哥、海峡群岛、马恩岛等欧洲小国或地区,以及开曼群岛、百慕大、巴拿马、荷属安的列斯、英属维尔京群岛、巴哈马等加勒比地区。除这些传统的避税天堂外,美国的一些州也爆出是“避税天堂”,如内华达州、特拉华州。

目前全世界的顶级富豪基本都在使用离岸架构来管理他们的财产,耳熟能详的有美国洛克菲勒家族,美国的沃尔玛家族,香港地区的李嘉诚家族,台湾地区的蔡万霖、王永庆家族,境内龙湖地产、SOHO 潘石屹,国美黄光裕等。

2015 年 2 月 25 日,李嘉诚将长江实业、和记黄埔正式合并成为两间新公司:长和及长地,注册地均是加勒比的开曼群岛,让李嘉诚家族的离岸帝国正式暴露在公众视野。

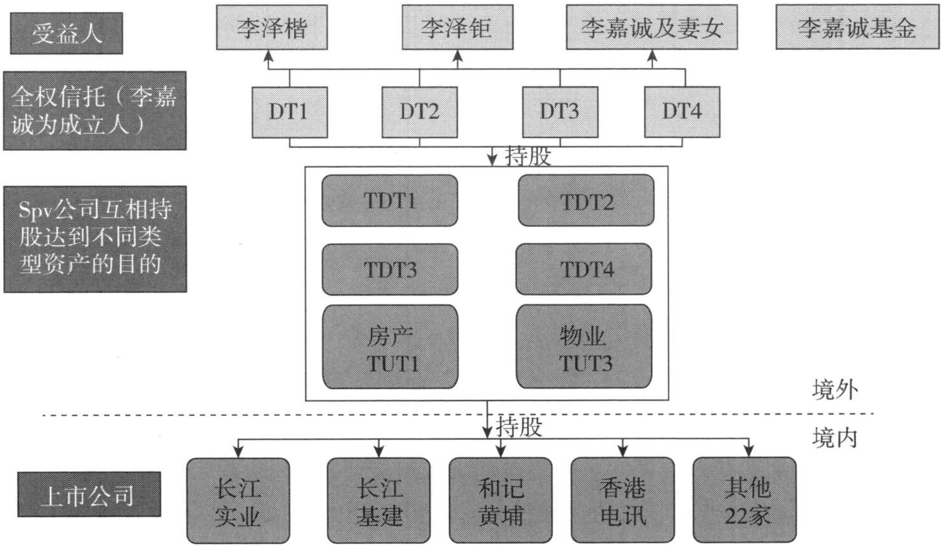

图 6－4－1　调整前的李嘉诚家族离岸架构

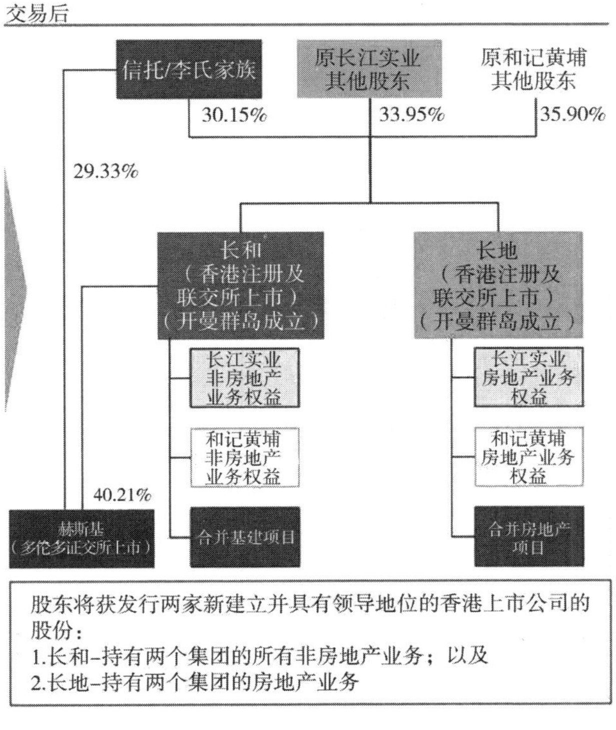

图 6－4－2　调整后的李嘉诚家族离岸架构

而台湾地区遗产税最高纪录创造者王永庆家族，如前文所述，其缴纳119亿元新台币遗产税的事情被作为遗产规划失败的案例广为流传。殊不知王永庆家族虽然在岛内留下了仅600亿元新台币的遗产，但其总遗产高达3000亿元新台币，其余大部分都以离岸资产的形式存在，119亿元新台币遗产税仅是王氏家族九牛之一毛而已。

而另一位遗产税规划的典范，另一位台湾地区富豪蔡万霖，其家族资产高达46亿美元，1500多亿元新台币，但仅缴纳了5亿元新台币遗产税。如前文所述，其主要的避税架构也是离岸资产管理架构。

尽管如此，“避税”始终仿佛不是什么光彩的事情，而“洗钱”则是纵容犯罪，促进犯罪的恶劣手段。随着全球“反洗钱”和“反避税”体系的越来越完善，富豪们用“避税天堂”享受避税的饕餮盛宴的好日子似乎快要到头了。

2010年，全球私人财富的坚固堡垒瑞士被迫做出让步，同意向美国政府提供客户信息，曾被认为“牢不可破”的《银行保密法》开始出现松动。随后美国在2012年通过《外国账户税收遵从法》（以下简称FATCA），2013年1月起生效。美国IRS首先吹响了全球反避税的号角。2013年6月，OECD发布《BEPS（Base Erosion and Profit Shifting税基侵蚀和利润转移）行动计划》，2013年8月27日，中国签署《多边税收征管互助公约》（以下简称《公约》），成为该公约的第56个签约方，G20成员自此全部加入这一公约。在2015年11月安塔利亚峰会上，二十国集团（G20）领导人正式批准了BEPS项目最终方案，G20领导人对全球范围内提高税收透明度和税收公正性取得的进展给予肯定，并重申了将于2017年或者最迟2018年实现税收情报自动交换的决心。财富管理正式进入全球反避税时代！

二、全球反避税的先锋——美国IRS与FATCA法案

FATACA法案，中文名称《海外账户税收遵从法案》，其核心内容：

若美国纳税人个人或机构持有的海外金融资产总价值达到一定标准，该纳税人将有义务向美国国税局进行资产申报。

同时，为了保证能及时准确的收集到美国纳税人的海外金融资产信息，FATCA法案要求全球金融机构与美国国税局签订合规协议，必须提供美国纳税人及美国纳税人持有比例超过10%的非金融机构的相关信息，包括姓名、地址、纳税识别号、账号、账户余额或价值以及账户总收入与总付款金额等。

如果海外金融机构不配合，美国将对该金融机构来源于美国的收入按照30%税率征收预提所得税，除非其最终达到合规要求，否则美国将不会退还相应税款。

因为全球大部分的金融机构和美国的业务往来都非常密切，不配合美国的FATCA条款将损失惨重，因此大部分金融机构在客户保密和企业前途二择一的情况下，只能选择和美国进行合作。

三、全球企业反避税的天罗地网——"BEPS 行动计划"

BEPS（Base Erosion and Profit Shifting，税基侵蚀与利润转移）通常指跨国经营的企业利用国际税收规则存在的不足或不完整，以及不同国家和地区的税制差异和征管漏洞，人为地将利润由高税率地区向低（无）税率地区转移，从而最大限度地（甚至在旧体制下合法地）避税，甚至达到双重不征税的效果，造成对各国税基的侵蚀。

国际反避税是世界各国都非常头疼的问题，为了应对日趋严重的税基侵蚀，OECD组织2013年启动了BEPS项目，这一项目迅速得到了更多国家和组织的认可，在G20组织的共同推动下，共有61个国家加入该项目，包括OECD、G20成员国，以及19个其他发展中国家。并于2015年10月发布了全部15项具体的行动计划。中国则是该行动计划的积极推动者。行动计划实施将具体体现为对国内法或是双边税收协定有关规定的制定或修订。所有国家都承诺将在2018年前全部实现税收情报的交换。

在BEPS项目的天罗地网下，跨国企业以往的税务架构都将面临严重的挑战，国际税收筹划将迎来一个全新的时代。

四、全球个人反避税的天罗地网——统一报告标准（CRS）

2014年7月，OECD发布了"统一报告标准"（Common Reporting Standard，CRS），它是金融账户涉税信息自动交换标准（Standard for Automatic Exchange of Financial Information in TaxMatters，以下简称AEOI标准）的一个构成部分，用于指导参与司法管辖区定期对非税务居民金融账户信息进行交换的准则，旨在通过加强全球税收合作，提高税收透明度，打击利用跨境金融账户逃避税收的行为。CRS的制定参照了美国《海外账户纳税法案》（FATCA）和欧盟储蓄指令等信息共享法规。除了CRS外，AEOI标准还包括主管当局间协议范本（Competent Authority Agreement，CAA）。

事实上，CRS并不是一个新话题，早在2014年9月我国在G20层面便已承诺将实施OECD制定的《金融账户涉税信息自动交换标准》。2015年12月17日，中国签署了《金融账户涉税信息自动交换之多边政府间协议》（Multilateral Competent Authority Agreement on Automatic Exchange of Financial Account Information，以下简称《多边自动情报交换协议》)。协议规定:各签约协议国的金融机构,包括银行、保险公司、证券公司、基金公司、信托公司以及其他相关金融机构、投资机构等需要向中国税务总局自动提交(即无须知会及得到客户同意的情况下)中国公民及税务居民身份的一切资产、投资资料。凡持中国公民身份及怀疑是中国税务居民身份的,最早追溯至2014年9月以后中国公民或怀疑税务居民,都定义为须向中国税务总局自动交换的人群。2016年10月20日,国家税务总局起草发布了《非居民金融账户涉税信息尽职调查管理办法(征求意见稿)》,让CRS一下子成为全社会热点。按照时间表,我国将于2017年1月1日实施新的账户开户程序,并于2018年9月30日前,中国将与其他参与的100个管辖区进行第一次信息交换,以后每年定期进行辖区间的信息交换。

CRS的建立是国际税务历史上的一次变革,是在G20推动、OECD主导下建立起来的新的国际税务秩序。这也是OECD借鉴了美国境外账户法案(FATCA)从金融机构这一"蛇之七寸"突破信息壁垒的智慧,可能将有效解决全球反避税工作长久以来的难题。其特点如下:

1. 金融数据化基础上的自动交换。伴随互联网科技革命带来的信息化,借助于金融账户信息的大数据对跨境交易行为进行信息采集已经变为可能,根据AEOI标准,CRS将是自动的、无须提供理由的信息交换,也即签署国家(地区)之间通过信息平台自动向相关方提供金融账户交易信息(见图6-4-3)。

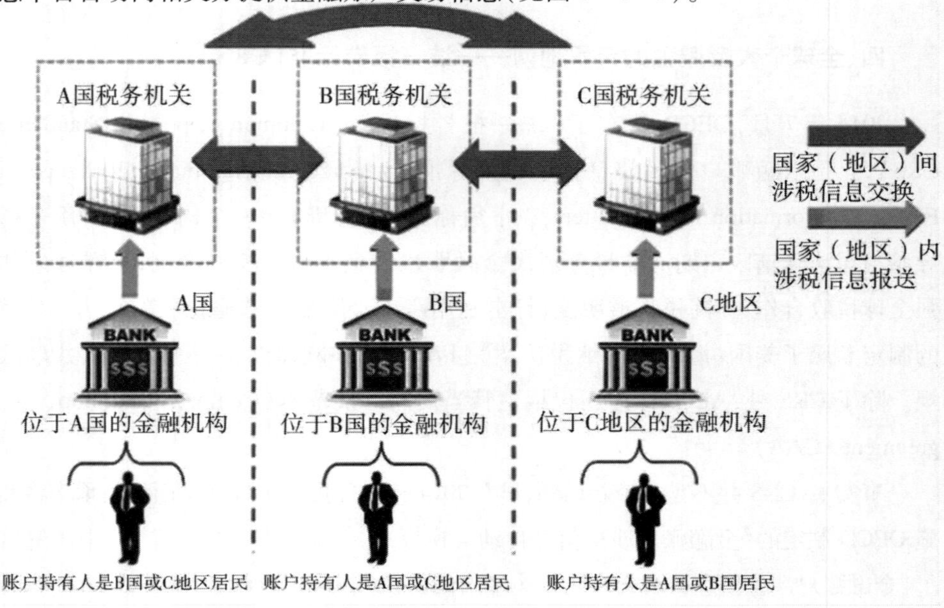

图6-4-3

2. 全方位的交换。在 G20 的推动下，全球已有 101 个国家参与了 CRS，2018 年 9 月 30 日前，中国将与其他参与管理规定的 100 个管辖区进行信息交换，以后每年定期进行辖区间的信息交换（见表 6 – 4 – 1）。这一系列的举措意味着将来在这 101 个国家和地区之间税收居民的个人收入信息将变得透明化，以往利用剥离属人或属地的原则来进行税务筹划的空间变得前所未有的狭小。

表 6 – 4 – 1

2017 年进行首次信息交换的管辖区	2018 年进行首次信息交换的管辖区
安圭拉，阿根廷，巴巴多斯，比利时，百慕大，英属维尔京群岛，保加利亚，开曼群岛，哥伦比亚，克罗地亚，库拉索岛，塞浦路斯，捷克共和国，丹麦，多米尼加，爱沙尼亚，法罗群岛，芬兰，法国，德国，直布罗陀，希腊，格陵兰，格恩西岛，匈牙利，冰岛，印度，爱尔兰，马恩岛，意大利，泽西，韩国，拉脱维亚，列支敦士登，立陶宛，卢森堡，马耳他，墨西哥，蒙塞拉特岛，荷兰，纽埃，挪威，波兰，葡萄牙，罗马尼亚，圣马力诺，塞舌尔，斯洛伐克共和国，斯洛文尼亚，南非，西班牙，瑞典，特立尼达和多巴哥，特克斯和凯科斯群岛，英国	阿尔巴尼亚，安道尔，安提瓜和巴布达，阿鲁巴，澳大利亚，奥地利，巴哈马群岛，伯利兹，巴西，文莱，加拿大，智利，中国，库克群岛，哥斯达黎加，加纳，格林纳达，中国香港，印度尼西亚，以色列，日本，科威特，澳门，马来西亚，马绍尔群岛，毛里求斯，摩纳哥，瑙鲁，新西兰，卡塔尔，俄罗斯，圣基茨和尼维斯，萨摩亚，圣卢西亚，圣文森特和格林纳丁斯，沙特阿拉伯，新加坡，圣马丁岛，瑞士，土耳其，阿拉伯联合酋长国，乌拉圭，瓦努阿图

3. 需要交换信息。OECD 发布的 CRS 用 300 多页的篇幅规定了哪些信息需要交换、如何交换以及相关的尽职调查等。交换信息之详尽，覆盖之全面、门槛之低、穿透力之强，前所未有。

（1）需要上报客户信息的金融机构主要包括：

存款机构

托管机构

投资机构

特定保险机构

（2）需要上报的账户主要包括：

存款账户

托管账户

股权或债券权益

有现金价值的保险合同

年金合同

4. 国际秩序与反洗钱。多边自动情报交换是国际社会与跨境逃避税斗争而编织的巨网。若纳税人选择将资金转移到没有进行情报交换的国家和地区(所谓“黑名单”),一旦将资金转再次回到情报交换涵盖国家的金融机构,将非常困难。此时,体系内的金融机构将会进行非常严格的反洗钱调查。而负责制定国际反洗钱标准的“反洗钱金融行动特别工作组”(Financial Action Task Force on Money Laundering,FATF),已在2012年建议将逃避税(tax offences)作为反洗钱的前提。其后,许多国家和地区包括瑞士、中国香港、新加坡等都颁布了规定对FATF的建议进行落实。

5. 在中国未申报境外收入的法律后果。中国一直是一个全球征税的国家,中国个人的境外所得未在中国进行纳税申报更多是一个实践中税收征管能力的问题。在多边税务情报交换之前,中国税务机关由于难以获得中国个人的境外信息而无法对其进行追缴,多边税务情报交换将使中国税务机关自动获得与中国个人的境外账户信息。对境外所得未进行申报的中国个人可能面临行政责任或刑事责任。

BEPS行动计划的出台,标志着一个世纪以来国际税收规则体系正在发生根本性变革,CRS的推进也加快了信息交换的透明化及优化资源整合,世界的税务信息情报交换跃上一个新的台阶。这意味着在开曼群岛、BVI等传统“避税天堂”,其税收及隐匿性优势将较大程度丧失,不再成为其吸引跨国企业境外投资的主要驱动力。甚至于为了摆脱“避税天堂”而带来的以美国、中国、俄罗斯为首的列强国家的国际制裁,这些国家或许会提高税负水平到国际平均水平,避免被认定为“避税天堂”。从某种意义上来说,CRS可以看作一种国际组织的公共产品。不过最终能否真正实现“全球联合打击逃税”,还得看各辖区兑现承诺并实际落实CRS的执行度,不同国家地区势必还面临法律、利益群体博弈等诸多难题,路途漫漫,仍须上下求索。①

① 曾祥霞:《避税天堂不再“避税”》,载《财富管理》2017年第1期。

第五节 人寿保险“税收筹划”的法律依据

很多人有一个误区，认为人寿保险可以“避税”。事实上，不存在所谓绝对的“避税”，一切以逃避税收为目的而设计的架构都是“耍流氓”。人寿保险的“避税”亦不例外。我们所称的“避税”，是指在法律许可的范围内，利用保险合同法律关系的特殊性，结合保险法律工具的特点，在法律允许的范围内，对财富安全、传承及节省或延递缴纳税收进行“一揽子”的筹划。

基于以上基本理论，我们再看人寿保险所谓“避税”即税收筹划问题，从六个方面的问题来探讨。

一、人寿保险理赔金“规避”遗产税的问题

遗产税是高净值客户最关注的问题之一（目前中国内地尚未开征遗产税），而大额保单则是遗产税规划中最重要的工具之一，为何人寿保险可以用来规划遗产税呢？

（一）我国遗产税，征与不征，这是个问题

首先我们要看遗产税的特点。遗产税的核心精神是为了调节社会财富的分配，防止财产向有产者不断集中，对超过一定规模的遗产征收遗产税。遗产税的纳税主体是遗产继承人，而核定遗产税的基数则是被继承人留下的财产。

而人寿保险是一份非常特殊的合同，它以被保险人（被继承人）的生命为保险标的，以被保险人希望照顾的人为身故受益人，被保险人和受益人之间往往都有很密切的关系，譬如，父母与子女间、夫妻之间，他们之间无论从经济上还是感情上都有着相互的依存关系。当一方死亡时，对另一方就是经济和感情上的双重损失。为了弥补受益人在经济和感情上的损失，保险公司依据保险合同的约定，给予受益人以财产上的补偿，这就是人寿保险赔偿金。我们可以清楚地看到，保险赔偿金是保险公司给予受益人的补偿，并非被保险人的财产，因此不属于遗产，当然不用缴纳遗产税。

我国虽然现在没有遗产税，但遗产税在新中国成立后到现在一直在酝酿。1950年1月颁布《全国税收实施要则》，其中列有遗产税，但由于各种原因未能开征。

1985年,《关于〈中华人民共和国继承法〉(草案)的说明》也曾提到设立遗产税问题:“现在有些遗产数额较大,而且有增长趋势,征收遗产税的问题需要研究,如果要征收遗产税,可以另行制定有关税法。”在1993年12月国务院批转国家税务总局《工商税制改革实施方案》中,又提到了“开征遗产税”。1997年党的十五大报告正式提出“调节过高收入,逐步完善个人所得税制度,调整消费税,开征遗产税等税种”,为我国遗产税立法提供了政策依据。2004年9月21日,在中国经济网首次刊登了《遗产税暂行条例(草案)》,2004年11月19日,有新闻称《遗产税暂行条例(草案)》已经上报到了国务院。而在2010年8月新出文件,对其中部分内容作了修订,并且添加了新的内容。但到目前为止,遗产税还是处于搁置的状态。我国之所以暂时还未开征遗产税,笔者认为原因有四点:

首先,中国人的私有财富从改革开放以后才开始积累,大幅度上升是在2000年以后。之前家庭财富相对贫乏,开征遗产税的意义不大;

其次,中国的“富一代”一般从八十年代开始创业,人的创业年龄一般是二十岁至四十岁。现在三十年过去了,现在这批“富一代”的年龄是五十岁至七十岁,还没有进入大量的继承的时期,开征遗产税目前的紧迫性还不是很强;

再次,国内开征遗产税和承认私有财产的观念与践行还需进一步落实;

最后,中国的财产登记制度和体系还未完全建立,即使开征遗产税,核算基础还不成熟,征税难度很高。

那么将来中国会不会开征遗产税呢?笔者认为具有有一定可能性,原因有三点:

首先,2014年全国居民人均可支配收入20,167元,扣除价格因素实际增长8.0%,全国居民收入基尼系数为0.469。[①] 如何提升财富品质,如何实现财富的质变,也就是如何让国家的财富集中在最大多数人的手中,而不是过度集中于少数人,遗产税的开征,也是可考虑的调节工具之一;

其次,中国的“富一代”大部分已经五十岁到七十岁,即将进入传承的高发期,从这一点上看遗产税的开征具有一定的迫切性;

最后,随着财产实名制和登记制度的完善,国家对公民私有财产的统计和掌握能力大大加强,特别是《物权法》的颁布,不动产统一登记制度的完善,公民统一纳税号制度的建立等,税务局已经基本具备遗产税开征的硬件要求。

---

① 人民日报:《居民收入基尼系数六连降》,载 http://news.163.com/15/0121/04/AGF3P0KP00014AED.html。

2014 年 11 月，国务院总理李克强签署国务院令，公布《不动产登记暂行条例》，自 2015 年 3 月 1 日起施行。就实施情况来看，按照国土资源部的要求，2016 年年底前所有市县都要颁发不动产权登记新证、停发旧证，不动产的登记，已进行实质执行阶段。

如果遗产税一旦开征，国内的人寿保险赔偿金是否需要缴纳遗产税呢？从目前的法律体系基础来看，缴纳的可能性不大，因为保险法已经给予人寿保险赔偿金以免征遗产税的法理基础。具体规定在《保险法》第四十二条。

《保险法》第四十二条　被保险人死亡后，有下列情形之一的，保险金作为被保险人的遗产，由保险人依照《中华人民共和国继承法》的规定履行给付保险金的义务：

（一）没有指定受益人，或者受益人指定不明无法确定的；

（二）受益人先于被保险人死亡，没有其他受益人的；

（三）受益人依法丧失受益权或者放弃受益权，没有其他受益人的。

受益人与被保险人在同一事件中死亡，且不能确定死亡先后顺序的，推定受益人死亡在先。

人寿保险赔偿金除以上三种情形外，不属于被保险人的遗产。如果将来开征遗产税，从保险法的规定上看是不用缴纳遗产税的。

从国内一直流传的《遗产税暂行条例（草案）》（2010 年版）来看，其第五条明确规定，人寿保险赔偿金不计入于遗产总额。

《遗产税暂行条例（草案）》（2010 年版）第五条　下列各项不计入应征税遗产总额：

遗赠人、受赠人或继承人捐赠给各级政府、教育、民政和福利、公益事业的遗产；

经继承人向税务机关登记、继承保存的遗产中各类文物及有关文化、历史、美术方面的图书资料、物品，但继承人将此类文件、图书资料、物品转让时，仍需自动申请补税；

被继承人自己创作，发明或参与创作，发明并归本人所有的著作权、专利权、专有技术；

被继承人投保人寿保险所取得的保险金；

中华人民共和国政府参加的国际公约或与外国政府签订的协议中规定免征的

遗产税；

国务院规定不计入应征税遗产总额的其他遗产。

虽然《遗产税暂行条例(草案)》(2010年版)不是官方公开的文本,但其不会是空穴来风,其内容是具备一定参考价值的,人寿保险赔偿金不计入遗产,应当是立法的主流思想。

同时,中国人寿保险的发展还处于初级阶段,保险的广度、深度和社会经济发展,与中国世界第二大经济体的地位不相适应。商业保险作为社会保险的有力补充,国家也希望其发挥更大的保障作用,以缓解社会保险的巨大压力。因此,国家对商业保险是鼓励发展的态度,在税收上也应给与更多的优惠,从这一点上看,人寿保险赔偿金免征遗产税也应当是立法的主流。

在境外,关于人寿保险赔偿金是否免征遗产税的规定则有很多不同规定,但整体来说,免征遗产税是主流。

(二)遗产税之“他山之石”

1. 台湾地区

台湾地区和内地的文化同宗同源,思想观念比较一致。台湾地区和内地都属于大陆法系,关于人寿保险与遗产、继承、遗产税的规定,内地的保险法和流传的遗产税草案从很多方面都借鉴了台湾地区的法律。

台湾地区的“中华民国保险法”第一百一十二条规定:“保险金额约定于被保险人死亡时给付于其所指定之受益人者,其金额不得作为被保险人之遗产。”

台湾地区的“中华民国遗产及赠与税法”第十六条规定:约定于被继承人死亡时,给付其所指定受益人之人寿保险金额、军、公教人员、劳工或农民保险之保险金额及互助金,不计入遗产总额。

虽然法律明确规定人寿保险的死亡赔偿金不计入被保险人遗产总额,但也并非任何保险合同都可以成功规避遗产税,如果合同被判定是以逃税为主要目的或者是投资则不能规避遗产税,譬如,超高龄者大额投保,投保金额占被继承人总资产比例过大,短期趸交大量保费投保且投保保费和赔付金额相近,重病者大额投保等,都有明显以规避遗产税为目的的特征,一般都会被判定需要缴纳遗产税。主要以投资为目的的保单也一般被判定需要缴纳遗产税。

将来内地如果开征遗产税,上述的这些行为估计也会被判定为需要缴纳遗产税,因此在大额保单规划中,应当尽量避开上述的问题。

2. 加拿大

我们再看中国移民特别集中的加拿大。加拿大没有遗产税,但并不意味加拿大人的遗产不需要缴税,而且恰恰相反,加拿大高净值人士去世时,往往会有很重的税收负担,这就是所谓的"最后一次缴税",主要是"资本利得税"。当一个加拿大人死亡后,税务局会清点其所有资产,对于以前没有缴税的资产,会核定其成本和现价,增值部分需要缴纳可能高达50%的资本利得税。但加拿大对人寿保险赔偿金也是不计入遗产部分,因而是可以免税的。

3. 美国

美国对人寿保险赔偿金是否需要计入被保险人的遗产有着非常特殊的规定,如果在被保险人死亡时,被保险人还持有这份保单,则其保险赔偿金就将计入被保险人的遗产。只有保单归个人以外的第三人持有,才有可能规避遗产税。而这个第三人就非信托莫属了,因此在美国,大额保单和不可撤销人寿保险信托(Irrevocable Life Insurance Trust,ILIT)始终如影随形。

在这里要补充一个小知识,主要针对于国内移民美国的人士作为受益人的情况,如果被保险人是中国人,购买了中国的大额人寿保险保单,以其美国的子女作为受益人,税务负担反倒是最轻的。因为被继承人是非美国税务居民,保险金则是外国保险公司给付美国人的财产,因此是不需要缴纳遗产税的。

二、人寿保险理赔金与所得税问题

除遗产税外,人寿保险赔偿金要面临的就是另外一大税即所得税。

在中国,依据《个人所得税法》第四条第五款规定,保险赔款免交个人所得税,这其中就当然包括人寿保险的赔款。

《个人所得税法》第四条 下列各项个人所得,免纳个人所得税:

一、省级人民政府、国务院部委和中国人民解放军以上单位,以及外国组织、国际组织颁发的科学、教育、技术、文化、卫生、体育、环境保护等方面的奖金;

二、国债和国家发行的金融债券利息;

三、按照国家统一规定发给的补贴、津贴;

四、福利费、抚恤金、救济金;

五、保险赔款;

六、军人的转业费、复员费；

七、按照国家统一规定发给干部、职工的安家费、退职费、退休工资、离休工资、离休生活补助费；

八、依照我国有关法律规定应予免税的各国驻华使馆、领事馆的外交代表、领事官员和其他人员的所得；

九、中国政府参加的国际公约、签订的协议中规定免税的所得；

十、经国务院财政部门批准免税的所得。

其他国家的规定也大致如此，就连人寿保险赔偿金需要纳入遗产统计的美国，受益人取得的人寿保险赔偿金也是不需要缴纳所得税的。

（一）美国

根据美国税务局 Publication554“TaxGuide for Seniors”中的以下规定：

以被保险人死亡为标的的人寿保险所得理赔金，不属于受益人的应纳税所得，不需要缴纳美国联邦所得税。

（二）加拿大

以被保险人死亡为标的的人寿保险所得理赔金，不属于受益人的应纳税所得，不需要缴纳加拿大联邦所得税。

（三）澳大利亚

以被保险人死亡为标的的人寿保险所得理赔金，不属于受益人的应纳税所得，不需要缴纳澳大利亚个人所得税。

（四）新西兰

以被保险人死亡为标的的人寿保险所得理赔金，不属于受益人的应纳税所得，不需要缴纳新西兰个人所得税。

（五）中国香港地区

以被保险人死亡为标的的人寿保险所得理赔金，不属于受益人的应纳税所得，不需要缴纳香港个人所得税。

三、人寿保险领取的年金、分红是否可以免征所得税

人寿保险除了有赔偿金外，还有很多其他的保险金给付形式，如年金、两全保险到期生存金、分红、分红的累积生息、万能保险和投资连结保险的投资收益。

这些收益是否可以免征所得税呢？在这方面，我国税法没有明确规定，在实际执行过程中，保险的年金、分红、收益等目前没有缴征的明确规定。

《国家税务总局关于未分配的投资者收益和个人人寿保险收入征收个人所得税问题的批复》（国税函发〔1998〕546号）第二条规定：“对保险公司按投保金额，以银行同期储蓄存款利率支付给在保期内未出险的人寿保险保户的利息（或以其他名义支付的类似收入），按‘其他所得’应税项目征收个人所得税，税款由支付利息的保险公司代扣代缴。”

针对这个文件，笔者查到了一个真实案例，其处理结果具备相当可参考性。

案例6－5－1　某保险公司分红险孳息未代扣个税的稽查案例①

购买分红险客户保单红利一般会在保险公司有一段留存时间，F保险公司在留存期内按银行同期活期存款利息对客户的该红利计息，待客户领取红利时同时向他们支付保险红利及该部分保险红利孳息。2013年专项检查中，检查员发现截止到2012年年末，F公司客户保单红利产生的利息收入为50万多元，公司实际向客户支付的红利孳息金额为9万元，但是F公司对向客户支付的红利孳息部分未履行代扣代缴个人所得税义务，故责成F公司补扣补缴个人所得税1.8万元，并处0.5税罚款。

案情分析：公司财务人员认为企业是对购买分红险的保险客户保单的红利留存公司时，按照银行同期活期存款利息计息，该利息并未高于银行同期存款利息，公司并未从中获利，应参照银行向储户支付利息暂免缴纳个人所得税。

检查组认为，首先应界定清楚保险红利孳息的性质。从业务发生实质来看，该公司所谓的对购买分红保险的保险客户保单的红利留存公司时，按照银行同期活期存款利息计息，属于保单红利发放方式的一种——累积生息。因为在此期间，这

① 中国会计网：《某保险公司分红险孳息未代扣个税的稽查案例》，载 http://www.canet.com.cn/tax/shuiwujicha/201506/452711.html。

部分资金的使用权属于保险公司且被保险公司用于公司的各项经营，并没有把这部分资金让渡于银行，符合累积生息的特征。同时，税收相关法规明确规定对保险公司按投保金额，以银行同期储蓄存款利率支付给在保期内未出险的人寿保险保户的利息（或以其他名义支付的类似收入），按“其他所得”应税项目征收个人所得税，税款由支付利息的保险公司代扣代缴。

处理结果：根据相关规定，责成F公司补扣补缴个人所得税1.8万元，并处罚款。

法律依据：《国家税务总局关于未分配的投资者收益和个人人寿保险收入征收个人所得税问题的批复》（国税函发〔1998〕546号）第二条。

从2013年的这个实际案例分析，我们可以得出以下结论：

1. 保险公司未给客户分配的红利是不需要缴纳个人所得税的，征税时点是在实际领取红利时保险公司执行代扣代缴义务。因此，如果保险红利采取红利直接购买保额的形式（交清增额）或者直接就是保额分红的形式，最终以保险赔款的形式给付给受益人，按照现有法律体系，应该可以规避个人所得税；

2. 案中只写明保险红利产生的孳息未代扣代缴个人所得税而被处罚，红利所产生的孳息在美国也是需要纳入个人收入总额缴纳个人所得税的，因此这符合国际惯例；

3. 案中对保险红利的支付是否代扣代缴了个人所得税没有明确说明，这个问题在中国一直都存在争论，部分省区税务机关向人寿保险公司提出要代扣代缴，但一直存在争议。有学者研究提出，保险分红不应当缴纳个人所得税，原因如下：

（1）目前国家对公募基金的分红免征个人所得税，从本质上来讲，人寿保险资金的投资类似于公募基金，甚至比公募基金更长期稳定，对社会金融体系的稳定发挥了更大的作用，因此至少应当享受与之对等的税收优惠；

（2）人寿保险的分红是否属于投资收益还不确定，因为人寿保险的最终给付具有不确定性，因此在其已分配的分红和年金等未超过保险费前，很难说其就属于投资收益，因此按照投资收益征收个人所得税于法无据。同时参考世界其他国家的经验看，人寿保险的分红也一般都是免税的。即便是政策最严苛的美国，在分红没有超过保险费前，也是免征个人所得税的；

（3）对人寿保险分红征收个人所得税，与促进我国保险事业的发展潮流不相符。

笔者综合分析认为，人寿保险的年金、分红等，目前没有征收个人所得税，将来征收个人所得税的可能性也不大。

四、万能保险、投资连结保险的收益是否免征个人所得税

万能寿险和投资连结保险与普通的保险不同，其具有明确的投资属性，无论是保险的结构、保险资产的流动性、保险资产的可投资性都和一般终身寿险有区别。在国内，其收益目前虽然暂时没有征收个人所得税，但也存在争议。在国外，也只有领取现金价值会牵涉所得税的问题。在美国，万能寿险领取现金价值是需要计入当年个人收入的，因此美国万能寿险一般都有保单贷款的功能，用贷款代替领取现金价值，从而规避个人所得税。加拿大最早对所有保险收益均不征收个人所得税，但从 2017 年以后，新成立的万能寿险和投资连结保险的投资收益也要面临征收个人所得税了。

五、个人缴纳人寿保险的保费是否可以税前列支

2015 年 12 月，财政部、国税总局、保监会联合发布《财政部 国家税务总局 保监会关于实施商业健康保险个人所得税政策试点的通知》财税〔2015〕126 号，商业健康保险个人所得税政策将在北京、上海、天津、重庆四个直辖市，及各省、自治区各选一个人口规模较大且具有较高综合管理能力的城市进行试点。在这些试点城市中，个人若购买符合规定的健康保险产品的支出，按照 2400 元/年的限额标准在个人所得税前予以扣除。

个人购买除健康保险之外的其他人寿保险，我国目前不能税前列支。在国际上，一般也只有购买健康保险才能够享受税收优惠。

以德国为例，个人购买的商业健康保险、长期护理保险超过法定健康保险的部分在一定额度内享受免税政策（额度为雇员 1900 欧元，个人 2800 欧元）。

在美国，自由职业者为自己及家人（包括配偶和 27 岁以下的子女）购买健康保险和符合要求的长期护理保险缴纳的保费均可免税，但以税前收入为最高限额。

六、企业替员工缴纳人寿保险是否可以税前列支

依据我国《企业所得税法》和 2009 年财政部、国税总局联合下发的《财政部 国家税务总局关于补充养老保险费补充医疗保险费有关企业所得税政策问题的通知》（财税〔2009〕27 号）的规定，自 2008 年 1 月 1 日起，企业根据国家有关政策规

定，为在本企业任职或者受雇的全体员工支付的补充养老保险费、补充医疗保险费，分别在不超过职工工资总额5%标准内的部分，在计算应纳税所得额时准予扣除；超过的部分，不予扣除。

可见我国仅对企业给全体员工购买的补充养老保险和补充医疗保险在不超过职工工资总额5%的范围内允许税前列支。而对企业给员工个人购买人寿保险是没有税收优惠的。

在美国，1954年，美国《税收法》从法律层面明确了团体健康保险税优政策，企业为员工缴纳的保费可作为费用税前列支。员工个人承担的保费也实行税前列支，由企业代扣代缴。企业和员工的税优都没有额度限制。健康险税优政策撬动了美国团体健康险业务的发展，1952年，美国只有63%的员工享受健康保险保障，而在《税收法》实施三年后的1957年，拥有健康保险保障的美国员工比例提高至76%。

在德国，企业为雇员支付的法定健康保险、商业健康保险以及强制的长期护理保险作为雇员收入的一部分，被看作公司的经营费用，无须缴税。其免税额度为法定健康保险以及法定长期护理保险的义务的上限。

相比之下，我国的税收优惠力度和范围都还不够，我们期待不久的将来有更多税收优惠政策的出台。

第六节 利用大额保单进行税收筹划案例

前面五节介绍了税收筹划的基础知识,全球税收情况及全球关于人寿保险的税收规定,可见人寿保险在税收筹划方面是有非常广阔的空间的,具体如何操作,我们用一个综合案例进行说明。

案例 6-6-1

王总是一位成功的企业家,2016 年 45 岁,妻子赵女士 42 岁,二人有一儿一女,儿子今年 17 岁,正在美国上高中。女儿 3 岁,在美国出生,双方父母均健在。

王总家产颇丰,企业价值 1 亿~2 亿元人民币,正在筹备新三板上市计划。家里有数十套房产,一套别墅和一套公寓用于自住,还有一套在美国的别墅用于自住,其余的都用于投资,总价值在 4000 万元人民币以上。金融资产人民币 3000 万元左右,其中有股票 500 万元,银行理财 1500 万元,信托产品 1000 万元。妻子名下有 800 万元美金在美国。为了方便孩子教育,妻子好几年前就带着孩子取得了美国绿卡,且小女儿是在美国出生。

王总因为企业性质禁止外资进入,因而没有取得美国绿卡。考虑到自然环境、子女将来的发展、政治环境等因素,王总计划在退休后全家一起去美国生活。

一、家庭可能面临的税务风险

这个家庭是一个比较典型的中国高净值家庭,其家庭总资产较高,而且将来有比较大的增值空间,其将来的税务负担是比较重的,应当仔细规划。

我们首先分析他将来要面临哪些税务风险:

1. 目前家庭的主要资产都在王总名下,主要分布在国内。妻子带着两个孩子在美国,相对来讲在税务筹划方面还是存在很大空间的。如果将来王总退休后去美国生活,则其将变成美国的税务居民,美国的遗产税和赠与税就必须要重点考虑。

2. 如果王总将来去美国生活,变成美国的税务居民,那么全家所有财产的增值部分每年将有很大可能缴纳美国的所得税。

3. 即使将来王总不移民美国,并且非常谨慎的避免成为美国的税务居民,那么将来面对可能开征的中国的遗产税,其提前筹划也不容忽视。

4. 目前王总赠与给妻子和孩子的财产不用交美国的赠与税，但如果将来中国出台遗产税，则赠与税必然同步出台，则王总有可能面临赠与税风险。

5. 目前我国的个人所得税征缴系统还很不完善，但在“十三五”期间，个人所得税或将完善为家庭综合所得税，且征缴力度将空前加大，王总在国内的财产增值的所得税压力也将不小。

6. 遗产税税金准备风险，遗产税是属于需要先缴税后继承的，因此遗产税税金是规划中必须考虑的问题，即使在中国内地，有条件的还是应该提前做预防规划，全世界不乏因交不起遗产税而导致继承失败的案例，不可不察。

二、家庭的大额保单税收筹划计划

针对上述六个税务风险，我们应当如何利用大额人寿保险进行合理的规划呢？

1. 在规划中，建议王总要尽量避免成为美国的税务居民，这和王总想在美国生活没有绝对的冲突，他可以每年在美国生活一段时间。考虑到将来中国也将开征遗产税，且执行属人兼属地原则，因此建议王总尽早做好规划。

2. 建议王总自己作为投保人及被保险人，在国内购买高额的分红型终身寿险保单，每年保费 200 万元，十年共缴费 2000 万元，保险金额 4000 万元。指定受益人为儿子和女儿，收益比例各 50%。分红领取的形式选择“保额分红”或者“交清增额”，让分红每年转化为保险金额。

3. 建议以王总作为投保人，妻子为被保险人在美国购买大额终身寿险保单，搭配不可撤销的人寿保险信托（Irrevocable Life Insurance Trust，ILIT），保费为每年约 30 万美金，交 4 年，购买保险金额为 1000 万美金的终身寿险保单。指定受益人为儿子和女儿，收益比例各 50%。

4. 生活费用的保障则建议以王总作为投保人，妻子作为被保险人在国内购买高额年金险保单，妻子每年领取的年金必须做成国内保险公司对美国人妻子的赠与，不需要缴纳个人所得税，但每年接受赠与超过 10 万美元需要向 IRS 进行申报。另外亦可以王总作为投保人，妻子为被保险人，购买美国本土万用终身寿险，该保单主要用于生活所需。

5. 以妻子为投保人，在美国给自己和家人购买高端医疗保险，保证家人在美国的医疗无忧。

三、以上安排在税收上的好处

(一)可以免征遗产税

1. 王总国内高额终身寿险免征遗产税

王总作为投保人及被保险人的高额寿险保单,从国内目前的法律和将来的立法趋势来看,保险理赔金将来很可能不会计入王总的遗产,因此无须缴纳遗产税。而且王总的高额寿险是分红型保险,分红采用保额分红或者交清增额的形式,使保险额度逐年增长。在王总 80 岁以后,其保险额度将远远超过初始保额 4000 万人民币,如此不仅可以节省巨额的遗产税,同时还有可以为将来的遗产税提供应税现金。

2. 妻子的年金险保单的死亡赔付金免征遗产税

因为该保单的投保人是王总,根据美国遗产税的规定,该保单不属于妻子所有,其死亡赔偿金则不需要征收遗产税。但是需要注意的是,在美国有些州适用遗产及赠与税,有些州则适用继承税,建议依据移民所在具体州的税法来进行规划和调整。

3. 妻子搭配了不可撤销信托的人寿保险免征遗产税

妻子搭配了不可撤销信托的人寿保险将来赔付时,根据美国遗产税法的规定,不可撤销人寿保险信托,确定属于受益人的保险理赔金,不属于被保险人的遗产,不需要缴纳遗产税。

(二)可以节省所得税

1. 王总的高额寿险保单免征所得税

王总购买的高额寿险保单虽为分红型,保费 2000 万元,每年的分红也是非常可观的,按照目前中国相关法律的规定可能需要缴纳所得税,应当在领取红利时由保险公司代扣代缴,但实际操作中,保险公司一般不履行代扣代缴义务。在本案中,红利以保额分红或者交清增额方式处理,红利不领取而直接转化为保险额度了,因此缴纳中国的个人所得税的可能性不大。

同时,王总保单最低的赔付就高达 4000 万元,而且保额还逐年增长,实际发生给付时,可能高达上亿元人民币。如果是一般的投资,其增值部分就面临要缴纳个人所得税。而根据美国税法的规定,将来的人寿保险赔付金,王总的儿子女儿作为受益人是不需要缴纳美国的所得税的。

2. 妻子的年金险免征个人所得税

妻子的年金险,如果在美国购买类似的年金险,领取年金时是需要缴纳个人所得税的。当然美国一般都采取保单贷款的形式来取得收益,以避免缴纳个人所得税,但这样的话需要付出贷款利息,而且美国保险公司的贷款利息一般都比较高,目前在6%左右。因此以王总做投保人,以妻子为被保险人购买的中国的年金型保险就非常之有意义了,在妻子领取年金的时候,可以将年金做成中国保险公司对美国税务居民妻子的赠与,只需要做合适的申报,不用缴纳美国的所得税。但实际购买国内年金险保单时,如果妻子已经不是中国身份,则购买某些险种可能将受到限制,因此建议最好是在移民前做好税收筹划。

3. 妻子的终身寿险搭配不可撤销人寿保险信托免征所得税

妻子的终身寿险则建议在美国购买,因为美国终身寿险费率低,杠杆率高。同时保单产生的收益因为不做任何领取,可以成功的避免缴纳所得税。将来妻子身故以后,因为保单为独立第三方——“不可撤销人寿保险信托”持有,依据美国遗产税法,收益已经全部转化成为身故保险理赔金,不计入妻子的遗产,因此不用缴纳遗产税。而依据美国个人所得税的相关规定,身故保险赔款不征收个人所得税,因此妻子的儿子和女儿也不用缴纳个人所得税。通过这样的一个计划,不仅避免了保单资产的增值缴纳所得税,还避免了赔款缴纳的遗产税,一举多得。

值得注意的是,保费赠与给“不可撤销人寿保险信托”(Irrevocable LifeInsurance Trust,ILIT)缴纳保费时,如果超过每年14000美金,是需要缴纳赠与税的。因此根据实际情况确定投被保险人结构、缴费方式以及信托架构设置,从而更好地合法节税。

第七章

大额保单与健康风险管理

“身体是革命的本钱”，从家庭财务规划的角度出发，对冲健康风险最有效的方式依然是保险。

第一节　健康风险管理概述

一切个人价值的源泉都来源于人的生命与健康。健康是“1”,没有健康这个“1”,其他一切都是“0”。人身有三大风险:“Die too soon, live too long, be disabled”,其中“Be disabled”造成的杀伤力往往是三种风险中最大的,因为不管是发生重大疾病还是残疾,不仅仅是医疗费用的付出,同时意味着创造财富的能力将大大减弱。造成健康风险的原因往往包括两个方面:一为疾病;二为意外。而从家庭财务规划角度出发,对冲健康财务风险最科学有效的方式依然是保险。

一、健康风险及管理

我们在第二章的时候讨论过根据风险发生概率及造成损失大小两个维度可以将风险划分为四个象限,对于不同象限中的风险可以采用不同的风险管理方法,即风险自留、风险规避、风险转移以及风险控制等。

	损失小	损失大
发生概率小	1. 猫爪狗咬 2. 意外受伤 3. 交通小事故	1. 重大疾病 2. 火灾 3. 飞机失联 4. 婚姻破裂
发生概率大	1. 感冒发烧 2. 飞机晚点 3. 约会迟到	1. 资产混同 2. 吸二手烟 3. 富不过三代

在进行健康风险规划的时候,结合健康保险的实务操作,我们可以简单地将健康风险划分为“小、中、大”三个层次。

(一)“小风险”。这里指发生概率大,但造成损失小的健康风险,如日常的发烧感冒,磕伤碰伤,一般情况下门诊或用一些药就可以解决。这种风险符合“大量、同质”的可保风险标准,但从精算角度来看,因为其发生概率太大,以至于其保费成本接近于治疗费用,往往采用风险自留的方式应对。近年来逐渐兴起的高端医疗保险充分考虑到这一因素,将“小风险”也囊括进了医疗保险保障范围之内。

(二)“中等风险”。诸如一些门诊手术、微创手术,不需要住院治疗或短期住院治疗便可治愈;这类风险发生概率适中,其造成的损失也适中,通过社保及普通的医疗保险均可以进行部分覆盖。

（三）“大风险”。这里是指发生概率较小，造成损失大的风险。例如，重大疾病风险。一旦发生对家庭产生较大的财务黑洞，不仅需要支付高昂的医疗费用，同时还有可能因为疾病或意外伤害导致无法正常工作或失去工作能力从而带来收入的损失。通过购买商业保险的方式将风险转移是应对的好方法，其中给付型的重大疾病保险不仅能够提供急用的治疗资金，还能够进行一定的收入补偿。

事实上，在应对健康风险的时候，不仅仅只存在风险转移的方式，风险规避、风险控制也逐渐引入整个健康保险生态体系。例如，很多保险公司会举办健康养生方面的讲座，尽量引导客户多注意身体健康，从而达到风险避免的效果；另外，一些高端医疗产品会在产品中设定，每年将提供一定金额的体检额度让自己的客户做相关体检，以了解跟踪客户健康状态，及早发现病灶，并在疾病早期进行治疗，如此不仅可以尽量避免客户疾病严重后治疗的痛苦，同时也可以达到减低医疗费用赔付的目的。

二、健康风险分类

2006 年 9 月 1 日起施行的《中国保险监督管理委员会令》（〔2006〕第 8 号）《健康保险管理办法》对健康保险做了非常明确的定义：所谓健康保险（Health insurance）是指保险公司通过疾病保险、医疗保险、失能收入损失保险和护理保险等方式对因健康原因导致的损失给付保险金的保险。[①] 健康保险通常是以被保险人的身体为保险标的，使被保险人在疾病或意外事故所致伤害时发生的费用或损失获得补偿。

《健康保险管理办法》第二条　本办法所称健康保险，是指保险公司通过疾病保险、医疗保险、失能收入损失保险和护理保险等方式对因健康原因导致的损失给付保险金的保险。

本办法所称疾病保险，是指以保险合同约定的疾病的发生为给付保险金条件的保险。

本办法所称医疗保险，是指以保险合同约定的医疗行为的发生为给付保险金条件，为被保险人接受诊疗期间的医疗费用支出提供保障的保险。

---

① 《中国保险监督管理委员会令》，2006 年第 8 号，载 http://www.gov.cn/ziliao/flfg/2006-08/14/content_361968.htm，最后访问日期：2016 年 12 月 16 日。

本办法所称失能收入损失保险，是指以因保险合同约定的疾病或者意外伤害导致工作能力丧失为给付保险金条件，为被保险人在一定时期内收入减少或者中断提供保障的保险。

本办法所称护理保险，是指以因保险合同约定的日常生活能力障碍引发护理需要为给付保险金条件，为被保险人的护理支出提供保障的保险。

三、健康保险特点

（一）风险经营的独特性

与以死亡为给付条件的寿险不同，健康保险经营的是伤病发生的风险，其定价精算非常复杂。首先，要考虑疾病率、伤残率和疾病（伤残）持续时间，健康保险费率的计算以保险金额损失率为基础，年末未到期责任准备金一般按当年保费收入的一定比例提存。其次，等待期、免责期、免赔额、共付比例和给付方式、给付限额等因素也会影响最终的费率。最后，健康保险还需要考虑一些不确定的因素。如医疗服务的数量及价格，这些因素作为定价方及理赔金支付方的保险公司比较难以加以控制。另一个不容易把控的因素即为逆选择和道德风险，较一般寿险更为严重。

（二）合同条款的特殊性

健康保险被保险人和受益人常为同一个人，具有很强的人身属性，因此在司法实践中，存在一些较小的健康保单被保全的判例。另外，在婚姻财富规划中，健康保险也因其具有很强的人身性质，从而宜被认定为个人财产。

2016 年 11 月 30 日，最高人民法院发布的《第八次全国法院民事商事审判工作会议（民事部分）纪要（2016 年 11 月 30 日）》，其中提到关于夫妻共同财产认定问题，其原文内容如下：婚姻关系存续期间，夫妻一方作为被保险人依据意外伤害保险合同，健康保险合同获得的具有人身性质的保险金，或者夫妻一方作为受益人依据以死亡为给附条件的人寿保险合同获得的保险金，宜认定为个人财产，但双方另有约定的除外。

在健康保险合同中，除适用一般寿险的不可抗辩条款、宽限期条款、不丧失价值条款等外，还存在一些特有的条款，如转换条款、协调给付条款、体检条款、免赔额条款、等待期条款等。健康保险的除外责任相对也会包括战争或军事行动，故意自杀或企图自杀造成的疾病、死亡和残废，堕胎导致的疾病、残废、流产、死亡等。

（三）健康保险的给付

损失补偿原则是保险最基本的原则之一，那么健康保险是否也适用损失补偿原则？答案是不能一概而论。一般情况下，费用报销型健康保险适用损失补偿原则，是补偿性的报销；而定额给付型健康险则并不适用，保险金的给付与合同约定保额有关，与实际损失无关。当然，在投保给付型健康险的时候，保险公司亦会根据客户的情况给予合适的投保金额。

（四）给付责任限制多

由于健康保险有风险大、不易控制和难以预测的特性，因此，在健康保险尤其是医疗给付型保险中，保险人对所承担的疾病医疗保险金的给付责任往往带有很多限制或制约性条款。

（五）保险期间

绝大多数健康保险尤其是医疗费用保险常为一年期的短期合同，而重大疾病保险的保险期间则可以分为定期或终身。定期重大疾病保险保费相对比较便宜，但是有保障期限。

四、健康风险管理体系

高端医疗保险属于报销性质的损失补偿保险，因其保障全面、私密性好、服务尊贵等特点广受高净值人士青睐。而重大疾病保险则属于事件给付型的保险，对于高净值人士来说，其杠杆的方式可以在当发生损失较为严重的健康风险发生的时候，可以确保这一部分资金及时到位，而不至于因为短时间的大资金需求而造成流动性风险，从而影响到其他的资金安排，并且对这一阶段的人力资本进行一定程度的补偿，由此使家庭家族的财务架构更为稳健。基于此，建议高净值人士构建高端医疗保险与重大疾病保险相互配合的健康风险管理体系，从而从财务方面更好的管理健康风险。

第二节 认识高端医疗保险

高端医疗保险也叫全球医疗保险、高管医疗保险、特需医疗保险等。高端医疗保险是针对高端人群开发的、高保额的、突破了就医地点、医院类型、用药目录等一系列限制的,并且可以实现保险公司与医院费用直付的高端医疗保险产品。它有别于我国的社保,也有别于传统的普通医疗。其最大特点是突破了对就医地点、用药的限制,客户在医院所有的花费都可以报销,从而使被保险人就医更加人性化、保障更为充足。被保险人在保险直付网络医院看病的时候,可以由保险公司和医院直接结算。

一、高端医疗保险的重要性

(一)高端医疗保险的起源和发展

高端医疗保险在西方是标准通常惯例的私人医疗保障服务。20 世纪 90 年代中后期,中国大量吸引外商投资,欧美的高端商业健康保险也随之带入了中国。1995 年到 2000 年,这些外籍商务人士、外企高管抵达中国之后,在就医方面遭遇了诸如语言不通、就诊报销不方便、续保手续烦琐等问题,基于此,原本在这些外籍人士本国提供高端商业健康保险的保险公司将相关的保险服务引入中国,这便是高端医疗在中国发展的初步阶段。

随着中国加入 WTO 组织,中国与其他国家和地区的交流更为频繁,中国籍外派海外的商务人士也逐渐增多,他们面临的是实实在在的境外医疗需求,对于他们来说,加入当地的高端医疗保险则是在海外应对健康风险的最佳方式。

2005 年开始,随着生活水平的不断提升,越来越多的高净值人士不再满足于一般的基础医疗服务,就医环境好、不需排队、不会引起交叉感染、私密性好的私立医院受到越来越多的高净值人士青睐。而与此项医疗服务配套的本土化的高端医疗保险直至 2010 年开始真正在内地流行起来。

(二)高端医疗保险的特点

根据高端医疗保险的定义,我们分析出高端医疗保险具备的特点,如下:

1. 超高的保额

大部分高端医疗主险的保额都设置得比较高，例如800万元、1600万元、6300万元，笔者甚至见过一款保险金额无上限的高端医疗保险产品。

2. 多种地域范围选择

可以根据自己的需求选择保险可以覆盖的区域，例如中国内地、港澳台、亚太地区、欧洲、美国、加拿大等。

3. 针对高端人士开发

高端医疗保险客户群在发展初期集中在外企高管，随着市场的日趋成熟，高端医疗保险成为越来越多的高净值人群家庭标配。

4. 突破对就医地点的限制

传统的商业医疗保险仅针对在公立医院普通部的医疗费用进行报销，而高端医疗保险的报销则可以在公立医院的普通部、特需部、国际部以及国际医院、昂贵私立医院畅行无阻。

5. 宽泛的医疗保险保障范围

首先，传统的商业医疗保险仅能针对《基本医疗保险药品目录》上的低价常用药和指定的医疗器械、治疗方法进行报销，而高端医疗则可以完全覆盖各种自费药、进口药、进口医疗器械的费用；其次，高端医疗保险远远超出社保的保障范围，只要是“医疗必须”，无论是全球紧急救援、精神疾病等都可进行赔付。

6. 舒适的就医环境

高端医疗保险也一直以高端、私密、尊贵的形象示人。因为可以自由选择特需、国际部以及私立医院，客人的尊贵医疗需求可以得到充分的满足。

7. 免现金结算

保险公司的网络医院内直付，即保险直接赔付。这有别于垫付（自己先掏钱看病后理赔报销的传统形式被称为“垫付”），它是高端国际医疗健康保险的主要标志之一。这种方式免去后续烦琐的理赔流程，不仅极大地简化了高净值人士的就医流程，节省了高净值人士时间、提高就医效率、改善就医体验，更是保险公司将理赔前置的重要手段。

8. 可调动更多的医疗资源

高端阶层对保险往往有更高和更为复杂的需求。保费多少并不是他们最关心的首要问题。而保险责任是否广泛、医院选择是否自由、保险服务是否专业化且国际化等才是选择高端医疗保险时重点考虑的因素。差异化、精细化、个性化、定制化的服务将会是高端医疗未来发展的一个重点。

（三）高端医疗保险对高净值人群的重要性

胡润联合中国民生银行发布的《2014～2015 年中国超高净值人群调查报告》显示，[①]中国超高净值人群非金融服务需求方面排名第一的就是健康医疗，提及率达到 54%。而在健康和养生需求方面，固定的私人医生团队和国际医院就医通道又分别名列一、二，提及率均接近 60%。由此可见高品质的健康和医疗需求对于高净值人群尤其是超高净值人士是非常重要的。

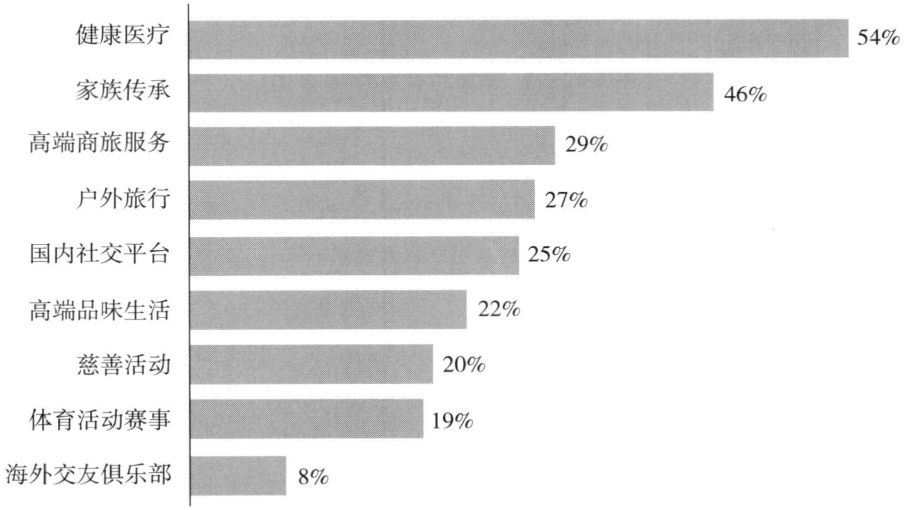

资料来源：2014~2015年中国超高净值人群需求调研。

图 7－2－1　非金融服务的主要需求（多选）

① 新华网：《中国民生银行联合胡润百富发布〈2014～2015 年中国超高净值人群需求调研报告〉》，http://news.xinhuanet.com/fortune/2015－04/02/c_127651284.htm，最后访问日期：2016 年 8 月 19 日。

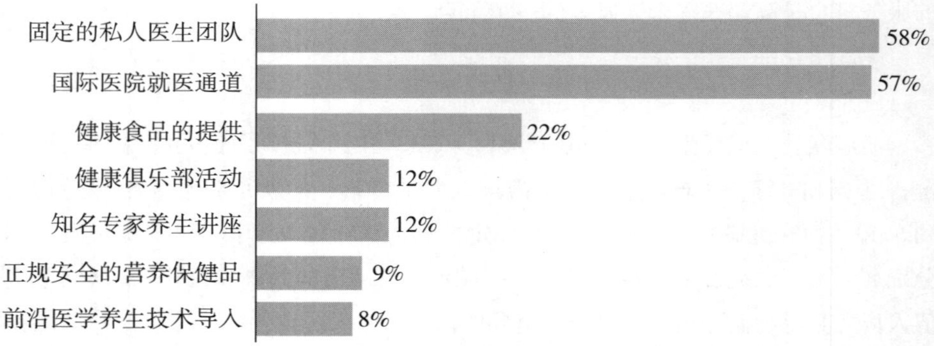

资料来源：2014~2015年中国超高净值人群需求调研。

图7－2－2　健康和养生需求(多选)

对于高净值人士来说,选择高端医疗保险的重要性体现在以下四个方面:一是化不确定为确定,将健康风险通过保险的方式统一管理起来;二是私立医院直赔方式,就医环境更为舒适,节约时间成本;三是可透过高端医疗保险尽享全球优势医疗资源;四是私密性会更好,尽享尊贵人生。

1.化不确定为确定

"身体是革命的本钱",这句话放到高净值人士身上更是如此,高净值人士的"财富大楼"必须建立在健康的身体基础之上。人身风险比较常见的就是疾病和意外。风险控制的四种基本方法包括:风险回避、损失控制、风险转移和风险保留。从风险管理的角度来看,人身风险最佳的管理方式就是转移,而保险则是使用最为广泛的风险转移方式。因人身风险造成的医疗费用支出是不确定的,购买高端医疗保险即通过高端医疗保险合同的方式将人身风险造成的医疗费用支出转移给保险公司,从而化不确定为确定。

2.私立医院直付方式

高端医疗保险公司在全球一般都会有自己的网络医院列表,在网络医院就医所产生的费用并不需要客户现金或刷卡缴纳,而是保险公司与医院直接结算,从而很大程度上节约客户的时间。

3.尽享全球优势医疗资源

我国人口众多,医疗资源较为紧缺,高端医疗保险多对接公立医院特需或国际部甚至部分昂贵私立医院。因此,高净值人士可以通过预约的方式,享受舒适的就医环境,免去公立医院嘈杂、排队时间长、医生讲解不够详尽的烦恼。

高端医疗保险源于欧美,内地很多经营高端医疗的保险公司均为中外合资,不仅引入了欧美的高端医疗产品体系,同时也引入了欧美较为成熟的医疗机构和医疗方式。例如,笔者所知道的某家成立时间较早、产品较为成熟的保险公司新近推出的海外就医保险产品就是对高端医疗保险更好的一个补充。通过这款产品,客户如果发生约定的六种重大疾病,即可获得1200万元或2400万元保额的海外就医保障。并且全程导医导诊服务,所需费用也是比较低的。

4. 就医私密性会更好

高端医疗保险所对接的均是优势医疗资源,享受的也是优质的医疗服务,而且私密性可以得到很好的保障,真正做到看病不求人,尽享尊贵人生。

二、选择高端医疗保险的注意事项

(一)高端医疗保险保障内容

高端医疗保险产品一般包含以下版块:住院、门诊、健康体检及疫苗、牙科/眼科/助听器、孕产及新生儿护理、医疗救援等。

1. 住院版块

住院保障是高端医疗保险的核心部分,也是风险管理中需要通过保险合同转移的最核心的风险。一般以主险的形式出现,这意味着其他版块可以不选择,而住院则是必选项目。总保障额度都会比较高,从800万元到上千万元不等,甚至不限上限。

住院保障一般包含住院期间的治疗费、住院前后的居家护理、与住院相关的门诊费用以及临终关怀等。对于某些分项目会有赔付上限。如某款高端医疗产品规定:器官移植每项病症以900,000美元或5,670,000元人民币为限。

2. 门诊版块

门诊保障是高端医疗保险使用最多的部分。事实上,一般门诊从风险属性上来说属于发生频率较高,但是危害性并不太大的类型,所以也会有些理性的客户对这部分风险选择自留的方式。门诊保障保额一般在20万~50万元不等,有些产品直接将其纳入总保额,在就诊次数上会有规定,如一个保险年度所有门诊就诊次数上限为60次。

在这里需要注意的是,中国内地市场上的高端医疗产品本土化之后加入了中医的门诊和一些顺势疗法。不过基本上会有费用上限的规定。例如,某条款规定:辅助药物(包括顺势疗法、自然疗法及中药),每个保险期以4000美元或25,200元人民币为限。

3. 健康体检及疫苗

健康体检无论对客户还是对保险公司来说，都是事前控制非常好的一种方式。客户及早发现病症，则可以及时得到治疗，而保险公司也不至于等到疾病发展到更为严重的时候为更高昂的治疗费用埋单。一般以可选保障的形式出现，也有保险公司将预防性的检查列入常规项目。

疫苗是很多拥有1～3岁孩子的家庭更为关注的项目，因为在私立医院打进口疫苗的费用比较昂贵，费用也比较固定。高端医疗保险兴起初期，单个孩子的需求比较旺盛，但因为赔付率逐渐的快速增长，现在市场上已经基本没有孩子可以单独购买的高端医疗产品了，必须与至少一名家长同时购买。一般会有报销限额的规定或者可报销疫苗的品种列表。

4. 孕产及新生儿护理

孕产责任可以说是高端医疗保险非常独特的保障内容，也是市场上其他产品均不具备的一个保障内容。一般来说，在私立医院生育孩子，顺产分娩的费用基本上在5万到8万元不等，剖腹产的费用至少十万元以上，而生育引起的并发症及新生儿的护理费用就不那么确定了。尤其是如果在私立医院生孩子，并发症及新生儿护理的费用是比较昂贵的，所以相对来说，通过高端医疗保险的方式是一个比较好的方法。

孕产责任一般以可选计划出现，但因为发生赔付的概率是比较高的，有些保险公司规定必须夫妻俩同时投保。另外孕产责任一般设有等待期，例如等待期10个月或12个月，笔者见过的等待期最短的也有8个月（当然，有些大集团的团体高端医疗计划并无等待期），这意味着如果已经怀孕了，高端医疗保险也并不能覆盖生育分娩的费用及转移并发症或新生儿疾病的风险；而如果希望覆盖这部分风险，则需要至少提前做规划。

以下表格是某保险产品关于孕产责任的规定：

表7－2－1

产科/分娩（12个月后）	
正常分娩/生育中心/在家分娩	每个保险期以15,000美元或94,500元人民币为限
具医疗必要性的剖腹生产	每个保险期以30,000美元或189,000元人民币为限
产前及产后治疗	属于常规门诊治疗的保障范围
怀孕及分娩并发症	全额赔付

5. 牙科/眼科/助听器

牙科、眼科、助听器一般绑定出现，更多时候是作为主保险计划的附加可选计划，也有一些保障全面的险种会将其纳入总体保障之中。作为附加险时，其保费与保障的额度相差不大。保额一般均有报销上限的规定且合并计算。同时，为了防止逆选择，一些治疗会设有等待期。例如，常规牙科治疗（等待期 6 个月）、主要修复性牙科治疗（等候期 6 个月）、畸齿矫正（等候期 12 个月）。

6. 医疗救援

医疗救援也是医疗运送，不仅包括被保险人的紧急医疗转运服务，还包括陪同人员公共交通费用和食宿费用的补偿。

2015 年 12 月 23 日 13 点 30 分左右，一架直升机平稳降落北京安贞路北口，机上搭在的是一位急性心肌梗塞患者，北京急救、空管、交管等多个部门联合开辟绿色通道，及时将患者送往安贞医院接受治疗。据介绍，患者从新疆被转运来京，因飞行距离远，此次用了两架飞机接力转运，整个运费高达 50 万元，而两架专机的运费均由国外一家保险公司埋单。①

这种在影视剧中才会出现的镜头这两年逐渐见诸报端。实际上，这就是高端医疗保险所包含的顶级医疗运送服务，一般无须另行加费。客户如果在紧急就医时由保险公司安排医疗转运服务，属于 SOS 紧急救援服务内容。下图为某保险公司关于紧急医疗运送的介绍：

表 7－2－2

紧急医疗运送	
救护车	全额理赔
紧急医疗转运：一位陪同人员陪同医疗转运的公共交通工具费（飞机限经济舱）；被保险人和一位陪同人员在被保险人治疗完成或病情稳定后返回常住地的公共交通工具费（飞机限经济舱）	全额理赔
住宿费：一位陪同人员陪同医疗转运的住宿费	最高限额 800 元/天，最长至 12 天
遗体遣返和就地安葬	最高限额 160,000 元

（二）高端医疗保险注意事项

经过十年左右的发展，个人高端医疗保险从最初“跑马圈地”的混乱，逐渐走向规

① 人民网：《直升机临时降落北京某十字路口　送患者就医》，载 http://auto.people.com.cn/n/2014/0815/c1005－25472148.html，最后访问日期：2016 年 8 月 19 日。

范化、成熟化。近几年比较热销的产品，每一款产品都会有不同的档位。看似纷繁复杂，实则有规律可循，以下为高净值人士选购高端医疗保险时应注意的多项因素：

1. 覆盖区域

首先需要确定保障覆盖的区。一般会有全球、全球除美国、亚洲、大中华、中国内地等选项，高净值人士可以根据自己经常来往的国家和地区进行选择。一般来说，包含美国的保险计划基本上比不包含美国的计划保费贵一倍左右。

表 7－2－3

地理涵盖范围					
计划类型	中国内地和港澳台保障	中国内地和港澳台增强保障	国际保障	国际增强保障	全球保障
地理涵盖范围	中国内地、香港、澳门和台湾地区	中国内地、香港、澳门和台湾地区	全球除美国和加拿大	全球除美国和加拿大	全球任何国家和地区
全球紧急医疗	不涵盖	紧急医疗费用最高保额为￥500,000	不涵盖	紧急医疗费用最高保额为￥500,000	全额赔付

2. 保额设置

主要是住院以及门诊的保额设置。那么保额是否越高越好？在一定范围内是这样的，但是如果超出了一些额度，例如，住院保额3000万元之后，多出的保额似乎意义就不是特别大了，当然保费精算的时候或许也贵不了太多。

3. 自负比例

在选购高端医疗保险的时候，自负比例也是比较重要的考虑因素。是选择由保险公司全权负责还是部分费用自留？如果部分自留，则自留比例多大？以下是某保险公司对选择自负比例客户给予的保费上的优惠，可大致做下参考。

表 7－2－4

(1) 自付比例	折扣
A. 20% 门诊治疗的自付比例	－15%
B. 20% 住院治疗的自付比例，每个保险期间内的最高自付额为 60,000 元	－9%
C. 20% 门诊和住院治疗的自付比例，每个保险期间内住院治疗最高自付额为 60,000 元	－25%

4. 保障范围

诸如生育、幼儿保障，以及体检、牙科、眼科等因素都是属于可选计划的范围，可根据每个家庭的实际情况进行选择。当然,保障越全面届时要操心的地方更少。

5. 医院选择

各保险公司产品都推出了直付网络医疗机构(只要预约,可实现无现金就诊,看病看签字即可的医院),但由于各家保险公司所签的医院不同,可实现直付的医院也有所不同,因此如果客户有较为习惯就医的医院,就需要事先确认此医院是否有保险直付医院,如果是直付医院则保险使用起来更为方便快捷。至于是否涵盖特定昂贵医院,如和睦家等则更多的从保费性价比的方面来看。昂贵私立医院从服务体验、隐私保护程度都更胜一筹,相应的保费也会贵一些,有些险种会对昂贵医院做出除外责任,还有的会对含昂贵医院保障的产品做出增加免赔额的规定。如某公司保险条款对昂贵的规定如下:

昂贵医院参考列表:

对于内地及港澳台(增强)保障客户,以上所有医院不予涵盖

对于在以下医疗机构发生的理赔,或由以下医疗机构医护人员提供的医疗服务,本保险计划将不予理赔:

亚洲专科医生/运动内科医生(Asia Medical Specialists/Sportsphysicians(Sportsperformance Ltd.)

百汇医疗/百汇华鹰门诊部(除北京、香港地区以外的所有城市)

和睦家医院及诊所(北京,上海和其他城市)

国际 SOS 诊所(北京、天津、南京、深圳)

上海戴是凯康复医学门诊部

港安医院(香港地区)

上海全康医疗诊所

养和医院(香港地区)

上海东方国际医疗中心

明德医院(香港地区)

Mount Elizabeth Hospital (新加坡)

Gleneagles Hospital (新加坡)

6. 保险费用

保险公司保费调价有两个方面:一是随着客户年龄的增加保费会有所增加;二

是随着每年医疗费用的增加而增加。高端医疗保险市场发展初期，因为各家公司急于争夺市场，对本土市场了解不足，而一些保险公司本身可能刚开始涉足这一领域，经验明显不足，曾经一度出现产品设计价格不合理的情况。同时市场上最大的两块推动市场发展的需求：幼儿就医和孕产保障，又往往是比较容易出现逆选择情况的区域，以至于在经营了一两年之后，保险公司赔付率较高，次年不得不大幅提高保费。随着市场慢慢规范化之后，目前，有经验的保险公司虽然每年保费依然增加，但增幅基本上在可预测的范围之内。

7. 保险服务

因为高端医疗保险保障范围为全球，因此在医疗资源的整合方面，保险公司多与世界知名的医疗机构合作。基于此优势，保险公司可以整合全世界的高端医疗资源来更好地为客户服务。另外，保险公司的精算模型是否完备，理赔率控制是否合理，理赔效率是否宽松快捷、客户服务体验等方面也是需要综合考虑的。

8. 事先授权

保险计划中有些特殊的治疗项目需要事先授权。客户在获得这些治疗前须事先确认该项治疗费用是否能得到理赔以及理赔标准是多少。客户在进行上述治疗前若未获得中心书面许可回复，被保险人接受医疗的，保险人有权不承担保险责任。如遇紧急情况，被保险人只须在该紧急情况发生后 48 小时内通知即可。例如，某款高端医疗保险对于需要事先授权的治疗项目规定如下：

(1)住院治疗；

(2)需要全身麻醉的门诊手术，化学治疗，放射治疗，血液或腹膜透析；

(3)购买或租用非一次性耐用医疗设备，包括但不限于胰岛素泵及其配套器械；

(4)紧急医疗转运；

(5)牙科意外伤害修补治疗；

(6)每剂超过 8000 元的药剂或疫苗。

9. 等待期

等待期是保险公司为了规避客户逆选择而设置的一个期限。如很多的重疾险都会有 3 个月、6 个月、1 年等期限的等待期。在这个等待期之内发生的重大疾病不予以理赔。高端医疗保险中的等待期比重疾的规定更为详细一些。保险公司不但会对前面提到的孕产、牙科等做出等待期的规定，甚至对住院、门诊也会分别设定不同时期的等待期，例如下面这家保险公司条款中的规定：

①投保人为被保险人首次投保本保险或非连续投保本保险时，被保险人因疾病需要住院治疗的，自本合同生效日起30日为等待期；被保险人因疾病需要门诊治疗的，自本合同生效日起15日为等待期；被保险人因疾病需要牙科门诊治疗的，自本合同生效日起3个月为等待期。投保人为被保险人连续投保本保险的或被保险人遭受意外伤害事故的无等待期。被保险人在等待期内发生保险事故，本公司不承担给付保险金的责任。

②女性被保险人因妊娠而享有本合同约定的保险责任的，自本合同生效日起10个月为等待期。投保人为被保险人连续投保本保险的无等待期。被保险人在等待期内因怀孕发生的医疗费用，本公司不承担给付保险金的责任。

10. 既往症

既往症是在高端医疗保险合同生效之前罹患的被保险人已知或应该知道的有关疾病或症状。通常有以下情况：A. 本合同生效前，医生已有明确诊断，长期治疗未间断；B. 本合同生效前，医生已有明确诊断，治疗后症状未完全消失，有间断用药情况；C. 本合同生效前发生，未经医生诊断和治疗，但症状明显且持续存在，以普通人医学常识应当知晓。在一些团体高端医疗保险中，既往症是涵盖的。但是个人高端医疗保险中既往症更多情况下会做除外或者限额赔付。因此一定是在身体好的时候规划保险才是最好的时机。

11. 保证续保条款

终身保证续保条款对于高净值人士来说意义更为重大。目前内地市场上将“终身保证续保”条款写到合同里的保险公司极少，大多数是保证续保到某个年龄阶段。但从欧美的高端医疗产品甚至香港地区的高端医疗保险，做到终身保证续保是完全没有问题的。当内地的高端医疗产品发展更成熟的时候，相信“终身保证续保”不再是一个问题。需要提醒的是，到了一定年纪之后客户的保费成本会比较大，对此需要进行斟酌。以下是某保险公司对于保证续保条款的规定：

凡投保人所属的，投保时年龄在65周岁以下，能正常工作（一周工作时间不小于30小时）、劳动和身体健康、无身体残疾的雇员/团体成员，均可作为主被保险人。续保时最高年龄可至69周岁；50周岁及以上需要提供半年内健康体检报告。

12. 除外责任

除外责任即为保险公司不保的情况。如某保险公司除外责任示例如下：

（1）物质滥用及自残、自杀引起的自我伤害

(2)美容/或选择性手术—激光角膜手术、减肥等

(3)与计划生育相关的治疗—节育、不孕不育、非紧急情况下流产或性功能障碍等

(4)矫正性仪器—矫正鞋，背带等

(5)属于既往症的疾病及主被保险人保险期间内合法收养的子女，作为附属被保险人在入保第一年的既往症情形

(6)除外风险—职业运动等

(7)附加项目—产前培训

(8)酒精和药物滥用戒断治疗费

(9)超过通常惯例部分的医疗费用

13.投保地域

不少高净值人士具有海外背景，也接触过海外的高端医疗产品，既然高端医疗都是面对全球的，那么选内地的好还是海外的好呢？在此有一个可参照的原则，那就是看客户主要居住地。因为高端医疗保险产品受高净值人士青睐的重要原因之一就是方便快捷。如果客户常住国内，购买的却是海外的产品，那么首先门诊在网络医院无法直付，赔付起来就会比较麻烦；其次，当一些有争议的情况发生的时候，届时需要对抗的就不仅仅是保险条款，而是一个完全不同的司法管辖区。

综上所述，高净值人士应该根据自己的实际情况和希望达到怎样的效果，来选择高端医疗保险产品。

三、高端医疗保险参考范本

以下表格是某高端医疗产品的保障内容及其额度的说明，仅作参考，为高端医疗产品勾勒一个整体印象。

表7-2-5

保障与说明	
下列保障，包括全额赔付项目，均将计入年度最高保障总额	年度最高保障总额10,000,000美元或63,000,000元人民币
常规门诊治疗	
*全额赔付，以常规门诊治疗年度最高保障额(75,000美元或472,500元人民币)为限	75,000美元或472,500元人民币

续表

自付比例^选项： 1. 标准自付比例 0% 2. 自选 20% 有关适用于常规门诊治疗的自付比例，请参阅保险证书。请注意，自付比例将不适用于在中国内地的公立医院接受的常规门诊治疗	
门诊手术	全额赔付 *
病理学检测、放射检测和诊断检测及治疗	全额赔付 *
专科诊症及医生费	全额赔付 *，每个保险期以 60 次诊疗为限
合格护士护理	
心理及精神科治疗	
物理治疗师、骨科医生及脊椎指压治疗师	
职业治疗师及视觉矫正师	
足部护理	
辅助疗法：针灸及反射疗法	
辅助药物：顺势疗法、自然疗法及中药	每个保险期以 4000 美元或 25,200 元人民币为限
处方药及敷料	每个保险期以 6,000 美元或 37,800 元人民币为限。 超出上限部分的支付比例为 50%
耐用医疗设备	
饮食指导	每个保险期以 4 次咨询为限
预防性治疗	
健康检查（等候期 6 个月）	每个保险期以 1500 美元或 9450 元人民币为限
疫苗接种	每个保险期以 1500 美元或 9450 元人民币为限
眼科检查	全额赔付，每个保险期以 1 次检查为限
预防性牙科治疗（等候期 6 个月）	全额赔付，每个保险期以 2 次诊症为限
牙科治疗/助听器/眼科	

续表

牙科治疗	每个保险期以4000美元或25,200元人民币为限
意外事故相关牙科治疗	
常规牙科治疗(等候期6个月)	
主要修复性牙科治疗(等候期6个月)	
畸齿矫正(等候期12个月)	
助听器/眼科	
助听器	
镜架、镜片及隐形眼镜	
住院服务:住院及日间留院治疗费	
住院费用(包括食宿)	全额赔付。标准单人病房
父母陪伴留宿医院	全额赔付
手术室、药物及敷料	
重症监护	
手术,包括外科医生及麻醉师费	
内科医生费	
病理学检测、放射检测和诊断检测及治疗	
心理及精神科治疗	
物理治疗师、职业治疗师、语言治疗师与营养师	
减重手术(等候期24个月)	
预防性手术	
人造器官装置	每项装置以6000美元或37,800元人民币为限
植入式人造器官及人造器官设备	全额赔付
重建手术	
意外事故相关牙科治疗	
住院前及住院后	
居家护理	全额赔付,每个保险期以60日为限
临终关怀与缓和治疗	整个保险期上限为40,000美元或252,000元人民币,包括续保期
康复护理(跨领域康复)	全额赔付,每个保险期以60日为限

续表

住院及/或门诊服务	
先进扫描	全额赔付
癌症治疗	
器官移植服务	每项病症以 900,000 美元或 5,670,000 元人民币为限
肾脏透析	全额赔付
产科/分娩(12 个月后)	
正常分娩/生育中心/在家分娩	每个保险期以 15,000 美元或 94,500 元人民币为限
具医疗必要性的剖腹生产	每个保险期以 30,000 美元或 189,000 元人民币为限
产前及产后治疗	属于常规门诊治疗的保障范围
怀孕及分娩并发症	全额赔付
运送/交通	
医疗运送	全额赔付
医疗运返	
同行人士交通费	
同行儿童交通费	
慰问探访交通费及生活费	往返:整个保险期以 5 次探访(包括续保期)、每次以 1500 美元或 9450 元人民币为限 探访生活费:每日 150 美元或 945 元人民币每个保险期以 10 日为限
生活费	每个保险期以 10 日,每日以 150 美元或 945 元人民币为限
本地救护直升机	全额赔付
本地救护车	
遗体运返	
常规除外责任	
手续费/行政费	视力
肥胖症	预缴款项/订金
流行病及广泛性流行病	持续性植物状态(PVS)及神经损伤
人工生命维持	实验性治疗

续表

基因检测	性问题
避孕	睡眠障碍
中药(特定类别)	性别问题
冲突及灾害	干细胞
酒精、毒品及/或药物之伤害性或有害使用	代孕
康复疗养、看护中心、入住一般看护机构、留院或其他机构	水疗、自然疗法诊所等
颞颚关节(TMJ)障碍症	不孕治疗
整形治疗	未经认可的医疗从业人员、医疗服务提供人员及医疗服务提供者
发展问题	机械或动物捐赠器官

第三节　重大疾病保险

重大疾病保险最初起源于南非，外科医生马里优斯巴纳德（Dr. Marius Barnard）最先提出这一产品创意。马里优斯医生发现，在实施了心脏移植手术后，部分患者及其家庭的财务状况已经陷入困境，无法维持后续康复治疗。为了缓解被保险人一旦患上重大疾病或实施重大手术后所承受的经济压力，他与南非一家保险公司合作开发了重大疾病保险。1983 年，首款重大疾病保险在南非问世。1986 年后，重大疾病保险被陆续引入英国、加拿大、澳大利亚、东南亚等国家和地区，并得到了迅速发展。

1995 年，我国内地市场引入了重大疾病保险，经过了二十多年的发展，现已发展成为人身保险市场上重要的保障型产品，①在消费者群体中也是深入人心。重大疾病保险在发展过程中，保障范围逐渐扩大，保障功能日趋完善，其产品的设计理念一直延续至今 。

对于高净值人士来说，重大疾病保险的保障功能，是将未来不确定的大额支出或者损失，转变为目前确定的小额支出，如此，在遇到有大额支出或者损失的时候，能够得到一笔确定的急用的保险金赔偿，而不至于过多影响其他的财务安排。并且对这一阶段的人力资本进行一定程度的补偿，由此使家庭家族的财务架构更为稳健。本节重点结合实务，对重大疾病保险投保时的一些注意事项进行详解。

一、遵循最大诚信原则

在投保时，对于客户的年龄，健康状况，过往病史等，但凡会影响保险公司同意承保或者提高保险费率的重要事实，不能隐瞒或虚报，要履行最大诚信原则，向保险公司如实告知。

尽管存在两年不可抗辩期，但是笔者依然认为最基本的商业契约精神是必须遵循的。若并未如实告知，则首先起码两年之内出现风险，保险公司将完全可以拒赔；其次若市场上大家均选择不诚信，则逆选择的风险会被计入精算因子，从而保费增加，全体消费者对此埋单。

---

① 《我国重大疾病保险的行业规范正式启用》，载 http://www.circ.gov.cn/web/site0/tab5207/info44715.htm，最后访问日期：2016 年 12 月 16 日。

二、清楚明白条款细则

投保健康保险时，看清保险条款，清楚了解自己应享有的权利和应履行的义务，能保什么，不能保什么。健康保险因为涉及医学及保险方面的专业名词，建议找到专业诚信的保险从业者咨询，避免造成权益受损。例如，保险重疾保险中"首次确诊"或"首次就医"这样的细节描述，往往差一个字意思就相去甚远。事实上，很多保险理赔纠纷就是由于投保人当初没有弄清保险条款所致。

三、病种的选择

（一）25种重疾病种定义的统一

随着经营主体的不断增多，保险公司独自制定的重疾定义存在差异，客观上，给消费者比较和选购产品带来不便，也容易产生理赔纠纷。为保护消费者权益，2007年4月3日，中国保险行业协会与中国医师协会根据我国重疾险自身发展特点及医疗行业的实际情况，借鉴国际先进经验的基础上，共同研究制定了适合我国保险市场的《重大疾病保险的疾病定义使用规范》（以下简称《使用规范》）。《使用规范》对重疾险产品中最常见的25种疾病的表述和相关保险术语进行了统一，做了明确表述。据不完全统计，这25种重疾占到了总体重疾发病率的90%以上。据此，重疾险产品保障哪些疾病，患病后在哪些情况下可以获得赔付，全都有了标准。

此外，《规范》还对重疾险的相关除外责任（保险公司不负责赔偿的项目）进行了明确规范。进一步规范市场，从而更好的保障消费者权益。

注：在重大疾病保险的宣传材料中，如果保障的疾病名称单独出现，应当采用以下主标题和副标题结合的形式。

4.1　恶性肿瘤——不包括部分早期恶性肿瘤

4.2　急性心肌梗塞

4.3　脑中风后遗症——永久性的功能障碍

4.4　重大器官移植术或造血干细胞移植术——须异体移植手术

4.5　冠状动脉搭桥术（或称冠状动脉旁路移植术）——须开胸手术

4.6　终末期肾病（或称慢性肾功能衰竭尿毒症期）——须透析治疗或肾脏移植手术

4.7　多个肢体缺失——完全性断离

4.8　急性或亚急性重症肝炎

4.9　良性脑肿瘤——须开颅手术或放射治疗

4.10　慢性肝功能衰竭失代偿期——不包括酗酒或药物滥用所致

4.11　脑炎后遗症或脑膜炎后遗症——永久性的功能障碍

4.12　深度昏迷——不包括酗酒或药物滥用所致

4.13　双耳失聪——永久不可逆

注:如果保险公司仅承担被保险人在某年龄之后的保障责任,须在副标题中注明。

4.14　双目失明——永久不可逆

注:如果保险公司仅承担被保险人在某年龄之后的保障责任,须在副标题中注明。

4.15　瘫痪——永久完全

4.16　心脏瓣膜手术——须开胸手术

4.17　严重阿尔茨海默病——自主生活能力完全丧失

注:如果保险公司仅承担被保险人在某年龄之前的保障责任,须在副标题中注明。

4.18　严重脑损伤——永久性的功能障碍

4.19　严重帕金森病——自主生活能力完全丧失

注:如果保险公司仅承担被保险人在某年龄之前的保障责任,须在副标题中注明。

4.20　严重Ⅲ度烧伤——至少达体表面积的20%

4.21　严重原发性肺动脉高压——有心力衰竭表现

4.22　严重运动神经元病——自主生活能力完全丧失

注:如果保险公司仅承担被保险人在某年龄之前的保障责任,须在副标题中注明。

4.23　语言能力丧失——完全丧失且经积极治疗至少12个月

注:如果保险公司仅承担被保险人在某年龄之后的保障责任,须在副标题中注明。

4.24　重型再生障碍性贫血

4.25　主动脉手术——须开胸或开腹手术

（二）必保的6种重大疾病

21世纪初，很多保险公司经常以承保的疾病数量多来显示自己的优越性，但许多保险产品华而不实，《使用规范》对此进行了规范。并规定2007年8月1日后，各保险公司新开发的重大疾病保险的保障范围必须包括25种疾病中发生率最高的6种疾病。这6种重大疾病是：恶性肿瘤——不包括部分早期恶性肿瘤；急性心肌梗塞；脑中风后遗症——永久性的功能障碍；重大器官移植术或造血干细胞移植术——须异体移植手术；冠状动脉搭桥术（或称冠状动脉旁路移植术）——须开胸手术；终末期肾病（或称慢性肾功能衰竭尿毒症期）——须透析治疗或肾脏移植手术。

也就是说，此后新出的"重大疾病保险"险种，这6种疾病必保，从而避免保险公司产品过于花哨的乱象。因此，选购重大疾病保险的时候需要注意避免的一个误区，即病种并非越多越好。

四、保险期间的选择

风险发生在人生不同阶段对家庭财务造成的影响程度也会有所差别，比如在人生黄金时期发生重疾对家庭财务的影响就会远远大于退休之后，因为不仅会有医疗费用的支出，还有收入的损失，因此理论上，黄金时期的保障可以更高一些。结合保费成本因素，也可以通过终身返还型重大疾病保险结合定期消费型重大疾病保险的组合，以适中的成本获得符合预期的保障。

五、保险金额的测算

重大疾病治疗费用跨度比较大，从几十万元到几百万元均有可能，主要取决于重大疾病的种类，重大疾病严重的程度以及希望享有的 医疗条件及需调动的医疗资源。近年来，不少高净值人士测算重大疾病保险额度应考虑以下因素：第一是重疾的医疗费；第二是收入补偿，一般恢复期以五年计算；第三是后期疗养费用。

六、核保中需注意的问题

1. 健康核保

由于目前环境污染、饮食、心理压力及不良生活习惯等原因，重大疾病的发病率呈现出年轻化的趋势，近些年我国癌症发病率上升了71%，死亡率增长了29.4%。而从目前我国保险公司的理赔数据来看，平均索赔年龄为42岁。从健康核保的角度，建议高净值人士趁年轻身体健康的时候为自己准备商业给付型重大疾病保险，因为当年纪增长或身体出现一些问题之后才考虑投保，则有可能会遇到延期、加费、甚至拒保的可能性。

2. 财务核保

最后还需要提到的就是挑选保险公司，其实《保险法》中第八十九条规定，经营有人寿保险业务的保险公司，除因分立、合并或者被依法撤销外，不得解散。因此，如果购买的是偏保障的保险产品，我们更主要的关注点还是放在产品上，当然，服务及保险公司的偿付能力也是必须考虑的；而如果购买的是带有投资（如分红、万能、投连保险）的产品，我们更要关注的则是保险公司的综合实力以及投资能力。

3. 对被保险人的年龄有明确的规定

市场上很多保险公司对于被保险人的年龄都会有所限制，或者在一定年龄之上或之下投保金额设定上限，例如很多保险公司在未成年人投保的时候设定每个孩子投保重疾金额为 50 万元。

七、重大疾病保险的观察期

重大疾病险并非购买保险后立即确诊重疾，就可以立即获得赔偿。一般都是设有观察期的。观察期，是指自保单生效之日起，在一定的时间内（一般为 90 天到 1 年）罹患重大疾病，保险公司是不赔或者只赔偿部分保额。例如，张某新刚买了重大疾病保险，其观察期是 90 天，如果张某不幸在两个月的时候被确诊罹患保单范围内的重大疾病，那么保险公司是不予赔偿的，或者只赔偿很少的一部分，或者退还已交保费。

八、缴费期间的选择

对于缴费期间，保险公司可以选择一次性趸交，年期缴费，以及交至一定岁数。尽管一次性趸缴在缴费总额上会比分期交少一些，但对于以健康或生命为保障功能的保险来讲，年缴的方式更为合适。如此在前期可以享受更高的赔付杠杆，同时对资金的全盘运用也会更为灵活。

第八章

大额保单与私人信托

被誉为现代信托业之父的美国斯考特教授曾说过：“信托的运用范围可以和人类的想象力相媲美。”作为世界范围内高净值客户普遍采用的家族财富管理工具，信托的最大特点在于其独立性和灵活性。而如果能够再加上保险的确定性和杠杆性，信托将可以发挥其更大的功能和价值。

大额保单在财富管理领域所具有的重要作用已经无须多言，无论是基于债务的隔离还是婚姻财产的保护，无论是基于家族财富的传承还是税务的筹划，莫不如是。

在国外，大额保单早已深入人心，很多高净值家庭都会通过配置大额保单的方式实现一些专属的目的。同时，为了让大额保单发挥更大的作用和价值，往往将其与私人信托结合在一起，将保险的确定性和杠杆性与信托的灵活性和独立性完美的融合在一起，也即人寿保险信托。

而在国内，无论是大额保单还是私人信托，虽然都处于一个刚刚起步的阶段，但已经受到越来越多的高净值家庭的关注和接受。同时，为了满足不同家庭的需求，两者的结合亦是大势所趋。

一方面，大额保单虽然能够保证受益人享有保险金的利益，却没有考虑受益人如何才能切实享有其合法权益。有些时候，保险受益人或许并不具备合理处理保险金的能力和条件，例如，年纪太小、太大或身心有障碍、挥霍过度，甚至由于各继承人或监护人间利益冲突使合法权益受到危害。此时，保险受益人虽然形式上拥有保险金，但实际上并不能享受到保险金的好处，其合法权益难以得到保障。

另一方面，私人信托的设立门槛往往都比较高，动辄几百万甚至数千万，让部分中产家庭只能望洋兴叹，从而无法利用信托的诸多功能和优势来管理家庭的财富。

因此，大额保单与私人信托的结合，便能够很好地弥补大额保单仅有的这些“小瑕疵”。

第一节　私人信托的概述

一、私人信托的概念

私人信托其本质就是国外所说的信托。但为了与国内的类固定收益的信托理财产品相区别，同时根据其依据每个人或者每个家庭具体情况进行定制的属性，以及比家族信托更广的运用范围，我们将之称为私人信托。

《中华人民共和国信托法》（以下简称《信托法》）第二条对信托的定义是："本法所称信托，是指委托人基于对受托人的信任，将其财产权委托给受托人，由受托人按委托人的意愿以自己的名义，为受益人的利益或者特定目的，进行管理或者处分的行为。"

依据《信托法》对"信托"的定义，结合私人信托自身的特点，为了让大家更好的理解私人信托的运用范围和核心价值，我们对私人信托进行了重新的定义。

所谓私人信托，它是一个私密的、个性化的法律架构，围绕家庭及个人的不同生命周期，为实现不同的财富目的（如养老、教育、保全、传承、慈善、投资），基于信托当事人之间的信任，以信托为载体、受益人利益为核心，进行全方位、一站式的综合财富管理。其核心特点主要有安全独立、风险隔离、税务筹划、隐私保护、条款制定、隔代继承、延续控制、慈善捐赠、投资广泛、保值增值等。

二、私人信托的起源①

私人信托的历史可以追溯到四千五百年前。

大约公元前2500年，古埃及人通过遗嘱，指定其妻继承财产，其子为受益人，并为其子指定了监护人。古埃及人的这一"遗嘱托孤"被认为是最原始的私人信托行为。

到了古罗马时期，"信托遗赠"制度逐渐形成，《罗马法》中规定：在按遗嘱划分财产时，可以把遗嘱直接授予继承人，若继承人无力或无权承受时，可以按信托遗赠制度，把财产委托或转让给第三者处理。由此，首次出现了以法律的形式对私人

① 希财网：《信托是如何发展起来的?》，载 http://www.csai.cn/xintuo/326533.html，最后访问日期：2016年8月23日。

信托形成了一个完整的概念，这也被认为是最早的私人信托法律。

当历史的时钟来到13世纪的英国，为了规避将土地赠与教会的限制，宗教徒创设了“尤斯制度”，其具体内容：凡要以土地贡献给教会者，不作直接的让渡，而是先赠送给第三者，并表明其赠送目的是维护教会的利益，第三者必须将从土地上所取得的收益转交给教会。到了17世纪，随着英国封建制度的衰落和资本主义的兴起，“尤斯制度”终于被衡平法院所承认。这被认为是现代私人信托的起源。①

作为一项财富管理制度，私人信托被世界范围的高净值家庭所采用。比如，美国的洛克菲勒家族、默多克家族和乔布斯家族、英国的戴安娜王妃、法国的穆里耶兹家族、意大利的安东尼家族、中国香港地区的邵逸夫家族和李嘉诚家族、台湾地区的王永庆家族和蔡万霖家族，这些知名显赫的大家族无不是通过私人信托的方式，让家族得以永续、让财富得以传承。

新中国从改革开放开始就有了信托，但作为一项财富管理制度，私人信托在最近几年才得到发展和逐步完善。

2001年《信托法》颁布并实施，这部具有划时代意义的法律，确立了信托目的合法性原则、信托财产上的权利与利益相分离原则、信托财产独立性原则、信托公平原则、信托继承原则、利益冲突防范原则等重要的信托法律制度。

为了促进“信托”在中国的发展和完善，加强对于信托公司的管理，保障信托当事人利益，并引导信托回归“受人之托、代人理财”的本位，数十部相关法律法规相继出台，包括《信托公司管理办法》《信托公司治理指引》《信托公司净资本管理办法》《信托公司监管评级与分类监管指引》《关于信托公司风险监管的指导意见》等。

与此同时，对于信托的监管也在升级，由原先银监会的非银部，变更为银监会的信托部，体现了监管层对于信托的重视。此外，2016年年初获批筹建的“中国信托登记公司”②被认为是促进私人信托业务发展的重大举措。

被誉为现代信托业之父、美国哈佛大学斯考特教授说：“私人信托的运用范围，可以和人类的想象力相媲美。”

私人信托不仅在财富保全方面具有非常重要的作用，比如，面对婚姻变化时的资产保全、面对债务连带时的资产保全、面对诉讼纠纷时的资产保全、面对意外身

① http://wenku.baidu.com/link?url=DSAUdo0bjTOKZAQwO0XQgtYRmKf9HrPnTFMr_pv3WYpBsDOWr_s9xHj6SEAfBJpsKoakC7TdSNhKnRfEgIlSgbNyhJKo_W_seQmibpjDUnq，最后访问日期：2016年8月19日。

② 凤凰财经：《中国信托登记公司获批筹建》，载 http://finance.ifeng.com/a/20160308/14255975_0.shtml，最后访问日期：2016年8月23日。

故时的资产保全、面对遗产税时的资产保全;在财富传承方面更是不可或缺,比如,可以避免子孙为争产而反目成仇、可以避免后代因挥霍而坐吃山空,并且让财富按照自己的意愿世代相传,实现“富过三代”的财富梦想;同时,在财富增值和其他家族事务方面亦发挥着重要的作用,比如,帮助家庭实现资产的专业化管理和税务筹划、关爱子孙的高品质教育和成长、保障家族成员尤其是失能人士的养老和生活。

总之,私人信托可以帮助我们管理财富、规划人生、助推幸福!正如法国知名律师莱伯勒所言,“信托是安格鲁撒克逊人的守护天使,它冷漠的、无所不在的陪伴他们,从摇篮到坟墓”。

第二节　境外私人信托概述

一、基本概念

依据委托人所在地与私人信托设立地的关系，私人信托可以分为境内私人信托和境外私人信托。境外私人信托，是指由本国居民作为委托人，日常管理在境外进行并受境外司法管辖地管辖，且大部分或者全部受托人均在境外的私人信托，比如，中国居民在美国、开曼群岛、新加坡等地设立的私人信托，或者美国居民在中国、开曼群岛、新加坡等地设立的私人信托，都称为境外私人信托。

境外私人信托集“境外”与“信托”的优点于一身，包括但不限于以下五个主要的优势：

1. 保障资产免受不可预知的情况影响：如法律诉讼、破产、债权人追索、合法或不合法的强占，政治局势的不稳定；

2. 确保财产按照委托人的意愿进行分配，避免政府干预、强制继承权、遗嘱检查，免除遗产承办手续及费用，免交遗产税；

3. 避免财产继承可能导致的家族财产的分崩离析，保全家族财富，延续家族企业；

4. 离岸区域的司法制度相对更完善且高度独立，私密性高；

5. 免税的环境使投资收入及资产增值得到最大限度的增长，具有更高的回报率，是税务规划安排中的一项重要内容。

二、一般原则

（一）禁止永续原则

禁止永续原则是英美信托法下的一项重要原则，是指私人信托的期限必须是确定的，不允许设立无期限或者期限特别长的私人信托。确定这一原则的目的主要是避免委托人对于信托财产过分的控制，从而导致资产缺乏流动性和进一步引起贫富不均。

禁止永续原则下，私人信托的最长期限，各个国家和地区的规定虽有所不同，但一般情况下均为信托当事人（一般为委托人，也有部分为受益人）终身加上 21 年，在这个期限内，受益人享有信托的相关权利，超过规定的期限，则为无效。

随着现代信托的不断发展，为了扩大私人信托的运用范围和吸引力，不少“离岸地”都对信托期限做了更为灵活的设置，比如，百慕大群岛、美国的特拉华州和我国的香港地区就允许设立永久期限的私人信托，开曼群岛则规定私人信托的最长期限为150年，英国和英属维尔京群岛则为100年。

公益信托一般不受此原则的限制，也即大部分国家和地区都允许公益信托可以永久存续。

（二）反恒久原则、反移转限制原则和反累计原则

这三个原则都是禁止永续原则的具体体现：反恒久原则是指受益人权利必须在信托生效后的某一时间内确立，不允许出现受益人实际上无法享有信托权利的情形；反移转限制原则是指信托文件限制受益人移转信托本金的最长期限，不得超过法律的规定，不允许出现受益人实际上无法移转信托本金的情形；反累计原则是指信托财产不分配给受益人的最长期限，不得超过法律的规定。以上三个原则的最长期限不得超过上述禁止永续原则规定的最长期限。

目前，部分离岸金融中心为了扩大自身的影响力，部分或者全部放开了这三个原则的限制，如香港2013年颁布实施的新的信托法，就明确废除了反恒久原则和反累计原则。

（三）反强制继承原则

所谓强制继承权，常见于普通法，旨在限制立遗嘱人转移遗产的自由，其实质是通过对特定的法定继承人规定一定的应继承份额来限制遗嘱人的遗嘱自由。遗嘱人在设立遗嘱时，如果没有给特定的法定继承人保留必要的份额，则其相应部分的处分无效。比如，必须把遗产的某一部分预留给妻子、未成年子女或直系亲属的继承人，若这些继承人可得的比例无法满足，就会从立遗嘱人生前设立的信托中支取，常见的表现形式有特留份制度或者必继份制度。

而反强制继承原则规定，若委托人所在地的强制继承权原则与在“离岸地”设立的私人信托相冲突，只要信托文件规定接受当地的司法管辖，则该信托不受委托人所在地强制继承权的限制，保持私人信托的效力。

目前，大部分离岸金融中心如新加坡、香港、BVI、开曼群岛等都设有反强制继承原则。

三、基本结构

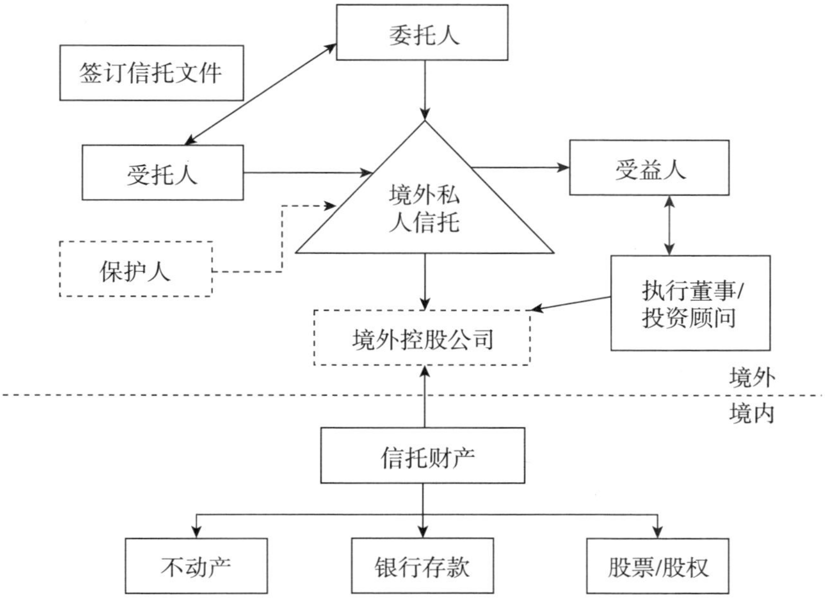

图 8－2－1

图 8－2－1 为境外私人信托的一般性结构，其中委托人必须为境内居民，部分或者全部受托人必须为境外居民，而受益人和保护人的身份一般来说都没有限制，既可以部分或者全部为境内居民，也可以为境外居民。

而境外控股公司和保护人，是委托人可以设立的结构，但不是必需的选择。

保护人又称为监察人，其存在的价值在于代替委托人行使部分或者全部权利，监督受托人的行为，并维护受益人的利益。保护人一般为委托人十分信任的人，其信任程度甚至要超过对于受托人的信任。但对于保护人权利的设置，则需要谨慎，避免保护人对于权利的滥用，造成信托结构的不稳定。此外，对于受托人是由委托人控制的私人信托公司，则其私人信托架构中，一般都不设保护人。

境外控股公司的设立，其核心价值在于将个人资产法人化，更便捷地管理和交易家族财产，尤其是对于不易做直接分割的财产。而且，若日后需要更换受托人，只需要变更控股公司的股权即可，避免烦琐的各类资产过户以及降低过户成本。当然，如果涉及的资产规模不是很多，资产形态单一，也可以不用设立境外控股公司，而由受托人直接持有信托财产即可。

在一般架构的基础上，依据每个家庭不同的需求，境外私人信托的结构也多有不同。有些境外私人信托会有多层受托人的设置，比如，李嘉诚家族信托，有些境外私人信托会在境外控股公司下面再设一层 BVI 结构，将不同类型或者不同区域的家族财产，放入不同的 BVI 公司里面，比如，碧桂园家族信托结构。

四、私人信托类型

私人信托在境外的运用范围极为广泛，所能实现的目的也极为多样。因此，依据不同的目的，境外私人信托主要分为以下几种类型：

（一）固定信托

所谓固定信托是指信托文件明确载明受益人及其范围和每一个受益人的受收益比例。在信托存续期间，一般不对信托关系做变更，尤其是对于受益人受益权方面的变更。此种信托常用于照顾年幼子女和年长父母的生活，比如，梅艳芳为梅妈设立的信托，即属于此种类型。

固定信托的好处在于操作简单，执行容易，能够比较明确并且最大限度的实现信托目的。其缺点在于无法对变化的情况作出有效的应变。

（二）自由裁量信托

自由裁量信托是指委托人在信托文件中并不规定每一位受益人可以享有信托利益的时间、范围、方式和金额或比例，而只确定一些基本的原则，并授权给受托人可以依据实际情况进行自由灵活的信托利益分配。

受托人可以依据信托文件确定的基本原则，基于受益人利益最大化，自由地决定信托利益分配的时间、金额、方式等，并可以决定由谁最终受益。

此种信托的优势在于一方面能够避免受益人的债权人对信托发起挑战，保持信托财产的安全独立；另一方面能够更好地对受益人税务进行筹划，在受益人收入高的年份，可以少分配或者不分配信托利益，而在收入低的年份多分配信托利益，从而使整体的税赋降低。但其缺点在于受托人权利过大，一旦受托人不能忠实履行信托义务，则受益人将面临较大的风险。

（三）保护信托

保护信托一定程度上可以理解为固定信托和自由裁量信托的结合，正常情况下，受益人按照信托文件的规定享受信托利益，但若受益人想要转让信托利益，或者被债权人追索时，则该受益人所享有的信托受益权立即终止，或者信托转变为自由裁量信托，由受托人依据当时具体的情况决定信托利益的分配事宜，既可以终止信托并将剩余信托财产归属于委托人或其他受益人，也可以变更该受益人的家属为新的受益人，既直接保全了家族财富，也间接保障了该受益人的生活。

（四）禁止挥霍信托

与保护信托类似，禁止挥霍信托也是为了避免信托财产被受益人挥霍浪费而成立的信托，所不同的是，禁止挥霍信托的委托人可以在信托文件中约定禁止转让信托受益权，但对受益人的行为很难有实质性的约束，而保护信托则约定若受益人试图转让信托受益权或者被债权人追索时，将会彻底的失去信托受益权，这能够从正面防止受益人挥霍信托财产。

禁止挥霍信托是在美国部分州的信托法里面规定的，并已经被这些州所承认。

而保护信托则来源于英国《1925 年信托法案》，并主要用于英国及美国部分不承认禁止挥霍信托的州。

另外，需要特别注意的是，在美国，成立禁止挥霍信托时，委托人与受益人不得为同一人，否则此信托条款无效。

除了以上四种常见的类型之外，境外私人信托还有很多种，比如，有为了规避委托人未来潜在债务而设立的资产保护信托、为了实现特定合法目的的目的信托、为了特定的慈善目的而设立的慈善信托、还有本章重点介绍的人寿保险信托，限于篇幅有限，在此不做一一介绍，我们在以后的写作中，再与大家分享。

五、海牙信托公约

信托制度是普通法发展的产物，诞生于英国，并在美国及众多原/现英属地得到广泛的运用和发展，如今大部分大陆法系国家也设立了信托制度，并成为当今社会不可或缺的一种财富管理制度。但是随着国际间信托活动的日益频繁，在法律适用方面，大陆法和普通法存在一定的障碍甚至矛盾，并且尚有部分大陆法系国家并未承认信托制度，为了解决这一问题，并为各国间信托制度的完善和相互认可提供解决方案，《海牙信托公约》应运而生。

《海牙信托公约》全文共五章三十二条，从运用范围、适用法律、信托承认、一般条款和最后条款五个角度进行了阐述。

在第一章运用范围中,明确了信托的基本特点,即信托财产独立于受托人,并以受托人的名义拥有、管理、使用或处分等,以及具体的表现形式,为自愿设定并以书面证明。

而第二章的适用法律,则明确了信托的意思自治原则和最密切联系原则。

公约第六条规定:信托应依财产授予人所选择的法律。该项选择必须是明示的或默示地规定在设定或书面证明信托的文件的条款中,必要时,须根据案件的情况予以解释。

公约第七条规定:如适用的法律未经选择,信托应依与之有最密切联系的法律。确定与信托有最密切联系的法律时,特别应考虑:(1)财产授予人指定的信托管理地;(2)信托财产的所在地;(3)受托人的居住地或营业地;(4)信托的目的及其目的的实现地。

同时也明确所选择的法律对信托的管理事宜,包括以下十个方面的内容:(1)受托人的委派、辞职或撤换,作为受托人的行为能力,受托人职责的转移;(2)受托人相互间的权利和义务;(3)受托人将其义务的履行或权力行使全部或部分地委托给他人的权利;(4)受托人管理或处分信托财产、在信托财产上设定担保利益或取得新的财产的权力;(5)受托人进行投资的权力;(6)对信托存续时间以及积累信托收益的权力的限制;(7)包括受托人对受益人的个人责任在内的受托人和受益人之间的关系;(8)信托的变更和终止;(9)信托财产的分配;(10)受托人报告管理情况的义务。

公约的第三章就信托的承认方面,作了具体的规定。既包括信托有效性的承认,也包括了信托财产独立性的承认等。

公约的第四章就信托的一般条款做了说明。这些一般条款包括了本公约在各缔约国法律中的适用,包括:(1)对未成年人和无行为能力人的保护;(2)婚姻及于身份和财产的效力;(3)遗嘱继承或无遗嘱继承中的继承权,特别是配偶或亲属的不得取消的份额;(4)财产所有权和设定在财产上的担保利益的转移;(5)在破产事件中对债权人的保护;(6)在其他方面对善意第三人的保护。同时也明确了各缔约国所享有的部分"保留"权利,即缔约国可以通过申明的方式,对部分条款的不适用原则。

公约的最后一部分即对信托的一般性争议解决及生效作了说明。

通读整部公约,可以看出《海牙信托公约》的诞生具有重要的意义。对于没有信托制度的国家来说,为其认识信托制度提供了机会,为其处理国际信托事务提供了指导，为其适用信托冲突法规则提供了方法论上的创新；对有信托制度的国家来说，其有利于信托制度的承认和信托冲突法规则的统一。而公约对于完善我国信托法律适用制度的启示则是，既为我国制定信托冲突法规则提供了立法蓝本，也为我国加强与世界其他国家的信托事务方面的国际合作提供了契机。

当然也必须看到，尽管公约具有非常重要的作用，但也存在一些不足，比如，由于其过于原则性和概括性的规定，导致各缔约国法院的认定和判罚存在一些差异，同时由于对某些问题保持缄默，导致了各缔约国的自由裁量空间过大，而且由于目前的缔约国较少，所以公约的影响力还比较小，在处理国际信托事务中，尚有潜力可挖。①

六、主要境外私人信托设立地介绍

对于中国居民来说，大部分境外私人信托设立地也是一些低税甚至是免税的国家或地区，其中尤以一些离岸的小岛或金融中心为主，这些小岛或离岸中心普遍具有两个特点：第一，现在是或者曾经是英国的属地或殖民地，受英国法律法规的影响较大，对于信托制度的继承和发展都比较完善；第二，这些区域由于特殊的地理位置，难以构建完整的产业体系，只能依靠外资来发展本地经济，而为了吸引外资，一般都会在法律上规定非常低的税赋和非常便捷的注册及审批手续，并且有宽松、自由的法律环境等。

这些国家或地区包括但不限于：亚洲的中国香港地区、新加坡，欧洲的列支敦士登、瑞士、卢森堡、根西岛、泽西岛、马恩岛、马耳他，非洲的塞舌尔、毛里求斯，美洲的百慕大群岛、英属维尔京群岛、开曼群岛，澳洲的库克群岛、萨摩亚、新西兰等。

下面我们选择几个主要地区，与大家做简要分析：②

（一）中国香港地区

香港地区是全球高度繁荣的国际大都会之一，全境由香港岛、九龙半岛、新界三大区域组成，管辖陆地总面积 1104.32 平方公里，截至 2014 年年末，总人口约 726.4 万人，人口密度居全世界第三位。

---

① 高兰英：《〈海牙信托公约〉述评——兼论其对完善我国信托法律适用制度的启示》，载豆丁网：www.docin.com/P-1184184441.html，最后访问日期：2016 年 9 月 24 日。

② 本节以下内容部分来源于百度百科、“CPBCLUB”微信公众号《全球信托法规概览》以及“海外资产安全配置”微信公众号《世界主要离岸地信托的设立与构建》系列。

1997 年 7 月 1 日,中华人民共和国正式恢复对香港行使主权,成为中国特别行政区之一。香港地区被允许保留原有经济模式、法律和社会制度,并可享受除外交及国防以外所有事务的高度自治权。

香港地区是继纽约、伦敦后的世界第三大金融中心,曾齐称为“纽伦港”,在世界享有极高声誉。

根据香港地区的法律规定,信托是私人的安排。因此,香港地区的信托无须进行登记,建立信托安排只需要财产授予人、受托人及任何其他有关同意即可。在香港地区,对受托人的居住地没有要求,对受托人的身份也没有其他限制。

香港地区没有资本利得税,也不征收赠与税。因此,内地居民在香港地区建立信托持有内地资产,无须缴纳税款。然而,通过赠予或者出售转让香港地区房地产或者香港地区证券需要支付印花税。而持有香港地区资产的大陆信托可能会被征收此印花税。

(二)泽西岛

泽西岛是英国三大皇家属地,地处英国群岛与欧洲大陆之中,位于诺曼底半岛外海 20 公里处的海面上,面积 45 平方英里(116.2 平方公里),人口 7.6 万人,是英吉利海峡靠近法国海岸线的海峡群岛里,面积与人口数都最大的一座。

根据泽西岛的法律,不要求注册信托文件。因此,在泽西岛建立信托只需要受托人签署相应的书面声明,而不需要财产授予人出面作为这个工具的参与方。

在信托中,所有来自泽西岛外部的收入都是免税的。此外,泽西岛不征收任何利得税、赠与税和继承税,对信托也不征收任何形式的资本税。然而,当泽西岛的居民收到来自信托的收入时,个人将需要支付泽西岛的所得税。

在泽西岛,财产授予人可以是受益人。在某些情况下,他们也可作为信托的共同受托人。财产授予人不能是信托的唯一受托人或信托的唯一受益人。

(三)马恩岛

马恩岛,也是英国的三大皇家属地之一,位于英格兰与爱尔兰之间的海上岛屿。马恩岛是一个独立于英国的自治地区。它有自己的收入税、进口税和消费税,它一直是独立于英国,收取低税的地区。较低的公司赋税和个人税,以及不收取遗产税,使该地区成为世界上有名的国际离岸商业中心。

在马恩岛建立信托没有登记或者维护的要求。需要的仅仅是对可辨认财产加以信托条款,这意味只要财产转移给受托人,信托通常就能够被建立。然而,慈善信托需要在马恩岛总注册处进行登记,获得应税收入的信托应该在所得税部门进行登记,而涉及养老金计划的信托应该在保险及养老金管理局进行登记。

马恩岛的法律不要求受托人持牌或者在马恩岛注册作为信托合法的先决条件。此外,在马恩岛的法律体制下,也没有通用的规则禁止非居民受托人的存在。

非马恩岛的居民受托人和马恩岛的居民受托人都不需要就支付给非马恩岛受益人的非马恩岛来源的收入承担税收责任,但是他们可能会需要就马恩岛来源的收入进行缴税。当信托的受益人包括马恩岛居民时,也有可能需要支付税款。

(四)马耳他

马耳他共和国是一个位于地中海中心的岛国,有“地中海心脏”之称,是英联邦和欧盟的成员国,是一个高度发达的资本主义国家。

马耳他的信托可以通过口头或其他协议进行创建。在马耳他建立信托,没有法定限制、没有手续、也没有登记的相关要求。这意味信托的建立相对较容易。

根据马耳他的信托和受托人法(于 2004 年进行了广泛的修订),受托人可以是其管理的信托的一名受益人,前提是该信托还有其他受益人。但是,受托人无权从受益人的身份中赚取利润,并且应避免引起利益冲突的情况。

根据马耳他的法律,只能有两种类型的受托人:经过马耳他金融服务管理局授权的专业受托人和私人受托人,后者必须与财产授予人有关联,或者与财产授予人相熟十年以上。

虽然私人受托人不需要从马耳他金融服务管理局那里获得授权,但是需要使用存放公证处的服务,来保留他们管理的信托的记录。在其他司法管辖区的持牌受托人无须在马耳他获得额外的授权。他们所要做的只是在受托关系开始前至少 45 天的时间内通知马耳他金融服务局他们将在马耳他成为受托人。

马耳他信托及受托人法同样承认根据其他国家法律建立的信托。

(五)列支敦士登

列支敦士登是欧洲中部的内陆袖珍国家,处于瑞士与奥地利两国之间,为世界上仅有的两个双重内陆国之一,全国只有西侧约 1/3 的面积位于平坦的河谷里,其余地区大都属于山地。列支敦士登国土总面积 160.5 平方公里,全国总人口 37,129 人。

列支敦士登作为金融“离岸地”之一，其商业实体的最大特点是有很大比例的法人实体在列士敦士登注册，但在国外运营，这些实体包括资产管理公司、信托、信托公司和基金会。

列支敦士登是欧洲大陆唯一一个主要采用了盎格鲁—撒克逊信托立法的大陆法系辖区。列支敦士登有成文的信托法，包含在《列支敦士登法人和公司法》内。

信托的设立需要在委托人及受托人间达成书面协议，或以委托人出具书面信托宣言再辅以受托人接受委托的书面声明。信托文件不必包含受益人的姓名。在列支敦士登设立信托通常不需要登记，只需将信托文件存储于公共注册处，其信息不会向公众开放。

列支敦士登法律允许已设立的信托做相关变更，但需要信托文件的明文规定，此外，还需要经过列支敦士登最高法院的法外程序。

（六）英属维尔京群岛

英属维尔京群岛（British Virgin Islands，BVI），位于大西洋和加勒比海之间，背风群岛的北端，距波多黎各东海岸100公里，与美属维尔京群岛毗邻。1493年哥伦布抵达该岛，1672年被英国兼并，1872年成为英国殖民地背风群岛的一部分，受背风群岛总督管辖至1960年，现为英国属地。

BVI是英联邦成员国之一，是一个自治管理、通过独立立法会议立法的、政治稳定的英国属地。法律体系是参照英国普通法体系设立的，同时还引用了一些美国特拉华州公司法的条款，并以当地条例配合施行。由于国际商业公司法例简易明确，容易履行，在BVI注册公司深受国际社会欢迎。

BVI国际商业公司在全球所赚取的利润均无须向BVI政府缴税。BVI也没有任何外汇管制，对于任何货币的流通都没有限制。

BVI信托简介：

BVI的信托适用于普通法，并且可以在信托中自主约定适用的法律及管辖法院，其设立时间最快仅需2～3天，最低的成本为政府规定的200美元印花税，其他费用则需要依据信托的不同架构以及不同受托人等而定。其允许设立的信托最长期限一般为100年，个别的也可以有例外，比如，公益信托，允许永久存在。

若信托的委托人和受益人均非BVI居民，则受益人取得信托财产或信托利益时，不需要缴纳任何BVI税负。

由于法律要求受托人对其相关公司的管理事务要进行监督与接入，为了解决委托人将股权设立信托后，委托人和受托人在管理公司股份上的困难，BVI 于 2003 年通过了《BVI 特殊信托法案》（以下简称 VISTA 信托），即作为股东身份的信托委托人，将其股份设立信托，同时公司及相关业务得以依照公司董事会认为适当的管理方式进行。

其核心价值在于：一方面以法律的形式免除了受托人的监督与介入公司事务管理的义务，禁止受托人担任公司董事，并且不必对持有股份的后果承担责任，另一方面未经董事会批准，受托人不得出售公司股份，非特殊事由（如董事会陷入了僵局），受托人不得行使股份表决权或其他权利，从而介入公司业务的管理或执行。

设立 VISTA 信托必须具备三个条件：

其一，信托必须持有一家 BVI 商业公司的股份；

其二，VISTA 信托的受托人必须是持有信托业务执照的专业信托公司，享有豁免的私人信托公司不能成为 VISTA 信托的受托人；

其三，信托契约必须载明适用 VISTA 法律，方可免除受托人的监督与介入义务。

（七）百慕大

百慕大位于北大西洋，是自治的英国海外领地，联合国非殖民化委员会自 1945 年起将其列为全球 16 个非自治领地之一。

在百慕大，只要签署了信托文件并且财产授予人将资产转移给受托人后，信托就能够被建立。此外，在百慕大建立的信托不需要注册，除非信托中的资产包括百慕大的土地。

受托人也不需要是百慕大的居民，对受托人的身份也没有限制。然而，对那些计划在百慕大建立信托的中国人来说，应该至少有一名受托人是百慕大的居民，以确保在需要时百慕大的法院可以接受信托所属的司法管辖地。

在一般情况下，如果百慕大的受托人管理的信托持有非百慕大货币或者非百慕大房地产资产，那么他们无须缴税。根据 2008 年的百慕大印花税修正法案，拥有房地产或者当地货币在内的百慕大资产的信托需要缴纳印花税。

（八）开曼群岛

开曼群岛是英国在西加勒比群岛的一块海外属地，是著名的离岸金融中心和

"避税天堂"。

在开曼群岛建立信托没有具体的流程或者监管要求。只要财产授予人和受托人签署信托文件并且财产授予人将初始信托财产转移给受托人,信托就能够建立。在开曼群岛建立信托不要求当地居民作为受托人,对受托人的身份也没有任何限制。

开曼群岛没有直接税收,受托人、财产授予人和受益人都无须支付所得税、继承税和其他与信托收入相关的税收,无论他们是不是开曼群岛的居民。对大多数信托来说,唯一的费用是信托建立时需要支付约 50 美元。为了进一步保护资产,信任可以被注册为"豁免信任",这意味在长达五十年的时间里,开曼群岛实行的法律不会对信托中的任何资产或者收入征收任何收入或者资本利得税。在开曼群岛,只有不设受益人的信托可以被注册为"豁免信托"。

1997 年,开曼群岛颁布了《特殊信托另类体系》(以下简称 STAR 信托)。与其他离岸司法管辖区的法律结构相比,开曼群岛的 STAR 信托具有很大的优势。STAR 信托的一个特点是,如果委托人在设立信托时援引 STAR 法条,则 STAR 适用对象可以是为了人的信托,为了目的的信托,也可以是为了目的和人的混合信托。其他的司法管辖权的信托只能是为人设立或为目的设立,而不能同时为人和目的设立。STAR 信托的该特点可以避免因信托是为人设立还是为目的设立而产生的诉讼,其具有的特征主要有:①

(1)信托契约中必须载明适用 STAR 法令;

(2)可以指定受益人或不指定受益人,信托目的可以是慈善或非慈善目的;

(3)信托期限可无限期永续;

(4)信托企业内必须指定"执行人";

(5)信托目的执行上有不确定或无法执行时,可申请法院裁决;

(6)受托人必须是开曼群岛取得信托业务执照的专业信托公司;

(7)STAR 信托不可以拥有开曼群岛土地,但可以拥有开曼群岛的公司股权。

(九)新西兰

新西兰是一个政治体制实行君主立宪制混合英国式议会民主制的国家,现为英联邦成员国之一,是一个高度发达的资本主义国家,世界银行将新西兰列为世界

---

① 刘亿娥:《境外信托的第一本书》,宝典文化出版股份有限公司(台湾地区)2011 年版。

上最方便营商的国家之一。

在新西兰建立信托一般不需要注册，除非该信托拥有土地或者物业资产，在这种情况下，信托必须以书面形式进行记录。

对新西兰的受托人没有持牌要求，对新西兰信托拥有非居民受托人没有限制。不过，至少有一名受托人必须是新西兰的受托人。

2007 年新西兰所得税法规定，在信托建立到最终分配之间，外资信托的财产授予人必须不是新西兰的居民。外资信托的受托人不需要就信托的海外收入缴税。但是，国内信托的受托人需要就其全球收入缴纳税款。

但是值得我们注意的是，如果受益人是或者可能成为新西兰的居民，这不会影响外资信托税收中立的身份。在信托建立后，新西兰的法律同样允许财产授予人成为信托的受益人。

新西兰法律允许信托协议下拥有托管受托人及管理受托人。这种安排对中国的财产授予人是有利的，他们可以指定一个“仅仅负责执行”的托管信托人，根据中国内地的执行受托人给出的指令进行管理。鉴于财产授予人居住在新西兰以外的地区，该信托仍然可以被视为新西兰的外资信托，并且保留其在新西兰的税收中立地位。

（十）库克群岛

库克群岛位于南太平洋上，是新西兰的自由结合区，1965 年 8 月 4 日宪法生效，库克群岛实行内部完全自治，享有完全的立法权和行政权，同新西兰保持自由联系，防务和外交由新西兰协助。1989 年，新西兰政府致函联合国，声明库克群岛有完全的宪法能力自主处理其对外关系和签署国际协定，希望国际社会将库克群岛作为主权国家对待。

外国人在库克群岛建立的信托基金必须进行登记。必须通过库克群岛持牌受托人公司进行外资信托登记的申请，在信托各方就信托的条款达成一致并且提供所有相关的信息后，相关注册流程通常需要一天的时间。注册一个信托的费用是 200 美元，而每年注册续期的费用也相同。持牌受托人公司就注册信托收取的费用会根据每个受托人公司的费率而有所不同。

在库克群岛建立的外资信托应至少有一名受托人是库克群岛持牌受托人公司、库克群岛公司或者是在库克群岛注册的外资公司。只要根据上述受托人类型其中之一建立信托，对拥有非居民受托人没有相关的限制。

只要在库克群岛建立的外资信托继续保持外资信托的注册身份,该信托的任何外国受托人和所有其他各方都不需要缴纳任何形式的税收。如果库克群岛的居民从库克群岛的信托或者建立在其他地方的信托中获得收入,他们需要缴纳相关的税款。

第三节 私人信托的法律地位

一、独特的财富管理制度

如前所述,现代信托起源于英国的普通法系,而普通法系承认信托财产的双重所有权,这就为信托成为一项独立的财富管理制度奠定了基础。

我国属于大陆法系国家,大陆法系国家认为财产的所有权人对所有物具有绝对的、完全的、排他的权利。但在引入源于英美法系的信托制度时,却很好的与其传统的法律规范进行了协调,让信托作为一项独特的财富管理制度,在我国落地生根。

《信托法》第二条规定:本法所称信托,是指委托人基于对受托人的信任,将其财产权委托给受托人,由受托人按委托人的意愿以自己的名义,为受益人的利益或者特定目的,进行管理或者处分的行为。

我们可以从以下几个方面,来理解该法律条文对于信托作为一项独特的财富管理制度的肯定。

首先,信任。信托是以信托当事人、尤其是委托人和受托人之间的信任为基础而设立的,缺乏这个信任基础,信托也就不复存在。其他财富管理方式如委托代理、遗嘱、行纪,虽也有信任的因素,但都不如信托这般重要。

其次,授权。在信托关系中,受托人的权利和责任非常广泛,包括事实行为、法律行为和诉讼行为。很多时候都需要受托人依据自己的理解进行决策;而其他财富管理方式在授权方面则要小的多。比如,行纪一般发生在买卖货物上,在行纪关系中,行纪人经委托人授权,其权利只限于代委托人买卖财物,并不得违背委托人在价格、数量、质量等方面的要求。所以这就体现了信托相较于其他财富管理方式而言,其对于授权的要求是不一样的。

最后,名义。在信托关系中,受托人是以自己的名义占有、管理和运用信托财产,并处理各种信托事务;而在其他财产管理方式上,比如,委托代理关系和寄存保管关系中,财产的名义所有权人不发生改变,仍归本人所有。在财产的管理方面,信托关系中的委托人一般不能对信托财产进行直接的管理、运用和处分;而在委托代理关系中,代理人和本人都拥有财产的管理、运用和处分的权利。

二、信托财产隔离风险的独立属性

很多人都知道私人信托在法律允许的合理范围内具有避债避税的功能，那么这个功能是如何体现的呢？其本质就在于私人信托设立后，信托财产具有隔离风险的独立属性。

（一）独立于委托人

私人信托设立后，信托财产与委托人的其他财产是相区别的。

《信托法》第十五条明确规定：信托财产与委托人未设立信托的其他财产相区别。设立信托后，委托人死亡或者依法解散、被依法撤销、被宣告破产时，委托人是唯一受益人的，信托终止，信托财产作为其遗产或者清算财产；委托人不是唯一受益人的，信托存续，信托财产不作为其遗产或者清算财产；但作为共同受益人的委托人死亡或者依法解散、被依法撤销、被宣告破产时，其信托受益权作为其遗产或者清算财产。

由此可见，当委托人不是私人信托的受益人或者不是唯一受益人的时候，委托人后续所发生的债务或者所欠的税费，都不会溯及信托财产，从而保证了信托财产的独立性，达到合法的避债避税的目的。

当然也需要特别说明：一方面，按照《信托法》第十五条的规定并综合分析其他条文的规定可以发现，如果委托人是私人信托的唯一受益人，则原则上无法隔离其后续的债务；另一方面，私人信托能够隔离的很大程度上只能是未来的债务，对于私人信托设立以前的债务，存在比较大的不确定性。而且，在国外，如英国，私人信托设立后一段时间以内的债务也是不允许被隔离的。如两年内的债务就需要用信托财产来偿还，五年以上的债务则不会波及信托财产。

英国《1986年破产法》规定，委托人在存在以下两种情况下，所设立的信托是可以撤销的，委托人的债权人可以申请法院撤销该信托：

第一种情况是，委托人设立信托属于该破产法规定的低价交易行为，且委托人在设立信托后，在法律规定的时间之内申请破产的，委托人的债权人可以向法院申请撤销信托。

委托人的债权人行使撤销申请权的情形根据时间可以分成两类：第一，委托人如果在设立信托的两年内破产的，不论委托人在设立信托的时候是否可以偿还全部债务，委托人的债权人都可以行使撤销申请权；第二，委托人如果属于在信托设立后两年至五年申请破产的情形，债权人尽管有权利申请撤销信托，但是其申请权是有限制的。如果委托人在设立信托的时候已经资不抵债，或者委托人因为设立信托而资不抵债，其债权人就可以申请撤销信托。如果委托人能够证明其在设立信托时没有资不抵债，也可以证明其没有因为设立信托而资不抵债，那么委托人的债权人是没有权利申请撤销信托的。

第二种情形是，委托人企图欺诈债权人。在这种情况下，委托人的债权人申请撤销信托的权利没有时间限制。而且只需要证明委托人具有欺诈债权人的意图，不需要证明委托人的欺诈事实。[①]

除了英国对此有相关规定之外，一些离岸金融中心也有专门的规定：

百慕大的规定：委托人设立信托后，在破产法规定的时间内破产，经委托人的债权人申请，法院有权决定撤销信托：

(1)委托人设立信托后两年内破产，不论委托人设立信托时能否清偿全部债务，委托人的债权人均有权申请撤销信托；

(2)委托人设立信托已逾两年但未超过五年宣告破产者，债权人仍有权申请撤销信托，但以委托人设立信托时已资不抵债；反之，委托人如能证明，他在设立信托时无须动用信托财产就可以清偿全部债务，则债权人不能申请撤销信托。

开曼群岛的规定：债权人可在债务人转移财产至信托时起六年内，提出证明该财产转移来源自欺诈意图或有低估价值之事实，即可申请撤销信托，超过六年期限，债权人则不可申请撤销信托。

新加坡的规定：委托人设立信托后五年内宣告破产，且委托人设立信托时已经资不抵债，经委托人的债权人申请，法院有权决定撤销信托。[②]

所以，如果我们能够提前(五年以上为宜)设立他益的私人信托，则能够在法律规定的范围内合法、有效的规避委托人未来的各种债务，实现信托财产的独立性特征。

(二)独立于受托人

私人信托设立后，信托财产区别于受托人的固有财产。

---

① 吴圣奎：《论信托的委托人和第三人间利益的平衡》，对外经济贸易大学2012年博士学位论文。

② 刘亿娥：《境外信托的第一本书》，宝典文化出版股份有限公司2011年版。

《信托法》第十六条规定:信托财产与属于受托人所有的财产(以下简称固有财产)相区别,不得归入受托人的固有财产或者成为固有财产的一部分。受托人死亡或者依法解散、被依法撤销、被宣告破产而终止,信托财产不属于其遗产或者清算财产。

由此可见,在隔离受托人的债务问题方面,私人信托受的约束条件比较少。无论是从信托的原理,还是从相关法律规定上来看,原则上只要是正常生效的私人信托,一般都能够隔离受托人自身的债务。无论是作为个人受托人负债或者死亡,还是作为法人受托人负债、破产、解散、撤销等,都不会影响信托财产的完整性和独立性。

需要特别指出的是,虽然法律允许个人成为私人信托的受托人,但由于对个人名下资产与信托资产加以区分存在难度,一旦个人负债,信托财产被挑战的可能性非常高;而法人机构能够比较容易的区分不同性质的资产,其在保障信托财产独立性方面,具有更大的优势。因此,在当前的环境下,以法人机构为私人信托的受托人,更能有效地隔离受托人的债务,保障信托财产的独立性。

(三)独立于受益人

私人信托设立后,信托财产可以不受受益人债务的波及。

《信托法》第四十四条　受益人自信托生效之日起享有信托受益权。信托文件另有规定的,从其规定。

第四十七条　受益人不能清偿到期债务的,其信托受益权可以用于清偿债务,但法律、行政法规以及信托文件有限制性规定的除外。

第四十八条　受益人的信托受益权可以依法转让和继承,但信托文件有限制性规定的除外。

通过以上三个法条,我们可以发现,私人信托能够隔离受益人的风险,因为上述三个法条都规定并认可了“信托文件”的但书原则。

也就是说,私人信托可以通过约定受益人享有信托利益的时点、条件,并禁止受益权转让、抵押等,比如,在受益人最有可能负债的时期不享有信托利益,或者当受益人好赌时不享有信托利益,抑或是信托受益人仅限于家族成员,就能有效地避免信托财产被受益人债务所波及。在国外,这被称为“保护信托”,以保障家族财富的有效利用,从而实现“富过三代”的财富目标。

(四)不被轻易强制执行

私人信托设立后,信托财产被“挑战”的可能性非常小。

《信托法》第十七条　除因下列情形之一外,对信托财产不得强制执行:

(一)设立信托前债权人已对该信托财产享有优先受偿的权利,并依法行使该权利的;

(二)受托人处理信托事务所产生债务,债权人要求清偿该债务的;

(三)信托财产本身应担负的税款;

(四)法律规定的其他情形。

对于违反前款规定而强制执行信托财产,委托人、受托人或者受益人有权向人民法院提出异议。

也就是说,只有在以上四种情况出现的时候,信托财产才有可能被挑战而遭强制执行。除此之外,任何人、任何机构,都无法动摇信托财产的有效性和独立性。

三、信托文件私人订制的灵活属性

私人信托的灵活性,不仅体现在其运用范围方面,也体现在对于信托文件的制作与修改以及对于信托事务的管理等诸多方面。

被誉为现代信托业之父、美国哈佛大学斯考特教授有句至理名言,被信托界、法律界及高净值客户所熟知:“信托的运用范围,可以和人类的想象力相媲美。”

中国的信托法对于信托的运用范围,也体现了其广泛性,这从对于信托目的的约定可见一斑。

《信托法》第六条　设立信托,必须有合法的信托目的。

第十条　有下列情形之一的,信托无效:

(一)信托目的违反法律、行政法规或者损害社会公共利益;

(二)信托财产不能确定;

(三)委托人以非法财产或者本法规定不得设立信托的财产设立信托;

（四）专以诉讼或者讨债为目的设立信托；

（五）受益人或者受益人范围不能确定；

（六）法律、行政法规规定的其他情形。

根据上述法律的规定，在合法合规的范围之内，只要不是以诉讼或者讨债为目的的，不违背国家利益和社会公共利益，都可以运用私人信托这个工具。包括投资、传承、教育、养老、抚养、慈善、资产保全、风险隔离、税务筹划等。充分体现了信托行为的多样性和无限性，以及信托目的的自由性和灵活性。

《信托法》是调整信托关系的主要法律，通读这部法律，我们可以发现，全文有多达十九处有类似于“信托文件另有规定的除外”的描述，这就为信托的灵活定制创造了基础和空间。因此，在私人信托文件的制作方面，也能充分体现信托的灵活属性。这些灵活定制既包括了信托法中有规定的，也包括一些没有规定的内容。

信托法中有规定的包括信托当事人的权利义务、对受托人的解任、信托财产的管理、信托事务的处理、信托报酬的给付、受益条件与时间的约定、受益权的转让与归属、受益权的变更、解除信托的限制、信托终止的事由、剩余信托财产的归属、信托监察人或者保护人的规定、信托条款的变更原则等。

信托法中没有规定的包括信托的期限、信托财产的金额与形态、信托财产交付的方式与频率、信托利益分配的金额与周期等。

因此，只要不违背法律法规的规定，私人信托文件的所有章节、所有条款，都可以由信托当事人相互协商确定。

第四节 大额保单与私人信托的结合:人寿保险信托

一、人寿保险信托概述

人寿保险信托是信托和保险紧密结合形成的财富管理工具,在国际上应用非常广泛,但目前国内暂时还只发展出了人寿保险信托的雏形——人寿保险金信托。人寿保险金信托本质上是一种私人信托类型,即以人寿保险金请求权为信托财产。一般是由私人信托的委托人购买大额保单后,设定私人信托为保单的受益人,即当保险事故发生后,由保险公司将保险金直接交付给受托人,利用保险的杠杆性和确定性、信托的灵活性和独立性,确保保险理赔金能够按照委托人的意愿管理和使用,保障信托受益人的生活、学习所需,同时避免传统方式下保险受益人先于被保险人死亡后,保险理赔金成为被保险人遗产的风险,让保险披上信托的"新衣",真正实现隔离风险、规避债务、保护隐私等功能。

依据大额保单的不同类型,人寿保险金信托分为生存保险金信托和死亡保险金信托。

生存保险金信托是指将具有生存给付功能的保险与私人信托进行结合,包括年金险和两全保险等。其优势在于,第一,部分生存类保险的生存收益金领取含有保证领取年限,若被保险人在此期限内身故,则未领取部分进入私人信托,充分发挥私人信托的优势;第二,让人寿保险信托更早地进入实质运营管理阶段,有利于提高受托人的积极性和主动性;第三,将保险给付的年金通过信托架构进行二次分配,实现更灵活的分配安排。

但除了第一个优势之外,与直接设立私人信托相比,生存保险金信托并没有太大的优势。主要原因在于:一方面,每年给付的生存金额度有限,其发挥私人信托的各项功能的意义因此而打折扣;另一方面,如要提高每年给付的生存金额度,则意味所交保费也不菲。

死亡保险金信托是指将以死亡为给付条件的保险与私人信托进行结合,主要包括终身寿险和定期寿险等。相较于生存保险金信托,死亡保险金信托的意义和价值更大,对于私人信托功能的运用也更充分。因此,在不作特别说明的情况下,本书所说的人寿保险金信托都特指死亡保险金信托。

在人寿保险金信托中,存在两种法律关系,一种是保险法律关系,另一种是私人信托法律关系,如图 8－4－1 所示。

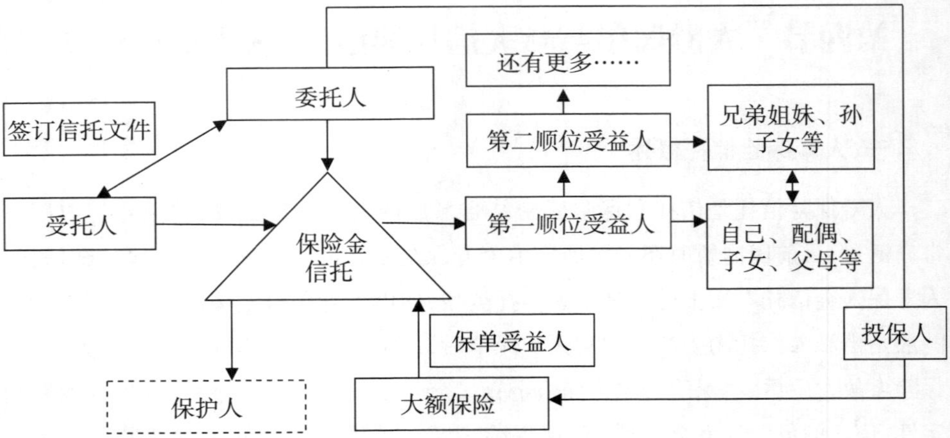

图 8－4－1

在人寿保险金信托中,客户既是大额保单的投保人,也是私人信托的委托人。私人信托是大额保单的受益人,传统方式下大额保单的受益人则成为私人信托的受益人。这里面需要特别说明三点:

(一)关于投保人的选择

在国外,人寿保险信托中的大额保单的投保人往往是受托人,或者在信托设立后,保单的所有权利都转移给受托人,并且会为每个受益人都投保大额保单,包括未来新增的受益人。但在我国现有的法律规定下,还无法实现以受托人为投保人,根据《保险法》第三十一条的规定,[①]投保人与被保险人之间必须要有保险利益,而私人信托的受托人与被保险人之间的关系目前不被认为是保险利益,因此无法以受托人为投保人。

正因为相关法律的限制,在实践中可能会面临一些问题,其中最大的问题就是保险可能面临强制退保。按照《保险法》的相关规定,保险的现金价值属于投保人

① 《保险法》第三十一条:投保人对下列人员具有保险利益:
(一)本人;
(二)配偶、子女、父母;
(三)前项以外与投保人有抚养、赡养或者扶养关系的家庭其他成员、近亲属;
(四)与投保人有劳动关系的劳动者。
除前款规定外,被保险人同意投保人为其订立合同的,视为投保人对被保险人具有保险利益。
订立合同时,投保人对被保险人不具有保险利益的,合同无效。

的财产。一旦投保人先于被保险人死亡或者负债，则投保人的继承人或者债权人，有可能会主张申请退保，从而继承这部分财产或者用来清偿债务，如此一来，人寿保险信金托将面临失去信托财产的风险。一旦保险真的被退保，私人信托由于缺乏信托财产而无效，从而导致信托目的无法实现。

因此，在设立人寿保险金信托时，一方面要谨慎选择投保人，既要避免未来债务的风险，也要降低其先于被保险人死亡的概率；另一方面最好以多张大额保单设立一个信托或者在设立信托时同时交付一定的其他类型的资产。

（二）关于设立的顺序

一般来说，先购买保险再设立私人信托或者让保险和信托同时生效较为合适。因为具有明确的财产或者财产权是成立私人信托的前提之一，除非还有其他形态的资产装入私人信托。而且投保人或保险人可以随时变更保单的受益人。[①]

（三）关于保单的效力

保险理赔金是人寿保险金信托财产的主要来源，甚至是唯一来源。为了实现信托目的，保障保单自始有效至关重要。除了前述所说的基于投保人的问题之外，还有可能产生的问题包括购买大额保单的资金是否合法所有、大额保单是否因投保人婚变而分割、是否向保险人履行了如实告知的义务、被保险人是否会死于除外责任等。

二、人寿保险金信托的核心价值

人寿保险金信托将保险和信托的优势集于一身，在家庭财富管理领域，具有非常重要的作用和价值，主要体现在：

（一）架构的核心价值

1. 兼具人寿保险的确定性和杠杆性以及信托的灵活性和独立性

当我们购买人寿保险后，基本能确定在保险事故发生后能够获得多少保险理赔金，而人寿保险所对应的保险事故是必然会发生的，毕竟人的寿命都是有限的，

① 《保险法》第四十一条：被保险人或者投保人可以变更受益人并书面通知保险人。保险人收到变更受益人的书面通知后，应当在保险单或者其他保险凭证上批注或者附贴批单。投保人变更受益人时须经被保险人同意。

因此人寿保险具有确定性；人寿保险所缴纳的保费往往要小于保险理赔金，有时候甚至远远小于保险理赔金，因此人寿保险还具有杠杆性。对于信托的灵活性和独立性，前面我们已经介绍了很多，在此不做赘述。

2. 避免人寿保险受益人先于被保险人死亡后的尴尬

根据《保险法》规定，保险金由保险人按照人身保险合同的约定支付给受益人。同时《保险法》第四十二条规定："被保险人死亡后，有下列情形之一的，保险金作为被保险人的遗产，由保险人依照《中华人民共和国继承法》的规定履行给付保险金的义务：（一）没有指定受益人，或者受益人指定不明无法确定的；（二）受益人先于被保险人死亡，没有其他受益人的；（三）受益人依法丧失受益权或者放弃受益权，没有其他受益人的。受益人与被保险人在同一事件中死亡，且不能确定死亡先后顺序的，推定受益人死亡在先。"

而通过设立人寿保险金信托，可以利用信托文件根据不同的情况设计并指定不同的受益人，甚至还可以指定受益人范围，即使指定的受益人先于被保险人身故了，由于私人信托有确定的受益人范围，因此依然符合法律的规定，避免成为被保险人的遗产，真正做到财富的永续传承。

3. 实现保险理赔金的科学管理与合理分配并实现精准传承

如前所述，大额保单虽然能够保证受益人享有保险金的利益，却没有考虑受益人如何才能切实享有其合法权益。有些时候，保险受益人或许并不具备合理处理保险金的能力和条件，例如，年纪太小、太大或身心有障碍、挥霍过度，甚至由于各继承人或监护人间利益冲突使合法权益受到危害。此时，保险受益人虽然形式上拥有保险金，但实际上并不能享受到保险金的好处，其合法权益难以得到保障。而人寿保险金信托则能很好地解决这个问题。

保险理赔金进入信托之后，受托人会依据委托人生前所定的原则，一方面科学的管理信托财产，实现信托财产的稳健增值；另一方面会灵活的分配信托利益，保障这部分资金真正为受益人所用。比如，受益人缺乏民事行为能力，则可以通过"代支付"等方式，保障受益人的生活所需。

另外，由于信托的受益人还可以是未出生的后代，这就帮助委托人实现保险理赔金的隔代、精准传承。

4. 隔离受益人未来的各种风险对保险理赔金的影响

直接购买大额保单，保险理赔金或许可以实现避免被保险人的债务，但是当保险理赔金给付到受益人之后，则成为了受益人财产，届时可能无法规避受益人的债务;可能会被认定为夫妻共同财产而无法规避婚姻变动造成的分割;在意外身故后,若没有提前规划则可能导致家庭纠纷;等等。

而在人寿保险金信托下,保险理赔金进入信托之后,利用信托的独立性等功能,则能够避免以上的各种尴尬,让保险理赔金真正为受益人所用,实现委托人的财富目的。

（二）对客户的核心价值

1. 管理家族财富,实现富过三代的财富梦想

一方面,利用保险金信托的架构设计,能够保障保险理赔金用于子孙后代的生活所需,避免保险受益人的挥霍;另一方面,也能够通过架构的设计,为每一位家族成员或受益人继续购买人寿保险,并以该信托为所有保单的受益人,保障每隔一段时间,都会有一笔流动资产进入信托,从而保障信托的活力与持久,为实现家族富过三代提供坚实的物质保障。

2. 指引生命周期,保障家族成员的生活品质

通过保险金信托对于受益人及信托利益分配的详细规划,包括受益人认定的标准和增减的程序,受益比例调整的方法和原则,信托利益分配的金额、时点、方式、频率等的设定,来保障家族成员的基本生活。比如,可以约定家族成员从多少岁开始每月可以领取固定的退休金,每年可以安排家族成员数次的休闲娱乐之旅,遇到重大疾病可以凭一定的证明领取医疗金,以保障家族成员高品质的生活,和充分医疗水平。

3. 规划子孙生活,培养德才兼备的凤子龙孙

教育对于孩子的重要性已经无须多言,对于一个家族来说也是如此,保障子孙后代享有高质量的教育,培养德才兼备的凤子龙孙,是保持家族长盛不衰的根本,而保险金信托对于教育的规划,可以做到事无巨细。比如,可以约定家族成员从幼儿园或者某个阶段开始的教育支出,其费用包括必要的学费和生活费、可选的培训费和备用金,以及为鼓励子孙后代德智体美劳全面发展而设立的奖励支出,都可以灵活设置,保障家族成员都能获得良好且个性化的教育。

4. 助力家族幸福,建立经久不衰的家族宪章

在家族财富管理过程中,很多家庭往往只重视物质财富的管理和传承,而忽略了精神财富的建立和传承,这也是导致很多家庭富不过三代的重要原因之一。而建立家族的精神财富,最好的载体是建立家族宪章,将家族的核心价值观、行为准

则、议事机制、争议解决程序等都写入家族宪章，用以规划和指导家族成员的日常生活，而保险金信托无疑是很好的黏合剂，因为每个家族成员所购买的人寿保险的受益人都是该保险金信托，这就能够让家族成员在血缘基础之上，拥有更紧密的利益纽带，助力于家族的幸福。

（三）对理财师的核心价值

1. 提升保险服务能力，增加客户认可

保险人员以前在给客户推荐人寿保险时，用得最多的说辞就是“给家人留下一笔钱”或者“留爱不留债”，这当然是一个很好的理由，但未必能够打动所有的客户，而且正如前文所言，给未成年子女或者年迈的父母留下一笔巨款，是福是祸还不可知。但当人寿保险邂逅私人信托后，保险人员则可以真正的站在规划的高度，解决客户的后顾之忧，也即给其家人留下足够让他们幸福一生的财富保障以及全方位的规划安排，让家族成员真正成为财富的主人，如此，应该更容易获得客户的认可。

2. 提高同业竞争水平，增强客户黏性

提供人寿保险产品和私人信托产品的机构不在少数，销售人寿保险产品和私人信托产品的人员也不在少数，但提供保险金信托服务的机构和营销人员，目前来说，还是比较少的，这与我国保险金信托市场刚刚起步密不可分，随着我国财富管理市场的不断发展和完善，未来一定会有更多的机构和个人加入其中。而能够与这个行业一起成长，决定了与同业之间的竞争水平的高低，也很大程度上决定了客户对于营销人员的认可与黏性。

三、境外人寿保险信托概述[①]

私人信托是英美法系下的产物，对于我国来说，属于“舶来品”，人寿保险信托亦然。人寿保险信托在美国、日本以及我国的台湾地区都比较发达和成熟，通过了解这些地区的人寿保险信托状况，也许对我国的人寿保险信托业务有一定的参考。

（一）美国的人寿保险信托

和私人信托一样，人寿保险信托虽然生根于英国，但在美国得到了快速地发展。在20世纪早期，美国保险公司就开始设立信托部门，并且兼营私人信托业务，

① 和讯网：《境外保险信托业务的模式》，载 http://trust.hexun.com/2015-11-13/180551462.html，最后访问日期：2016年8月31日。

其中又以人寿保险信托为主，目前人寿保险信托已成为美国居民重要的家族财富管理方式。

私人信托按照委托人是否可撤销分为可撤销私人信托和不可撤销私人信托，而美国的人寿保险信托也据此分为两类，即可撤销人寿保险信托和不可撤销人寿保险信托。但与私人信托的撤销不同，人寿保险信托的撤销与否是指保单的撤销与否，也即投保人是否放弃保单的所有权，包括保单的现金价值、变更保单受益人、解除或转让保单等权利，而这些权利，实际上都转移给了受托人。

另外，由于不可撤销人寿保险信托（Irrevocable Life Insurance Trust，ILIT）的受益人拥有不可撤销的、法律上已经确定的未来收益，实现了保单与被保险人的完全分离，达到了美国税法关于死亡保险金免征遗产税的规定，能够帮助高净值家庭合理的规避遗产税。因此，不可撤销人寿保险信托成为美国最常使用的遗产税避税方式。

需要特别说明的是，在通过人寿保险信托进行税务筹划的时候，还需要注意两个方面的因素：

1. 保费的支付规划

在美国，除了有遗产税之外还有赠与税，以第三人为受益人的保险，也有可能被认为是赠与而需要交赠与税。因此在交付保费的时候，需要进行合理的规划，避免赠与税或者降低赠与税的适用税率。

2. 保单转移时间

按照美国税法的相关规定，如果是将已经成立的保单转移至私人信托而成立人寿保险信托，保险理赔金免税进入私人信托的条件之一是被保险人必须自保单转移之日起，至少存活三年。而如果是新购买的保单，则没有这方面的顾虑。

另外，在美国，私人信托的受托人既可以是机构也可以是个人，人寿保险信托的受托人亦然。但需要注意的是，被保险人不能成为受托人。主要原因在于，只有被保险人死亡了，保险理赔金才能进入信托并由受托人进行管理和运作，若被保险人同时是受托人，则意味没有人对信托财产进行管理和运作，或者需要更改受托人。因此，在美国被保险人不能成为人寿保险信托的受托人。

（二）台湾地区的人寿保险信托

虽然我国台湾地区的私人信托业务起步非常早，但其人寿保险信托业务相对比较滞后。1996 年“信托法”和 2000 年“信托业法”的颁布标志着我国台湾地区人寿保险信托业开始走向规范发展的道路。2001 年，由万通银行向“财政部”申请开办人寿保险信托业务。此后，“中央信托局”与彰化银行等多家金融机构相继进入。2008 年后，信托公司和保险公司都可以开始经营人寿保险信托业务。

按照人寿保险信托的受益人不同，我国台湾地区的人寿保险信托分为自益人寿保险信托和他益人寿保险信托。

自益人寿保险信托，其委托人和受益人是同一人。最常见的是以父母为被保险人，子女作为保险受益人、信托的受益人和信托委托人签署人寿保险信托，当父母身故时，保险金汇入子女的信托账户。根据我国台湾地区“遗产及赠与税法”的规定，由于保险及信托受益人都是子女，因此可以享受死亡保险金免交赠与税。

但此种方式有一个弊端，即子女作为信托的委托人，有权变更甚至解除信托，并且不受是否成年的限制，此时如果受到别有用心的监护人的误导，势必会影响保险信托设立的初衷，甚至无法实现信托目的。为了防止这种情况的发生，一般会在人寿保险信托中设立信托保护人，由父母信得过的第三人担任，从而约束子女的行为，保障人寿保险信托目的的顺利实施。

他益人寿保险信托，其委托人和受益人不是同一个人。比如，以父母为被保险人和信托的委托人，子女为保险受益人和信托受益人签署人寿保险信托。这是针对自益人寿保险信托的受益人不能合理管理信托财产而设立的，父母可以在信托文件中设定信托利益分配的条件及其他个性化的事项，并且由于子女不是信托的委托人，无权变更甚至解除信托，能够更好地保障信托目的实现，并可以据此实现财富的代际传承。

但这种方式也有弊端，那就是会增加税费成本。按照我国台湾地区“遗产及赠与税法”的相关规定，若信托合同中的委托人与受益人不一致，则视委托人将享有信托利益的权利赠与受益人，该信托行为属于赠与行为，需要依法缴纳赠与税。因此，在设立他益人寿保险信托时，需要注意相关税法对于免税金额的规定，避免不必要的税收负担。

（三）日本的人寿保险信托

日本的人寿保险信托最早被认为是 1925 年由三井信托公司推出的。随着人们对于财富管理和分配的个性化、多样化的需求不断增强，人寿保险信托在日本获得了巨大的发展。

日本的人寿保险信托是委托人与保险公司签订保险合同，同时与受托人签订信托合同,在保险事故发生后,受托人领取保险理赔金并进行管理运用,受益人一般为委托人的家属子女。

依据日本《保险业法》第五条的规定,允许经营生命保险事业的保险公司经营信托业务。因此,在日本,人寿保险信托有两种模式,即保险公司为信托受托人和信托机构为信托受托人。

以保险公司为信托受托人是指,信托委托人同时也是保险投保人,而保险公司在承保的同时又担任信托受托人的身份,在信托设立后,由保险公司按照文件管理和运作信财产。保险公司只是同时兼具了两个身份,真正的经营上依然是分离的。

以信托机构为信托受托人是指,保险合同签订后,委托人将保险金债权让与信托机构,也就是在保险发生赔付后,保险金的领取权利让与了信托机构,之后信托机构按照信托文件的约定管理和运作信托财产。目前,此种方式在日本更为普遍,而且日本有很多信托机构都作为信托受托人进行此类型的人寿保险信托业务。

四、我国人寿保险金信托的现状

人寿保险金信托在家庭财富管理方面具有诸多的优势和特点,在国外也是众多家庭的重要选择。其在国内的发展,却还只是星星之火。

早在2010年左右,国内就有保险公司在研究人寿保险信托。但由于各方面的原因,并没有形成最终的人寿保险金信托产品。直到2014年5月,某信托和某保险公司联合推出了"传家"系列人寿保险金信托产品,填补了我国在这个领域的空白①。之后,众多保险公司和信托公司纷纷加快研发的步伐,人寿保险金信托产品也逐渐多样化。

接下来,将以这款"传家"系列人寿保险信托产品为例,说明我国人寿保险金信托产品的特点。如图8-4-2所示

---

① 新浪财经:《信诚人寿中信信托联合推出保险金信托产品》,载 http://finance.sina.com.cn/trust/20140505/040418997516.shtml,最后访问日期:2016年8月31日。

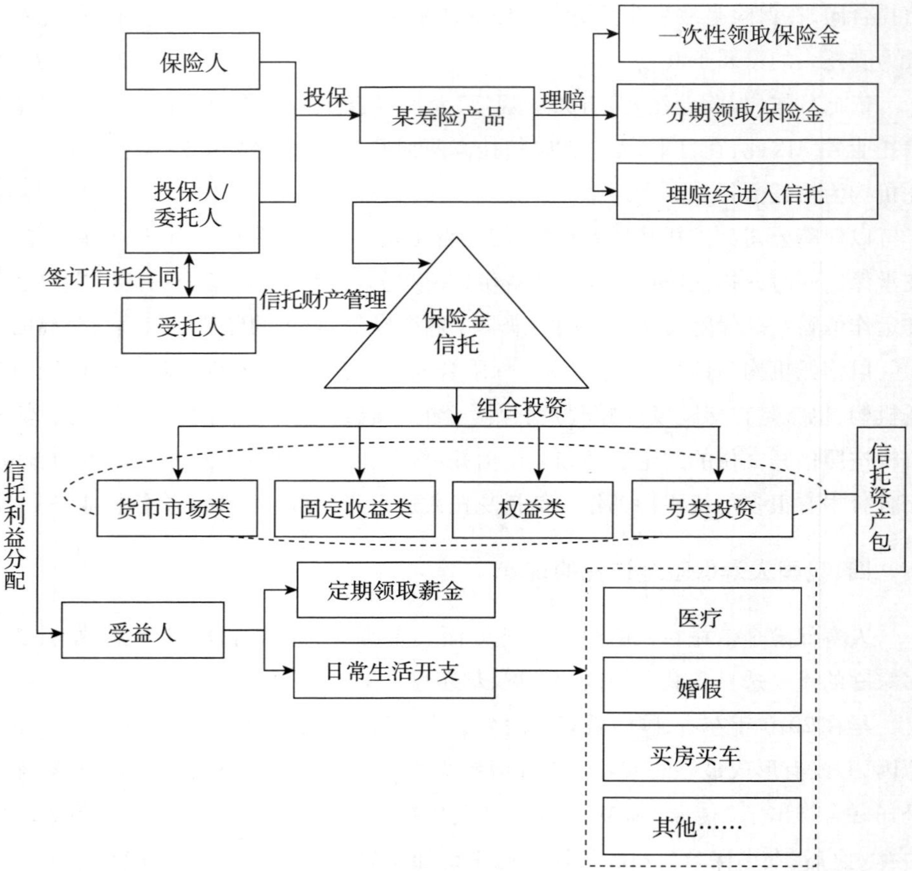

图 8 －4 －2

(一)以寿险计划与私人信托相结合

当发生保险事故后,保险理赔金有三种赔付方式:第一种是受益人一次性领取保险金;第二种是受益人分期领取保险金;第三种则是保险理赔金直接进入私人信托而成立人寿保险金信托。前两种方式主要是传统保险理赔方式,而第三种方式即将保险理赔金与私人信托相结合,从而实现财富传承的目的。

而私人信托的受益人,无论是在受益人范围还是受益条件方面,都可以进行极为个性化的设置,以上述人寿保险信托产品为例,其在受益人设计方面既考虑了上一代父母的需求,也考虑了下一代子女以及第三代孙子辈的需求,同时对于未出生的或者未来的家族成员也做了特别说明,以保障这部分家族成员未来能够通过保险金信托保障其生活和教育等的所需。而每个受益人的受益比例和受益事由，也是可以提前进行定制和设计的。

（二）单一死亡赔付人寿保险金信托

早期的人寿保险信托结构，仅涉及了一张大额保单。如果该家族有多个人购买了大额保单，则需要同时成立多个人寿保险金信托，而且只有等到被保险人身故，保险理赔金进入信托以后，人寿保险金信托才正式开始运作和管理。因此，从人寿保险金信托设立到正式运作，有可能需要十几年甚至是几十年的时间，这很大程度上影响了信托公司的主动性和积极性。

经过市场的摸索之后，目前有部分保险公司能够做到多张保单进入同一个私人信托，并且引入的生存金保险信托的设计，这极大地方便了客户，也提高了信托公司的主动性和积极性。

（三）与美国不可撤销人寿保险信托的异同

美国的不可撤销人寿保险信托，由于其保单的所有权利包括保险的现金价值、更改保单的权利等都转移给了受托人，因此原则上能够规避未来投保人基于债务、继承、婚姻等的风险；而我国当前的人寿保险金信托，其保单的所有权利并没有发生转移，依然属于投保人所有，一旦投保人因为债务、继承、婚姻等问题而牵连到保单、甚至导致保单被强制退保，则势必会影响人寿保险金信托的有效性。所以，如前文所述，在中国设立人寿保险金信托，投保人的选择至关重要。

而从受益人方面来看，我国的人寿保险金信托与国外基本没什么区别。相比传统保险受益人，人寿保险信托的受益人无疑更广泛和灵活。比如，传统的保险受益人无法指定为未出生的家族成员，而通过信托的方式，则可以克服这一个缺点。

（四）利用信托的专业投资能力为保险理赔金保值增值

人寿保险金信托的保险理赔金一般都较巨大，少则数百万元，多则数千万元甚至更多。如果这样一大笔资金直接分配给受益人，姑且不论短期的挥霍行为，其资产管理能力能否带来合理的回报，也是一个疑问。而通过人寿保险金信托，借助受托人的团队优势及资产管理方面的专业能力，能够更好地实现资产的保值增值。

（五）合理设计信托文件实现精准分配和传承

在传统方式下，保险理赔金无论一次性还是分期给到受益人，都无法监督受益人的使用,更无法培养受益人良好的消费习惯。而通过人寿保险金信托的设置,合理设计信托文件,事先指定受益人并制定受益条件和比例,既可以最大限度地监督并保障受益人对于信托利益的合理使用,也可以让这部分资产在更长的周期内发挥更大的价值。

(六)我国的人寿保险金信托的受托人只能是信托公司

目前不仅各家保险公司在力推人寿保险金信托产品,包括银行、信托公司等都在研发这块新的业务。但无论是哪家公司主导,最后都需要有一家信托公司作为受托人。

一方面,人寿保险金信托与单纯的私人信托不同,其存续周期一般来说会更长,而且作为人寿保险的受益人,由信托公司作为受托人相比自然人作为受托人具有更大的灵活性和制度保障。

另一方面,若其他机构要作为人寿保险金信托的受托人,则需要满足法律方面的相关规定。

故人寿保险金信托的受托人,当前阶段,只能由持牌的专业信托公司担任。

《信托法》第四条　受托人采取信托机构形式从事信托活动,其组织和管理由国务院制定具体办法。

《信托公司管理办法》第二条　本办法所称信托公司,是指依照《中华人民共和国公司法》和本办法设立的主要经营信托业务的金融机构。本办法所称信托业务,是指信托公司以营业和收取报酬为目的,以受托人身份承诺信托和处理信托事务的经营行为。

《信托公司管理办法》第七条　设立信托公司,应当经中国银行业监督管理委员会批准,并领取金融许可证。未经中国银行业监督管理委员会批准,任何单位和个人不得经营信托业务,任何经营单位不得在其名称中使用“信托公司”字样。法律法规另有规定的除外。

(七)设立投保支持基金和循环投保制度

由于当前环境下,我国还无法实现由私人信托直接为受益人投保人寿保险的功能,因此目前国内的人寿保险金信托普遍采用投保支持基金的方式进行操作,也即经受益人提供符合规定的投保文件后,可申领专项资金用于购买该保险产品,同时该保险产品的受益人必须为这个人寿保险金信托,从而实现循环投保。

五、设立人寿保险金信托的注意事项

人寿保险金信托作为一个重要的财富管理工具,能够满足大部分家庭的需求,未来的发展巨大,但要设立一个符合自身需求的人寿保险金信托,则需要注意以下几个方面:

(一)注意投保人的风险和保单效力

前文已经分析过,此处不做赘述。

(二)注意受托人的资产管理能力和事务管理能力

保险理赔金进入信托以后,人寿保险金信托的运作期可能比大额保单的周期更长,因此受托人对于人寿保险信托架构设计的合理性、对于信托财产的专业投资能力、信托事务的日常管理能力、对于现实情况与信托所约定情形不一致时的应变能力、对委托人意愿和受益人利益的重视程度等,都决定着信托目的的成败。因此,我们从一开始就要对受托人的能力提出严格要求。

(三)注意法律和税务的问题

在现在的司法环境下,关于保险所配套的法律和税务相对比较成熟,但关于私人信托方面的法律和税务的规定则不那么完善和明确。虽然有《信托法》可供遵循,但在实际的操作过程中,还缺乏较详细的内容参考,比如,信托财产的登记制度等内容都不是非常明确,有待立法部门的进一步完善。

而从税务角度来说,也存在一定的不确定性。比如,信托利益分配后的税收问题。

另外,由于我国目前还没有开征遗产税,也没有正式出台遗产税相关法律法规,虽然按照国际惯例人寿保险金信托可以规避遗产税,但届时我国的法律法规对此会如何规定也并不明确。

(四)注意信托结构的灵活性

当委托人在世时,私人信托基本都能够按照信托文件的约定运作和管理;一旦委托人身故,往往就会引发各种问题,比如,受益人想要获得更多信托利益、受益人

之间关系不睦、其他继承人也想获取信托利益。

此时若受托人严格按照信托文件的约定管理信托事务，则可能会引发受益人挑战信托或者其起诉受托人的官司，导致信托财产被诉讼所累，最终损害受益人的利益；而若受托人答应受益人的要求随意调整，既有可能违背委托人的意愿，也有可能损害其他受益人的利益，并最终导致信托目的无法实现。

因此，在设立人寿保险金信托的时候，需要提前设置必要的机制，既要保持信托的完整性以实现最终的信托目的，也要化解当前无法预测的未来变化对信托带来的影响。这既需要极富远见的智慧，也需要“四两拨千斤”的艺术。

（五）关注财富的保全与传承

无论是人寿保险金信托还是其他私人信托，其首要目的都不是财富增值，而是保全与传承，抑或养老和教育等。我们在设立人寿保险信托时，无论是对于大额保单还是私人信托，首要关注的是能否隔离风险、规避债务、保护隐私、筹划税务，并保障特定目的顺利实现。

第九章

境外大额保单

放眼看世界，你我共成长！境外保单作为资产配置的一种重要方式，越来越受到高净值人士的关注。事实告诉我们：合理的搭配方能保证自身财富安全的最大化，适合的才是最好的！

随着全球经济一体化的日益深化，很多高净值人士的资产分布不再局限于某一个国家或地区，也不再局限于某一个币种。他们往往具备更宽广的国际视野，他们身边往往也会围绕着各种各样具有国际背景的财富管理机构。高净值人士的资产规模相对较大，投资需求也相对复杂，为了更好地分散风险，布局全球资产配置，越来越多的高净值人士开始将眼光投向更多元化、多币种的海外市场。招商银行与贝恩联合发布的《2015 中国私人财富报告》指出，中国已拥有境外投资的高净值人群占比为 37%，而受访的超高净值人士已有境外投资的人群占比更是高达 57%，并看好未来增势。此外，已拥有境外投资的高净值人士中超过半数表示将会考虑增加境外投资，另外 40% 左右保持不变，只有不到 10% 的受访者会考虑减少境外投资。

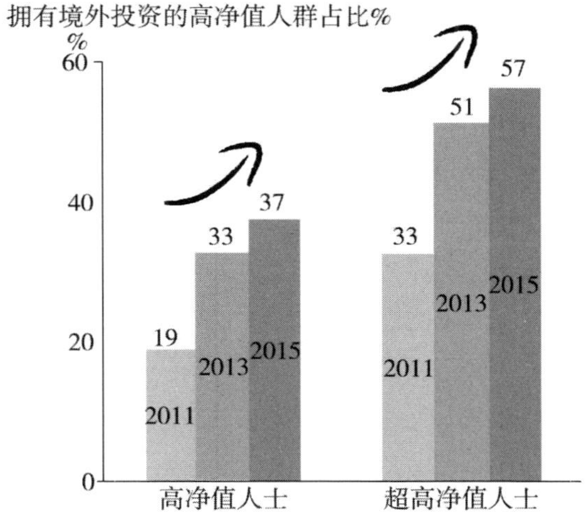

注：此处高净值人士是指个人可投资资产 1000 万元以上的人群，超高净值人士是指个人可投资资产在 1 亿元人民币以上的人群。

图 9－0－1　2011 年、2013 年与 2015 年拥有境外资产的中国高净值人群对比①

随着保险风险管理的观念逐渐深入人心，越来越多的高净值人士开始意识到保险的价值，他们开始主动采用境内保险工具对家庭或家族财富的保全和传承进行规划。而境外保单作为海外资产配置的一种方式，因其独特的产品结构、更低的保障成本、特有的法律功能、多币种的资产计价方式以及不同的司法管辖区等多种

① 资料来源：招商银行、贝恩公司：《2015 中国私人财富报告》。

功能，越来越受到高净值人士的关注。然而，境外大额保单毕竟签署于另一个国度或地区，遵循另一个法域、另一个税域的规则，其监管环境也与中国内地大相径庭；而大额保单往往一做就是几十年、一辈子的财富规划，因此要充分考虑各个方面的因素，在运用过程中必须谨慎为之。

第一节　境外大额保单概览

随着信息化社会的高速发展以及境外金融机构的进一步推动,高净值人士对海外市场的了解逐步在加深,境外大额保单近几年开始走入高净值人士的视野,并渐渐成为高净值人士在进行海外资产配置时很重要的一个选择。2015 年 8 月 11 日、12 日两天,人民币兑美元汇率突然大幅下跌接近 3.5%,如此跌幅创历史纪录,随后中国外汇储备也以创纪录之姿态随之迅速下降,人民币兑美元汇率进入下跌通道。人们对人民币汇率未来走势普遍较为悲观,海外保单配置的需求也随之明显上涨。

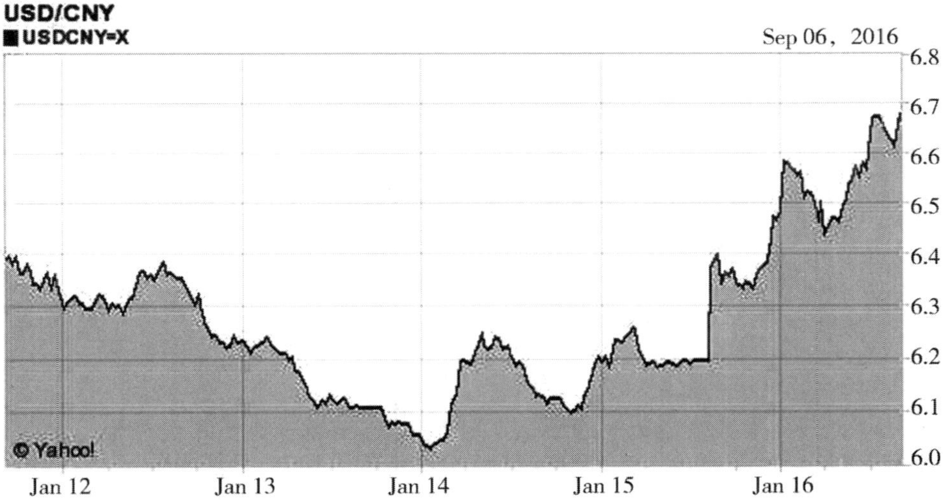

图 9-1-1　人民币兑美元汇率最近五年走势①

纵观全球市场,从地域上看,境外大额保单主要集中在我国香港地区、新加坡、美国、加拿大这样一些移民热门国家和地区;从险种上看,高净值人士更倾向于大额寿险及大额重大疾病保险,境外高端医疗保险、带有大额储蓄功能的保险、指数型万用寿险以及保费融资类型的大额保单;从币种选择上看,大部分的高净值人士会选择以美元计价的保单。境外大额保单总体而言有以下特点:

① 资料来源:http://www.zhijinwang.com/huilv/? from = USD&to = CNY&num = 100,最后访问日期:2016 年 9 月 7 日。

一、保险定价精算基础不同

保险精算是保险公司经营不可或缺的核心技术,保险公司在对保险产品定价、准备金评估、风险管理、风险控制的时候,都必须以保险精算技术为基础,做出科学的计算。以有效防范风险,实现保险公司的稳健经营,而保险精算的基础便是概率论以及大数定律。保险公司在对保险产品进行精算定价时,主要考量三个因素:生命表、预期收益率以及保险公司的运营费用。

(一)生命表

生命表,在人口学中,又称"死亡表"(Mortality Table)和寿命表,是对相当数量的人口自出生(或一定年龄)开始,直至这些人全部去世为止的生存与死亡记录。生命表上所记载的死亡率、生存率是决定人寿保险费率的重要依据。在以死亡为给付条件的保险中,预期寿命越长,则保险公司需要给付保险金的期限越晚,精算出来的保险成本相对越低;年龄越大,死亡发生率越高,纯风险保费也越高,这也是为什么保险买的越早保费越便宜的原因。

从我国香港地区的人口生命表①(Hong Kong Life Tables 2009 - 2064)和美国的死亡率表②(Updated Static Mortality Tables for the Years 2014 and 2015)可以看出,我国香港地区的预期寿命是100岁,而美国则是到120岁。同时统计数据显示,同样是男性在相同的岁数,两个国家或地区的死亡率并不一样。2016年12月28日,中国保监会发布《中国人身保险业经验生命表(2010 - 2013)》。③ 自2017年1月1日起,保险公司在厘定保险费时,应参考《中国人身保险业经验生命表(2010 - 2013)》所提供的数据作为确定预定死亡率的依据。其中,男性平均预期寿命为76.7岁;女性平均预期寿命为80.9岁。

下表以男性的死亡率举例,通过对比,我们可以看出不同国家和地区之间的差异:

---

① 《香港人口生命表》,载 http://www.statistics.gov.hk/pub/B1120016062015XXXXB0100.pdf,最后访问日期:2016年9月13日。

② 《美国2015年死亡率表》,载 https://www.irs.gov/pub/irs - drop/n - 13 - 49.pdf,最后访问日期:2016年9月13日。

③ 《中国保监会关于发布〈中国人身保险业经验生命表(2010 - 2013)〉的通知》,载 http://www.circ.gov.cn/web/site0/tab5168/info4054990.htm,最后访问日期:2016年1月6日。

表 9－1－1:不同国家或地区死亡率对比

不同国家或地区 / 年龄	中国香港地区	美国	中国内地(2010－2013)①
30 岁	0.0458%	0.0384%	0.0797%
40 岁	0.1166%	0.0855%	0.1651%
50 岁	0.2540%	0.1263%	0.4249%
60 岁	0.6906%	0.3056%	0.9161%
70 岁	1.7412%	0.6401%	2.7495%
80 岁	4.9494%	5.2121%	8.8222%
90 岁	13.6872%	16.8603%	20.3765%

在同等条件下,死亡率小的纯风险保费相对也会比较小。通过上表的对比,我们看到 80 岁之前,美国的死亡率基本上是低于我国香港地区的,中国大陆的死亡率明显大于前两个国家或地区。在保险实务中,从保费的高低上也有明显的体现。另外,香港地区和美国的死亡率差距逐渐在缩小,而在 80 岁之后,美国死亡率开始高于香港地区,并且这种差距也在不断的增大。这在保险精算实务中也是可以得到印证的。

(二)预期收益率

预期收益率,就是保险公司提供给投保人的回报率。保险公司在计算寿险保费和责任准备金的提取时,根据公司对未来资金运用收益率的预测而假设的每年的收益率,通常以复利计算。预期收益率越高,保险公司可以给到投保人的回报率越高,消费者需要承担的保费相对越小,反之亦然。同样我们知道收益与风险是成正比的,因此,保险公司需要承担的投资风险也会越大,这里更多考量的是保险公司的投资能力以及综合实力。做好投资策略和定价策略的选择,以满足风险控制和盈利的平衡,对于保险公司的经营起着至关重要的作用。预定利率过低,则有可能造成产品定价过高,最终得不到老百姓的认可;而如果一味提高预定利率,又缺少必要的风险控制,则有可能陷入投资风险和定价风险。

20 世纪 70 年代末,美国寿险公司将资金大量投向垃圾债券及抵押贷款,以期获得高额回报,有些保险公司投资于垃圾债券市场的资金总额甚至达到净资产的十倍以上。1989 年 7 月至 1990 年 12 月,美国垃圾债券市场崩溃,房地产更是下跌了 30%,保险业遭受了巨大投资损失。仅在 1989 年至 1991 年,美国就有 141 家寿

① 数据来源:《中国人身保险业经验生命表(2010－2013)》。

险公司破产,造成了保险业的危机。

20 世纪 80 年代,日本股票市场和房地产市场高涨,许多日本寿险公司推出了高预定利率保单争夺客户资金,然后投资于股市、房地产等领域,然而巨大的不确定性风险最终带来经济泡沫的破灭,日本债券、股票、不动产价格急剧下跌,寿险业出现高额利差损。仅 1999 年会计年度,日本 15 家寿险公司利差损失就达 15,366 亿日元。寿险公司状况急剧恶化,公众丧失了对寿险业的信心,又引发了退保潮,形成了寿险公司破产的“多米诺骨牌效应”。

在我国,保险市场非常年轻,寿险公司的经营监管相对较严格,1996 年 6 月,中国保监会规定国内的寿险预定利率上限为 2.5%。限制寿险企业之间的竞争。随着利率市场化的深入,寿险市场也在不断开放,2013 年 8 月 2 日保监会宣布放开普通型人身保险预定利率,由保险公司按照审慎原则自行决定,不再执行已经持续 14 年之久的 2.5% 的上限限制,新的费率政策从 8 月 5 日起正式实施。

(三)保险公司经营费用

保险公司的经营管理费用主要分为佣金和管理费用两大部分。佣金是保险公司支付给销售团队的各项支出,而管理费则是保险公司日常运营所需的各种费用。境外保险市场发展已经较成熟,很多国家和地区已经顺利过渡到了“产销分离”的阶段。保险公司更倾向于选择把产品销售的工作交给专业的保险经纪公司或者独立的理财顾问,从而起到精简人员,减少运营管理成本的效果,而保险公司自身则将更多地聚焦于保险产品的研发和创新,投资能力提升以及风险控制模型的建立。这与我国现阶段保险公司的做法大不一样,我国的保险公司更多地依托于自身的销售队伍。

二、多币种计价,对冲单一货币汇率风险

一般来说,境外保单计价货币可以采用美元、加币、港元、新币等多种货币计价,如此可以抵御单一货币配置的汇率风险。同时我们也要清楚地意识到:配置外币资产并非十全十美,可能要面临某一国家的系统性风险和汇率风险。当然,单一货币资产同样面临系统性风险;汇率风险是双向性的,即几十年后的汇率相对于今天的汇率可能是升也可能是降,但未来几十年,最大的风险不在于汇率的升降,而在于若只持有单一货币计价的资产,一旦该货币贬值过多,损失将是惨重的。因此,高净值客户至少配置两种货币,并且尽可能选择稳健的外币,如此,可以对冲持有单一货币的汇率风险。

美元作为强势货币，在大额保单实务中经常被高净值人士所选择。第二次世界大战之后，1944 年的布雷顿森林会议协议，确定以美元作为各国货币定值的标准和储备货币，而美国则承担义务，将各国中央银行持有的美元按官价兑换黄金。如此，美元的地位"等同黄金"，当时的美国在世界上占据着当时世界上 2/3 的黄金储备量，并确立了全球结算货币和国际储备货币的地位，成为主要的国际结算工具。自此，国与国之间的结算货币均使用美元，美元也就在世界范围内广泛使用了。

在 20 世纪 70 年代前期，美国固有的黄金储备量不足以及开采难度的增加，不足以满足国际贸易结算要求，尼克松政府于 1971 年表示，放弃金本位以缓解国内的通货膨胀，并提高就业率，布雷顿森林体系崩溃，美元从 1944 年 1 月美国规定的 35 美元一盎司的黄金官价（每 1 美元的含金量为 0.888671 克黄金）到今天的 1326.1 美元/盎司，美元贬值近 40 倍。美元的强势得到了削弱，不过在较长的一段时间里依然是世界上最强势的货币，一方面因为美国的经济基础还在，暂时还没有一个国家能挑战美国的经济地位；另一方面历史让美元成为国际流通货币的核心货币，据不完全统计，流通在全球的美元（除美国国内）比美国国内的 2 倍还多。

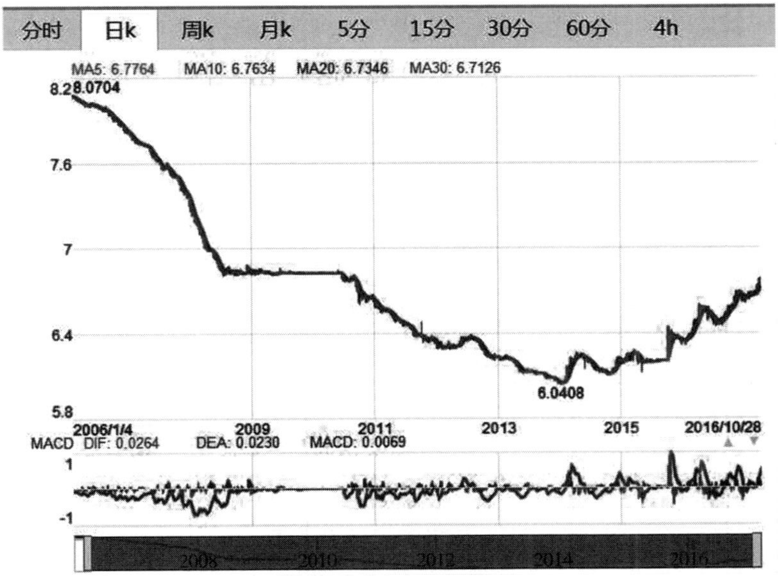

图 9-1-2　美元兑人民币汇率近十年来的历史走势①

① 资料来源：http://finance.sina.com.cn/money/forex/hq/USDCNY.shtml，最后访问日期：2016 年 10 月 28 日。

三、保险资金的运用空间更大

境外保单对保险资金运用的限制更少，投资渠道更多也更灵活，因此，投资可以获取的收益相对较高，当然，相应的风险也会增加。我们知道，投资的三个特性：收益性、风险性、灵活性，三者之间相互联系、相互制约。收益与风险往往“如影随形”，收益越高，风险越大；风险越小，收益越低。从本质上来说，收益其实就是风险的对价，想要获得更高的收益，必须承受相应的风险。灵活性讲述的是投资的期限和投资资金自由支取的灵活度，投资的期限越长，越有利于投资机构长期布局，投资战略可以更从容，从而获取更高的收益。而若投资资金可以随时自由支取，在投资的时候必须先留存足够的准备金，可用作长期规划的资金便减少，投资的收益也就相应降低了。有没有一种完美的产品，收益高风险又低还可以随用随取呢？答案是否定的。

全世界的保险资金包括中国的保险资金普遍具有的最大优势在于长期和规模效应。长期意味资金的稳定，可做各种长期的规划；而规模效应意味在进行金融市场交易时的话语权。不同的是，境外大额保单面对的是全球市场，可以投资到全世界不同的地区、不同的金融产品。美国最近几年兴起的指数型万用寿险不仅可以提供保障，甚至可以在“安全垫”的基础上，做到与股票指数挂钩。而中国的保险业因为发展较晚，金融投资体系尚有很多不完备的地方，因此在险资运用方面比较谨慎。但是，我们完全有理由相信，随着市场的发展，在审慎原则的前提下，我们对险资运用的限制会逐步打开，未来险资的运用将会更加多元化。

四、保险合同适用的法律和监管环境不一样

一般情况下，境外大额保单因其业务的发生均在境外，而这些境外国家或地区适用的法律体系与我们是有很大差别的，因此，在选择境外保单的时候必须对目标国或地区的相关法律有一定的了解，如此才是对自己负责任的态度。

首先，我们必须明确的一点，境外保单的签署地点一定要发生在保单签发地，否则将视为“地下保单”，不受任何一个国家和地区法律的保护。另外，必须尽可能弄清楚境外保单保险公司的注册地、保险业务的经营地，保险合同的签发地，这将决定保险合同适用的法律条款。而境外保险的发展历史较为悠久，其配套的法律体系也在这个过程中逐渐成熟。例如，关于变更受益人的法律规定，我国《保险法司法解释(三)》第十条第一款提到，投保人或者被保险人变更受益人，当事人主张

变更行为自变更意思表示发出时生效的，人民法院应予支持。本意是为了保证投保人和被保险人的利益，但是由此会引发一些争议。而在美国关于受益人变更效力认定的问题，除了要有意思表示，还必须遵循“实质性完成”原则，在实践中有更好的可执行性。

其次，不同的国家和地区保险监管环境也不一样。《保险法》规定，经营有人寿保险业务的保险公司，除因分立、合并或者被依法撤销外，不得解散。由于保险公司作为一个国家举足轻重的金融行业，素有社会稳定器之称，因此尽管没有查到境外类似的明文规定，但是很多国家依然会有相应的措施来预防保险公司倒闭的风险。例如，在美国，为减少和避免保险公司倒闭给客户带来的损失，给社会带来的冲击，政府监管机构要求所有的保险公司必须参加再保险（re - insurance），用买再保险所缴纳的保费建立一个担保基金（Guarantee fund）。如果某保险公司要倒闭了，再保险机构会指定另外一家保险公司接管，由担保基金负责担保。

全世界的保险业监管都有一个很重要的监管指标就是偿付能力监管。欧盟已经在实行偿付二代体系，中国内地也在实行偿付二代，美国用的是一套 RBC 的偿付能力监管体系。比较而言，香港地区的监管偿付指标是比较落后的。香港地区保险偿付能力监管大致要比欧盟的偿付能力一代还要弱一些。主要是弱在对保险公司资本的分类上面，以及从监管层面上要求保险公司应对金融危机的能力上面。[①]

五、保险合同适用的税收环境不一样

每个国家和地区对于所领取的保险金税务方面的规定是不一样的，只有了解相关国家或地区的纳税规则，才不至于误入该国家或地区的纳税误区。例如，我们都知道，世界上很多国家利用遗产税的二次分配来调节贫富差距，而国际惯例对于身故保险金的给付是免征个人所得税以及遗产税和赠与税的。然而，在美国这个惯例是用来打破的。

在美国，一个人过世后，需要把他所有的资产进行清点，包括美国境内及美国境外的资产，也包括保险的身故赔偿金，通通计入资产计算遗产税，超过免税额（2015 年是每人 545 万美元）的部分需要缴纳遗产税，税率采用 17 级累进从 18% 到 40% 不等（美国有一些州还有州遗产税，而且免税额一般都比较低，如华盛顿州是 200 万美元，而新泽西州遗产免税额只有 67.5 万美元，超过的部分就要交州遗产

---

① 财新网：《香港保险真相（上）》，聂方义，http://opinion.caixin.com/2016-05-30/100949082.html。

税)。若其遗产继承人也是美国应税居民,则需要把收到的遗产作为其当年的收入,再缴一次收入税(而如果这笔遗产是保险身故理赔金,则继承人不需要再缴纳收入税)。因此在美国的大额保单一般配套不可撤销信托来使用。需要注意的是,有些国家对于其税务居民和非税务居民的税收规定也是有所区别的。例如,美国就规定,非居民的外国人并不能享受上述545万美元遗产税及赠与税免税额,而只能享受较低的6万美元的遗产税适用豁免额。而保险除了身故赔偿金,还有生存金以及各种投资红利,不同国家具体的税收如何规定不可同一而论,在规划的时候必须清楚明白。

通过前面的介绍我们知道,根据我国《保险法》第四十二条的规定,指定了受益人的人寿保险理赔金,不属于被保险人的遗产。由此推断,将来如果我国开征遗产税,人寿保险理赔金可能免交遗产税。但因为目前没有具体的法律规定,因此也不能下定论,关于境外的保单是否将来能免遗产税,就更加不好判断了。

《保险法》第四十二条　被保险人死亡后,有下列情形之一的,保险金作为被保险人的遗产,由保险人依照《中华人民共和国继承法》的规定履行给付保险金的义务:

(一)没有指定受益人,或者受益人指定不明无法确定的;

(二)受益人先于被保险人死亡,没有其他受益人的;

(三)受益人依法丧失受益权或者放弃受益权,没有其他受益人的。

受益人与被保险人在同一事件中死亡,且不能确定死亡先后顺序的,推定受益人死亡在先。

六、保险公司运营历史悠久

香港地区的保险公司外资背景居多,都是拥有很长的历史。很多保险公司经历过战争的洗礼,"一战""二战"之后,依然屹立不倒。也有很多公司经历过不止一次的经济周期,甚至见证了很多重要的历史时刻。例如,泰坦尼克号的理赔、"二战"的赔付。有些公司虽然中间发生过股东的转换,但是经历过市场洗礼而最终留存下来的,必定是拥有优秀的产品设计能力和管治水平的保险公司。

保险规划一般都是比较长期的,少则一二十年,长则保至终身,因此保险公司是否可靠,是否会倒闭,也是选购保险时很多高净值人士必然会关心的问题。保险公司的自我宣传难免有失偏颇,我们可以通过国际上一些独立的机构对保险公司的评级作为参考。目前国际上公认的最具权威性的专业信用评级机构有三家，分别是美国的标准普尔（Standard & Poor's）公司、穆迪投资服务公司（Moody's Investors Service）和惠誉国际信用评级有限公司（Fitch Ratings）。

标准普尔是世界权威金融分析机构，由普尔先生（Mr Henry Varnum Poor）于1860年创立。1975年美国证券交易委员会SEC认可标准普尔为"全国认定的评级组织"或称"NRSRO"（Nationally Recognized Statistical Rating Organization）。根据评级准则，标准普尔评级分为投资级和投机级，信用级别由高到低：投资级分为AAA级、AA级、A级和BBB级；投机级分为BB级、B级、CCC级、CC级、C级和SD/D级。信用级别由高到低排列，AAA级具有最高信用等级；D级最低，视为对条款的违约。

穆迪长期评级针对一年期以上的债务，评估发债方的偿债能力，预测其发生违约的可能性及财产损失概率。而短期评级一般针对一年期以下的债务。穆迪长期评级共分九个级别：Aaa级、Aa级、A级、Baa级、Ba级、B级、Caa级、Ca级和C级。其中Aaa级债务的信用质量最高，信用风险最低；C级债务为最低债券等级，收回本金及利息的机会微乎其微。短期评级从高到低为P－1、P－2、P－3。

惠誉于1913年创办至今积累的不少声誉，规模较其他两家稍小，是唯一一家欧洲控股的评级机构。惠誉的长期评级用以衡量一个主体偿付外币或本币债务的能力。惠誉的长期信用评级分为投资级和投机级，其中投资级包括AAA、AA、A和BBB级，投机级则包括BB、B、CCC、CC、C、RD和D级。以上信用级别由高到低排列，AAA级等级最高，表示最低的信贷风险；D级为最低级别，表明一个实体或国家主权已对所有金融债务违约。短期债项信用等级划分为四等六级，符号表示分别为A－1、A－2、A－3、B、C、D。

评级机构通过对保险公司的资产负债、过往业绩、今后展望等因素来评估公司的还债能力和理赔能力，再分别对保险公司进行定级，这为我们在评价某家保险公司综合实力的时候提供了有力的参考。表9－1－2是对世界排名靠前的保险公司的评级。

表9－1－2　保险公司三大评级

公司名称	标准普尔 S&P	穆迪 Moody's	惠誉 Fitch
AEGON/Transamerica	AA－	A1	AA－
AFLAC/American Family Life Assurance Co.	A	Aa3	A

续表

公司名称	标准普尔 S&P	穆迪 Moody's	惠誉 Fitch
AIG/American General	A+	A1	A-
Allianz	AA	A2	AA-
Ameriprise Financial	A	A3	
Athene Group	A-		A-
A×A	A+	Aa3	A+
Genworth Financial	BBB-	Baa1	BBB
Guardian	AA+	Aa2	AA
Hartford	BBB+	Baa2	AA
ING/Voya	A	A1	A
Jackson National	AA	A1	AA-
Lincoln Financial	AA-	A1	A-
Manulife Financial	AA-		A
Massachusetts Mutual	AA+	Aa2	AA
Met Life	A-	Aa3	A
Metropolitan Life Insurance Company	AA-	Aa3	A+
Nationwide	A+	A1	A
New York Life	AA+	Aaa	AA+
Northwestern Mutual	AA+	Aaa	AA+
Pacific Life	A+	A1	A
Principal Financial	BBB+	A1	A
Prudential	AA-	A1	A-
State Farm	AA	Aa1	
Thrivent Financial For Lutherans			AA
TIAA-CREF	AA+	Aa1	AAA

七、可以与私人信托等工具紧密结合,灵活性更强

国内大额保单与私人信托的结合已经取得了不错的进展,已经发展出了人寿保险信托的雏形——人寿保险金信托,人寿保险金信托本质上是一种私人信托类

型,即以人寿保险金请求权为信托财产。一般是由私人信托的委托人购买大额保单后,设定私人信托为保单的受益人,即当保险事故发生后,由保险公司将保险金直接交付给受托人,确保保险理赔金能够按照委托人的意愿管理和使用,同时避免传统方式下保险受益人先于被保险人死亡后,保险理赔金成为被保险人遗产的风险。因为以信托作为投保人在国内还有一些障碍,我们期待早日有所进展。

人寿保险信托是信托和保险紧密结合形成的财富管理工具,在国际上应用非常广泛,例如,我们之前介绍过的美国不可撤销人寿保险信托(ILIT)。通过不可撤销人寿保险信托持有保单并已该信托作为保单的受益人,从而起到筹划遗产税的功能,另外,该信托还具备资产保全和婚姻财富规划的功能,倘若担心儿女得到巨额理赔金后挥霍,还可以在信托中约定受益人的受益规则来进行限定。

除了跟信托的紧密结合,境外保单还可以搭配各种遗嘱、协议等法律工具,以及家族慈善基金会,来更好地保护家族财富。在实务中,各种工具的关系并不是割裂开的,而往往综合使用,以发挥更大的作用。

第二节　中国香港地区大额保单

香港地区保险历史悠久，追根溯源可以到19世纪。1805年，由东印度公司鸦片部经理Davison发起，在广州创办了广东保险行。参与其组织的有两家英资洋行，其中一家是颠地洋行（宝顺洋行的前身），另一家就是赫赫有名的怡和洋行的前身——马尼亚克洋行。早期香港的保单都是以港元结算，直到1967年，发生了著名的左派的反抗港英统治的暴动，经此一役之后，香港地区的保险公司开始推出美元保单，以增强客户信心。

作为世界上最重要的贸易和金融中心之一，香港地区有着自由开放的经济和金融环境，同时，又因其语言文化的地缘优势，相对优惠的税率利好政策，香港地区多年来一直是中国高净值人士境外投资尤其是金融投资的首选之地。而香港地区保单因其更便宜的保险费率，更丰富的保障内容，更全球化的投资方向以及不同币种的计价方式等原因，近几年逐渐受到内地客户的追捧。从下表我们可以看出，内地访港客户购买新单保费数量上屡创新高，而且在同期香港地区个人业务新单保费的占比也逐年提升。内地访港客户购买新单保费从2008年的33亿港元，到2015年的316亿港元，占比也从2008年的5.4%到2015年的24.2%。2016年以来，尽管两地监管同时趋紧，但是增长势头依然强劲，近乎白热化，仅上半年内地访客新单保费就达到301亿港元，几乎与2015年全年内地访客新单保费持平。

表9-2-1　2008~2016年内地访港旅客购买保险情况①

单位：亿港元、%

年份	内地访港旅客购买新单保费	同期香港地区个人业务新单保费	占比
2008	33	604	5.4
2009	30	463	6.4
2010	44	588	7.5
2011	63	703	9.0
2012	99	776	12.8

① 数据来源：香港地区保险业监理处。

续表

年份	内地访港旅客购买新单保费	同期香港地区个人业务新单保费	占比
2013	149	923	16.1
2014	244	1136	21.4
2015	316	1309	24.2
2016 年上半年	301	815	36.9

那么,香港地区大额保单有哪些特点呢?我们将从以下几个方面进行分析。

一、中国香港地区保险种类繁多,设计比较完善

香港保险的品种体系种类丰富,而且设计上比较完善。一则表现在其产品保障范围比较广泛,可以满足客户多层次的需求;二则表现在精算技术上对不同人群的划分比较精细,如此精算出来的费用更公平合理。例如,香港地区保险对吸烟人士的纯保障费用就会比非吸烟人士的纯保障费用高出不少。而内地的保单除了少数的几款定期寿险会对被保险人的健康状况进行定级,包括考虑吸烟的因素,其余大部分产品在精算时对吸烟或不吸烟基本不加区分,同等情况下所有参保人员费率均一致,这对于非吸烟人士来说是分摊了吸烟人士的风险的,因此对投被保险人的健康状况定级是发展趋势。

从高净值人士购买香港地区保单的险种来看,主要购买产品集中在健康类保单(包括重大疾病保单和高端医疗保单)、储蓄分红类大额保单以及保费融资/保单贷款大额保单。

(一)健康类保单

健康类保险选购主要包括重大疾病保险和高端医疗保险。

1. 重大疾病保险

重大疾病保险对于高净值人士的意义在于用杠杆的方式,当发生损失较严重的健康风险的时候,可以确保这一部分资金及时到位,从而不至于因为短时间的大资金需求,而影响其他的资金安排,并且对这一阶段的人力资本进行一定程度的补偿,由此使家庭或家族的财务架构更为稳健。

香港地区的重大疾病保险在保障范围,保险费率等方面相对会比较有优势。一般来说,香港地区的重大疾病保险病种类别可以达到六七十种,而轻症也动则二

三十种。需要注意的是，重大疾病病种内地和香港地区保单的定义会有所差别，例如，近年来内地高发的甲状腺癌，在香港地区重疾险里算作轻症，而在内地则算作重大疾病，因此，在选购的时候必须要看清楚条款中对重大疾病如何定义。另外，轻症的给付香港保险普遍采用提前给付的方式，而内地更多采用额外给付的方式。

前面我们已经介绍过，保险费的精算厘定与风险发生的概率有关，由于香港地区的医疗卫生条件优于内地，其重大疾病治愈率明显要高于内地，另外一些疾病可以通过体检提前发现提前治疗，也可以降低重大疾病的发病率。因此香港地区的重大疾病保险费率还是有一定优势的。

2. 高端医疗保险

对于高净值人士来说，重大疾病保险往往配合高端医疗保险共同应对健康风险。高端医疗保险因其保障全面、私密性好、服务尊贵等特点广受高净值人士青睐。内地的高端医疗保险市场是最近几年兴起的，而在香港地区则有比较长的发展历史了。在此需要注意的是，因为高端医疗机构的选择往往并不局限于某一个区域，而某一个国家和地区医疗服务的费用是缺乏弹性的，所以各个地区高端医疗保险产品的费率其实是趋同的。而造成高端医疗价格差异还有一个比较大的因素，即逆选择和道德风险。

与重疾险不同，高端医疗保险选购时除了考虑费用因素，还有非常重要的一个因素就是服务以及网络医院。实务中，目前香港地区的高端医疗产品只可以实现住院部分的支付，门诊部分则需要先行垫付。另外，因为高端医疗保险赔付的频次会比较多，一旦产生争议会比较牵扯时间和精力。因此，考虑到服务的便利性，建议高净值客户采用就近原则，即在经常生活的国家或地区选购当地的高端医疗产品。

(二)储蓄分红保险

储蓄分红保险是高净值人士在购买香港地区保单时选择最多的产品类型。凭借着较高的预期收益率和利益演示表，这类保险受到了内地赴港人士的广泛青睐。这类产品的特点是几乎没有保额或者保额非常之低，不需要健康核保，老少皆宜，以至于它看上去更像是一个投资产品，前几年的现金价值非常低，演示表上长期投资收益非常高。

然而，有业内人士称，香港地区本地老百姓对此类产品并不是特别热衷，甚至有些香港地区本地的销售人员和理财专业人士为这类产品演示过高而有些许担忧，因为它投资的成分高于保障的成分，某种程度上影响了香港地区保险产品回归保障本质的步伐。

我们必须意识到,我们所指的这类储蓄分红险与内地的分红险没有太多的可比性,两者的产品结构有比较大的区别,我们也不能用内地分红险的标准来套香港地区的分红险。事实上,在我们看来,储蓄分红险这类产品结构本身并没有问题,问题往往出现在信息传递的过程中,信息不对称,信息披露不完整。例如,某保险公司的储蓄分红险,其条款如下:

本保单的保费将会与其他分红保单的保费投资在分红保单业务基金,从而分享此基金的利润及亏损。本保单的回报将视乎本保单在分红保单业务基金所占的利润及有关利润的分配时间。分配利润与否乃由本公司酌情决定。倘若本公司选择分配利润,本公司会透过下列的红利形式给予阁下一部分可分配利润:

(i)归原红利——本公司每年加派到阁下保单的红利。当本公司支付身故赔偿时,归原红利将被支付至其面值。于保单退保或终止〔因身故除外〕时本公司将支付归原红利的现金价值〔如有〕。归原红利之现金价值并非保证。

(ii)特别红利——保单因受保人身故而终止时所支付的一次过额外红利。于保单退保或终止〔因身故除外〕时本公司将支付特别红利的现金价值〔如有〕。特别红利之现金价值并非保证。此红利并不是永久附加于本保单上,在日后公布红利时,特别红利的金额或会有所增减。

本公司将由第三个保单周年日起每年公布归原红利及特别红利;而阁下保单的应得红利〔如有〕将由本公司厘订。

另一家保险公司的规定则如下:

以上所列之非保证预期可得金额与于本保单下所支付的复归红利及额外花红(统称「红利及花红」)有关。当支付身故赔偿时,本公司将支付这些红利及花红的面值(如有);当保单退保(部分或全部)或终止(因受保人身故除外)时,本公司将支付红利及花红的现金价值(如有)。复归红利的面值一经公布后即可获保证,而红利及花红之现金价值并非保证。此等价值只作参考之用,以及只根据本公司现时预期的退保价值、红利率及花红率所计算,并非保证,实际所得之价值可能比上述金额较高或较低。

从以上两家公司的条款我们都可以看出,尽管用词比较书面,但是保险公司对于归原红利和特别红利的解释还是比较到位的。归原红利和特别红利并非保证,且特别红利“并不是永久附加于本保单上，在日后公布红利时，特别红利的金额或会有所增减”。“红利及花红之现金价值并非保证。此等价值只作参考之用，以及只根据本公司现时预期的退保价值、红利率及花红率所计算，并非保证，实际所得之价值可能比上述金额较高或较低。”我们再来看一下其中一家公司在其官网上该产品简介①中披露的产品长期投资策略：按以下分配，投资在下列资产。

表 9－2－2

资产类别	目标资产组合
债券及其他固定收入资产	25%～45%
股票类资产	55%～75%

并且明确说明：上述债券及固定收入工具主要包括国家债券及企业债券，并大多数投资于美国及亚太区市场（日本除外）。股票类别资产可包括上市股票、互惠基金、商业/住宅物业的直接/间接投资，并主要投资于亚洲市场。视乎投资政策，我们或会利用衍生工具管理投资风险，以及实行资产负债配对。

我们会结合其他产品的资产一并作出投资，回报将参照目标资产组合分配。实际投资（如地域及货币分布）将视购入资产时的市场时机而决定，因而将可能与目标资产组合有所不同。投资策略可能根据市况及经济前景而变动。

如投资策略有所变更，我们会知会保单持有人相关变更、变更原因及对保单的影响。

另外，产品介绍书中也揭示了产品投资风险：此计划的储蓄部分涉及风险，可能会招致亏损。如于早年退保，您所收取的金额可能大幅少于已缴的保费。

然而，由于种种原因，很多情况下我们只知看收益而不知看风险，建议书更多的是演示收益而不演示风险，信息披露重收益数据而轻视风险数据。实际上，预期收益不过就是潜在风险的对价而已，唯有知晓风险，分析风险，承担风险，才能获取相应的预期收益。在评估一个投资产品的时候，比收益更重要的往往是风险。早在2006～2009 年香港保险刚刚进入内地市场的时候，因为资本市场的火热，投资连结保险销售火热，而随着 2008 年爆发的金融危机，引发了投资连结保险的退保潮和投

① 资料来源：http://www.aia.com.hk/content/dam/hk/zh－hk/pdf/product－brochure/individuals/bonus－power－plan/BonusPower(0216)_pb_TC_final.pdf，最后访问日期：2016 年 9 月 14 日。

诉潮，其中有大经济环境的因素，同样也有信息披露不完整、信息不对称的原因。基于此，高净值客户在选购境外保单的时候，不能听取片面之词，务必挑选专业可靠的理财人士，详细了解保单真正的保障条款，以选择真正适合自己的保险计划。

（三）万用寿险大额保单

境外很多私人银行机构和家族办公室在为高净值人士进行大额保单的设计时，还经常会选择趸交万用寿险来做身价保障，并通过保费融资，在保单保费与保额的自然杠杠基础上再加上金融技术杠杆，以更少的资金获取更高的保额。从而更大程度地放大家族财富，且可以用来规避遗产税。

保费融资大额保单一般由投保人、保险公司和私人银行共同完成。通俗的说法就是用按揭的方式购买大额万用寿险保单。通常采用趸交万用寿险，根据客户的年龄和身体状况，保额一般可以做到保费的三倍到五倍。假设钱先生 45 岁，不吸烟，欲购买 2000 万美元保额的万用寿险保单，其趸交保费大概 600 万美元。若不采用保费融资的方式，钱先生的保障杠杆为保险自然杠杆的 3.3 倍。若钱先生采用保费融资的方式，我们一起来看一下结果会怎样。操作流程参照图 9－2－1：

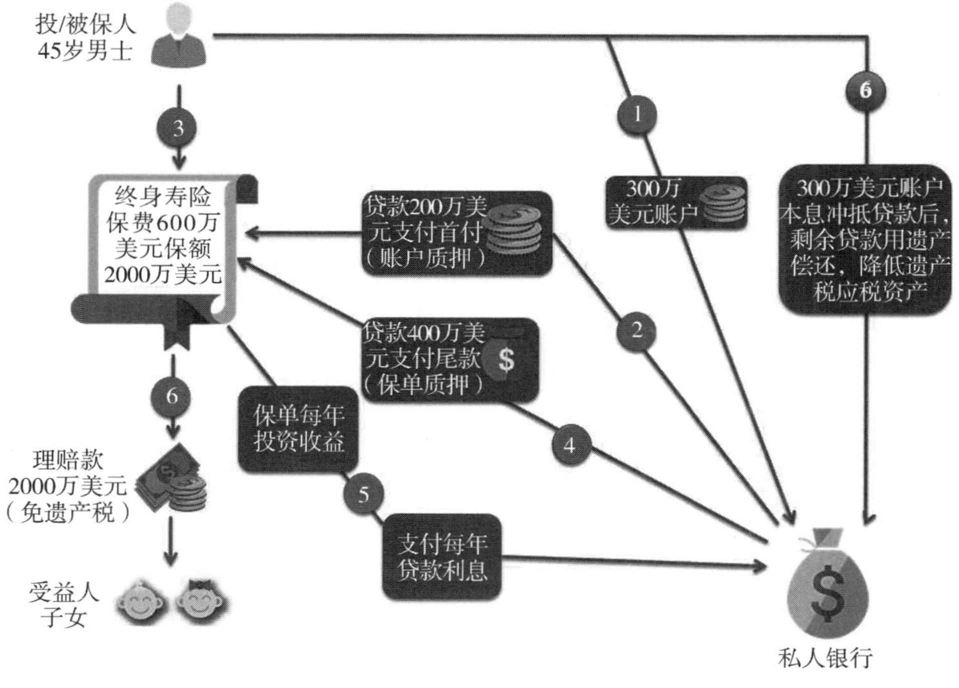

图 9－2－1

首先,钱先生将 300 万美元存入私人银行账户,购买环球投资组合,假设预期收益率为 5%。环球投资组合下各类资产可以从私人银行贷款的比例不太一样:货币类资产最高,可以贷出 90%;债券类资产(评级为 BBB + 以上)可以贷出 70% ~ 80%;股票类资产(包括股票及偏股型基金)基本上可以贷出 50% ~60%。为了便于计算,我们假设钱先生从私人银行贷出了 200 万美元。以这 200 万美元作为首付向保险公司购买趸交保费 600 万美元的保额为 2000 万美元的万用大额保单。因为保单是一项资产,其首日现金价值一般都比较高,占保费的 80% ~90%。将保单抵押给私人银行并从私人银行获得低息贷款,贷款额度一般占首日现价的 80%,这样贷款额度基本可以达到趸交保费的 60% ~70%,假设贷出金额为 400 万美元,加上之前环球投资组合贷出的 200 万美元,正好构成了趸交保费的 600 万美元。如此,钱先生相当于只占用了 300 万美元即获得了 2000 万美元的保障,保障杠杆达到了 6.6 倍。

从上面的介绍我们可以看出,这其中既然有贷款,就必然会有利息的支出。同样地,有投资也就会有收益,我们可以简单分析一下。利息的支出分为两笔:一笔是环球投资组合贷出的 200 万美元的贷款利息;另一笔是保单抵押贷款 400 万美元的贷款利息。基于美元多年来低利率的货币政策,私人银行给自己银行客户提供的贷款利率通常会与 LIBOR 或 SHIBOR 挂钩,离岸私人银行普遍使用 LIBOR,而香港地区零售银行更多采用 SHIBOR,在此基础上加一定的值,一般为 0.5% ~1.5%。目前三个月 LIBOR 为 0.85578%,私人银行贷款利率行情基本上在 1.5% ~2.5%。假设为 2.5%,则贷款利息为 15 万美元。收益也有两个方面,即 300 万美元环球投资组合年化 4% ~5% 的投资收益,按照 4% 计算,以及万用保险单以现金价值为基数,每年 3% ~4% 的投资收益。由此可以看出,收益基本上是可以覆盖利息支出的。另外需要支出的费用为风险保费。

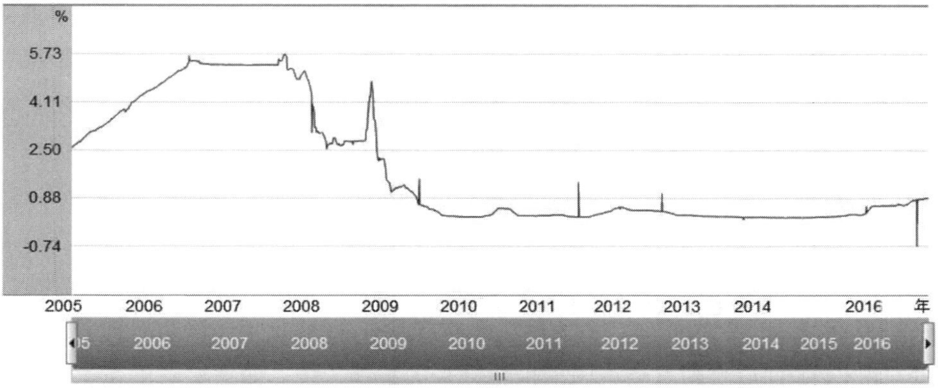

图 9-2-2　伦敦银行同业拆息之 2005～2016 年数据①

谈到风险保费，我们需要先了解万用寿险死亡赔偿金的两种给付模式，俗称方式 A 和方式 B。方式 A 的保险金额为基本保险金额与个人账户价值两者中较大者，因此，在每月的结算日，风险保额等于保险金额减去结息后的个人账户价值后的数值；在非结算日，风险保额等于保险金额减去个人账户价值后的数值。而方式 B 的保险金额则等于基本保险金额与个人账户价值之和，方式 B 的风险保额等于本合同的基本保险金额。由此可见，随着年纪的增长，自然费率越来越高，但是因为方式 A 的风险保额也随着个人账户价值的累计逐渐增加，一旦个人账户价值超过基本保险金额，风险保险理论上为 0。而方式 B 虽然保险金额远远高于方式 A，但是因为其保险金额等于基本保额与个人账户价值之和，随着年纪的增长，方式 B 要承担的自然费率也会逐渐加大，后期保费压力大大增加。因此，为了避免后期缴费压力过大而影响保费融资大额保单的稳定性，在选择万用寿险产品时，我们建议采用方式 A 更稳妥。

其次，大额保单必须通过健康核保和财务核保，健康核保一般都是由第三方医疗体检机构进行，因此保证了体检结果的客观公平性。建议高净值人士应该趁身体仍然健康或者不太差的时候参加人寿保险，一旦身体有毛病或大问题的时候申请人寿保险，不一定能以正常的代价买到保险，加费、延期甚至拒保都是有可能的。财务核保主要解决的就是这个人的人力资本是否“值”这么多保额的问题，一般需要提供已有的资产证明，包括金融资产或者不动产等，也可以提供收入流水做凭证。

① 资料来源：http://data. bank. hexun. com/yhcj/cj. aspx? r = 0000001000000000&t = 12&typeMark1 = 2&timeMark1 = 6，最后访问日期：2016 年 10 月 29 日。

需要提醒的是，首先，该收益为预期收益，不代表未来的收益水平；其次，某些私人银行会捆绑销售一些资管类产品，若所选择投资产品风险较高或遭遇如2008年次贷危机这样的系统性风险，可能会导致大额保单的架构被击穿；最后，金融产品的杠杆效果高低与风险大小成正比，保险也不例外，所以要选择适当的杠杆区间，并且根据每年的经济形势进行检视调整。

二、中国香港地区保险适用香港法律环境

当今世界的两大主要法系：大陆法系与普通法系（也称英美法系），前者承袭了罗马法传统，而后者则承袭英国中世纪以来的法律传统。两大法系涵盖了世界上最主要的国家，大陆法系主要盛行于欧洲大陆国家，特别是法国和德国，亚洲有日本、泰国、土耳其等；还有曾是法国、德国、葡萄牙、荷兰等国殖民地的国家及因其他原因受其影响的国家。此外还包括某些英美法系国家内的部分地区，例如，加拿大的魁北克省，美国的路易斯安那州，英国的苏格兰。英美法系的范围，除了英国（苏格兰外）以外，还有美国、加拿大、印度、中国香港地区、新加坡、澳大利亚、新西兰以及非洲的个别国家、地区等。

两大法系之间的差异是巨大的。首先，法律渊源不同。大陆法系表现为成文法；英美法系的法律渊源包括制定法和判例法，并且判例法的地位比制定法更重要。其次，法官权限不同。大陆法系强调法官只能援引法律，不能创造法律；英美法系的法官可援引成文法、法律或判例，在一定范围内创造法律。最后，诉讼程序不同。大陆法系是以法官为中心的纠问程序；英美法系是以诉讼参加人为中心的对抗式（或诉辩式）程序。

中国内地的法律体系是参照欧洲大陆的主流法系即大陆法系，而中国香港地区的法律体系属于普通法系。通过一百多年的发展，香港地区建立了普通法制度下相对完善的法律体系，与保险相关的法律法规也日趋完善。在香港地区签发的保单，一般来说适用香港地区法律，受香港地区法律保护。相应地，如果发生保险法律纠纷，也需要雇佣香港本土的律师，按照相关的司法程序进行诉讼。

这里需要特别提及关于不可抗辩条款。

不可抗辩条款起源于英国，诞生于普通法系下。从历史上看，不可抗辩条款是为了度过“诚信危机”，重塑保险公司的诚信形象而出现的。18世纪末到19世纪上叶，英国保险合同的效力取决于被保险人或者受益人的告知与保证义务的履行。这样的规定诱发了保险公司拒绝赔付的现象，保险事故发生后，一旦发现投保人有

不如实告知的事项，即使是已经生效数十年的长期保单，保险人也会认定保险合同无效，保险公司陷入了严重的信任危机，也因此被称为“伟大的拒付者”。为了重塑保险公司的诚信形象，1848 年伦敦寿险公司出售的产品中首次应用了不可抗辩条款。即合同生效一定时期之后，保险公司就不得以投保人误告、漏告等为理由拒绝赔付。此后，该条款被其他公司纷纷仿效，在寿险业得到了极大的推广。1930 年，不可抗辩条款首次成为法定条款，由美国纽约州保险监督管理部门在该州保险法例中加以规定，以约束保险人的行为，保护保单持有人的利益，最终保护整个保险业的健康发展。

根据香港地区保险索偿局的定义，

「不可争议条款」是人寿保单中常见的条款，通常指定只要保单生效一段时期（通常为期两年），即使保险公司其后发现保单持有人及/或被保人没有披露所知范围内任何对签发保单的重要事实，如果并无欺诈成分，则保险公司不可以就保单提出争议或抗辩。不可争议条款并不适用于任何附加契约，因此所有附加契约均不受这两年「并非欺诈」期的限制，如果没有披露的资料对签发保险合约至关重要，则无论保险合约缮发多久，保险公司都可以提出争议。

而内地也于 2009 年新修订的《保险法》引入了不可抗辩条款。

《保险法》第十六条　订立保险合同，保险人就保险标的或者被保险人的有关情况提出询问的，投保人应当如实告知。

投保人故意或者因重大过失未履行前款规定的如实告知义务，足以影响保险人决定是否同意承保或者提高保险费率的，保险人有权解除合同。

前款规定的合同解除权，自保险人知道有解除事由之日起，超过三十日不行使而消灭。自合同成立之日起超过二年的，保险人不得解除合同；发生保险事故的，保险人应当承担赔偿或者给付保险金的责任。

通过分析我们可以看到，内地赋予了不可抗辩权拥有非常高的地位，自合同成立之日起超过两年，保险公司一律不得解除合同，发生保险事故，保险人也应当承担给付保险金的责任，主附险均没有区别。这与香港地区不可抗辩条款中规定“欺诈”不适用该条款的规定是不一样的。内地的《保险法》更倾向于保护投保人，如此对合同双方稍微弱势一方必然有好处，但从另外一个角度会造成逆选择的增加，而这种逆选择有可能会成为产品精算考虑因素，从而使保费成本增加，也即意味着众多投保人将会为这种不诚信行为“埋单”，长期来看对整个保险行业的长远健康发展还是有一定影响的。虽然《合同法》中有规定“一方以欺诈、胁迫的手段或者乘人之危，使对方在违背真实意思的情况下订立的合同，受损害方有权请求人民法院或者仲裁机构变更或者撤销”，但是因为《合同法》属于一般法，《保险法》属于特殊法，两者若发生不一致的情况，一般情况下以特殊法为准。

《合同法》第五十四条　下列合同，当事人一方有权请求人民法院或者仲裁机构变更或者撤销：

（一）因重大误解订立的；

（二）在订立合同时显失公平的。

一方以欺诈、胁迫的手段或者乘人之危，使对方在违背真实意思的情况下订立的合同，受损害方有权请求人民法院或者仲裁机构变更或者撤销。

当事人请求变更的，人民法院或者仲裁机构不得撤销。

此外，在香港地区，保险与协议、遗嘱等法律工具以及家族信托的综合运用非常普及和流行，这也得益于香港相对完善的法律体系。例如，新修订并于 2013 年 12 月 1 日生效的《受托人条例》就对家族信托相关法例及法律原则、主要受托人和受益人的权利义务、信托的管理和更改及在违反信托行为的情况下受益人如何依靠法律保障自己的权益均有明确的规定。这样从法律的角度为保险与信托结合而成人寿保险信托扫清了阻碍，更有利于保险市场的纵深发展。在设立人寿保险信托的时候需要注意以下几点：

1. 并非所有保险公司的所有保险产品都能接受信托作为投保人，需要先行与不同保险公司沟通确认。

2. 因为香港地区保单在投保的时候若以信托作为投保人手续比较繁杂，所以在实务中为了简化投保流程，经常会先以自然人作为投保人，保单成立之后再做变更手续，将投保人变更为家族信托，这样的话中间会有一个时间差，建议信托设立和保单的生效时间尽可能接近或匹配。

3. 理赔金到达信托账户之后，若并非即刻全部给到受益人，则对本笔资产的管理需要通过专业投资机构来进行，若大额保单的受保人与人寿保险信托的委托人是同一人的话,则需要提前考虑在信托契约中约定未来管理这笔钱投资的机构或个人。

4. 如果已经立过遗嘱,并已生效,则还需要咨询律师,确认信托和保单在遗嘱中是否有"重叠"或者"矛盾"之处,避免对同一财产产生不同的法律后果。

最后必须明确一点,在选购香港地区大额保单时,不管是消费者,还是销售人员,必须要遵守中国外汇管理局对于外汇管制的规定,同时必须遵守两地保险监督机构对于保险销售合法合规的相关规定。

三、核保核赔严进宽出

最大诚信原则是全世界保险的基本原则之一,在香港地区又称最高诚信原则(Utmost Good Faith)。在香港地区与保险相关的法律中规定:①

保险受到一种更为严格的,在普通法中常被称为最高诚信的原则所约束。即不论对方是否问及有关的资料,各方必须向他方披露所有重要的资料,这些重要的资料称为"重要事实"(material facts)。例如,即使投保单上并没有相关的问题,投保人仍须向保险人披露曾经有过医疗的记录。保险人有时把普通法中的最高诚信责任加以延伸,要求投保人声明或保证(Warrant),无论是否与"重要"事件有关连,所有经披露的资料都必须是完全(不仅仅实质地)真实的。

举个例子,现年三十一岁的医疗保险投保人在投保书上报称三十岁的话,虽然从普通法中的最高诚信原则的角度来看,一方面,该项偏差在医疗保险中不太可能是重要的,但技术上已构成违反该保证。另一方面,保单条文可能订明无意或疏忽地(相对应"欺诈性地")违反该责任将不予以追究。

重要事实(Material Facts)在法例中的定义:在订定保费或决定是否承担风险方面会影响一名审慎的保险人的判断的任何情况。从这个定义可以看到,按披露有关事实后可能受到影响的决定所属类型而定,重要事实可以分为三类。第一类只涉及接受或拒受投保风险的决定(例如,拟受保生命长了一个不能动手术的恶性脑部肿瘤这一事实),第二类只涉及保费的厘定(例如,拟购的人身意外保险的受保人是一个推销员这一事实),第三类则同时涉及这两方面(例如,拟受保生命患了糖尿病)。

① 资料来源:http://www.legislation.gov.hk/blis_ind.nsf/WebView?OpenAgent&vwpg=CurAllChinDoc*1.

从香港地区最高诚信原则对“重要事实”的认定，再加前文提到的不可抗辩条款，我们可以看到在香港地区的保险核保核赔实务中，对客户如实告知的要求相对内地更高，正是所谓的“严进宽出”（严核保，宽理赔）的原因。从保险公司业务经营角度来看，“严进宽出”也有利于保证保单的品质，降低了保单不良率。从香港地区多年的实务经验来看，不披露事实或者披露不完整将会导致保单被撤销或索偿被拒，为了避免不必要的索偿纠纷，投保人在填写投保申请书时，必须如实披露所有资料，即使不敢肯定某些事实是否重要，最好还是加以披露。

在核赔资料认定的时候，香港地区保险公司在全世界很多国家均有指定认可医院，对于列表上的指定医院开出的疾病或死亡证明，香港地区保险公司是认可并采用的。而在内地的医院列表中，基本包括了所有的三甲医院。

四、开放的险资投资环境

作为世界金融中心之一，香港地区的金融市场非常自由开放，投资范围非常广阔。在全球化的背景之下，保险资金的全球投资是香港地区保险公司自身利润、赔付资金、红利杠杆等财务要素的重要支撑。从投资品种来看，香港地区保险公司的保险资金可以投放于全球范围内的货币市场基金、债券、环球股票、亚洲股票、行业基金、中国股票、新兴市场股票、组合基金等，包括但是不限于以上形式；从投资区域来看，保险公司的投资面向全世界各个国家和地区，这样可以避免某个单一区域的投资风险，在全世界范围之内进行风险对冲。

当然，香港地区保监处也有对保险公司限制投资的权力。香港地区政府规定，保险公司要把收到客户的80%的保费留在香港地区进行经营。当保险公司出现令人关注的情况时，香港地区保监处会采取适当行动，以维护保单持有人及潜在保单持有人的权益。

相对来说，内地对于险资的运用要谨慎得多，监管也更加严格。具体可以参照《保险资金运用管理暂行办法》（2014年修订）第六条和第十六条规定：

第六条　保险资金运用限于下列形式：

（一）银行存款；

（二）买卖债券、股票、证券投资基金份额等有价证券；

（三）投资不动产；

（四）国务院规定的其他资金运用形式。

保险资金从事境外投资的，应当符合中国保监会有关监管规定。

第十六条　保险集团（控股）公司、保险公司从事保险资金运用应当符合中国保监会相关比例要求，具体规定由中国保监会另行制定。中国保监会可以根据情况调整保险资金运用的投资比例。①

“新国十条”出台以来，我国保险企业“出海”活跃度日益提升，据21世纪经济报道从权威渠道获悉的数据显示，截至2015年12月末，共有49家保险机构获准投资境外市场，投资余额为362.27亿美元，比2014年12月同期保险资金境外投资余额239.55亿美元相比，增幅为51.23%；比2012年12月同期保险资金境外投资余额97亿美元相比，增幅为273.47%。数据增长的背后，是保险资金境外投资在两大方面的扩围。从投资地域来看，由香港逐步拓展至英国、美国和澳大利亚等发达国家和地区；从投资品种来看，以股票为主，并逐步扩大至股权、股权投资基金和不动产等。②

五、中国香港地区的保险监管环境

作为一个拥有悠久保险历史的地区，香港地区的监管又是什么样的呢？香港地区政府对保险业采取审慎监管的原则。因为香港地区是实行普通法的地区，早年香港地区政府对保险的监管是没有成文的法律的，一切都是以普通法原则及合

---

① 修订前第十六条为：“下列比例要求：

（一）投资于银行活期存款、政府债券、中央银行票据、政策性银行债券和货币市场基金等资产的账面余额，合计不低于本公司上季末总资产的5%；

（二）投资于无担保企业（公司）债券和非金融企业债务融资工具的账面余额，合计不高于本公司上季末总资产的20%；

（三）投资于股票和股票型基金的账面余额，合计不高于本公司上季末总资产的20%；

（四）投资于未上市企业股权的账面余额，不高于本公司上季末总资产的5%；投资于未上市企业股权相关金融产品的账面余额，不高于本公司上季末总资产的4%，两项合计不高于本公司上季末总资产的5%；

（五）投资于不动产的账面余额，不高于本公司上季末总资产的10%；投资于不动产相关金融产品的账面余额，不高于本公司上季末总资产的3%，两项合计不高于本公司上季末总资产的10%；

（六）投资于基础设施等债权投资计划的账面余额不高于本公司上季末总资产的10%；

（七）保险集团（控股）公司、保险公司对其他企业实现控股的股权投资，累计投资成本不得超过其净资产。

前款（一）至（六）项所称总资产应当扣除债券回购融入资金余额、投资连结保险和非寿险非预定收益投资型保险产品资产；保险集团（控股）公司总资产应当为集团母公司总资产。”

② 资料来源：http://finance.sina.com.cn/roll/2016-03-22/doc-ifxqnnkr9786505.shtml，最后访问日期：2016年9月15日。

同来管理。20 世纪 50 年代,香港地区政府开始对保险业有了零散的成文的法律,1983 年 6 月 30 日,香港地区政府正式颁布实施《保险公司条例》,系统性的监管开始完善。

在《保险公司条例》里面,政府对保险公司的破产作出了严格的定义,变相对保险公司作出了不能破产的规定。对于经营不善的保险公司,香港地区政府允许其向法院提出破产保护,在此期间,该保险公司不得新开业务,必须对原有业务继续维持。政府会寻找买家或者新成立一家保险公司对其进行收购。在收购完成后,原有保单的基本条款继续有效。

在 1990 年 6 月 8 日,香港地区政府正式成立了保险业监理处(以下简称保监处或 OCI),负责对保险公司的审慎监管。同年成立了香港地区保险索偿投诉局(Insurance Claims Complaints Bureau,ICCB,以下简称投诉局)的会员包括所有在香港地区承保个人保险的获授权保险人。它成立的基本目的是,处理由个别保单持有人提出,并涉及与投诉局的会员订立的个人合约的索偿或保险金要求的投诉。投诉委员会可裁定的赔款金额最高为 100 万港元,超过 100 万港元的需要去法院进行裁决。保险人无权就该裁决向投诉委员会上诉。但如果投诉人对裁决不满,可以采取法律行动。不论胜诉与否,投诉人都无须缴付任何费用。

2014 年 4 月 30 日,投诉局宣布,次日起将处理索偿投诉的服务范围扩大至非香港地区居民,非香港地区居民在香港地区购买保单可以享受同样的服务。从 2013 年 5 月开始,投诉局受理非港居民(中国内地人士)的投诉。投诉须以书面提出,列明投诉的详细内容,承保的保险公司名称,保单编号及索偿数额,连同授权书以及整份保单及保单申请表格、索偿表格、医疗报告/检验报告/报价表或维修收据/肇事警方报告和保险公司书面作出的最后判决文件。

在香港,保险公司亦需要购买再保险,最主要原因是为求稳健经营。个别索偿或保险金要求相当可能是利用保险人的资产支付的,不过要在短时间内预备大量现金,可能引起不便(而且成本昂贵),因为公司大部分资产已配置于投资项目中。再保险合约可以订明,但凡一项有效的直接(来自原被保险人的)索偿或保险金要求超出某个预定的数额的时候,即使被再保险人还没真正赔付,也有权要求再保险人马上赔付。另一个再保险的重要原因是为了提高保险人的承保能力(underwriting capacity)。所谓承保能力,主要是指考虑过风险管理的一切相关因素后,接受某项投保业务的能力。再保险可使保险人有能力承担某些原先必须完全或部分拒保的风险。

香港地区政府对保险业的监管除了政府层面外，还有就是行业自律监管。在1987年5月15日，香港地区成立了香港地区保险经纪公会（以下简称SIB）。在1988年1月29日，香港地区成立了香港地区专业保险经纪协会（以下简称PIBA）。在1988年8月8日，香港地区成立了香港地区保险业联会（以下简称HKFI）。自此，香港地区保险的监管基本完善起来。

香港地区的监管偿付指标是比较落后的。香港地区保险偿付能力监管大致要比欧盟的偿付能力一代还要弱一些。主要体现在对保险公司资本的分类上，以及从监管层面上要求保险公司应对金融危机的能力上。另外对信息披露的要求也并不是特别严格，容易出现销售误导的现象。香港地区保监处的目标是提升香港作为监管制度达世界水平的主要国际保险中心的地位、促进金融市场的发展，以及加强公众对保险的认识。

第三节　美国大额保单

美国保险市场是目前全球规模最大的保险市场,在全球保险业中及美国国内金融行业中均占据重要的地位。同时,美国的保险市场在全球保险业中相对成熟,无论保险产品的创新,还是保险资金的管理,乃至保险监管模式及其演变等方面,美国都是其他国家和地区借鉴和参考的主要对象,其主要特点如下:

一、保险生态完整,产品种类多元化

前文我们在介绍可保风险的时候曾经提到,可以用保险的方式来转移风险的一个重要的前提条件就是需要有大量的同质化的可测量的风险,这一原则在美国的保险系统中发挥得淋漓尽致。美国不仅拥有发达的、传统的保险生态系统,随着整个社会各个行业的发展创新,美国保险作为风险管理的手段之一,逐渐渗透到很多的行业之中,甚至推动了某些行业的发展。

美国的保险业非常发达,保险种类和保障范围涉及老百姓生活的方方面面,如人寿保险、健康医疗保险、车辆保险、房屋保险、责任保险,保险观念已经渗入美国人生活的方方面面,在美国,没有保险可谓寸步难行。以至于包括医生、律师、保险经纪人等都需要投保相应的职业保险,才能够没有后顾之忧的安心执业。

另外随着精算技术的发展,美国保险又发展出了以特色著称的专门化保险,例如,整个好莱坞的保险生态就是一个很好的例子。当我们在惊叹美国好莱坞大片的制作精良、场景恢宏的时候,很难让人联想到保险在其中会起到什么作用。事实上,电影制作是一个高投资和高风险行业,随着制作成本和风险不断飙升,越来越多的制片方通过保险的方式来转嫁风险。例如,作为好莱坞电影标配的“卡司保险”(Cast Insurance)就是电影保险的重要组成部分,保费一般占保额的3% ~5%。保险公司对电影制作过程中进行了非常细化的风险管理,根据影片的制作和相关配置,给出最佳的风险管理方案,电影保险贯穿电影制作的始末,所以保险公司在演员选择上都颇有话语权。电影开拍前,保险公司还会逐一分析电影剧情和场景的设计,制定严格的限制条款,电影开拍后,保险公司会派出医疗小组奔赴片场,甚至失控警戒代表(Loss - control Reps)进驻片场,随时对片场风险进行监控,完片担保(Completion Bonds),即指保证影片按时完成和发行的担保制度,电影保险也是

电影融资得以实现、影片如期完工的最大的保障。

有风险的地方就有风险管理的存在，保险与电影市场结合以后，好莱坞就依靠保险业来帮助他们进行风险管理，而深入这块领域耕耘的也不乏像美国友邦(AIG)、消防员基金保险公司(Fireman's Fund)以及英国劳埃德保险公司(Lloyd's)这样的国际大保险集团。保险在电影拍摄的各个流程中，如融资管理、生产流程、演员遴选、剧情设计等逐渐渗透，在电影制作和发行中发挥了很好的保障作用，有利于促使电影业的繁荣与多元化发展，使美国大片得以占领全世界。

二、美国寿险保单种类

在美国，人寿保险主要分为五类：定期寿险(Term Life)、终身寿险(Whole Life)、万用寿险(Universal Life)、投资性万用寿险(Variable Universal Life)、指数型万用寿险(Indexed Universal Life)。其中定期寿险是出现最早也是最简单的寿险类型，顾名思义，只保一定的期限，若在保障期间内身故，可以获得死亡赔偿金。低保费高保障，比较适合刚出来工作的年轻人，但没有储蓄和投资的功能；终身寿险就是保障期限直至终身的寿险，具有现金价值，有一定的储蓄功能，大部分会有分红，但是红利的派发并不确定且运作不透明，但不会低于0；万用寿险的条款比终身寿险更灵活，其保费在支付了保障成本之后会计入投资账户，投资收益一般与利率市场挂钩，但是美元市场利率一直维持在较低水平，因此这类产品的投资收益一般较低，当然风险也不大；投资性万用寿险与万用寿险产品架构类似，只是投资账户不再限于利率市场，而是可以在一定范围内投资不同的基金，从而获得相应的回报，上不封顶，下不保底；指数型万用寿险也是万用寿险的一种变种，挂钩一支或数支股票指数，投资收益与股指挂钩，通过投资组合安全垫的方式使现价可以保本。IUL(指数型万能寿险)是最近几年保险公司创新的产品，因为兼顾保险保障而又灵活的保险结构设计，使它成为目前美国市场最受欢迎的险种之一，IUL已经占据超过整个万能险市场份额的半壁江山。

配置大额保单一定要结合自己家庭的需要选择适合的保险规划，切勿跟风。在财富规划的过程中，家庭生命周期理论给我们在总结了一般性的规律，分为家庭形成期(筑巢期)、家庭成长期(满巢期)、家庭成熟期(离巢期)以及家庭衰老期(空巢期)。每一个周期财富管理侧重点不一样，例如，筑巢期教育资金需求及房贷支出增大，保险需求达到峰值；而离巢期房贷在减少，养老资金需求明显上升。根据家庭生命周期，平衡各个资产配置的流动性、收益性与安全性需求，并设计适合的保险、信托、信贷理财计划。如流动性需求在子女很小与自己很老时较大，流动性好的存款或货币基金比重可以高一些。由形成期至衰老期，随着年龄增加，抗风险能力在下降，投资在股票等风险性资产的比重应降低，衰老期收益性要求稳健，债券比重应更高。而高净值人士的财富规划中除了要注意一般性的理财特点，还需要额外加入债务风险、婚姻风险的隔离规划以及大额寿险保单节遗产税的安排。事实上，在财富管理实务中，由于每一个家庭情况的不一样，规划的方案也应该是根据客户的家庭财务状况，所处家庭生命周期，结合客户的财务目标以及风险属性来量身定制的。

	家庭形成期（筑巢期）	家庭成长期（满巢期）	家庭成熟期（离巢期）	家庭衰老期（空巢期）
起点	结婚	子女出生	子女独立	夫妻退休
终点	子女出生	子女独立	夫妻退休	一方身故
家庭财务规划特征	家计支出增加 保险需求增加 股票基金定投 追求收入成长 避免透支信贷	家计支出固定 教育负担增加 保险需求高峰 购房偿还房贷 投资股债平衡	收入达到巅峰 支出逐渐降低 保险需求降低 准备退休基金 控股投资风险	理财收入为主 医疗休闲支出 终身寿险节税 领用退休年金 固定收益为主

图 9－3－1　家庭生命周期及各周期财务规划特点

指数型万能险（Indexed Universal Life，IUL）是一种有保障的投资型保险，该保险不仅让被保险人享受同传统寿险一样的生命保障，同时还可以参与由保险公司为投保人建立的投资账户内的资金投资活动。IUL 产品一般关联指定的一支或数支股票指数，其中投资账户的价值可以在设置“安全垫”保本的前提下，按照一定比例跟踪股票指数在设定的时间内的涨幅。该类保单的特点如下：

1. 鉴于美国保险市场发展时间更长，预期寿命比很多国家和地区都要长，各个年龄死亡率较低，竞价机制更为完善，保险的纯保费要比很多国家和地区要低。

2. 投资收益挂钩世界上各大股票指数的一支或几支，如美股道琼斯指数、纳斯达克综合指数、美国标普 500、香港恒生指数、欧洲 STOXX50、日经、德国 DAX30 指数，并且现金值会设定保本值。

3. 缴费和支取均非常灵活，客户可以随时从现金值里借钱出来，一般可以借到现金现金价值的80% ~90%，往往保险公司对账户余额会有规定最小值。

4. 因为美国的税制非常复杂，保险金的取得在美国是否可以免税不可一概而论。但是对于IUL资金的运用，是直接支取、还是贷款的方式，支取或贷款的额度设计，依然需要结合当地的税制来进行规划。

5. 虽然有数据显示，美国股票市场过去20年平均年化收益在8%左右，多数年份有8%至10%左右的收益。但投资终究会有风险，过去收益不代表将来，尤其是万用寿险保障成本采取自然费率，后期保障成本会比较高，因此在产品保额的设计方面不宜杠杆过高，否则会有被击穿的可能。

6. 美国保险条款以英文表达为主，在配置的时候还需要考虑文字便利性的问题，假如发生纠纷，首先适用的是美国的法律，同时问题的解决也需要使用英文，因此语言问题也是高净值人士必须要考虑的一个因素。

三、保险与结构化金融市场

很多的风险因其不确定性太大且并不是特别遵循正态分布的规律或者难以测量而难以被管理。近几十年来，随着美国金融衍生品的发展，保险产品与其他金融产品也逐渐从初期简单融合发展到现在的深度嵌入，金融各行业高度创新。另类风险转移(Alternative Risk Transfer, ART)，是对利用非传统保险产品转移风险机制的代称。保险作为风险引导的桥梁，将原本难以管理的风险(比如，垃圾等级的信用风险)引向有更大的风险胃口(risk appetite)。当然，风险胃口并不等于风险承受能力，这种风险转移也许会导致投资者的损失。但是，这与之前相比已经算是迈进了一大步。保险在结构化金融工具中发挥着越来越不可替代的作用。

ART的产生源于美国的巨灾风险赔付。1992年的安德鲁飓风导致了170亿美元的损失，比保险公司的预计损失高出2倍。虽然此前保险公司根据人口增长、财富集中等因素对自然灾害频发地区的风险损失进行了充分的估计，但仍然出现了这种超出预期的情形。巨灾的直接后果是一些保险公司因此而破产，再保险公司不愿意或者没有能力提供和以前一样的巨灾风险覆盖。传统承保能力面对巨大的损失显得力不从心，人们开始寻求其他(另类)风险转移手段。除了传统的再保险机构之外，更广阔的资本市场具有更强大的风险承受能力。这个思想直接催生了“证券化”的另类风险转移工具。1996年，保险连接证券(Insurance - linked Securities,ILS)正式交易。最初的保险连接证券基本是转移自然巨灾风险的工具,典型的如巨灾债券(Cat bonds)。2005 年遭遇了迄今为止人类历史上损失最严重的自然灾害:Katrina,Rita,Wilma,Ophelia 和 Dennis 飓风。保险公司共计面临损失 800 亿美元的赔付要求。2007 年,32 家保险和再保险发起公司发行了 85 亿美元的巨灾债券。巨灾债券是通过发行收益与指定的巨灾损失相连结的债券,将巨灾风险转移给债券投资者。政府、跨国公司以及地区性和全球性的保险公司都会使用巨灾债券来对冲风险。就债券发行机构的角度而言,巨灾债券的功能类似于多年期再保险合同。巨灾债券发行后,未来债券本金及债息的偿还与否,完全根据巨灾损失发生情况而定。除巨灾债券以外,还有巨灾风险担保义务、巨灾连接衍生品(如 PCS 巨灾期权)等证券化产品。

根据瑞士再保险资本市场研究报告,就全球保险连接证券市场的发展规模而言,截至 2014 年年底,保险连接证券未偿还总额达到 241 亿美元,是 1997 年的 33 倍。尽管受全球金融危机的影响,2007 年之后几年,不论未偿还证券还是新发行证券的数量都有所下降,但近几年快速发展的趋势说明,保险连接证券具有广阔的发展空间。这也说明,保险与其他金融产品的融合规模在不断增加。多种新的证券化产品的出现也说明这种融合程度在不断深化。①

四、美国税收与保险规划

美国的税收体系非常复杂,税法也是五花八门,不仅打算移民美国的高净值人士必须提前做好税务筹划,已经成为美国税务居民(公民、绿卡持有者和实际 183 天的)的高净值人士在做资产配置包括选购保险的时候也要特别了解美国税法相关的规定,才能合法有效地减少不必要的税务支出。总体来说与保险相关的税务规定有以下几个方面:

首先,必须厘清一个概念,美国全球征税是针对收入而非资产。在美国,所谓收入就是工作的收入、投资所得的利息、分红或资本利得等,资产则是指个人拥有的房地产、土地、公司股份、金融资产(股票、基金、保险等)、天然资源和收藏品、无形资产等。例如,成为税务居民前的房产,属于资产不需要征税但需要申报,成为税务居民后房产取得的租金收入就是征税的对象,假如把房产卖了,卖出价大于买入成本,则增值部分必须缴纳资本利得税。

---

① 石晓军、闫竹:《发达国家保险发展特点及其经验借鉴——OECD 国家 20 年保险发展透视》,载《保险研究》2015 年第 7 期。

其次,美国针对海外的收入每人每年有超过十万美元的免税额,但这十万美元的免税额主要指主动收入,比如,工资、劳务费等都是劳动所得的收入,而公司分红、银行利息、投资回报或者赌博的获利、社保福利金、退休金和年金等被动收入,以及买卖房子或者股票获得的收入,是不能算到10万美元的免税额之中的。

再次,美国遗产税与赠与税是调节国民贫富差距的重要工具,相应的必然会是高净值人士的财富传承中比较大的阻碍,保险因为其保障杠杆的作用可以为遗产税提供流动性支持,但是依然因为保险本身并不能规避遗产税,因此单独使用或者仅仅是结合了可撤销信托将会被计入被保险人的遗产总额计算遗产税,保险只有结合了不可撤销信托的保险才能真正起到规避遗产税的作用。另外,美国的税法对保险有着非常严格的规定,只有符合规定的保险产品,才能享受美国税收的优惠,这个规定叫作7702条例。它限定了一个人寿保险可以放多少钱进去进行免税投资。而对于美国境外的一些大额储蓄分红险在美国国税局眼中,并不被看作保险,而是计入投资,因此相应的税必然也跑不了。因此,美国税务居民在购买保险的时候尤其需要慎重规划。

最后,海外账户纳税法案(FATCA法案)不仅针对银行资产,也针对保险、信托、基金和理财。

五、美国保险与信托及其他法律工具的综合运用

事实上,遗嘱也可以起到一定的传承作用,只是与信托比起来,遗嘱在当事人过世后需要经过一个耗时又费钱的法律认证程序。因此,具备一定条件的高净值人士建议采用信托的方式来进行财富传承更稳妥。前文我们也多次提到在美国保险必须结合不可撤销信托才能具备遗产税的规划功能。那么其背后的逻辑在哪里?实务中又该如何操作?

信托可以简单地理解为,委托人为了第三方(受益人)的利益把信托财产放到信托中,由受托人根据委托人的意愿来管理和分配财产。信托可分为两类:可撤销信托和不可撤销信托,常见的生前信托就是可撤销信托,设立人可以随时更改甚至撤销,同时委托人、受托人、受益人可以是同一人,这样的好处在于保留了委托人对财产的支配权和控制权,坏处就在于它无法很好地对抗债务,也不能避免官司的追讨。而不可撤销信托实现了资产的终极的永久的转移,从法律上来说这个资产已经不是委托人的了,自然不需要算作遗产,同样可以很好地对抗债务和官司,也可以很好地隔离婚姻破裂的风险。在不可撤销信托中,委托人、受托人、受益人不可以

是同一人。实务中也有可撤销信托配合不可撤销信托来操作的，例如，可撤销信托的受益人为不可撤销信托，这样也可以起到风险隔离的作用。

六、险资运用与保险监管

美国的寿险资产运用渠道非常广泛，主要投向于政府和企业债券、股票、抵押贷款、保单贷款、应收贸易账款、现金及其等价物。其中政府和企业债券占比最大，由此可以看出美国保险险资运用还是更看重“安全性”的。而从这几年的数据来看，股票、政府债券、公司债券投资币种逐年增加，其中股票投资增长最快，而抵押或保单贷款逐年递减。由此可以看出投资趋势逐渐从稳定低风险向高风险高收益转变。美国的保险巨头多采取了资产管理公司的模式，这些资产公司在打理本公司的资产时，并不排斥第三方资产管理，以寻求资产管理的专业化。

美国对保险业实行联邦政府和州政府双重监管制度，联邦政府和州政府拥有各自独立的保险立法权和管理权。美国联邦政府为适应监管的需要，逐渐加强了对保险业的监管，建立了以全美保险监督官协会(NAIC)和州保险监督机构为主的保险监管体系。美国保险监督协会在信息交换、最低偿付能力、财务评价制度、技术和法律援助及在跨州监管协调等方面发挥了越来越重要的作用。美国保险监管体系有其独特之处，州政府在其中发挥了重要作用。美国各州都设一名保险专员，具体负责对州内经营的保险公司的偿付能力、费率和市场行为进行监管。根据有关规定，所有美国保险公司和再保险公司必须在至少一个州登记注册，并接受所在州和有营销业务的州的监管。

在美国选择保险公司除了可以参考本章前面所述的世界三大评级机构对保险公司总体实力的评估结果，还有一个重要的评估机构即美国本土的贝思特公司(A. M. Best)。贝氏创始于1899年，是全球历史最悠久及最具权威的保险行业评级机构，它主要针对保险公司的财务状况进行评估，因此贝氏对保险公司的评级非常具备参考意义。

七、跨境居民的境外保单规划

很多的高净值人士家族成员都有国际化的身份，那么在做保险规划的时候必须注意移民国对保险税收及法律法规方面的规定。比如，客观来说，美国保险是美国市场按照美国国税局(IRS)的规定来设计的产品。在税收上获得较多的好处，而对于其他国家或地区的产品，不一定符合美国税局的规定，因此美国居民或者绿卡所有者，购买美国之外的保险，有可能会面临税的问题。

对于中国的高净值人士，中美两国签署过税务互免协议，每一个纳税人不必在两国双重纳税，举例来说，若一个持美国绿卡的中国公民，在中国境内取得的收入按美国税法属人原则应全球纳税，但若在中国交过所得税之后，则不用再回美国交一次所得税，而只是补交差额。如果收入标准在中国的税率比美国高，且能抵用的税额当年用不完，还可以留下来继续抵扣。另外在美国，世界各国的花销也是可以用来抵扣个人所得税的，如旅游、住店、慈善捐款。

另外高净值人士还可以选择用慈善基金会的方式来进行财富的传承。

第四节 其他国家大额保单

除了中国香港地区和美国,其他不少国家的保险体系、产品创新、保险营销模式乃至监管模式经过长时间的摸索发展,积累了非常成熟的经验,也有很多值得我们借鉴的地方。"他山之石,可以攻玉",本节我们将对其中几个较为典型的国家保险行业进行简单的介绍。

一、日本大额保单

明治维新结束了日本闭关锁国的政策,早在18世纪60年代,便开始有外国保险公司登陆日本。1879年,日本本土第一家保险公司——东京海上保险株式会社开始营业,距今已有120多年的历史。"二战"后,日本以自由市场制度为基础的"政府主导性"体制(也称"东方模式"或亚洲模式)强有力刺激了经济的发展,这一模式同样帮助保险业在20世纪90年代取得了飞速的发展。1997年日韩经济危机爆发,日本保险业出现了震荡,其在世界上的保险份额受到影响,但仍然处于先进水平。作为家庭投保率世界第一的国家,日本有着非常成熟且竞争激烈的保险市场。人寿保险是日本保险业最大的业务,日本在世界保险市场上的超级地位很大程度取决于其人寿保险所占的特殊地位。

纵观日本保险业的发展,我们可以发现其有以下特点:

(一)日本的保险密度与深度均居世界前列

考察一个地区保险业有两个最重要指标:一个是保险密度,另一个是保险深度。保险密度就是指按当地人口计算的人均保险费,它反映了一个国家保险的普及程度和保险业的发展水平,一般来说,保险密度越大,表明该地区保险业越发达,市场发育水平越高。保险深度是指当地保费收入占当地GDP的百分比,反映了保险业在当地经济中的位置。瑞再sigma报告数据显示,2013年,日本的保险密度为4207美元/人,保险深度则达到了11.10%。而同期全球市场人均保险支出仅为652美元,保险深度为6.3%。发达市场人均保险支出为3621美元。

表 9－4－1 2013 年各国保险密度与保险深度

国别	美国	日本	英国	法国	中国	世界平均
保险密度(美元/人)	3979	4207	4561	3736	237.2	652
保险深度(%)	7.50	11.10	11.50	9.00	3.18	6.30

(二)日本国民的保险意识非常强

日本四面临海,地处于环太平洋火山地震带上,国内拥有 200 多座火山,这样的地理环境决定了日本是一个自然灾害多发的国家。地震、海啸、火山爆发、台风,这些都是日本时常要面临的现实威胁。灾难也几乎一直是日本文化中重要的一部分,灾难意识渗入日本人的精神肌理,整个国民的风险意识非常强。这也不难理解为何日本的家庭投保率长期处于世界领先水平,家庭商业保险投保率为 89.6%。在日本,不买保险就跟不穿衣服一样不可思议。而由于日本的家庭结构是典型的“男主外女主内”,结婚以后女性基本上成为专职主妇,因此男性购买保单的数量明显多于女性。据统计,日本每个家庭平均拥有七张保单。日本人有一种习俗,在订婚的时候,男方要买一张寿险保单,写上女方的名字,这是一种爱与责任的体现。

商业保险的高普及率不仅能减轻意外灾难对家庭生活的冲击,而且对社会和日本的经济发展特别是对金融、资本市场的发展发挥着重要的作用。国民健康保险,这是每个人必加入的医疗保险,外国人也不例外,只要在日本待一年,就有义务加入国民健康保险。保险费的分配也较平等,根据各人的收入高低来决定保险费。这一制度让人人都看得起病,实际上是一种相互扶助的性质。有了健康保险,个人看病只需付 30% 的医疗费,日本每个家庭都有这么一项保险开支。这是强制性的社会保险。

(三)侧重发展本国保险行业

日本是一个非常注重民族企业发展的国家,保险业对外并不是特别开放,保险政策也都偏向于民族保险企业,保险行业发展呈现“内向型”特点。首先表现在日本更侧重于发展本国的保险企业,较少引进外资的国际保险集团,即使引进了对外资保险公司限制也比较多;其次在保险市场的开拓上,日本亦是更倾向于本国保险市场的精耕细作,即使涉及海外业务,也仅仅是国内市场的延伸。日本拥有相对稳定的政府机构,保证了经济与政治的连续性、一贯性及稳定性,从而使本国的保险行业得以稳定的发展。日本政府规定将人寿保险及损害保险分开经营,这样不仅有利于稳定保险企业财务，而且为其参加世界保险市场的竞争提供优势。另外，日本保险市场只有一百多家保险公司，远远少于美国的几千家，英国的几百家等欧美保险发达市场。因此，日本的保险公司一般规模都比较大，并且呈现一定的垄断性。

(四)保险行业竞争激烈

日本的商业保险公司主要分财产保险和人寿保险两类。主要的财险有机动车辆、火灾、海上损失、伤害和被盗、航空、风灾和水灾等。寿险主要保险项目有养老、医疗、终身、定期、定期养老、儿童、海处旅游、个人年金、灾害补贴保险等。在日本“政府主导型”的经济模式下，日本的保险行业形成了既不愿意多“请进来”也不愿意多“走出去”的状态。其国内保险业务的比例可占到每年保费收入的80% ~ 90%。然而一个国家或地区人口毕竟有限，因此日本也堪称世界上保险竞争最激烈的市场之一。当然，日本政府对保险业的监管较严，对人寿保险产品的价格有着严格的范围规定，这使价格竞争是有限度且有序的，人寿保险公司的竞争更多地体现在投资收益率、多元化服务渠道的开拓以及寿险商品的开发等附加价值之上。

(五)日本相互保险历史悠久，形式多样，自成体系

相互保险是指由一些对同一风险有保障需求的人所组成的组织，在平等自愿、民主管理的基础上，以互相帮助为目的，采用“自己投保自己承保”的方式，实现“共享收益，共摊风险”。中世纪出现的一些互助救济协会是相互保险制度的雏形，如中世纪欧洲的基尔特(Guild)是商业和手工业者为了保护共同的利益而组成的同业者互助协会，之后开始尝试运用现代保险精算技术来合理确定保费水平。相互保险在日本国民生活中发挥了不可替代的作用。日本保险法规定，相互保险组织指依法设立的以投保人为成员，为其成员提供保险服务的组织。相互保险没有股东，投保人根据公司章程的规定向公司缴纳保险费后成为作为法人的会员，公司根据合同约定进行赔付，从事相互保险活动。由此可见，互助保险基本上不存在明确的法律约束，而是通过章程或契约来确定投保人与互助保险保险组织的关系，从而更多地体现着“保险互助”的理念。

二、新加坡大额保单

新加坡是亚洲重要的金融和航运中心，也是亚洲再保险中心和离岸保险经营中心。新加坡的保险体系与香港的体系较为类似，税收政策也跟香港地区一样简

单明了,保险市场高度发达且开放程度非常高,再加上其位于东南亚的核心位置,地理优势明显,很多国际保险集团公司都将新加坡作为区域中心,以辐射整个东南亚的保险业务。

(一)产品体系完整,税制简单透明

新加坡的保险产品体系非常完整,保险公司、再保险公司、保险中介公司及配套附属机构一应俱全。无论从整个保险行业的产品体系,还是从与保险之外的各种金融或非金融工具的结合来看,都与香港地区保险有一定的相似之处。同时,新加坡与香港地区同为全球金融中心,两者均有着非常简单透明的税务环境,均为世界上很多的国际保险集团进入亚太市场的首选之地。此外,两者又同为对外高度开放自由的金融港,在保险资金的运用,包括投资方式和投资范围等方面有着很高的灵活性。而从地缘、语言、文化方面来看,新加坡大额保单也逐渐被内地高净值人士所关注。

(二)保险市场总体发展水平较高

根据伦敦调研公司 Z/YenGroup2016 年 4 月 6 日公布的全球金融中心指数(GFCI),新加坡以 755 的得分取代香港成为探花,伦敦和纽约稳居前两位,而香港、东京分别名列第四位、第五位。在东盟诸国中,新加坡的保险市场规模最大、总体发展水平最高。2014 年,新加坡总保费收入为 270 亿美元,世界排名第 26 位,保险深度为 6.7%,保险密度为 3759 美元,亚洲排名第 4 位,东盟第 1 位。其中财产险保费收入为 114.58 亿美元,寿险保费收入为 155.43 亿美元。截至 2015 年 3 月底,保险业总资产为 1433.23 亿美元。

(三)保险监管体系较为完善

新加坡的监管机构是 1971 年成立的新加坡金融管理局(Monetary Authority of Singapore,以下简称金管局),也是新加坡的央行,负责包括保险业在内的金融业监管。此前保险监管职能由财政部负责,1977 年由金管局监管。金管局于 2005 年对保险公司实施风险基础资本监管框架(RBC)。RBC 按照保险公司的资产负债的风险情况,计算最低资本要求,要求保险公司的实际资本是最低资本要求的 120%,即偿付能力监管目标为 120%。偿付能力充足率低于 120% 的公司需要提交偿付能力改善计划,每个月提交财务报告,并可能暂停某些业务。同时,金管局每年评估各保

险公司的业务风险状况,针对每家保险公司设定不同的偿付能力监管目标。目前,新加坡正在升级偿付能力监管制度。另外,新加坡保险业拥有比较健全的行业协会组织体系,包括财产险行业协会、寿险行业协会、再保险行业协会、保险经纪行业协会和代理人协会。

(四)险资投资自由化

金管局对保险公司投资没有设定限额,而是采取以自律原则为导向的监管,要求保险公司设立投资委员会,确定投资战略。同时,在 RBC 体系下,寿险公司需要对投资风险和资产集中度风险计提准备金,促使寿险公司在投资时考虑资产种类、交易对手以及信用评级等。对保险公司进行审查的目的在于确保其财务稳健,在健全的保险理念的基础上有良好的管理运作,以及其赔付程序公正、合法。新加坡政府一直坚持使新加坡保险市场更加自由化和全球化,这也成为新加坡金融管理局的长期监管方针。

三、英国大额保单

英国伦敦是近代保险的发源地,1688 年,伦敦劳合社宣布成立,这是世界史上第一个真正现代意义的保险公司。从 17 世纪后期英国便成为欧洲甚至世界海上保险最发达的国家。不仅如此,实际上近代财产保险业也发源于英国,财产保险中的火灾保险就是英国在 1666 年 9 月 2 日伦敦大火之后才形成的。总体而言,英国的保险市场是一个历史悠久,而且高度竞争的市场。

(一)高福利国家

英国实施覆盖全民、保障全面的社会保障制度,英国是世界上最早以立法形式建立社会保障制度的国家,也是欧洲典型的高福利国家之一。由于特殊的历史和文化原因,英国倾向于用再分配政策来维护社会各类成员享有基本的生活和生命健康权益,从而保障绝大部分人群的基本生活水平,调节了社会贫富差距。缓和、融洽社会各个阶层的关系,为国家的发展创建平稳的经济和社会环境。随着人口老龄化的加剧,这种全方位高水平的社会制度慢慢开始使政府的财政负担过重,影响了其他宏观调控职能的发挥;同时高福利意味背后高税收的支撑,这将直接导致企业成本上升,从而降低企业在国际市场的竞争力;最后,高福利容易让人们产生惰性,从而减弱工作积极性和创新精神的动力。

(二)英国保险市场发展成熟,竞争激烈

英国保险市场非常成熟,目前,英国是欧洲最大的保险市场,同时也是世界上第三大保险市场,世界上第四大非寿险市场。英国的保险业务主要分为两大部分:寿险和非寿险。寿险业务包括人寿保险、养老金、长期健康保险;非寿险业务包括航海、航空、车辆、地产、意外事故及健康、债务风险等。其保险市场有以下特点:

一是非常注重保险企业的经营效率,强化市场竞争意识;

二是拥有完善的保险经纪人制度,英国保险业的营销渠道包括保险经纪人、直销经销、保险代理以及独立金融顾问等,长期以来,保险经纪是保险营销的主力军,其组织形式可以试个人、合伙企业和股份有限公司,英国保险市场超过半数的保险业务是通过保险经纪人来参与完成的;

三是保险监管机构建立了全面的保险企业财务报告制度,通过各类内容详尽的财务报告文件,保险业监督管理机构可以及时了解保险公司的财务状况和偿付能力,作为进行监管的依据;

四是英国保险市场上发达健全的保险行业自律组织,对于维持市场经营秩序具有重要的作用。

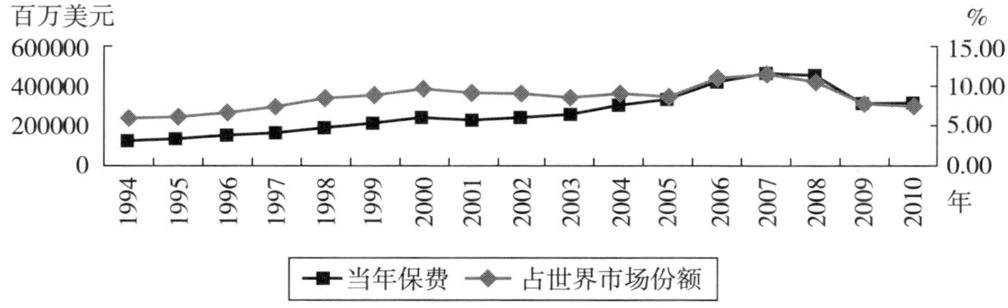

图 9-4-1 1994~2010 年英国保费总收入及占世界比重①

(三)保险公司技术成熟,在国际保险市场上影响巨大

英国保险行业发展最早,保险精算技术、保险公司经营方面均积累了大量先进经验。早在 1693 年,英国著名数学家、天文学家埃德蒙·哈雷便根据德国布勒斯劳市 1678 年到 1691 年的市民按年龄分类的死亡统计资料绘制了第一张生命表,为现

① 资料来源:Sigma。

代人寿保险奠定了数学基础。英国保险行业的发展总体呈“外向型扩张”的状态,英国很多保险巨头集团公司均在海外积极扩张市场,保险业也是英国金融出口创汇的主力军。

(四)保险监管环境较为成熟

英国保险公司可分为三类:公司(包括保险公司、再保险公司以及经纪人公司)、劳合社和保赔协会。保险行业监管主要体现在两个方面:一是保险公司的偿付能力,二是金融管理的方式。

早在1870年,英国就颁布了《人寿保险公司法》,1909年制定了《保险公司法》并于1982年进行了修订。根据1982年的《保险公司法》,英国贸易与工业部负责对普通保险公司和人寿保险公司进行监督管理,1986年英国颁布的《金融法》又将贸易与工业部的部分监管权交给英国证券与投资委员会。英国实行宽松的保险监管法规,偏重行业监管,并主张“自由责任原则”。贸易与工业部只对保险公司的偿付能力边际作出规定,并不对各个具体环节作细致的规定,同时建立了全面的保险企业财务报告制度,来对保险公司的偿付能力做出评价,对于没有满足偿付能力边际规定的公司将进行严厉监督。

第十章

大额保单综合案例分析

一个好的规划可以让不守规矩的人不得不守规矩；

一个不好的规划会让守规矩的人不得不放弃规矩。

第一节　中小企业家客户家庭综合保险规划案例

在我们一般理财师的客户群中，身价数十亿元甚至上百亿元的企业家客户往往是很少见的，但总资产上亿元，可投资资产几千万元的这类客户是比较常见的，这就是占比非常大的中小企业家，他们对财富管理的要求比较综合，而且很有特点：

第一，因为资产量还不是很大，所以对于资产的增值普遍比较重视；

第二，对中小企业家客户来说，因为资产积累很辛苦，所以对于投资的安全性要求也比较高，想追求高收益，同时还比较担心损失；

第三，中小企业家客户的海外资产配置一般都不多（做外贸起家的客户除外），即使做海外投资，也是以买房产为主，海外金融资产很少，但比较希望将来多配置海外资产；

第四，这类客户一部分有子女在海外上学，或者配偶已经移民，大部分对移民比较感兴趣；也有部分企业家自己不想移民，但其子女一般都有这方面的考虑；

第五，中小企业家客户一般对风险的规避，财富的保全和传承没有概念，因其企业一般由于规模不大，经营不是很规范，家庭资产和企业资产基本不分，企业间相互担保，账务和税务一般都不是很规范，面临的风险反而更多；

第六，因为资产量限制，中小企业家客户一般都很难用上家族信托的工具，对这类客户来说，大额保单反而是他们的主要规划方式。

我们以作者亲历的一个案例①来分析这类客户的需求和解决方案。

案例 10－1－1

金总和金太太都年近六十岁，做了半辈子生意，几经波折，做过很多行业，现在在北京经营一家高端连锁饭店，颇有名气，这些年生意一直很好，家业积累颇丰。金总有一双儿女，儿子金强 35 岁，女儿金惠 28 岁，因为从小家教很严，所以都很能吃苦，而且学习成绩都不错。金强大学毕业后在外闯荡了一番，将先进的企业管理经验引入了家族企业，这几年连锁饭店经营的有声有色，而且有计划加速扩张。金惠学会计，毕业后就回家担任财务总监，负责家族企业财务工作，因为饭店除刷卡消

① 声明：本案例已改编和艺术处理，如有雷同，纯属巧合。

费外,还有大量的现金收入,女儿为了方便,将饭店收取的现金直接存入自己个人的账户,积累到一定数额,再转到父亲的账上。

金强结婚较早,儿媳妇是大学同学,夫妻感情特别好,老两口对儿媳妇也是甚为满意。金总比较重男轻女,儿媳妇也非常争气,为金家添了两个大孙子,大孙子聪聪10岁,小孙子明明6岁,金总视为掌上明珠,经常说:"我的钱要留给我的两个大孙子。"女儿金惠谈了一个男朋友,金总不太满意,认为他没什么出息,而且花言巧语不可靠。但架不住女儿喜欢,金太太也不反对,已经到了谈婚论嫁的地步。

金总做了半辈子生意,认为做生意太累,也非常担心儿子金强的身体,而且觉得餐饮行业竞争太激烈,发展前景不是太好,这些年对金融投资特别感兴趣,陆续投入资金接近3000万元。但儿子正是雄心勃勃的时候,这几年一直投入大量资金扩张连锁店,对于老爸把大量现金投资到金融产品中颇有微词,但介于老爸比较强势,敢怒而不敢言。金总也特别喜欢买房子,从十几年前开始就陆续买房置业,现在手里的房产接近20套,仅北京就有十来套,三亚、秦皇岛、老家都有,总价值估计超过一亿二千万元。金总前几年也隐约感觉房子价格太高有点问题,陆续卖掉过几套,但现在貌似卖早了,所以陷入了犹豫。

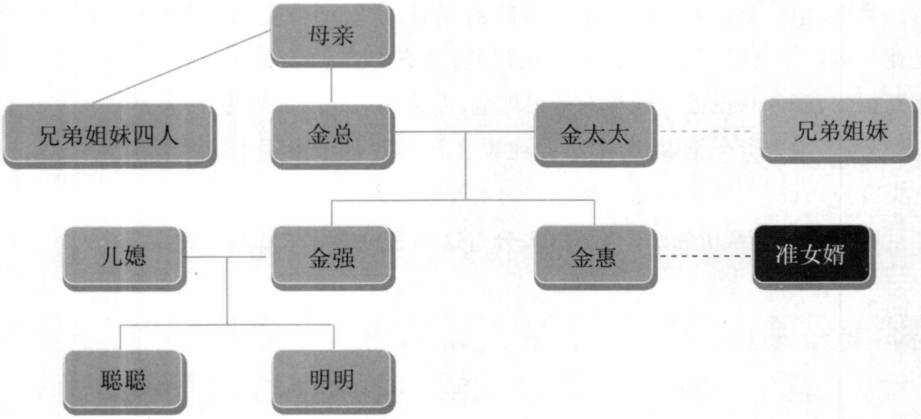

图10-1-1

儿媳妇准备把两个儿子从初中开始就送到美国去读书,所以正在办理移民,也在美国购置了两套房产。

金总是家里的老大,还有两个弟弟和两个妹妹,家境都一般,一个弟弟和两个妹妹全家都在金总的饭店帮忙,老母亲80岁了,身体还非常硬朗,金总一有时间就会回老家看母亲。

外人看来，金总家父慈子孝，儿女都争气，儿子接班也很成功，还大有将家族企业发扬光大之势。笔者曾经对金总说："我有那么多的大客户，你家是最幸福的，一家和和气气没有矛盾，金强金惠兄妹也从不攀比，争东西！"金总的回答令笔者很意外，他说："不争，那是还没到时候！"

金总对笔者的人品和专业都非常信任，他自己的一些担心，也会时不时的和笔者念叨念叨：

儿子想扩张生意，一个店的投入就得一千多万元，但新店生意往往很难说，扩张太快金总很是担心，所以迄今为止，金总还是掌握大部分股权，没有完全交班；

未来的准女婿，金总总是担心他看上的是他们家的钱，就怕闺女受伤害。

金总的情况，其实非常具有代表性，我们通过对金总家庭的分析研究，就可以掌握中小企业主的主要特征和需求。

我们首先看看金总家族有一些什么问题和风险。

一、金总家族的风险分析

（一）家企不分，导致家庭资产对企业承担连带责任

个人账户收公司账款，是很多中小企业的通病，为了节省税收，很多中小企业主采用个人账户收取公司账款，很多收入根本就不入账。这会导致公司和家庭财产的混同，一旦企业面临债务风险，则有限责任公司的风险隔离作用将消失，因为根据《公司法》的规定，股东需要承担连带责任；①

还有很多中小企业需要向银行贷款，银行为保证贷款安全，一般都要求企业家个人对贷款承担连带担保责任，而且必须两口子一起签字；

还有很多企业家，用企业的资金给家庭购买固定资产，笔者以前经常看到企业家购房用公司支票支付房款（现在这种情况少了）。更多的则是用公司名义购买车辆，但实际是家庭成员在使用。这也会使家庭和企业资产混同，涉嫌滥用股东支配地位；

还有很多企业家，为了避免缴纳 20% 的个人所得税，公司长期不分红，需要资金则以股东借款的形式从公司拿，这虽然符合法律规定，但会导致家庭对企业存在大量负债，一旦企业资不抵债，则家庭资产也难逃厄运。

---

① 《公司法》第二十条第三款：公司股东滥用公司法人独立地位和股东有限责任，逃避债务，严重损害公司债权人利益的，应当对公司债务承担连带责任。

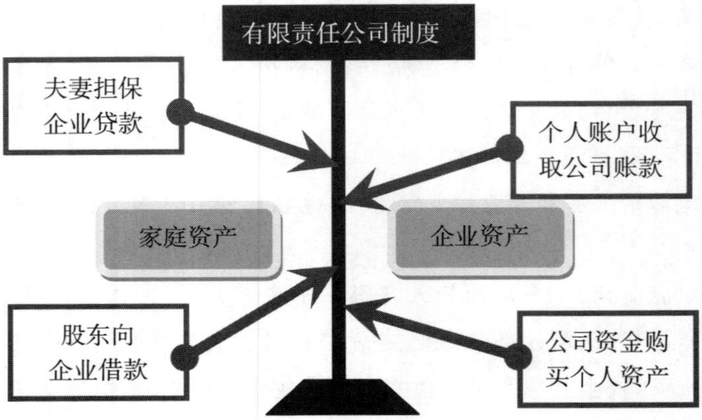

图 10－1－2

（二）逃税的问题

用个人账户收取公司账款，很多都是不入账的。本质上这就是“逃税”的行为，是违法的。笔者和很多企业家谈到这个问题，绝大部分企业家都很清楚这是违法行为，只不过他们都认为，一是不这么做企业没法生存；二是觉得大家都这么做，法不责众；三是觉得自己和税务机关的领导关系好，不会有什么问题。但他们往往没有想到的是，个人账户收取公司账款，其主要目的就是节省税收，实际上是逃税行为，一般情况确实不容易被查，但一旦被查或者被举报，后果非常严重，而且大部分企业家都存在虚开增值税发票的问题（为他人虚开、购买都是），笔者的一位朋友就为此付出了惨痛代价。

案例 10－1－2

吴总（化名）在北京经营着一家皮具生产企业，同时在大红门有数家门面进行批发和零售，账务平时由独生女儿小吴打理，因为经常收取大量现金，女儿就将其存在自己的几个专用账户中，家里企业需要用钱的时候，再从账户中支出。

女儿和女婿结婚三年，一直没有孩子，女婿就在吴总企业里任部门经理，因为女儿脾气比较差，所以两口子感情越来越差，加上没有孩子维系，很快就闹到了离婚的地步。吴总家里大部分财产都在吴总名下，连女儿结婚用的房子都是吴总名下的，女婿离婚时发现，基本没有婚姻共同财产。但女婿知道企业的钱都收到了妻子的账户中，所以向法院提出，妻子名下隐匿有巨额财产，而且还长期恶意转移夫妻共同财产。小吴则当庭抗辩称,这是爸爸公司的钱,她只是代收。庭审不久,税务机关联系吴总,说是有人举报偷税要他配合调查。原本吴总逃税问题并不算太严重,只要积极补税和缴纳滞纳金与罚款,按说能够协调处理的,但不幸的是,税务机关发现,吴总公司还有虚开增值税发票的问题,涉案金额高达700多万元,2015年上半年,吴总被移送司法机关,可能面临刑事处罚。①

(三)金总和金太太的法定继承风险

金总和金太太身体都还不错,笔者曾多次侧面和金总谈到传承安排问题,最起码也应该立个遗嘱,还举了很多案例,金总也觉得有必要,但总是没有付诸行动,究其原因,还是觉得立遗嘱不吉利,而且认为自己身体还行,还不到时候,这也是中国大部分企业家的共同想法。殊不知其潜藏的风险无比之大。

对于金总来说,假设其总资产为1亿元,如果金总去世又没有做其他安排,遗产该如何分配?

表10-1-1

姓名	继承顺位	继承份额	获得资产(元)
金太太	第一顺位	25%	1250万
金强	第一顺位	25%	625万
儿媳	无继承权	—	625万(夫妻共同财产)
聪聪	无继承权	—	0
明明	无继承权	—	0
金惠	第一顺位	25%	625万
女婿	无继承权	—	625万(夫妻共同财产)
母亲	第一顺位	25%	1250万
金兄弟姐妹	第二顺位	0%	0

① 《刑法》第二百零五条:虚开增值税专用发票或者虚开用于骗取出口退税、抵扣税款的其他发票的,处三年以下有期徒刑或者拘役,并处二万元以上二十万元以下罚金;虚开的税款数额较大或者有其他严重情节的,处三年以上十年以下有期徒刑,并处五万元以上五十万元以下罚金;虚开的税款数额巨大或者有其他特别严重情节的,处十年以上有期徒刑或者无期徒刑,并处五万元以上五十万元以下罚金或者没收财产。

1亿元中有5000万元是金太太的财产，不发生继承。5000万元属于金总的财产，由四个第一顺位继承人共同继承，金太太、金强、金惠、母亲各得25%，也就是1250万元。其中金强和金惠继承的1250万元因为是法定继承，按照我国《婚姻法》的规定，继承人在婚姻关系存续期间内法定继承而来的财产，属夫妻共同财产，因此儿媳和女婿各得625万元。金总最心疼的两个大孙子，因为没有继承权，一分未得，即使以后继承父母的遗产，也仅各得625万元，和女婿得到的资产是一样的。

因为母亲还健在，母亲将得到25%，也就是1250万元的遗产，当母亲去世后，将由5个子女共同继承，金总因为已经去世，由其子女代位继承其份额，1250万元的1/5，也就是250万元，另外1000万元将由其四个兄弟姐妹均分；整体资产流向如图10-1-3所示

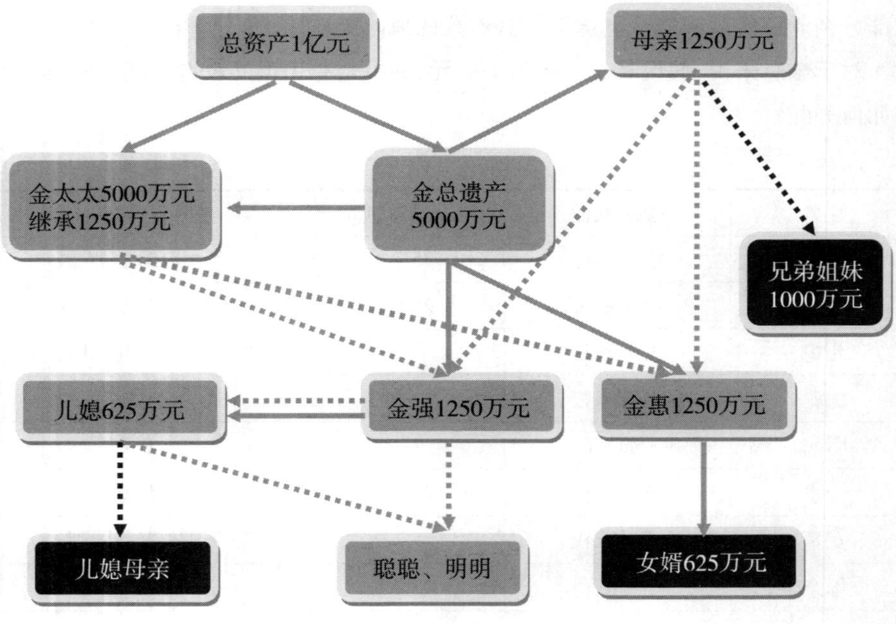

图10-1-3

资产的外流还是其次，家族企业的股权分散可能对家族资产的影响更大，导致家族企业失去控制权都是有可能的，不可不察。

当然，在金太太还健在的情况下还是有补救措施的，因为金太太父母都去世了，金太太去世后，一般是想把资产都留给儿女的，所以可以让金强、金惠和母亲都

放弃继承,[①]由金太太一人继承,然后再做好传承的规划。

(四)女儿的婚姻风险

女儿即将结婚,而金总对女婿不是很满意,而且金总看到女婿没有大出息,花言巧语还图他们家的钱。女儿的婚姻风险就是金总不得不考虑的问题了。

首先,女儿结婚,嫁妆必然是丰厚的,如果没有规划,则嫁妆一般会变成女儿女婿的婚姻共同财产;

其次,女儿收款账户必须做处理,否则就和案例 10－1－2 一样,面临巨大风险;

再次,将来如果给女儿股权而不做规划,则股权也就成为婚姻共同财产,女婿甚至可能取得家族企业的投票权;

最后,如果发生法定继承,女婿将获得巨额财产;如果女婿确实是图他们家的钱,一旦他获得巨额财产,原来对金惠的花言巧语、百般体贴就变得没有必要了,其对婚姻的态度必将发生很大变化,轻则婚内风流快活,挥霍无度;重则直接和女儿离婚,分走金氏家族的一大块财产,重现案例 4－2－5 中的悲剧。无论哪种结果,女儿的婚姻都将陷入不幸。

(五)企业经营风险

在本案例中,金强雄心勃勃,一心想把家族企业做大,这是机会与风险并存的。这种风险也是金总非常担心的。

然而商场如战场,企业的经营犹如瘸子下山——这步容易下步难。据普华永道会计师事务所 2012 年发布的《2011 年中国企业长期激励调研报告》显示,中国中小企业的平均寿命仅 2.5 年,集团企业的平均寿命仅 7～8 年,与欧美企业平均寿命 40 年相比相距甚远。中国企业虽然数量众多,但企业的生命周期短,重复走着“一年发家,二年发财,三年倒闭”之路。

现实的诸多案例,也对金总多少有一些警示。著名财经作者吴晓波先生在其名著《大败局》中讲述了大量的案例——曾经的标王秦池酒业、在大雾里领跑的瀛海威、逝水难追的太阳神、激情烧尽的亚细亚等,一个个曾经著名的企业,犹如一个个鲜活的生命,在其正值青壮年之际,轰然倒塌,还有本书前面所讲的海鑫钢铁等,都体现了企业经营之难。

---

① 徐建辉:《放弃继承权声明书公证若干问题探析》,载《法制与社会》2015 年第 21 期。

（六）遗产税风险

中国虽然目前还未开征遗产税，但是有开征的可能，一旦开征，按照国际惯例，开征前3～5年的赠与都可能被追溯，金总资产上亿元，遗产税是不得不考虑的问题。按照国际上50%左右的税率，意味着有将近一半的资产在其百年后将以税收的形式上交国家，而即便金总愿意为国家做贡献，但其子女是否能够如期拿出那么多现金资产来交税，依然是一个比较大的问题。所以，无论是从规避遗产税还是准备应税现金角度来说，都需要金总提前做好规划安排，避免不必要的麻烦。

（七）争产风险

虽然金强、金惠兄妹感情很好，但这并不意味着就没有争产的风险，尤其是金总有点重男轻女，希望把大部分资产留给孙子，这就加大了争产的可能性；而且金总自己对争产是比较担心的。

（八）隔代传承愿望可能落空

通过前面的继承表格，我们可以看到，无论是金总身故还是金太太身故，其两个孙子都没有任何的继承权，也就意味着如果金总不提前做好规划安排，想要隔代传承的愿望很有可能是落空的。

当然，金总希望将来家中的主要资产都留给孙子，倒不一定是希望不留给儿子而直接留给孙子，其核心意思是，希望资产在自己的金姓家族中传承下去，这也是中国传统的宗族观念；但我国的《继承法》讲究男女平等，和传统宗族观念是不一致的，从前面所说的法定继承风险就可以看出，如果不做系统的规划，是很难保证大部分资产留在金姓家族内部的，即使金总将大部分资产都传给了儿子金强，也有可能在儿媳妇的继承过程中再次外流，这还没有考虑儿子儿媳的婚姻风险问题。

如此，则金总创造的财富，有可能还没有到孙子手里，就已经因为各种原因而损失惨重，想要隔代传承的愿意再次面临落空。

（九）移民风险

儿媳妇计划让聪聪、明明去美国读初中，自己正在办理移民准备赴美国陪读，这其中蕴含的风险也不可小觑。

首先，就是税务风险，儿媳妇移民美国陪读，必然会成为美国的税务居民，需要就全世界的收入向美国纳税；

其次，夫妻长期两地分居，可能引发婚姻风险。

（十）汇率风险

目前金总家的资产主要以人民币资产为主，对于高净值客户来说，持有单一币种资产本身就是一种风险，应当多币种综合配置。

二、金总家族综合财富规划

针对金总存在的风险，我们从企业家庭防火墙构建、女儿婚姻、儿子移民、传承规划、全球资产配置五大模块进行规划。

移民规划、传承规划和全球资产配置在后续案例中将做详细阐述，本案例中我们重点将企业家庭防火墙构建和女儿的婚姻资产隔离规划。

（一）企业和家庭之间防火墙的构建

金总因在经营企业过程中，存在用个人账户收取公司账款节省税收的行为，企业和家庭之间有限责任的防火墙已经出现问题；所以首先必须修复这一道防火墙，这个环节理财师只能提出一些改善性建议，如停止使用个人账户收取账款，规范公司账务，请专业人士提供税务意见，合理合法降低税收；但企业如果需要贷款，则金总或者儿子肯定需要承担连带责任，还是会存在很多风险。

所以我们必须在家庭资产内部再建立一个资产的保险库，这个保险库最好的工具无疑是家族信托作为法律框架，因为他具备资产的独立性，可以独立于家庭资产之外，安全性是比较高的。但金总的家庭资产现金不多，设立家族信托可能有难度，这时人寿保险就成为最重要的工具，但绝不是简单地购买一些人寿保险就可以的，这一点我们在本书第三章做了详细介绍，下面我们就用本书第三章的方法为金总家族建立这个资产的“保险库”。

首先，必须合理利用父母与子女间天然的债务屏障来规划，如图 10－1－4 所示。

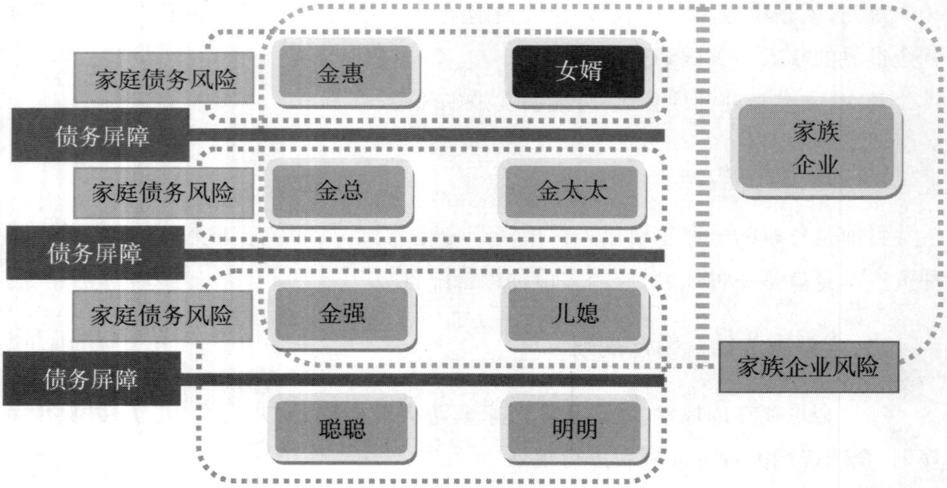

图 10－1－4

父母和子女之间，因为我国《继承法》采用限定继承原则，使其具有天然的债务屏障。通俗来讲，就是如果儿子发现老爸的遗产资不抵债，则可以放弃继承，这样就可以做到“父债子不还”。在用保险实现债务隔离规划中，这种代际的天然债务屏障是必须用到的。

其次，要巧用保单贷款，提高保单的杠杆，降低保单的现金价值，以达到资产保全的目的。

具体规划如下：

表 10－1－2

保险类型	投保人	被保险人	受益人	备注
终身寿险	金总	金总	聪聪、明明	可采用趸交，现金价值贷款出来，提高保单的杠杆率；贷款转入聪聪、明明名下，做稳健投资
终身寿险	金太太	金太太	聪聪、明明	
终身寿险	金总	金强	聪聪、明明	
终身寿险	金总	儿媳	聪聪、明明	
高额年金险	金总	聪聪	金强	现金价值贷款出来，转入聪聪、明明名下做稳健投资
高额年金险	金总	明明	金强	
教育金保险	金总	聪聪	聪聪	这类险种如果金额不是太大，一般不会解除
教育金保险	金总	明明	明明	

家庭资产持有结构建议金总稍作调整，将来企业的经营主要靠金强，所以建议金强主要持有企业股权，金总则主要持有金融资产和房产等，若金总对儿子经营企业还不够放心，则可以在公司持有少量股份，但在章程中约定金总享受34%的投票权，[1]重大事项可以一票否决。当儿子经营企业已经完全走上正轨，则金总仅保留企业1%左右股权，可以有权查看财务报表即可。[2] 这样金总可以尽量减少企业经营风险对他和金太太小家庭的威胁，以保证其持有的金融资产和房产的安全。

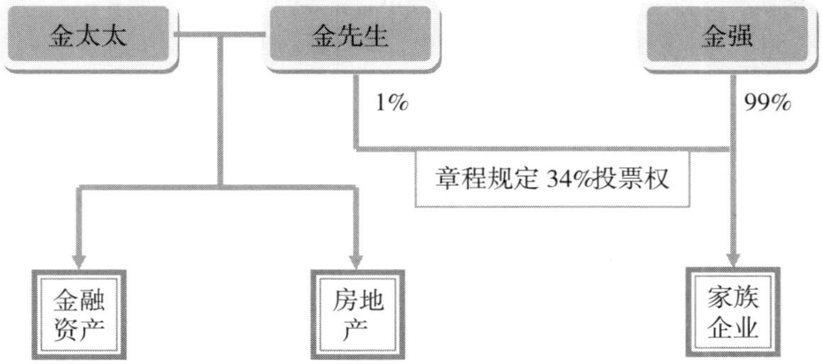

图10－1－5

当降低了金总的债务风险后，用金总作为投保人持有保单，则比金强作为投保人持有保单更加安全。尽管如此，还必须用保单贷款的形式进一步提高保单的安全性，以金强的终身寿险为例说明。

以金总为投保人，金强为被保险人，聪聪和明明为死亡受益人，受益权各50%，趸交方式购买国内某保险公司终身寿险保单，保额1000万元，趸交保费为256万元，现金价值高达224万元，可贷款80%，即179万元，实际付出保费77万元，杠杆倍数高达13倍。贷出的179万元转入聪聪或明明名下的账户，做安全稳健的投资。这份保单的债务隔离能力比较强。

首先，可以完全隔离金强的债务，因为金强仅仅是被保险人，对保单无财产权。如果金强身故，则保险金将直接赔付给受益人，不属于被保险人的遗产；

其次，即使投保人金总陷入债务危机，因为被保险人和受益人是第三人，所以第三人只需要付出现金价值的代价即可保全此保单，聪聪或者明明只需要将原来

---

① 《公司法》第四十二条：股东会会议由股东按照出资比例行使表决权；但是，公司章程另有规定的除外。

② 《公司法》第三十三条：股东有权查阅、复制公司章程、股东会会议记录、董事会会议决议、监事会会议决议和财务会计报告。

转入其名下的保单贷款再加上相当于现金价值20%的资金,就可以将保单转入自己名下,因为受益人获得了保单的现金价值,其实他没有付出任何代价。

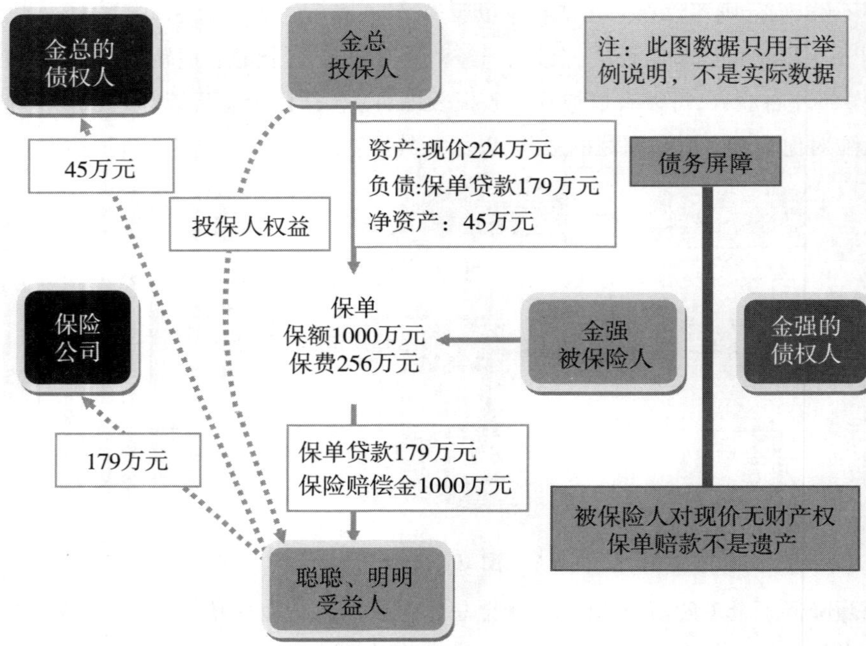

图10-1-6

在保单设计中,投保人金总如果身故,保单投保人的归属问题必须用遗嘱做好规划,建议将投保人权益遗赠给聪聪和明明,并要对遗嘱进行公证,以防止发生法定继承之风险。

保险赔偿金、年金等,如果能结合目前国内已经有的保险金信托进行规划,则计划将更加完备。

(二)女儿婚姻资产隔离规划

女儿结婚时,金总需要准备丰厚的嫁妆,如不做规划,则都可能变成婚姻共同财产,金总对女婿不看好,一旦女儿不幸离婚,则金家损失惨重,因此必须进行合理的规划。

首先,如果赠与女儿现金,建议用高额年金保险的方式给付,以金总为投保人,女儿为被保险人,金总金太太为死亡受益人。女儿婚后可领取年金用于夫妻共同生活,在交完保费后,金总也可以将保单投保人变更为女儿,但必须配套一个赠与协议，约定将投保人权益赠与女儿金惠，与其配偶无关，最好再进行一下公证。这样女儿可以用保单贷款应急或者做较高收益的投资，但保单的本金始终属于女儿婚内个人财产，不会发生混同。

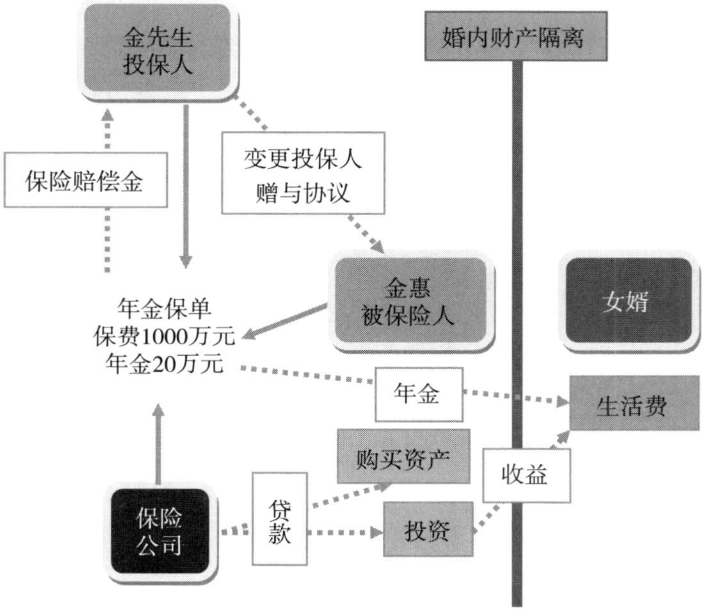

图 10－1－7

女儿如果要在婚内添置大件资产，也可以从保单贷款中支付货款，该资产还将属于女儿的婚内个人财产；如果女儿不幸身故，则资金以保险赔偿金的形式回归家族内部。

由此，金总家族的财富管理，是需要运用包括大额保单在内的多种工具。具体搭配和设计，要根据金总的意愿、结合家族成员之间的联系灵活设计，从财富安全传承、防范姻亲夺产等多个角度综合筹划。

第二节 大额保单在婚姻纠纷解决中的应用案例

在高净值人士的财富管理中，婚姻纠纷是一类常见的问题，包括离婚纠纷、第三者插足、非婚生子女安排问题。律师界有一句名言："婚姻纠纷没有赢家"，能和平协商解决，一般都是最明智的选择。但在协商的过程中，由于双方或者多方很难相互信任，有一些问题就很难达成一致，特别是一些财产方面的安排。此时如果有一个值得信任的中间人，问题就相对好解决的多，大额保单很多时候就能很好地扮演这个中间人的角色。我们先来看一个笔者亲历的真实案例。①

案例 10 – 2 – 1

花总与花太太相识于法国留学时代，在经历了那个城市的浪漫之后，双双步入婚姻殿堂，并育有一子一女，婚姻非常幸福。多年后花总回国创业，专注于纳米新材料制造领域，创办的花氏有限公司红红火火，产品供不应求。

"天有不测风云"，和美、平静的家庭生活被花总一次酒会上的邂逅打破，花总认识了年轻貌美、见识不凡的潘小姐，并迅速缀入"爱河"。半年后，潘小姐告诉花总，她怀孕了。

"玩浪漫玩出了麻烦"，心惊不已的花总和潘小姐经过"讨价还价"，以给付潘小姐 500 万元"补偿"为代价，让潘小姐将孩子"流产"。为防止潘小姐拿了钱却不做手术，双方约定：花总先付 100 万元"订金"，余下 400 万元，潘小姐需凭引产手术单再行支付。

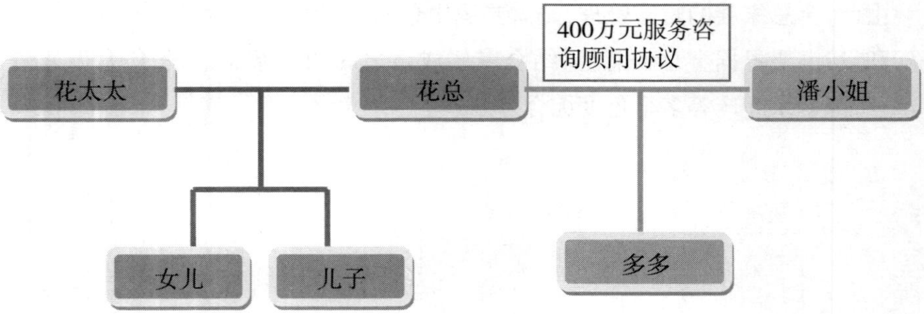

图 10 – 2 – 1

① 声明：本案例已经过艺术处理，如有雷同，纯属巧合。

同时，为防止花总“违约”，学法律专业出身的潘小姐提出，“分手流产”补偿协议不合法，双方应当签订表面合法的“服务咨询顾问协议”，以保证剩余的400万元能在两年内拿到，从而在“法律上”有所“保障”，花总欣然允诺。

令花总没有想到的是，拿到100万元“定金”的潘小姐不但没有打掉孩子，还远赴加拿大生下孩子“多多”并带回国找花总，要求花总支付400万元的咨询费，并且要对孩子负责。“世上没有不透风的墙”，这件事也终于让花太太知晓，在经历一番“家庭风暴”后，花总决定和花太太继续生活在一起，花太太也愿意冷静下来解决这个问题。

在这个案例中，要想和平地解决问题，就必须平衡考虑各方的利益，我们首先分析各方当事人都有一些什么样的诉求：

表10－2－1

当事人	具体诉求	
潘小姐	诉求一	取得花总已经签署合同的400万元“补偿款”
	诉求二	保证自己能够在照顾好“多多”的同时，有品质的生活
	诉求三	保证“多多”能够在“亲爹不顾”的情况下有保障的成长
	诉求四	一次性拿到钱，不想给人以施舍的感觉
花太太	诉求一	防止花总与潘小姐“旧情复燃”，最好“老死不相往来”
	诉求二	对婚姻生活产生警惕，要保证自己未来的品质生活
	诉求三	对花总不信任，希望保证两个婚内子女的未来生活
	诉求四	防止非婚生子女未来争夺财产
花总	诉求一	“花钱免灾，息事宁人”
	诉求二	心有愧疚，心疼“多多”，希望能保障其生活
	诉求三	防止家庭关系复杂带来的家族财产纷争
	诉求四	安抚花太太，求得将来安宁的婚姻生活
	诉求五	给“多多”的生活费如何不被潘小姐挪用

我们对这些诉求进行逐一的分析。

一、潘小姐的“诉求一和诉求四”分析及解决方案

潘小姐要400万元补偿款的目的无非是两个，一是自己跟了花总这么长时间，

还有一个孩子,青春损失补偿是需要的。二是更实际的需求,她需要把孩子抚养成人,同时工作一定会受到影响,收入相应也可能降低,那么如何能保证她和孩子的基本生活需求就是一个实际问题。

花总为了"花钱免灾,息事宁人"(花总的诉求一)是肯定愿意给的,同时因为孩子以后要跟着母亲潘小姐一起生活,能给点钱保证以后孩子的生活条件(花总的诉求二),也是花总发自内心愿意的。

对于花太太来讲,为了尽快让潘小姐离开自己老公,从此一刀两断,给钱她也是愿意的。

因此三方在给钱这个问题上是比较容易达成一致的,但在给钱的方式上面,往往无法达成一致。

对于花总来说,他会担心一个问题:400 万元若以现金直接给潘小姐,如果潘小姐很快挥霍完了怎么办? 或者是潘小姐再婚,这笔钱还可能变成潘小姐的婚姻共同财产,那可真所谓"拿着你的票子、睡着你的妹子还要打你的孩子!"这也是花总极不希望看到的。为了防止以上问题的出现,花总可能会提出每年或者每个月给生活费,定期自动转账给潘小姐。

对于花太太来说,她也会担心类似问题:400 万元若以现金直接给潘小姐,如果潘小姐很快将巨款挥霍一空,必然还会用各种理由向花总要钱,而花总为了孩子肯定也不可能置之不理,毕竟血浓于水,强行割裂效果一般适得其反;但若听之任之,则"旧情复燃"风险很高。即使潘小姐未将巨款挥霍,但将来孩子如果有疾病、教育等的大笔支出,仍然有正当理由向花总要求分担,可谓是剪不断的千丝万缕;同时,花总主张的分期给钱的方案花太太也不一定同意,因为她希望的是能一刀两断,老死不相往来。

潘小姐当然是希望一次性拿到 400 万元现金,分期给付的形式她是很难接受的,因为一旦花总或者花太太反悔,或者花总破产等,很难保证她的利益。而且就算花总花太太不反悔,经常找人要钱也是一件很难受的事情。

现实生活中,谈判往往都会在这个问题上陷入僵局,即使最后达成协议,执行起来也是困难重重、麻烦不断的。

而如果我们引入保险 + 法律工具,在潘小姐和花总二人之间加入一个中立的第三方,则问题就好解决得多了。方案初步规划如下:

以潘小姐为投保人,孩子为被保险人和年金的受益人,潘小姐为死亡受益人,购买一份年金保险。每年领取的年金和分红作为潘小姐和孩子的生活费。以国内某保险公司年金险为例,每年可领取 12 万元,平均每月 1 万元。

这样规划比直接给钱有几个方面的优势:

1. 每年保险公司会按期将年金转到孩子账上,孩子为被保险人,现金流一直能伴随孩子一生,可以很好地保证基本生活费按时、按量给付;

2. 每年只给潘小姐及孩子有限的年金和分红,本金则在保险公司,可防止挥霍;

3. 400 万元保险费一次交到保险公司,以后由保险公司按照合同给付潘小姐及孩子相应的年金和分红,保证了潘小姐的利益的同时,花太太也不用担心花总和潘小姐藕断丝连;

4. 本金安全,有保底收益,不怕亏损;

5. 如果孩子身故,受益人潘小姐得到保险赔付,还可以保证其以后的生活,不会再缠着花总不放;

6. 即使潘小姐以后再婚,保险属于潘小姐婚前购买,属于个人财产。且一般不会发生混同问题。同时年金受益人是孩子,属于孩子的个人财产。分红属于婚前财产收益,且潘小姐不需要为此付出任何劳动,当然属于婚内个人财产。

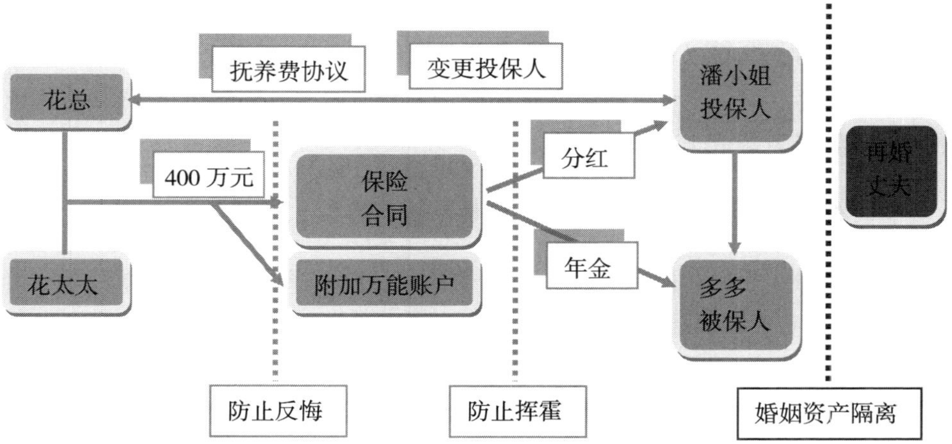

图 10－2－2

此计划虽然有以上诸多方面的优势,但单纯的一份保险是不能完整地解决问题的,这个计划还有以下几个方面的细节问题需要结合各种工具进一步规划:

1. 保费如何缴?

趸交是最好选择,花总将保费给潘小姐,立即买成保单。但很多保险公司产品不太推荐趸交。如果期缴,则花总怎么给钱?分期给?潘小姐不同意;一次给?资金潘小姐挥霍怎么办?好在目前大多数保险公司年金险产品都附加万能金账户,所以可以将后续保费追加进入万能账户,以后各期保费通过部分领取缴纳。

2. 如何防止潘小姐退保或贷款挥霍现金价值?

潘小姐作为投保人,退保获得现金价值是她的权利,买了保单以后,如果潘小姐退保怎么办?所以必须签订法律协议,花小姐必须申明放弃保单退保和保单质押贷款的权益,这必须由专业律师进行咨询规划。

3. 如何防止潘小姐以后再以要"多多"抚养费的理由联系花总?

花总作为孩子的生父,是有抚养"多多"至成年的义务的,[①]花总不直接抚养孩子,因此他必须负担相应的抚养费用。为防止以后潘小姐以要抚养费为由继续联系花总,400 万元可以以"抚养费"的名义进行给付,花总和潘小姐必须签一个"抚养费给付协议",明确说明 400 万元抚养费购买保险事宜,该协议也建议由律师协助进行,防止无效。

4. 购买保险时,保险公司的财务问卷调查怎么通过?

如此高额的投保,一般保险公司都要做财务问卷,潘小姐能否通过财务问卷?如果没有把握,可以先由花总投保,交完保费后再变更投保人为潘小姐。

5. 如何做到每月领取保险金?

有些保险公司可以直接提供月领的年金领取方式,这样潘小姐就可以每月领取到稳定的生活费。也可以将保单分为十二份,每月投保一张保单,这样就能比较简单地实现每月领取年金作为生活费。

二、潘小姐的"诉求二和诉求三"分析及解决方案

既要保证潘小姐和孩子的品质生活,也要保证将来孩子在没有亲爹照顾的情况下无忧成长,光靠钱是很难解决问题的。即使花总给她比较多的补偿,她获得的这些财产也将面临诸多的风险,如投资亏损风险、再婚混同风险、被骗风险……还有很多不确定风险也会对他们的生活产生很大影响,特别是疾病和意外风险。而潘小姐自己要照顾孩子,很难会有持续的经济收入,一旦遭遇风险,则她与孩子的生活就很难保证了。除非花总能持续的照顾他们,但这是花总和花太太都不可能接受的。

那我们怎么能运用保险工具帮助他们解决这些问题呢?通过上面 400 万元年金保险的安排,每月生活费的问题基本解决了。投资亏损风险、再婚混同风险、被骗

① 《婚姻法》第二十五条第二款:不直接抚养非婚生子女的生父或生母,应当负担子女的生活费和教育费,直至子女能独立生活为止。

风险、挥霍风险等通过这样的规划方式可以一定程度上进行规避,但如果潘小姐和孩子遭遇重大疾病或者意外,动辄几十万元上百万元的医疗费可能严重影响他们的正常生活。所以潘小姐和孩子的重大疾病保险、医疗保险、护理保险等保障就是必须配置的。同时,孩子的教育是刚性需求,为孩子准备足够的教育金也是必须要解决的问题。配置如下表:

表 10-2-2

序号	保险类型	投保人	被保险人	受益人
1	重大疾病保险	潘小姐	潘小姐	潘小姐
2	重大疾病保险	花总	多多	多多
3	中高端医疗保险	潘小姐	潘小姐	潘小姐
4	高端医疗保险	花总	多多	多多
5	高额意外保险(含残疾)	潘小姐	潘小姐	潘小姐
6	高额教育金保险	花总	多多	多多

该计划主要解决以下几个问题:

1. 解决潘小姐的后顾之忧,也是解决“多多”的后顾之忧

因为一旦潘小姐因为重大疾病或者遭遇意外而陷入经济困难,多多作为其孩子当然首先受到影响,因此潘小姐的重大疾病保险、中高端医疗保险和高额意外保险就是解决其后顾之忧的。为什么用中高端医疗保险而不用高端医疗保险?因为高端医疗保险保费动辄数万元,潘小姐是无法支付其保费的,花总和花太太当然也不会支付这个费用。但一般医疗保险只能报社保报销目录范围内的药物,很难真正保障其医疗费。而现在国内市场上推出的每年几千元保费的中高端医疗保险则刚好适合:首先保费低,从一千元到几千元都有,保额从二十万元到一两百万元都有,一般自费药 80% 以上报销,这就能基本解决潘小姐的医疗问题。重大疾病的赔付或者残疾赔付则主要解决营养费、护理费等问题。

2. 防止潘小姐以多多重大支出为由联系花总

虽然花总将 400 万元以抚养费的形式进行了给付,同时还签署了协议。但如果“多多”将来医疗或者教育等产生大笔支出,潘小姐还是可以依据《婚姻法》第二十五条第二款之规定要求花总分摊费用。费用是小,有正当理由再联系是大;所以必须用高额的重大疾病保险、高端医疗保险和教育金保险来覆盖将来可能产生的大笔支出,以达到花太太“防止再联系”的目的。当然更重要的是满足了潘小姐和花

总对照顾好孩子的愿望。

3. 通过第三方机构——保险公司支付医疗费和教育金，隔离花总和潘小姐的联系

这些保险不适合用趸交的方式，尤其是高端医疗，在国内无法使用趸交方式，只能每年缴费。考虑到高端医疗高昂的保费，投保人只能是花总。但因为花总只需要每年向保险公司缴纳相应的保费而不用和潘小姐有任何联系，花太太是不会反对的。而且花总全家也会配置保险，每年交保费时一起自动缴费即可，非常方便。

4. 专款专用，防止挪用

医疗费和教育金都由保险公司依据合同直接支付给"多多"，而且因为钱的给付具有专有目的，譬如，医疗费，没有支出就没有赔付，花小姐不可能挪用；教育金给付时，"多多"也正是上学需要钱的时候，作为母亲一般也不会挪用孩子的学费；既很好地照顾了多多，潘小姐还不会因此受益，潘小姐、花总、花太太三方都会很满意。

三、花太太的诉求分析及解决方案

而花太太的诸多诉求，"诉求一"已经在前面进行分析。她的"第二、第三诉求"，因为他们家庭经济宽裕，看似应该很容易达成。但实际也是会面临诸多的困难和风险，不单单是用钱就能解决的。

譬如，花总和花太太的财产大部分都是夫妻共同财产，花太太要特别保证其婚内的利益，可以采用婚内财产协议的方式进行，但这一类的协议往往是无法对抗善意第三人的。

同时，花太太需要和花总一起承担企业经营的风险，而在国内，企业和企业家个人往往很难在财务上隔离得很清楚，公私不分、滥用股东支配地位、用个人账户收取公司账款等问题普遍存在，一旦企业负债，就面临承担无限连带责任的问题。花太太一旦承担无限连带责任，不仅是夫妻共同财产，连她的婚内个人财产恐怕都可能有被债权人追偿的风险。

而且花太太将来还要面临疾病风险、长寿风险、失能护理风险、长期通胀风险、投资亏损风险……关于这些问题的具体分析，在第四章有详细的论述，这里就不再重复了。解决这些问题的保险方案如表 10-2-3 所示。

表 10 -2 -3

<table>
<tr><th>序号</th><th>保险类型</th><th>投保人</th><th>被保险人</th><th>受益人</th><th>结合工具</th></tr>
<tr><td>1</td><td>高额年金保险</td><td>花太太父母</td><td>花太太</td><td>信托</td><td rowspan="5">赠与协议
公证遗嘱
投保人变更
保险金信托</td></tr>
<tr><td>2</td><td>高额年金保险</td><td>花太太/
花太太父母</td><td>儿子</td><td>信托</td></tr>
<tr><td>3</td><td>高额年金保险</td><td>花太太/
花太太父母</td><td>女儿</td><td>信托</td></tr>
<tr><td>4</td><td>教育金</td><td>花太太</td><td>儿子</td><td>信托</td></tr>
<tr><td>5</td><td>教育金</td><td>花太太</td><td>女儿</td><td>信托</td></tr>
<tr><td>6</td><td>重大疾病保险</td><td>花太太</td><td>花太太</td><td>花太太</td><td></td></tr>
<tr><td>7</td><td>重大疾病保险</td><td>花太太</td><td>儿子</td><td>儿子</td><td></td></tr>
<tr><td>8</td><td>重大疾病保险</td><td>花太太</td><td>女儿</td><td>女儿</td><td></td></tr>
<tr><td>9</td><td>全家高端医疗保险</td><td>花总</td><td>全家</td><td>被保险人</td><td></td></tr>
</table>

在这个保险安排中,因为保险本身存在一些短板,因此有很多方面是需要非常注意的,必须结合其他工具进行补充,理由如下:

1. 利用“代际”天然财富屏障规划花太太婚内个人财产

要保证花太太婚内财产的安全,从而保证其品质生活,要从对内和对外两个方面同时保证。对内要与花总之间有财产保护,这个很好理解,通过婚内财产协议都可以很好的解决。对外面对债权人则要难得多,因为婚内财产协议一般很难对抗作为第三人的债权人,一旦判定为夫妻共同债务,则花太太的婚内个人财产也很难保全。特别是大额年金保险,其现金价值一般都很高,在面临婚姻财产分割和债务追偿的情况下,极易被强制解除提取现金价值。因此我们要善于利用“代际”天然财富屏障,就是将财产赠与花太太的父母,由父母作为投保人持有保单,则不仅可以实现婚姻财产隔离,还可以对抗花太太的债权人。考虑到孩子的大额年金保险如果由花太太作为投保人持有,则也将面临债务问题,也可以由花太太的父母作为投保人持有。在国内,一般 10 岁以上的孩子才能由祖父母外祖父母作为投保人,当然年金险也可能有例外,这一点可以根据情况灵活处理之。

2. 花太太父母持有保单带来的风险及应对措施

花太太父母作为投保人持有保单,固然可以隔离花太太的债务和婚姻财产分割,但同时会带来新的问题。

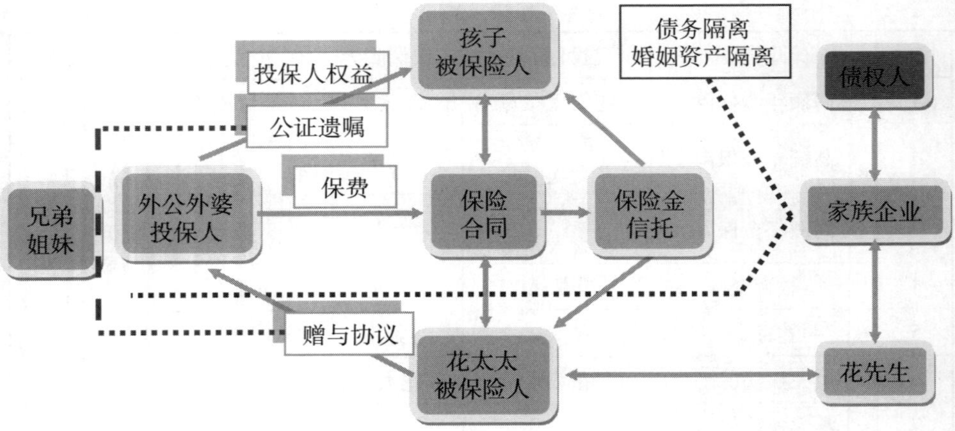

图 10－2－3

首先,花太太父母本身的债务风险,当然一般老人不经营企业也不会轻易举债,债务风险比经营企业的花太太和花总要小得多,一般不会有什么问题。

其次,如果花太太有兄弟姐妹,则要面对兄弟姐妹争产的风险,因为投保人拥有退保权和保单贷款的权力,其他兄弟姐妹要求父母采用退保或者保单贷款的形式挪用保单资金是完全有可能的;如果投保人去世,投保人权益一般法定继承,兄弟姐妹都是有继承权的,保单可能面临被分割的风险;即使花太太没有兄弟姐妹,保单投保人权益一旦发生法定继承,根据《婚姻法》规定,婚内法定继承遗产属夫妻共同财产,对债权人和对花总婚姻财产的隔离屏障将同时消失。

最后,正常情况下,花太太的父母都会先于花太太去世,如果投保人变更为花太太,则至少又要面临债务风险,还可能面临婚姻财产分割风险。

为解决以上问题,我们要采取如下措施来应对:

首先,保费要以赠与的形式给到父母,并签订附义务赠与协议,因为牵涉处置夫妻共同财产,花总必须签字。并明确注明,赠与的财产必须用于购买指定的保险,否则赠与无效。

其次,购买保险合同的同时要附一个协议,投保人未经被保险人同意,不得退保和贷款,最好是能作为保险合同的附加条款,至少也必须送保险公司备案;但在现实中,保险公司不一定会配合,花太太就只能通过其他方式防止这类事情发生了。

再次,投保人在保单成立的同时设立一份遗嘱,交代好他百年之后投保人权益的归属,并做公证。

最后，如果投保人去世前，花太太的孩子已成年，也可以变更投保人为花太太的孩子，遗嘱中投保人权益的归属也为花太太的孩子，继续利用天然的"代际屏障"进行保全，但同时也要注意防控孩子的债务、婚姻风险和防止挥霍。

3. 保险金信托的运用

保险产生的年金、教育金以及其他收益等，可以放入保险金信托再做分配，保险金信托具有财产的独立性，且可以通过灵活的设计来规定受益金的分配，可以起到更好的隔离、保全和安排的功能，这在第八章中有详细阐述，不再重复。

花太太最大的担心主要体现在诉求四，也就是非婚生子女争产的问题。说到底，作为一个母亲，自己的利益都在其次，孩子才是她最担心的问题。潘小姐所生的孩子虽然是私生子，但在法律上具有和婚生子女同等的权力。① 也就是说，潘小姐的孩子、花太太的孩子一样都是花总遗产的第一顺位继承人。如何来进行规划才能消除花太太的担心呢？必须通过遗嘱、公证、人寿保险、境内外家族信托等综合工具方可比较好的解决，方案框架如下：

表 10－2－4

序号	资产种类	传承工具	受益人
1	现金资产	高额寿险	多多
2	现金资产	高额寿险	儿子、女儿
3	金融资产	国内家族信托	儿子、女儿
4	企业股权、房地产、其他资产	公证遗嘱	儿子、女儿
5	境外各种资产	离岸信托	儿子、女儿

必须给"多多"留下合适的遗产，争产才有可能避免

从花太太的本意上来讲，肯定是留给"多多"的东西越少越好，但凡事不能做得太绝对，特别是在家庭财富分配上，否则争产一般都是不可避免的。而且从法律上来讲，如果多多未成年或成年后缺乏独立生活的能力，没有生活来源，也是必须给他保留适当份额的。② 因此给多多保留合适的遗产份额是避免争产的必要安排。

但如何给多多留，留多少是需要考虑的问题。首先，花太太希望从此一刀两断，但花总正当盛年，如何能约定身后给多多留什么财产，即使约定了，潘小姐又如何

① 《婚姻法》第二十五条第一款：非婚生子女享有与婚生子女同等的权利，任何人不得加以危害和歧视。

② 《继承法》第十九条：遗嘱应当对缺乏劳动能力又没有生活来源的继承人保留必要的遗产份额。

能确定多多将来能拿到？这时高额的人寿保险就成为首选了。

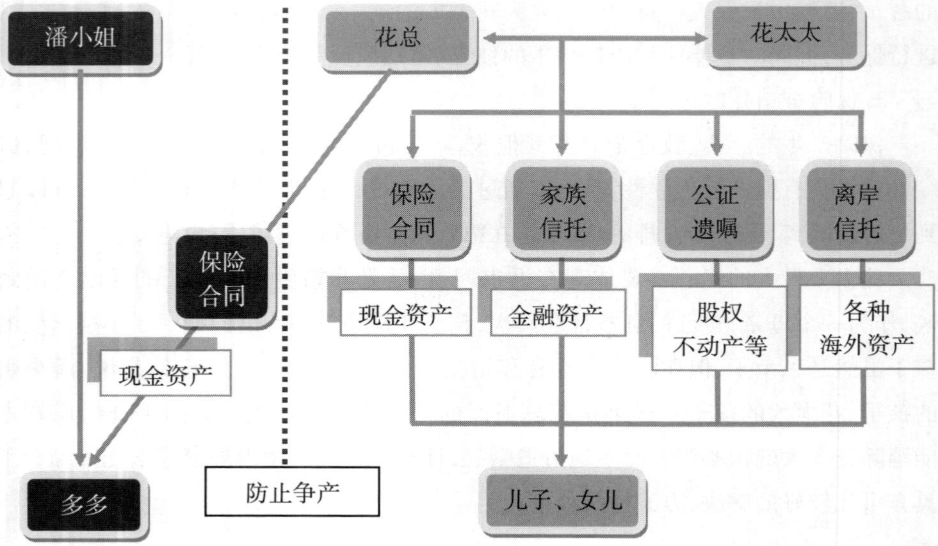

图 10-2-4

以花总为投保人和被保险人，购买高额人寿保险，保险金额1000万元，死亡受益人为多多，当花总去世后，巨额保险赔偿金作为留给多多的遗产，这样安排有如下方面的好处：

1. 确定的传承，多多将来只需要凭自己的身份证明和花总的死亡证明就可以向保险公司申请保险赔偿金；

2. 潘小姐可以放心，因为多多也是花总的孩子，合适的遗产花总是不会反悔的，而其他人则无法干预；

3. 花太太很愿意，因为花总还很年轻，保险可以实现高杠杆，以国内一般保险公司终身寿险产品为例，1000万元的保额，分20年交，每年20万~30万元即可，仅是家庭收入极小的部分。而且不需要花总和潘小姐见面即可完成传承，花太太当然愿意接受；

4. 很多终身寿险还有分红，一定程度上还可以抵御通胀。

给多多通过高额终身寿险留好遗产后，其他资产就需要做系统性规划了，如果不做规划，将来花总百年后就将面临法定继承，而多多是第一顺位继承人，是必须要参与遗产分配的。因此，我们必须综合运用人寿保险、遗嘱、生前赠与、国内家族信托、离岸信托等工具进行合理的规划，基本规划的思路在前文的解决方案表中有所阐述，此处不再做具体分析。

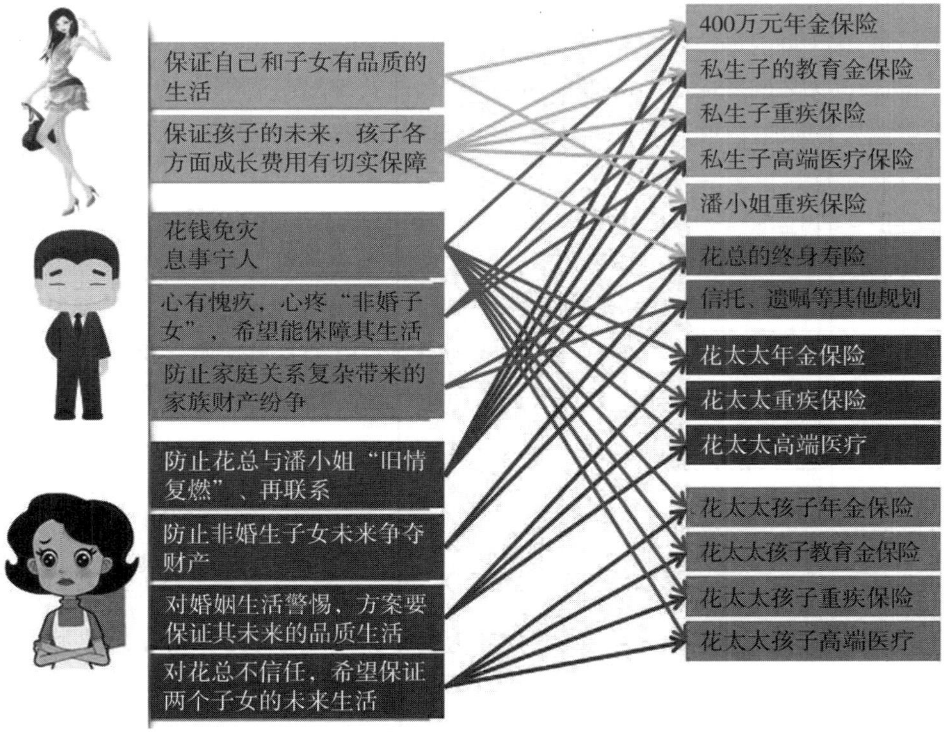

图 10-2-5

四、花总的诉求分析及解决方案

表 10-2-5 花总的五个诉求

诉求一	“花钱免灾，息事宁人”
诉求二	心有愧疚，心疼“多多”，希望能保障其生活
诉求三	防止家庭关系复杂带来的家族财产纷争
诉求四	安抚花太太，求得安宁的婚姻生活
诉求五	给“多多”的生活费如何不被潘小姐挪用

诉求一，息事宁人。通过前面的规划安排，花太太和潘小姐都满意了，当然也就息事宁人了。诉求二，对多多的照顾和潘小姐的诉求是一致的，而且为了斩断花总和潘小姐的联系，保障好多多以后的生活是必需的，所以这也成为花太太的间接诉

求，通过前面的安排，已经得到很好的解决。诉求三，和花太太的诉求也基本一致，结合各种工具，做到确定的、有控制力的传承，当然可以有效地防止将来家族财产的纷争，这个诉求也已经基本解决了。诉求四，安抚花太太，通过满足花太太的各种诉求，使其无后顾之忧，至少从经济上给予较大的安抚，至于心灵上的安抚，这是理财师爱莫能助的，只能靠花总自己努力。而诉求五通过前面的保险规划亦已经得到有效解决。

本案例中，通过深入地分析各方的诉求和担心，充分运用人寿保险的功能和特性，结合各种法律工具和信托等其他金融工具，很好地平衡了各方的利益，消除了各方的担心，最终解决好了一场棘手的婚外情与非婚生子女抚养的复杂婚姻纠纷，如图 10－2－5 所示，理财师通过合理的规划，共产生了十几张保单，保费上千万元，既解决了客户的问题，赢得了客户的感谢和尊重，又收获了数张大额保单，这就是专业规划的魅力。

第三节 上市公司家族的综合财富规划

案例 10-3-1

钱总是一位上市公司的实际控制人,今年61岁,从1985年开始创业,历经波折,1993年进入汽车零部件行业,后来到生产整车,组建了吉通汽车集团,2004年,吉通汽车股份有限公司在A股上市。钱总的企业是典型的家族企业,钱总创业后,哥哥、姐姐和弟弟陆续加入公司,也占了一小部分股份,后来子女们都成年了,也陆续加入了家族企业。

家族结构:钱总兄弟姐妹四个,哥哥钱建国65岁,姐姐钱秀英63岁,弟弟钱建华59岁,妹妹钱秀丽50岁;父亲钱弘毅86岁,新中国成立前就是机械厂技术员,兄弟姐妹长大后都在机械厂工作,母亲已经去世多年。钱太太60岁,钱太太母亲81岁,身体硬朗,有两个弟弟,付军和付华,付军在汽车厂任职,付华则自己做了一个小零部件公司。钱总和钱太太生有一子一女,是一对双胞胎,女儿钱思佳,儿子钱思宇,都是36岁。儿子钱思宇在美国获得机械设计硕士学位后回国帮助爸爸打理家族企业,现在是上市公司总经理,法人代表。2006年结婚,太太郑芳34岁,二人感情很好,生有三个孩子,大女儿钱雨馨8岁,二女儿钱雨涵6岁,小儿子钱宇森4岁。郑芳的父母目前在帮他们带孩子,郑芳的哥哥郑强则在公司上班。女儿钱思佳金融学博士毕业后留在美国,已取得美国籍,2011年和美国人Tom结婚,儿子钱宇齐5岁,但女儿与女婿感情不好,准备离婚。

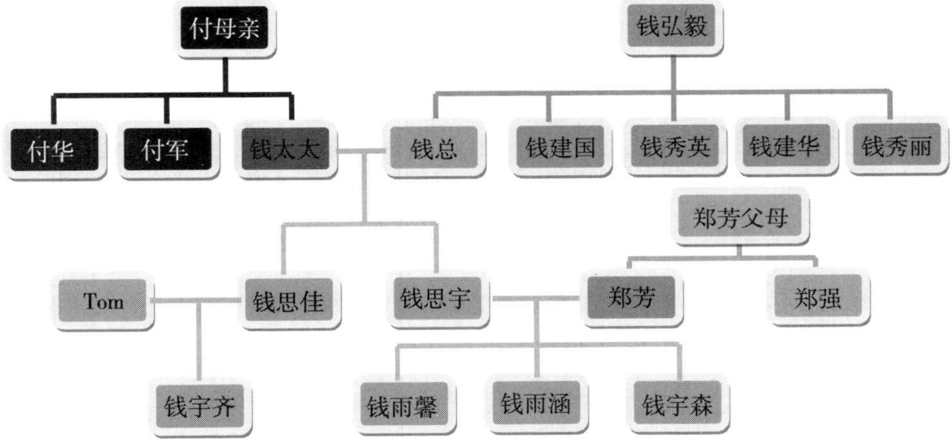

图 10-3-1

公司架构:

表 10－3－1

序号	公司名称	法人代表	控股股东	持股比例
1	吉通汽车集团有限公司	钱弘毅	钱总	100%
2	吉通汽车股份有限公司	钱思宇	吉通集团	34%
3	吉通汽车零部件股份有限公司	钱思宇	吉通股份	100%
4	吉通专用汽车有限公司	钱思宇	吉通股份	100%
5	吉通重型汽车有限公司	钱建国	吉通股份	100%
6	吉通座椅设备有限公司	钱秀英	吉通股份	100%
7	吉通汽车空调有限公司	钱建华	吉通股份	100%
8	吉通吸塑件有限公司	付军	吉通股份	100%
9	吉通汽车底盘技术有限公司	钱思宇	吉通股份	100%
10	吉通置业有限公司	钱秀丽	集团公司	100%
11	富华国际酒店有限公司	钱秀丽	集团公司	80%
12	吉通投资(美国)	钱思佳	吉通股份	34%
13	吉通海外销售(BVI)	钱思佳	吉通股份	100%
14	吉通海外研发中心(德国)	钱思宇	吉通股份	67%
15	吉通投资(有限合伙)	钱思佳	集团公司	99%

表 10－3－2　股份公司财务情况及家族成员持股状况

总股本	22 亿股	总市值	500 亿元	净资产	110 亿元
家族成员持股状况					
吉通集团	34%	钱思宇	18%	钱思佳	3%
钱建国	1%	钱秀英	1%	钱建华	1.6%
钱秀丽	富华国际酒店 20% 股份			付军	0.2%

吉通股份原有股票基本全部在吉通集团名下,还有少量股票在兄弟姐妹的名下。而吉通集团是钱总 100% 控股的一人有限责任公司,2009 年,钱总通过几年考察,认为到了让儿子逐渐接班的时候,遂将集团公司持有的 18% 股票转到儿子名下,3% 的股票转到女儿名下,提升儿子为上市公司总经理,并将多家公司法人变更成儿子,集团公司仅保留 34% 的股份公司股票。在公司治理中,钱总、儿子女儿、兄

弟姐妹都是一致行动人，总计持有股票58.8%。

吉通置业有限公司最早是集团为了解决员工的住房问题，成立了一家房地产公司，自己开发了"吉通家园"系列小区，后来房地产逐渐火爆，吉通置业在市中心买下一块地皮，开发了大型商业综合体"吉通步行街"。后来集团公司将步行街的酒店单独成立了富华国际酒店有限公司，集团公司占股80%，妹妹钱秀丽占股20%，并由妹妹负责打理吉通置业和酒店。

为提升公司汽车技术水平，2005年股份公司与德国一家著名汽车设计公司合作，一起成立了吉通海外研发中心，吉通占股67%。吉通的汽车越来越多的出口南美、非洲等地，为方便国际贸易，2007在BVI成立了吉通海外销售公司。女儿通过在华尔街投行几年打拼，逐渐成熟，2014年，在女儿钱思佳主导下，共投资1亿美元，成立吉通投资（美国），由女儿任CEO。

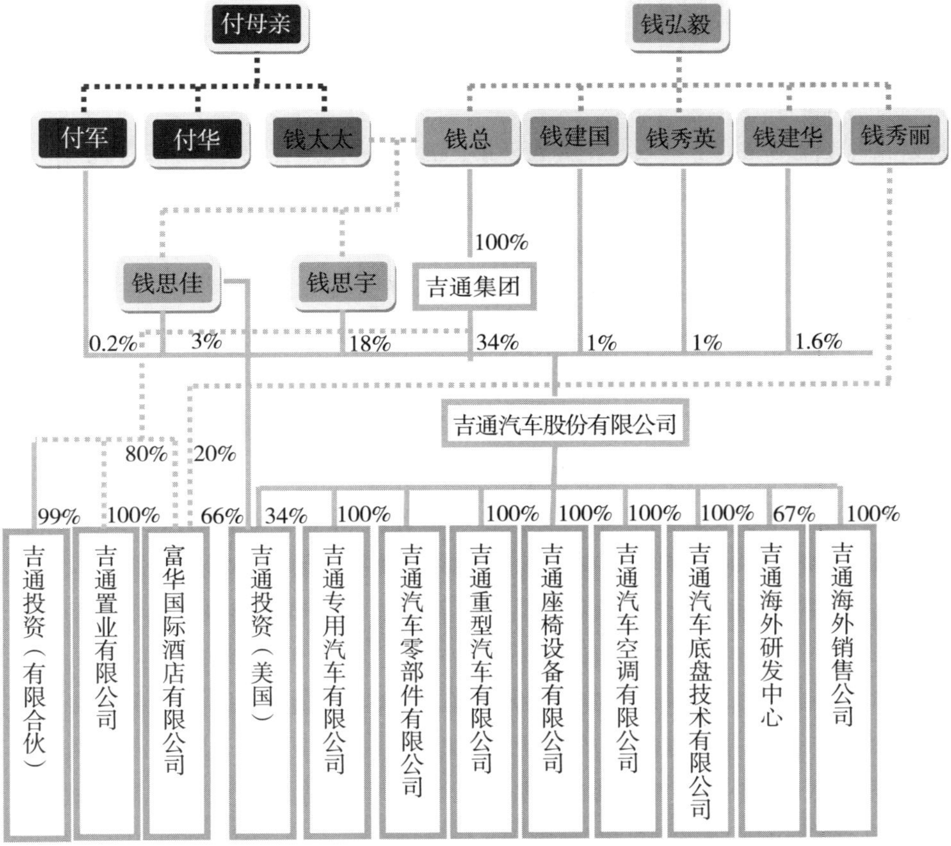

图10-3-2

在企业发展过程中，制造业的现金流始终都是比较紧的，而钱总又一直在做收购和扩张，为了融资，做了大量的股票质押融资。2014年，为投资50亿元建设汽车底盘研发生产基地，又以集团公司的名义发行期限为5年的可转换债券45亿元。

钱总的想法

儿子接班以来，钱总整体还是比较满意的，虽然这几年汽车行业和制造业都面临极大的挑战，但吉通发展一直都还稳健。但市场各方面的压力也越来越大，譬如，重型汽车市场就萎缩得很厉害。儿子接替了大部分工作，钱总就有时间进行一些比较深入的思考，同时随着年龄的增长，对家庭、文化、人生等方面的关注也越来越多。

第一，家族的主要生意都集中在汽车及上下游产业，集中度比较高，制造业也越来越不好做，钱总多年前就考虑家族多元化经营问题，现在思考的就更多了。

第二，自从女儿做上投行业务，钱总对金融了解更多了，对家族在金融方面的发展也寄予了厚望。

第三，做“百年企业”是钱总的梦想，还把“树百年企业”写入了企业的愿景中，所以钱总还是希望企业的股权不要太分散，他计划将汽车产业集团传给儿子，而女儿则支持她发展金融事业。

第四，钱总稍微有点重男轻女，所以还是希望大部分家族资产都姓钱，但钱太太则是比较心疼闺女的，认为钱总这样做对闺女不太公平，希望能多照顾闺女。

第五，钱总非常重视家族后代的教育，思佳和思宇两兄妹从小就被严格要求，而且吃了很多苦，所以现在很有出息。但随着家族财富的进一步累积，后代的生活越来越优越，钱总担心孙子辈的孩子们吃不到苦，有可能丧失斗志。

第六，女儿可能要离婚，但做父亲的还是最希望女儿将来有一个美满的家庭；儿子做事业也特别累，而且现在儿子的雄心更胜自己，希望进一步地整合产业，并希望在新能源汽车板块有更大的建树。钱总很支持儿子的想法，但也很担心他太激进容易栽跟头，所以他依然保留有集团公司掌握的34%的股票。但他更担心儿子的身体。

第七，随着中国慈善的发展越来越成熟，越来越多的企业家加入做慈善的队伍，钱总也不例外，每次国家遭遇比较大的灾难，钱总都要以个人和公司的名义捐款，同时还会号召公司捐款。随着《慈善法》的颁布，钱总也有成立慈善信托的想法，希望为家族积累一笔精神财富。

一、钱氏家族的风险分析

钱氏家族从数据上看总财富超过300亿元，家族发展可谓如日中天，但在辉煌的背后，往往都会隐含着一些风险，而我们的价值就在于找出家族在财富保全、传承中存在的风险，并有针对性地提出我们的解决方案。我们先分析存在的风险。

（一）集团公司股权安排存在风险

集团公司是钱总的一人股份有限公司，《公司法》规定，一人有限责任公司的股东不能证明公司财产独立于股东自己的财产的，应当对公司债务承担连带责任。建议增加股东，变为一般有限责任公司。

（二）自然人持有股份公司股票风险

儿子和女儿以及兄弟姐妹都是自然人直接持有股份公司的股票，持股人离婚、死亡都可能影响股东结构。虽然家庭成员在投票权上都是一致行动人，但也会存在不一致的风险。

（三）儿子女儿的婚姻风险

儿子钱思宇的婚姻风险，钱总将股权转移给儿子思宇时，思宇已经结婚，也没有做特殊安排，因此赠与儿子的股票已经是儿子和儿媳的夫妻共同财产，如果离婚，儿媳可能分走股份公司9%的股权，目前股票价值45亿元，而且还会对投票权产生一定影响。

女儿钱思佳马上就将面临离婚，女儿3%的上市公司股权是婚前取得，而吉通投资（美国）公司则是在婚姻存续期间设立。而且女儿是在美国结婚的，又是美国籍，因此必须按照美国的法律来判定财产的分割。在美国，各州关于婚姻共同财产的规定都是不一样的，[①]如果夫妻二人有婚前或者婚内财产协议还好，如果没有，可能面临比较复杂的诉讼和比较大的损失。

（四）家族资产集中度过大的风险

家族资产主要集中在股份公司，各重要子公司也几乎全部是股份公司的子公

---

① 《美国各州夫妻共同财产的规定》，载 http://www.docin.com/p-908884948.html，最后访问日期：2016年9月10日。

司，集中度太大，一旦股份公司经营失败，将导致整个家族企业经营失败。

（五）企业融资比较多，债权债务关系复杂

企业的股权质押融资和可交换债券①规模大，占持有股权的比例过高，一旦发生风险，可能导致企业大量丧失股权，从而影响股权结构，甚至失去控制权。

（六）法定继承风险导致资产分、外流风险

中国很多企业家都没有写遗嘱的习惯，尤其是像钱总这样的，春秋鼎盛，控制欲强，一般是不会写遗嘱的。万一钱总或钱太太遭遇意外去世，则后果不堪设想。钱总和钱太太没有婚内财产协议，因此财产一般按照各一半计算，钱总拥有集团公司100%的股权，间接持有股份公司34%的股权，目前价值187亿元，再加上房地产公司、酒店和投资公司，总资产可能超200亿元，每人100亿元。

若钱太太去世，则第一顺序继承人除钱总、钱思宇、钱思佳外，还有钱太太的母亲，四个人平分钱太太100亿元的份额。钱太太母亲将获得25亿元遗产。而当钱太太母亲去世时，其第一顺位继承人为付军、付华和钱太太（由思宇思佳兄妹代位继承），三人各1/3，付军、付华将各获得超过8亿元的财产。因为思宇思佳兄妹是法定继承，继承的财产属于婚姻共同财产，其配偶将各获得12.5亿元的财产份额。

表10－3－3　钱太太去世遗产继承情况

姓名	继承顺位	继承份额	获得资产（元）
钱总	第一顺位	25%	25亿
钱思宇	第一顺位	25%	12.5亿
郑芳	无继承权	—	12.5亿（夫妻共同财产）
钱雨馨	无继承权	—	0
钱雨涵	无继承权	—	0
钱宇森	无继承权	—	0
钱思佳	第一顺位	25%	12.5亿
女婿	无继承权	—	12.5亿（夫妻共同财产）
钱宇齐	无继承权	—	0
钱太太母亲	第一顺位	25%	25亿

① 周健、联蒙珂、单开佳：《海通证券可转债研究专题——可交换债系列研究三》，2008年9月23日。

表 10－3－4 钱太太母亲去世遗产继承情况

姓名	继承顺位	继承份额	获得资产(元)
付军	第一顺位	33.3%	8.3 亿
付华	第一顺位	33.3%	8.3 亿
钱思宇	第一顺位代位继承	16.6%	2.1 亿
郑芳	无继承权	—	2.1 亿(夫妻共同财产)
钱思佳	第一顺位代位继承	16.6%	2.1 亿
思佳老公	无继承权	—	2.1 亿(夫妻共同财产)

若钱总去世,钱总父亲法定继承钱先生的遗产,钱总的四个兄弟姐妹也将间接获得大量遗产。如此一来,企业的股权和家族的财富都将大量外流和分散,钱思宇若想再稳固地控制企业集团将会面临很大的挑战。

(七)债务风险

钱总也属于典型的中国式老板,即以公司为家,从公司的股权结构就可以看得出来,绝大部分的公司和资产都比较集中,好在主要的资产吉通汽车股份有限公司是上市公司,监管比较严格,账务也比较清晰,从一定程度上加固了有限责任的防火墙。但集团公司是钱总的一人有限责任公司,其有限责任很容易演变为无限责任,[①]同时,因为公司发展需要,公司的股票做了大量的质押融资和可交换债,公司若是遇到危机导致股价大跌,风险是比较大的。所以,虽然目前整个家族净资产还很庞大,但债务风险也不是没有。

(八)税务风险

女儿移民美国,属于美国的税务居民,仅按照目前女儿名下持有的 3% 股份公司股票计算,就已经高达 15 亿元人民币,约 2.5 亿美元。女儿名下还有投资公司,将来增值空间都很大。而众所周知,美国的税务是比较重的,除了有高额的个人所得税之外,还有自然人无法避免的遗产税和赠与税,相比女儿名下庞大的资产来说,遗产税和赠与税那点免税额度(543 万美元)几乎可以忽略不计,而最高可达

① 《公司法》第六十三条:一人有限责任公司的股东不能证明公司财产独立于股东自己的财产的,应当对公司债务承担连带责任(注:一人有限责任公司举证责任在股东自己,而普通有限责任公司举证责任在对方,而举证往往都是不容易的)。

55% 的税率，却是不得不重视的一个问题，所以女儿的税务规划就显得比较重要了。还有很多高净值人士移民美国后，选择不申报国内的一些资产，一旦被美国 IRS 发现，就可能面临高额罚款甚至牢狱之灾。

（九）汇率风险

从目前的家族财富构成来看，家族绝大部分资产都是人民币资产，单一币种资产的汇率风险也是值得关注的，对于钱总这样的大家族，多币种配置资产是非常值得考虑的。

（十）遗产税风险

女儿目前已经是美国公民，而且资产量在 2.5 亿美元以上，早已超过美国遗产税起征点，一旦发生继承，将面临巨额遗产税。国内目前虽然还没有开征遗产税，但开征的可能性还是有的，而且在钱总有生之年就可能看到。而钱总名下仅 34% 的公司股票就价值 170 亿元以上，如果真的要交遗产税，可能高达几十亿元人民币。最值得关注的是，遗产税是需要继承人先纳税，再继承的，几十亿元的税金就将是继承中的巨大难题。因此，遗产税的规划是中国超高净值家族必须未雨绸缪的，千万不能忽视。

（十一）败家子风险

虽然思宇和思佳两兄妹都非常努力且有出息，但钱总对孙子辈还是有所担心的，害怕优越的生活条件会消磨他们的斗志。以笔者看到的情况，大部分富裕家庭的子弟其实是很努力而且是非常有能力的。公开典范也很多，如宗庆后的女儿宗馥莉、刘永好的女儿刘畅、柳传志的女儿柳青，王永庆的女儿王雪红。但是败家子的案例也不在少数。因此如何能让子孙后代更有出息、避免富不过三代的历史魔咒，是钱总的最大心愿。

二、财富管理规划建议

（一）家族企业架构调整

针对钱总家族企业的架构存的风险，建议做如下的调整安排。

1. 集团公司加入儿子、女儿为股东，使之变成一般有限责任公司，降低钱总对公司承担连带责任的风险。

2. 将儿子和女儿的大部分股份注入集团公司，让儿子和女儿通过集团公司间接持有股份公司股票，一则可以进一步集中股权，使集团公司持有股份公司股票达到40% ~50%，巩固控制权；二则即使儿子将来面临婚姻风险，分割的也是集团公司股权，避免股份公司的股价和股权结构受到冲击。

3. 钱总和儿子也可以持有上市公司1%以上的股权，以保留以股东身份直接起诉①等诸多的便利（如图10-3-3所示）。

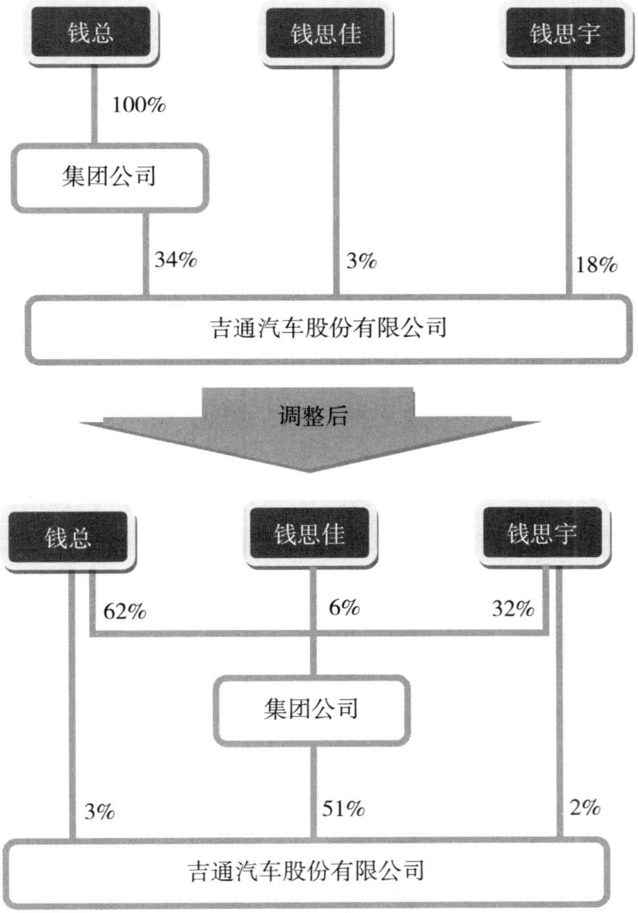

图10-3-3

① 《公司法》第一百五十一条：董事、高级管理人员有本法第一百四十九条规定的情形的，有限责任公司的股东、股份有限公司连续一百八十日以上单独或者合计持有公司百分之一以上股份的股东，可以书面请求监事会或者不设监事会的有限责任公司的监事向人民法院提起诉讼……

第一百五十二条：董事、高级管理人员违反法律、行政法规或者公司章程的规定，损害股东利益的，股东可以向人民法院提起诉讼。

4. 企业资产过于集中在股份公司，建议逐步加大非汽车板块的投资，非汽车板块的投资不要放在上市公司名下，吉通投资（美国）建议从股份公司旗下变更为集团公司旗下。

（二）提前传承与控制权兼顾的安排建议

钱总目前名下资产高达170亿元以上，而且以国内上市公司股票为主，如果将来中国开征遗产税，则应缴税款可能高达几十亿元，如何提前做好传承安排是非常关键的。现在这个时间点做遗产税规划和传承的安排，常用的工具包括人寿保险、家族信托、提前赠与等。资产高达170亿元，且大部分是非现金资产，人寿保险只能解决很小的一部分问题；国内的家族信托，如果将公司股份放入家族信托，税费成本较高；要将上百亿元的国内上市公司资产装入离岸家族信托，难度也是比较大的。提前赠与则会使钱总失去控制力，目前也是钱总所不能接受的。

如果我们用到有限合伙结构来设计公司持股架构，[①]则可能比较好地解决问题，钱总可以将大部分集团公司股权赠与儿子和女儿，建议签订公证的赠与协议，并约定赠与儿子和女儿个人，与其配偶无关。同时还可以用到附义务赠与的条款来做一些设计，约定受赠的股权必须注入和钱总一起设立的有限合伙公司。钱总为普通合伙人（GP），儿子和女儿为有限合伙人（LP），钱总作为普通合伙人，最低只需要占有合伙公司1%的股权，就可以实现对合伙公司的管理和控制，从而实现资产已经传承，但控制权依然还能掌控的目的。简要结构示意如图10－3－4所示。

① 《绿地集团采用有限合伙取得企业控制权之分析》，载 http://blog.sina.com.cn/s/blog_6002949a0101hf75.html，最后访问日期：2016年9月11日。

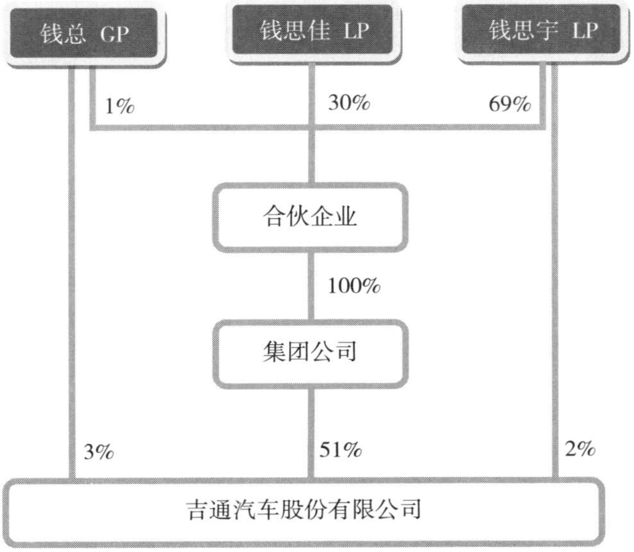

图 10－3－4

（三）人寿保险安排

对于钱总这样的大家族来讲，人寿保险主要能起到如下方面的作用：

作用一，通过高杠杆提前准备遗产税应税现金的同时，国内通过保险金信托，境外通过人寿保险信托，实现确定传承。

钱总和钱太太目前都已经六十多岁，国内的保单已经很难做到高杠杆准备遗产税应税现金，境外的保单也已经操作难度很大，而且也很难有很高的资金规模。美国的万能寿险可能还有一些操作空间，但需要被保险人在美国有财产或者设立有信托，而且需要严格的体检，具体操作这里就不详述了。最好还是通过家族信托或者前文所说的提前传承的方法来进行规划。

钱思宇、郑芳、钱思佳年龄都在三十多岁，大额人寿保单的杠杆很高，是规划的好时期。以国内某保险公司产品为例，购买 1 亿元保额的终身寿险，趸交方式，钱思宇保费为 2870 万元，郑芳保费为 2170 万元。同时 80% 可以贷款，也就是说，我们实际只需要支付保费的 20%，即 574 万元和 434 万元即可获得高达 1 亿元的终身寿险保额，杠杆高达 20 倍，难怪大额保单被比喻成生命的 IPO。当然还需要支付保单贷款的利息，目前国内保单贷款利息水平都在 5% 左右，低于银行一年期贷款利息。国内目前已经发展出人寿保险金信托，这对保险是一个非常有力的补充，可以很好地解决保险金赔付后的保全与安排问题，是大额保单的上佳伴侣。

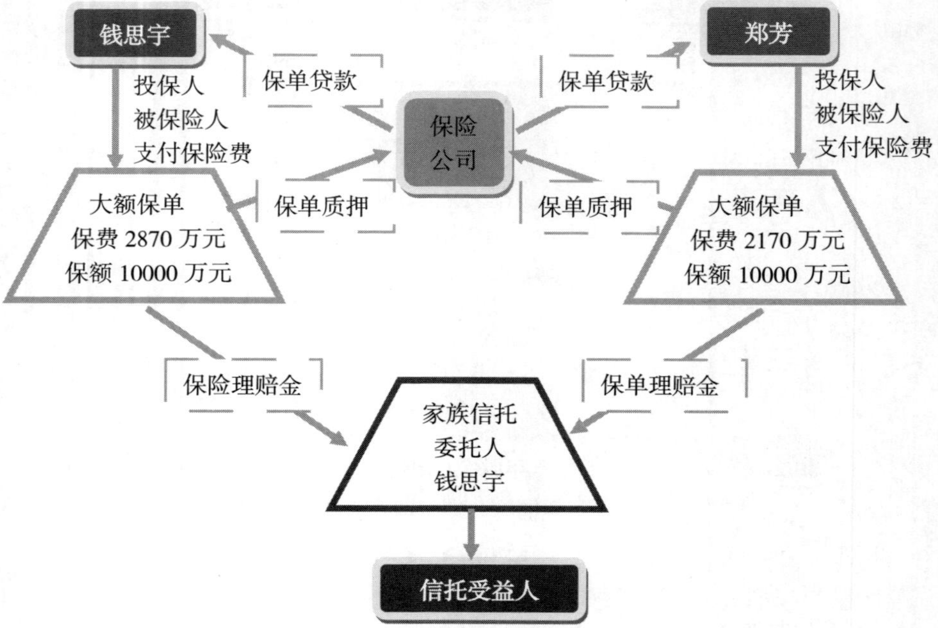

图 10－3－5

钱思宇和郑芳也可以做一些与境外私人银行合作的大额保单，因为私人银行的贷款利率一般是建立在 LIBOR① 的基础上，利息水平比较低，2016 年上半年在 2%～3%，低于保险公司的贷款利息。

钱思佳是美国身份，建议购买美国的终身寿险，一则因为美国的终身寿险可以获得更高的杠杆；二则美国人购买境外的大额保单在税务上优势不明显；三则美国大额保单一般都与人寿保险信托相结合，可以实现更灵活的安排。

① LIBOR（London Interbank Offered Rate），即伦敦同业拆借利率，是指伦敦的第一流银行之间短期资金借贷的利率，是国际金融市场中大多数浮动利率的基础利率。

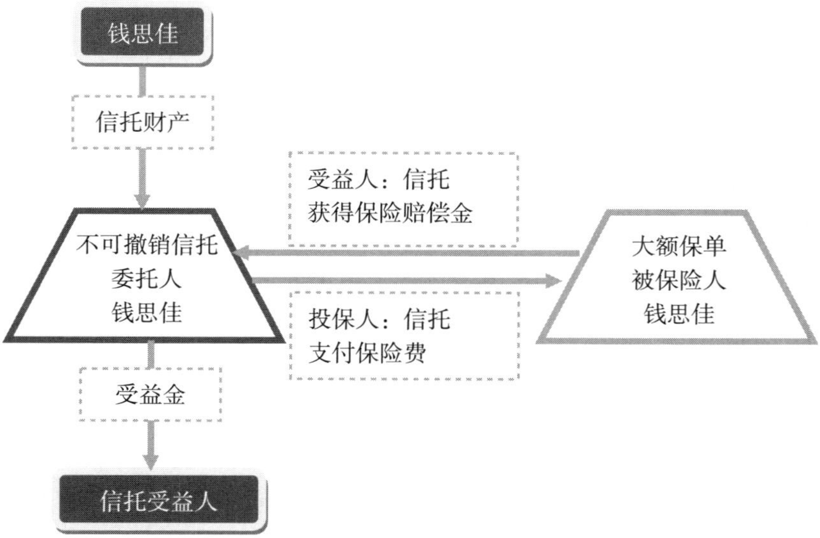

图 10－3－6

作用二，锁定长期收益，建立家族的基础保障体系，如保证家族生活品质的现金流体系，保证家族成员教育的教育金体系。

在本金安全、锁定收益、建立伴随一生的现金流方面，保险相对其他工具具有得天独厚之优势。因此我们可以利用年金保险给每一位家族成员建立起一条伴随一生的现金流，保证其生活品质。同时通过教育金保险固化每位家族后代的教育金储备，保证能按时、按量的提供教育金。

建立伴随一生的现金流，在国内主要有三种常见的保险产品类型可以使用，即分红型年金险、固定年金＋万能账户型年金保险和大额储蓄型保险。

教育金的储备，则既可以用年金型的保险进行储备，亦可通过专门的教育金保险进行储备。

作用三，通过高端医疗保险，为家族建立起品质医疗保障体系。

对于钱总这样的超高净值客户来说，医疗费支出基本不会造成太大负担。但医疗不仅仅是费用的问题，还有医疗资源、医疗品质、体检、海外就医、急难救助，等等。高端医疗保险是这类家族的不二之选。高端医疗的优势和介绍已经在第七章中详细阐述，这里我们不再详述。非常值得注意的一点是，高端医疗虽然也有趸交型，但大部分都是每年交保费的，为了保证高端医疗保费的刚性给付，一定要用保险年金或者信托进行支付。

（四）家族信托安排与家族宪法

对于资产量庞大的家族，家族信托是一个常用工具，也可以说是必备工具。美国著名经济学家斯考特说："信托的应用范围可与人类的想象力相媲美。"我们来看信托可以应用到钱总家族的哪些方面。

女儿作为美国人，又有巨额资产，信托是必备安排。主要出于以下考虑，首先，女儿作为美国的税务居民，每年必须就全球所得向美国进行纳税申报，税务负担是比较重的，而信托可以帮助女儿进行所得税的筹划，如选择设立地降低税收，延迟纳税，改变纳税主体。其次，女儿还要面临遗产税的风险，美国遗产税起征点目前为543万美元（单人，夫妻则每人543万美元），而女儿名下资产超过2.5亿美元，如果不幸离世，可能需要缴纳上亿美元的遗产税。最后，女儿将离婚，将来再婚的可能性也将很大，家族信托持有其主要资产，可独立于夫妻共同财产之外。

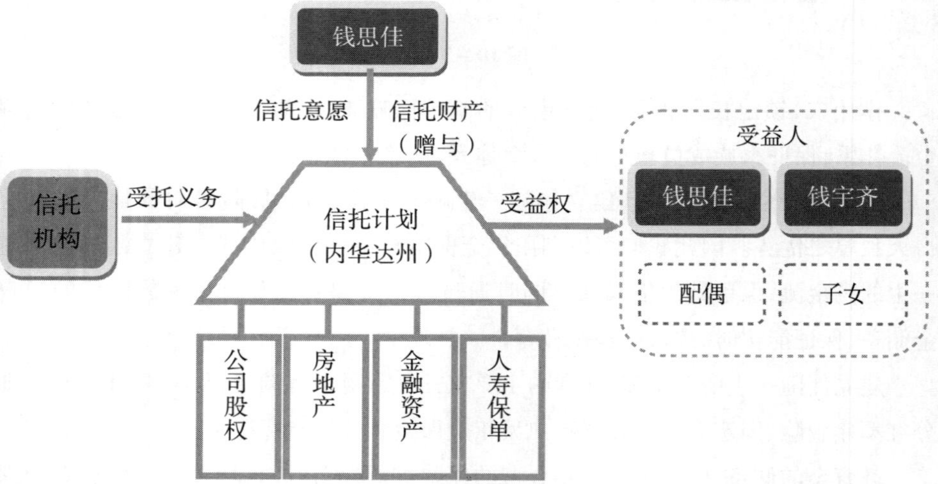

图10－3－7

建议可以在内华达州等税收负担比较轻的州设立家族信托，将女儿持有的股份公司或集团公司股权、投资公司股权都放入家族信托，同时还可以将在美国的房产等其他主要资产放入家族信托，由信托持有，设置自己、配偶、儿子钱宇齐以及将来可能的其他子女作为信托受益人，如图10－3－7所示。

对于钱总的家族企业来说，如前文所述，如果直接将股权装入信托里面，会面临比较大的税赋成本，而且基于中国目前欠缺的信托登记制度，即使将股权等需要登记生效的资产直接装入信托，亦存在效力待定的问题。

而通过 SPV 的架构，再结合以上有限合伙的形式，就能够在很大程度上解决登记和税赋的问题。

首先，以钱总为委托人，设立一个资金信托，再以信托公司的名义，利用该信托财产设立一家 SPV 公司，这个 SPV 公司的性质是有限合伙企业，钱总为普通合伙人，思佳和思宇为有限合伙人，之后，以 SPV 公司为运作平台，收购非上市的吉通集团的股权，完成股权从自然人到信托的转换。

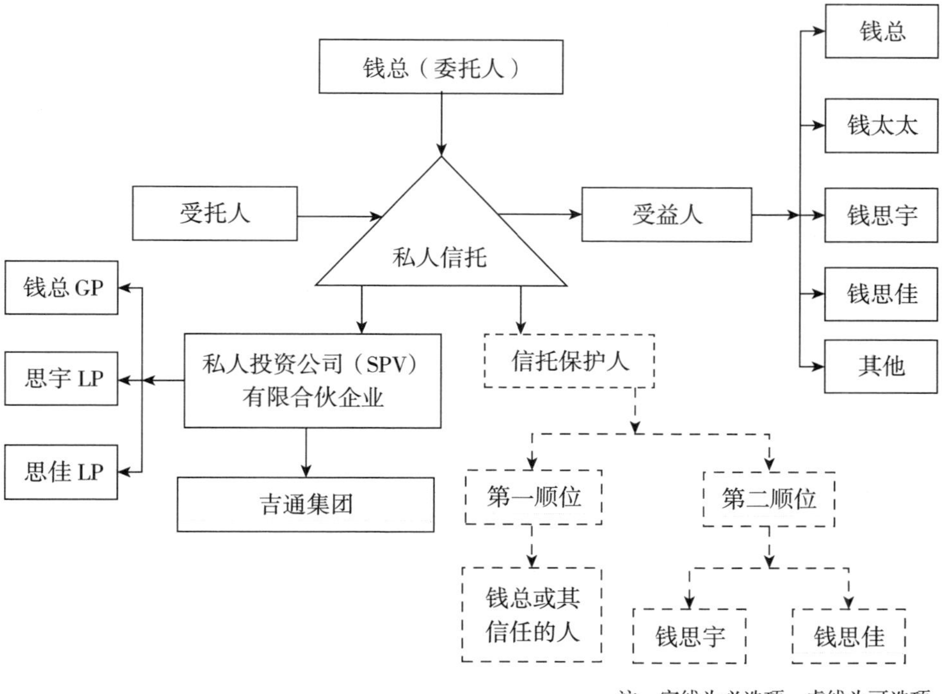

图 10－3－8

按照《信托法》第十条的规定，设立信托，对于信托财产，有关法律、行政法规规定应当办理登记手续的，应当依法办理信托登记。从字面上来理解，《信托法》的这一要求，主要体现在信托的设立阶段，对于信托存续期间信托财产的运作和管理，并没有相应的规定。而现金类资产是不需要登记就可以产生效力的，所以，通过现金的形式设立家族信托，能够绕开需要登记的要求。此外，信托法亦承认信托财产补办登记的法律效力，若未来相关法律法规对于信托财产的运作和管理亦需要进行相关登记，则届时可以依照法律的规定补充登记，从而维持信托效力。这也是国内目前开展股权家族信托和房产家族信托所采用的普遍做法。

而对于股权变更所需要的税费问题，比如，将钱总等人持有的吉通集团的股权变更到有限合伙企业之中，由于吉通集团为非上市企业，则其税务筹划空间相对来说比较大，可以通过专业的规划设计，将成本降到最低。

将 SPV 公司设计为有限合伙形式的价值与优势，前文已经做过介绍，此处就不再赘述。

钱总也可以考虑设置信托的保护人制度，当钱总还在世时，可以指定自己或其信任的其他人为保护人，协助家族处理好与信托相关的事务，若钱总对于通过家族信托来规避未来可能出现的债务问题更看重，则可以考虑让其信任的其他人作为信托保护人，这样能够在很大程度上避免钱总对家族信托形成实质控制的嫌疑，从而更好地保全信托财产独立性的地位；若钱总对于这方面的需求不是很强烈，而更看重对于信托财产的控制力，则可以以自己为信托的保护人。当钱总百年后，则可以由其子女作为信托保护人，既可以更好地维护家族成员的相关利益，也可以更便捷地依据变化的家族情况，对家族信托进行必要且合理的修改与调整。

通过以上的安排，家族企业的股权大部分就可以集中到家族信托之中，而独立于任何一个家族成员之外，从而不会轻易被拆分，既不会因婚变而分割，也不会因继承而分割，同时通过 SPV 的设计保留家族对家族企业的经营权和控制权。与此同时，可以考虑成立家族治理委员会，既要负责推选企业的董事会成员和经营人员，也要为家族成员退出家族企业保留制度空间，若日后家族成员之间的矛盾到了不可调和的地步，缺少退出机制反倒会成为阻碍家族企业成长的因素，甚至有可能让家族成员的矛盾进一步激化。

基于钱总家族资产比较高、家族企业业务多元化、家族成员身份也多样的特点，未来还有可能面临孙子辈家族成员出国等问题。所以，除了境内的大额保单和私人信托的设计之外，还建议钱总规划境外的大额保单和私人信托。

其核心价值主要有：

第一，规避单一市场的政策风险和单一货币的汇率风险，多样化配置家族资产，更好地保全家族财富。

第二，筹划家族税务，包括企业的税务和家族成员的税务，尤其是美国现行的遗产税和赠与税，以及未来中国可能会征收的遗产税与赠与税。

第三，梳理部分家族企业股权架构，采用境外私人信托 + SPV + BVI 的多层架构，方便未来企业的国际运作和贸易，尤其是境外上市的提前准备。

第四，更好地保护家族的隐私，并在保障家族成员高品质教育、养老、生活的同时能够有效地避免家族成员的挥霍和内斗，助力实现"精准传承"并"富过三代"的财富梦想。

其具体的结构：

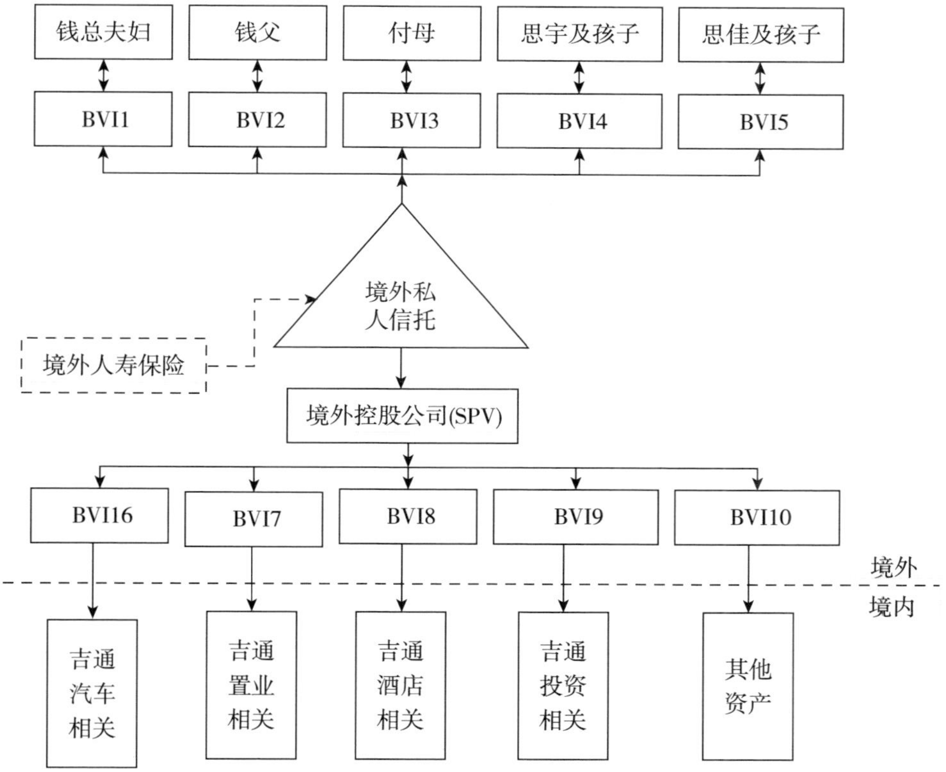

图 10－3－9

由于钱总家族已经是四世同堂，随着家族成员的进一步增多，如何协调家族成员的关系、解决家族成员之间潜在的矛盾并构建和谐的家族氛围、优秀的家族文化，是与物质财富管理同等重要的话题，基于此，建议钱总搭建以家族办公室为最高决策机构、以家族宪法为最高指导的治理机制。

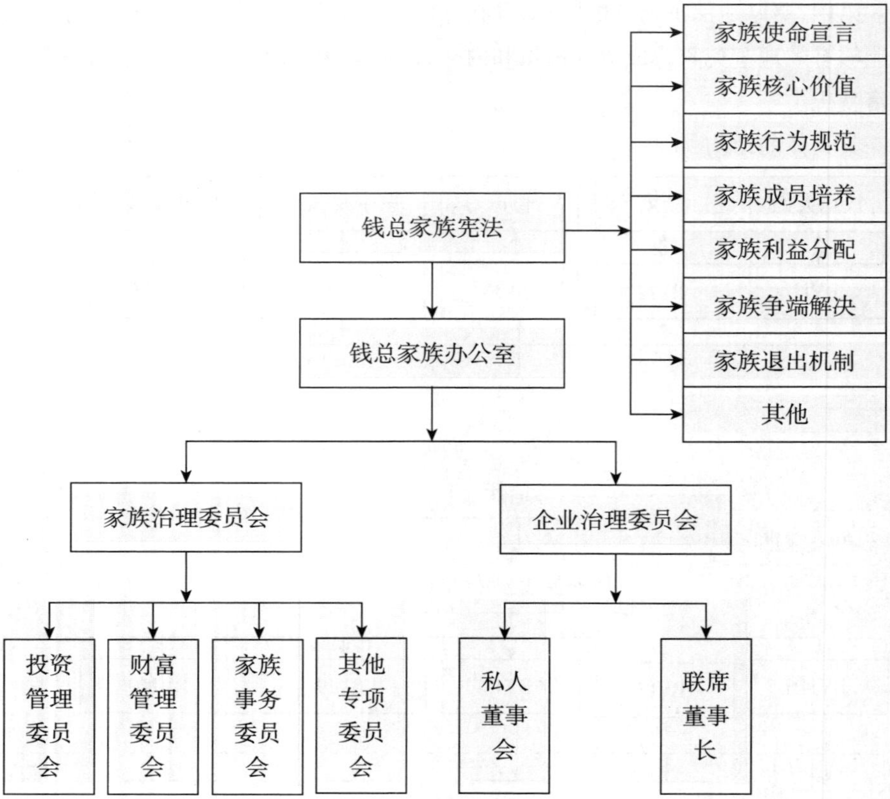

图 10－3－10

（五）慈善信托与慈善基金会

古人云："道德传家，十代以上；耕读传家次之，读书传家又次之；富贵传家，不过三代"，以钱总的身家来说，单纯的物质财富的传承已经不能完全满足其需求，如何将物质财富与精神财富一起传承，应该是钱总更关注的。而慈善，可以说是精神财富传承的最好工具之一，既回馈了社会，又树立了家风。

2016 年 9 月 1 日，《慈善法》正式开始实施，这将带动慈善信托和慈善基金会的快速发展。

钱总可以有三种方式从事慈善事业：

方式一：将财产直接设立慈善基金会。

此种方式下，其优点在于有明确的税收优惠政策和操作细则，有明确的监管标准和办理流程。

但其缺点也比较明显，一方面捐赠人的控制力相对较弱，捐赠之后的财产投资运作的灵活性比较差；另一方面由于基金会需要有专门的办公场所和专职的从业人员，所以运营成本相对比较高，而且一旦将财产捐出，无论是其本金还是其收益，都要严格用于公益目的，即使基金会停止运作，也要将财产转给目的相似的公益机构，捐赠人不能拿回这些财产。

方式二：将财产直接设立慈善信托。

此种方式下，其优点主要有，不需要专门的办公场所也不需要专职的工作人员，所以运营成本比较低，财产运作范围和灵活性更好，捐赠人的控制力度相比慈善基金会而言要更强一点。

其缺点主要有，税收优惠政策不是很明确，并且目前还没有详细的操作细则，《慈善法》对此的描述为“未向民政部门备案的，不享受税收优惠”，这就给税前抵扣带来了一定的不确定性；此外，与慈善基金会一样，捐赠人一旦将财产捐出，无论是其本金还是其收益，都要严格用于公益目的，即使慈善信托停止运作，也要将财产转给目的相似的公益机构，捐赠人不能拿回这些财产。

方式三：将慈善基金会或慈善信托作为家族信托的受益人之一。

牛根生的老牛基金会和李嘉诚的李嘉诚基金会都属于这种类型。

这种方式的好处主要体现在：一方面在不耽误慈善目的的同时，将“捐赠财产”至于家族信托下，如果基金会停止运作了，剩余的财产由于还处于家族信托下，所以无须转移给目的相似的其他公益机构，从而能够最大限度地保全家族财富；另一方面最大限度地利用了基金会税务优惠和信托运作灵活的优势。

这种方式，其缺点主要体现在家族信托的机制不是很成熟，具有一定的不确定性，老牛基金会和李嘉诚基金会所对应的家族信托，都是设置在海外的。

图书在版编目(CIP)数据

大额保单操作实务/曾祥霞等著. --北京:法律出版社, 2017.1(2024.11 重印)
ISBN 978-7-5197-0493-3

Ⅰ.①大… Ⅱ.①曾… Ⅲ.①保险业务 Ⅳ.①F840.4

中国版本图书馆 CIP 数据核字(2016)第 315615 号

大额保单操作实务
DAE BAODAN CAOZUO SHIWU

曾祥霞 贾明军 刘长坤 陈 云 著

策划编辑 冯雨春
责任编辑 李沂蔚
装帧设计 马 帅

出版发行 法律出版社
编辑统筹 法律应用出版分社
责任校对 朱海波
责任印制 刘晓伟
经　　销 新华书店

开本 710 毫米×1000 毫米 1/16
印张 27　**字数** 470 千
版本 2017 年 1 月第 1 版
印次 2024 年 11 月第 18 次印刷
印刷 天津嘉恒印务有限公司

地址:北京市丰台区莲花池西里 7 号(100073)
网址:www.lawpress.com.cn
投稿邮箱:info@lawpress.com.cn
举报盗版邮箱:jbwq@lawpress.com.cn
销售电话:010-83938349
客服电话:010-83938350
咨询电话:010-63939796

书号:ISBN 978-7-5197-0493-3
定价:98.00 元
凡购买本社图书,如有印装错误,我社负责退换。电话:010-83938349